아주대학교 인문과학연구소 연구총서 1

중국 조선족 문학의
탈식민주의 연구 I

송현호·최병우·정수자

한명환·윤의섭·김형규·김은영

국학자료원

머리말

한국문학이란 무엇인가? 21세기에 들어 한국문학 연구에 새로운 접근방식이 요구되고 있다. 교통통신의 급격한 발달은 인문학적 이성의 발전에 때로는 자극을 주기도 한다. 오늘날 서구의 문학이론과 한국의 문학이론은 그 쓰임새에 있어 시공간적으로 좁혀가고 있음을 느낀다. 왜 한국문학을 새로 공부해야 하는가에 대해 학자들은 저마다 이런저런 이유를 들겠지만 크게, 연구 대상의 확대와 연구 방법의 심화로 요약할 수 있다. 『중국조선족 문학의 탈식민주의 연구』는 한국문학의 대상 확대와 방법론 심화라는 취지에서 한국문학 분야 학술 목적에 적절하게 들어맞는다.

한국문학이란 국가라는 좁은 범주에 갇히지 않은 보다 확대된 보편적 개념이어야 한다. 한국문학은 근대화되어가는 시점에서 민족적 존재 위기를 맞게 되고 그로 인한 디아스포라적 문학적 양상을 새로이 재현하게 되는데, 이를 통틀어 본 연구서는 '한민족 문학'의 존재 범주로 새롭게 설정하고자 한다. 해외 한민족문학 가운데에서 가장 규모가 큰 중국조선족 문학에 대한 본격 조사와 연구는 이후 중국 조선족 문학의 담론을 한국 통일문학사를 자리매김하는데 도움을 줄 것이다. 또한 본 연구서를 집필한 연구팀은 디아스포라적 한민족 문학의 특성을 제대로 밝힐 수 있는 이론적 토대로서 탈식민주의 연구방법을 선택하였다. 포스트 시대에 대한 자각과 관심은 일찍이 포스트 구조주의, 포스트 모더니즘, 포스트 콜로니얼리즘 이론으로 논의되어 왔지만, 이러한 생각들이 실제로 한민족의 문학창작에 본격적으로 적용된 심화 연구는 이루어 진 바 없었다. 따라서 본 연구의 방법적 틀로 원용되고 있는 '탈식민주의' 방법 학습은 물론, '탈식민주의'의 차원에서 중국 조선족 문학의 역사적 의의를 살펴보는 일은 결코 쉬운 작업이 아니었다. 특히 호미바바나 스피박의 이론은 정교하지만 중국 조선족의 경우를 염두에 둔 것처럼 보이진 않았다. 이들의 난해하고 돌출한 이론을 한민족 현실 상황에 끌어들이는 일은 '중역을 통한 원문 읽기' 만큼이나 아리송한 부분도 있었다. 프로젝트 연구팀은 세미나와 논문발표 과정에서 이에 대한 심각한 토론과 논쟁이 오가기도 하였고 반성도 있었다. 그 과정에서 허황된 이론의 미망으로부터 조금씩 벗어날 수 있었다. 학문의 발전이란 무릇 일퍼센트의 가능성으로부터 출발한다. 오히려 처음부터 어려운 일이라고 생각했기 때문에 그 결과는 더 보람될 수 있었다.

 민족문학이란 용어에 대한 기피 현상마저 생기고 있는 현실 속에서 이제야 제대로 된 민족문학에 대한 자료가 입수되고 연구가 이루어지고 있다는 것은 아무래도 뒤늦은 일임에 틀림없다. 세상은 너무 빨리 변하고 너무 빨리 가까워지고 있다. 그러나 어떤 현상을 제대로 이해하는 데는 시간이 필요하다. 인문학자는 인내심을 가지고 현상을 바라보아야 한다. '가로지르기의 상상력'은 비평적으로 가능하다. 그러나 그러한 비평적 관심은 학문 연구의 시발점은 될 수 있을지언정 학문 자체가 될 수는 없다. 학문의 업적은 자료에 대한 지난한 조사와 정리라는 인내의 시간과 침잠의 과정을 거치지 않으면 안 된다.

 본문의 내용은 총 3장으로 되어 있다. 1장에서는 중국 조선족 문학연구 현황에 대한 전반적인 검토와 연구방향이 중점적으로 논의되었다.
 먼저 「중국조선족 문학연구의 필요성과 방향」(최병우)은 지금까지의 해외 한인문학 연구 동향을 전반적으로 살피면서 중국 조선족 문학연구의 나아갈 방향에 대해 새롭게 제시하고 있다. 이 논문은 해외 한인 문학이 갖는 공통점을 한민족 고난과 투쟁의 역사, 해당 지역 한인들의 문화와 전통, 소수민족으로서의 삶과 고뇌, 한민족 정체성 문제 등으로 본다. 그리고 향후 중국 조선족 문학의 연구방향에 대해, 1. 기초 자료 수집과 정리, 2. 중국현대사와 관련하여 새로 읽기, 3. 개혁개방 이후 조선족 문학에 대한 변화 양상 연구, 4. 한중 수교가 조선족 문학에 미친 영향, 5. 조선족 문학에 대한 미학적 연구, 6. 조선족 문학의 재외한인 문학과의 비교연구 등 다섯 가지로 요약 제시하고 있다.

「중국 조선족 소설 연구 현황과 의의」(김형규)는 지금까지 국내외 연구 현황을 점검하면서 조선족 소설 연구가 국가적 테두리를 넘어서는 민족문학의 가능성과 통일시대 우리 민족의 문화적 정체성을 탐색하는데 일조할 것이라고 보았다. 특히 조선족 문학이 중국내 소수민족으로서의 갈등과 재현의 장소, 즉 제3의 공간임을 주목하여 주류적인 한족 문화와 중국 문화권력으로부터 탈중심화, 탈영토화를 지향하는 한민족적 정체성 탐색의 과정에 있다고 했다.

「중국 조선족 시 형성과정의 탈식민주의적 의미」(윤의섭)는 중국 조선족 시의 계보를 부재에 대한 방어심리기제, 즉 일제식민지 이후 不在에 내한 否認 심리에 의해 중화민국으로 대체되는 패러다임을 분석해 보인다. 즉, 이 논문은 1949년 중화인민공화국의 창건 이후 1966년 문화대혁명이 시작되기 전까지 식민시대를 벗어나 생존을 위한 변화의 수용과 적응의 시적 양상을 보여주고 있음을 분석했다. 이는 문화혁명 전까지 중국 조선족 시문학 창작이 자기 부인의 의식화를 통해 자신을 새로운 공간적 의미로 재현하는 탈식민 과정에 있었음을 확인시켜준다.

이상의 논의들은 시와 소설을 중심으로 조선족 문학에 대한 기존의 연구방법을 검토하여 비판한 결과이자 연구방향을 제시한 것으로 앞으로의 연구 방향이 탈식민주의 이론으로 접근해야만 종래의 민족주의와 국가주의 경계성을 넘어선 새로운 연구결과를 가져올 수 있음에 시사한 것이다. 이러한 이론적 논의는 2장과 3장에서 보다 본격적으로 개진된다. 2장이 중국 조선족 시의 전개와 포스트 시대의 식민성에 대한 논의라면, 3장은 중국 조선족 소설의 주체와 타자성에 대한 연구이다.

2장은 중국 조선족 시에 대한 탈식민주의 관점의 본격적인 연구논문을 모은 것이다. 네 편의 논문들은 탈식민주의라는 공통된 인식을 함께하면서도 국민국가, 민족, 고향 등 다양한 관점으로 작품분석을 하고 있다. 또한 이들 논문들은 해방기, 문화혁명 전후 등 시기별 특성을 나름대로 분석하고자 한다. 서로 다른 각도에서 같은 주제를 지향함으로써 부분을 통한 전체를 지향하는 연구방식의 모범을 보여준다. 연구자적 자질과 특성의 차연성을 드러내는 각각의 연구 방식은 조선족 시문학에 대한 탈식민주의적 연구의 실제에 해당한다고 할 수 있다.

　　「해방기 재중조선인 시에 나타난 현실인식」(윤의섭)은 1945년에서 1949년까지의 중국 조선족의 시의식을 고찰한다. 이 시기의 조선인 시의 현실인식은 조국, 민족에 대한 의식으로부터 중국으로 편입되어 가는 이데올로기 지향의식을 보여주고 있음을 김례삼, 리욱, 설인, 임효원 등의 시분석을 통해 보여준다. 재중조선인 시에 나타난 조국 대체 과정은 말 그대로 의식의 탈식민화 과정에 다름 아닐 것이다. 또한 「1950~1960년대 중국 조선족 시에 대한 탈식민주의적 고찰」은 같은 맥락에서 시의식의 탈식민화가 전개되어 가는 과정을 否認과 適應, 交涉과 前置의 전략을 탈식민주의적 방어심리기제로 분석하고 있다. 곧, 리행복, 황상박, 리욱 등의 시에서 시간적 불연속성이 제3공간성과 겹쳐 혼성성을 드러내고 있음을 보여준다.

「문화대혁명기 조선족 시의 탈식민주의적 성격」(정수자)은 문화대혁명기의 시의 특징을 '동화와 비동화의 모대김'으로 보았다. 곧, 문화대혁명기의 조선족 시 특성은 大漢族化와 문화 혁명기의 이데올로기 통제가 조선족의 정체성을 위장의 방식을 선택하게 함으로써 공존의 방식으로 굳혀지는 시기였음을 분석하고 있다. 구체적으로 이 논문에서는 '송가'라는 혁명기의 시 양식을 호미바바의 '모방'이론과 연계시켜 문화대혁명기의 양가적 특성을 탈식민주의 관점에서 논의하고 있음이 주목된다.

「중국 조선족 시에 나타난 '고향'의 의미」(김은영)에서도 문화대혁명기 이전과 이후를 기점으로 중국 조선족 시에 나타난 고향의미의 변화 양상을 통해 외부와 동화되려는 경향으로부터 내면적으로 기억을 복원하려는 경향으로 바뀌고 있음에 주목, 조선족이 처할 수밖에 없는 탈식민주의적 특성을 분석하고 있다.

3장은 중국 조선족 소설 가운데 주요작품을 탈식민주의적 입장에서 접근 분석한 개별 논문들이다. 조선족 소설 가운데, 대표할 만한 김학철의 <격정시대>와 <해란강아 말하라>, 이근전의 <고난의 시대> 외에도 김용식 역사소설 세 편과 중국 건국 초기 조선족 단편소설에 담긴 탈식민주의 특성을 각각 논하고 있다.

「탈식민 지향과 새로운 국가관」(김형규)은 한민족으로서의 억압된 주체의 복원이 불가피하게 중국 사회주의와 결합함으로써 가능하게 된 한계와 그리고 초국가간 경계 안에 자기 위상을 만들어갈 수밖에 없었던 중화인민공화국 건국 초기 조선족 단편소설들의 탈식민적 위상을 분석하여 보여준다.

「김학철의 <해란강아 말하라> 연구」(송현호)와 「김학철의 <격정시대>에 나타난 탈식민주의 연구」(송현호)는, 김학철의 대표작 두 편, <해란강아 말하라>와 <격정시대>에 나타난 탈식민주의적 특성을 중심으로 논한 것이다. 두 논문은 통일문학사적 서술 관점에서 김학철의

50년대와 80년대 대표작에 나타난 조선족의 삶에 대한 존재론적 의미에 대한 자리매김을 하고자 한다. 이 논문은 김학철 소설이 지니고 있는 민족문학적 성격을 탈식민주의의 저항적 정신으로 아울러 바라보고자 한다는 점에서 김학철 소설에 대한 연구사적 지평을 넓혀놓고 있다. 특히 두 논문은 김학철의 <해란강아 말하라>가 보여준 항일투쟁의 저항적 특성이 개혁개방기의 <격정시대>에 와서 한민족 문화를 본격 지향하는 방향으로 가열되어가는 변화의 양상에 초점을 맞추어 종래의 민족문학론과 새로운 탈식민주의 문학론 사이의 단절감을 메꿀 수 있는 한민족문학의 통일된 시각의 단초를 제시한다.

「<고난의 연대>의 탈식민주의적 연구」(최병우)는 리근전 소설이 점차 국가정체성과 민족 정체성 문제를 동시에 다루면서 조선족 문화와 역사에 관심을 기울인다고 보았다. 즉, <고난의 연대>로부터 소수민족으로서의 한민족 문화가 드러나는 양상을 문화의 혼종성의 하나로 보고자 한다. 결국, 이 논문은 중국이라는 국가 차원의 구심력 속에서 한민족 문화를 견지하려는 작가적 노력 없이는 조선족 소설 창작이 불가능하듯,

<고난의 연대>에서 보여준 작가적 노력이야말로 식민지 지식인이 탈식민주의적 사유와 거의 유사한 정신적 궤적을 갖는다고 결론짓는다.

「중국 조선족 역사소설의 탈식민주의 특성 연구」(한명환)는 김학철, 이근전과 함께 조선족 노작가 세대이면서도 주목받지 못한 김용식의 역사소설 <규중비사>(1956), <무영탑>(1986), <설랑자>(1984) 등에 나타난 탈식민주의 특성을 분석한다. 이들 소설들이 한국의 역사, 즉, 신라, 고려, 조선시대를 배경으로 하면서도 그들을 한중간 제3의 입장에 서서 새롭게 '재현'해 나아가는 양상을 제유와 계통관계의 두 측면으로 나누어 살펴보고 있다.

2장과 3장의 각론은 종래의 중국조선족 문학에 대한 견해, 즉 '이중성' 혹은 '양면성', '약소민족', '경계인' 등으로 평가되어온 패러다임을 극복하고 중국조선족 문학을 문학적 현실성으로부터 야기된 저항과 동화와 적응, 부인과 위장, 계통관계와 제휴관계 등의 탈식민주의적 패러다임을 통해 정밀하게 재구해보고자 한 결과물이라 할 수 있다. 중국 조선족 문학은, 조선족이 한족과 더불어 한국과 다른 국가를 이루고 있다는 선입견으로부터 벗어나 탈식민주의적 시각으로 바라보았을 때, 비로소 완결된 자율적 체계로 드러날 수 있다.

본 연구서는 아주대학교 인문과학연구소에서 시난 두 해 동안 일곱 사람의 연구원(책임연구원, 공동연구원, 박사급 연구원)들이 조사 정리한 중국 조선족 문학 자료를 토대로 그 연구 업적을 모은 것이다. 이 연구는 연변대학교의 도움으로 이루어졌다. 좋은 자료들을 제공해주신 권철 선생님과 조언을 아끼지 않으신 김호웅 선생님께 고마운 마음을 전한다. 그 분들의 끈끈한 우정이 아니었다면 우리 연구팀은 이정도의 업적을 이루기 어려웠을 것이다. 무엇보다도 그 동안 동고동락해 온 연구원들과 자료정리를 해준 연구보조원들에게 감사드린다. 아울러 이 연구가 가능할 수 있도록 도움을 준 한국학술진흥재단과 어려운 출판계 사정에도 이 책의 간행에 선뜻 응해준 국학자료원 정찬용 사장님께도 감사드린다.

2008년 3월
송 현 호 배상

목 차

머리말

* 이 저서는 2005년도 정부의 재원으로 한국학술진흥재단의 지원을 받아 수행된
  연구임.(KRF-2005-079-AM0035)

제1장
중국 조선족 문학에 대한 재인식과
연구 방향

중국 조선족 문학연구의 필요성과 방향

최 병 우

1. 재외 한인문학의 현황

근대화와 함께 서구 열강의 치열한 식민지 쟁탈과 일제의 강점, 그리고 민족상잔의 전쟁을 체험한 지난 1세기 가까운 기간 동안 한국인들은 민족의 삶의 공간이었던 한반도를 떠나 전 세계로 흩어지게 되었다. 근대 초기 기아를 벗어나기 위하여 중국과 미국으로 이주하기 시작하였으며, 한일합방을 전후한 시기에 독립운동을 위하여 만주와 연해주로의 이주가, 일제 강점기 중에는 일제의 강제에 의한 또는 자발적인 일본으로의 이주가 활발하였다. 또 1932년 만주국이 건립된 이후 일제의 정책에 따라 만주로의 개척 이민이 대대적으로 이루어졌다.[1] 해방 이후 중국과 일본 그리고 러시아 지역으로 이주해 간 많은 한인들이 귀국하였으나 200만이 넘는 한인들은 여러 이유로 귀국을 포기함으로써 재외한인으로 남게 되었다.

한국전쟁을 치르면서 전쟁을 피하여 한국을 떠난 사람도 있었고, 또 고아들의 해외 입양으로 적지 않은 한인들이 해외로 나가게 되었다. 이후 미국이나 유럽으로의 이민이 활발해지면서 많은 한인들이 세계 각국으로 흩어져 그 지역에서 한인사회를 이루게 된다. 현재 재외한인들의 수는 약 600만 명이 넘는 것[2]으로 집계되고 있다. 세계 각처에 흩어져 있는 재외한인들은 그들이 살고 있는 국가에서 소수민족으로서 해당 지역의 사회·문화적인 조건 속에서 살아가고 있지만 그들이 한인이라는 민족적 정체성을 유지하기 위한 노력을 일정하게 기울이고 있다. 그들은 살고 있는 지역의 사회적 문화적 상황에 맞추어 한인들의 모임을 형성하고 그들 나름의 문화를 공유하면서, 소수민족으로서 자신들의 삶을 문학적으로 형상화하는 작업 또한 지속적으로 진행해 왔다.

현재 가장 왕성하게 문학 창작 활동을 유지하고 있는 재외한인은 중국조선족이다. 일제강점기를 전후한 시기에 만주로 이민을 하였던 재만조선인의 자손인 중국조선족은 현재 한인 2~3세가 주류를 이룬다. 그러

---

1) 김준엽과 김창순은 한일합병 이전에는 먹고 살기 위해 간도로 건너갔으며, 이후의 만주로의 이민에는 한일합병 이후 삼시협정(1925.6.11)까지는 정치적 계기가 삼시협정 이후 만주 침략(1931.9.)까지는 정치적·경제적 계기가 만주 침략 이후 해방(1945.8.)까지는 정책적 계기가 작용하였다고 지적하고 있다. 김준엽·김창순, 『한국공산주의운동사』, 청계연구소, 1986, p.19.

2) 외교통상부에서 발간하는 2003년도 <외교백서>에 따르면 재외한인 수는 아주 지역 288만, 북미 지역 232만, 구소련 지역 55만, 중남미 지역 10만, 유럽 지역 8만 정도로 대략 607만 명에 이른다. 김종회, 「한민족 문화권의 새 범주와 방향성」 (『국제한인문학연구』 창간호, 국제한인문학회, 2004.), pp.6-7 재인용.

나 중국조선족들은 연변조선족자치구가 성립된 이후 자신들의 민족문화
를 유지할 수 있는 발판이 마련되었고, 중국작가협회 연변분회(초대 주
석 최채)가 설립³⁾되어 조선족 중심의 문학 활동이 가능하게 되었으며,
연변대학의 설립으로 조선족의 문화와 문학에 대한 연구가 집중적으로
진행되어 소수민족으로서 중국조선족의 문학이 비교적 온존하게 유지되
어 올 수 있었다. 그 결과 현재 중국조선족 작가는 300명이 넘으며⁴⁾,
연변분회의 기관지인 <연변문예>⁵⁾와 한글 일간지 <연변일보>, <흑룡
강신문>를 비롯하여 <문학과 예술>, <일송정>, <도라지>, <장백
산>, <흑룡강> 등 문예지가 한글로 발간되어 왕성한 한국어 문학 창
작이 이루어지고 있다.

　중국조선족 문학의 현실에 비해 여타 지역의 재외한인들의 문학은 매
우 영성하다는 느낌을 지울 수 없다. 일본에 살고 있는 한인인 재일교포
들은 해방 직후 김달수나 김석범과 같은 1세대들에 의한 한국어 창작
활동이 왕성하게 이루어졌으나, 2~4세로 내려오면서 점차 한국어를 잃
어버리고 일본어로 창작하는 경향이 일반화되고 있다. 현재 재일 한인
사회는 민단계 재일교포들이 일본 문화로의 동화가 상당 부분 이루어졌
음에 비해 조총련계 재일교포들은 어느 정도 한민족으로서의 독자성을

---

3) 중국작가협회 연변분회가 설립되기 전에도 간도예문협회(1945), 그 후신인 연길중
　소한문화협회(1945), 연변문예연구회(1950), 연변문학예술계연합회(1952) 등 조선족
　들끼리 꾸린 작가협회와 유사한 조직이 적지 않았다. 연변조선족자치주가 성립된
　후 이들 조직은 연변조선족자치주문학예술계연합회(1953)로 통합되고 명실상부한
　조선족 작가들의 모임으로서 활동하다가 중국공산당의 정책 아래 1956년 8월 15
　일에 중국작가협회 연변작가분회로 전환하게 되었다.
4) 2006년 여름 현재 연변작가협회에 등록된 조선족작가의 수는 도합 336명으로, 그
　중 시가창작위원회에 91명, 소설창작위원회에 63명, 수필창작위원회에 63명, 문학
　평론창작위원회에 45명, 아동문학창작위원회에 74명이 소속되어 있다.
5) <연변문예>는 1951년 6월 창간된 후, <아리랑>, <연변문학>, <연변>, <연변
　문예>, <천지> 등의 이름으로 개명하면서 꾸준히 발간을 계속하여 현재 500호
　가 넘는 지령을 가지고 있는 중국조선족 문학을 대표하는 순수문예지이다.

유지하고 있는 형편이다. 그러나 현재 재일동포들의 한국어 문학 창작은 매우 적어서 <종소리>, <한흙>, <문학예술> 등의 문학지를 통해 명맥을 유지하고 있다.[6]

구소련 지역 즉 중앙아시아 지역에 살고 있는 재외한인인 고려인들의 문학은 그 양이 매우 적기는 하지만 어느 정도는 한국어로 작품이 쓰여지고 있는 실정이다. 최근까지도 <레닌기치>나 <고려일보> 등의 매체를 통하여 꾸준히 한국어로 된 문학작품들이 발표되고 있기는 하나 1980년대 중반을 넘어서면서 한국어로 쓰여진 문학 작품의 창작은 격감하고 있다.[7]

미주 지역이나 호주 그리고 유럽 등지에 살고 있는 한인들도 어느 정도 문학 활동이 이루어지고 있으나, 이 지역 한인들의 문학은 그들이 속해 있는 국가의 국어로 창작되는 것이 일반적이다. 해방 이후 주로 경제적인 이유로 해당 지역으로 이주해 간 재외한인들은 독자적인 문화를 이룰 수 있을 만큼의 집단을 이루어 살아가지 못할 뿐 아니라 각 국가의 언어에 동화된 결과이다. 그러나 미주 지역의 경우 거주하는 한인들이 200만이 넘고 로스앤젤레스, 샌프란시스코, 뉴욕, 토론토 등지에 집단으로 거주하면서 코리아타운이라는 독특한 한인 사회를 형성하여 한국에서 문단에 등단하고 이주하였거나 미국에서 한국어 창작에 관심을 가진 문학인들을 중심으로 소수이기는 하나 동인지의 형식으로 한국어 문학의 창작이 활발하게 이루어지고 있다.[8]

---

6) 한승옥, 「재일동포 한국어 문학연구 총론 (1)」, 『한중인문학연구』 14집, 2005.4. 참조.

7) 참고로 1980년에는 <레닌기치>에 100편에 가까운 한국어 작품들이 발표되었으나 1990년에는 15편 남짓만 발표되었을 뿐이다.(김필영, 『소비에트 중앙아시아 고려인문학사』, 강남대출판부, 2004, 작품목록 참조.) 이러한 한국어 문학의 급감은 소련 당국의 정책 변화와 함께 구소련의 해체 이후 고려인들의 현지 문화로의 동화에 따른 결과라 판단된다.

8) 재미 한인들의 문학 활동의 실상은 이소연, 「재미 한인문학 개관 II」(김종회 편,

2. 중국조선족 소설의 연구의 필요성과 성과

중국 조선족과 구소련 지역의 고려인들은 지속적으로 민족의 수난사를 문학 작품화하고 있다. 반면에 일본이나 미국 그리고 여타 지역의 작가들은 소수민족으로서의 자신들의 존재에 대해 갈등하며 그것을 작품화하는 경향을 보인다. 그들 또한 자신들의 현재 놓여 있는 삶의 조건과 주어진 조건 안에서 살아가는 현실의 여러 문제들을 작품화하고 있으며 가족이나 주변 인물들, 나아가 사회와의 갈등과 같은 인간의 보편적인 삶의 문제를 다루는 작품 또한 적지 않다. 이와 같이 재외한인 문학은 각 지역의 재외한인의 존재하는 조건에 따라 그들의 문제를 작품화하여 다양한 형태로 존재하고 있다.

문학의 존재 조건이 언어와 무관하지 않다고 할 때 재외한인의 문학은 그것을 만들어 내는 언어가 무엇인가에 따라 존재 방식이 달라지게 마련이다.[9] 재외한인들은 자신들이 속한 언어사회의 조건에 따라 자신이 살고 있는 국가의 언어를 사용하여 창작하기도 하고 한국어를 사용하여 창작하기도 한다. 그 양상을 개략적으로 살펴보면 중국조선족과 구소련 지역의 고려인들 그리고 재일교포의 문학에서는 정도의 차이가 있으나 한국어에 의한 창작이 존재하고 있지만 여타의 지역에서는 한국어 창작이 영성하거나 전무한 실정이다.

중국조선족 문학은 대체로 한국어로 창작된다. 중국의 경우 중화인민

『한민족 문화권의 문학』, 국학자료원, 2003.)에 상세하게 정리되어 있다. 이에 따르면 한국어 창작을 중심으로 하는 한인 문학 단체가 20여 개에 달하고, 영문 창작을 중심으로 왕성하게 활동하는 한인 작가들도 40여 명에 이른다.

9) 한민족문학의 범주를 설정하는 데에 있어 한국어 창작의 여부를 결정적인 조건으로 보아야 하는가에 대해서는 찬반양론이 존재한다. 그러나 언어적인 조건이 절대적인 것은 아니라 하더라도 한국어 창작이 아닌 경우 내용적인 요소만으로 한민족문학 여부를 결정해야 한다는 난점이 제기된다.

공화국 건국 이후 소수민족에 대한 자치권을 어느 정도 인정해 주어 중국조선족들에게 한국어가 공용어로 허용되었다. 중국의 국어는 중국어이지만 소수민족의 문화를 인정하는 차원에서 소수민족 자치구역에서는 중국어와 소수민족의 언어를 모두 공용어로 인정하는 것이 중국 정부의 정책이다. 따라서 연변조선족자치주에서는 한국어의 공식적인 사용이 허용되며, 조선족 학교에서 동일한 시수로 중국어와 한국어를 교육하고 있다. 따라서 유아기 때부터 부모들과 친지들로부터 한국어를 배우고 학교에서 정규 교육을 받는 중국조선족들은 한국어와 중국어의 이중 언어 사용자가 된다. 그 결과 연변조선족자치주에는 한국어 신문, 잡지, 방송 등이 조선족을 대상으로 활성화되어 있어 조선족문화를 일정하게 보존하며 한국어로 문학 작품을 창작할 수 있는 조건이 형성되어 있다.

그러나 구소련 지역에 거주하는 고려인들은 소련이나 소련 해체 이후 고려인들이 살고 있는 지역의 정부들이 중국과 같은 소수민족 정책을 실시하지 않고 국어의 통일을 주장하면서 점차 그들의 문화에 동화되고 모국어로서의 한국어를 점차 상실해 가고 있다. 그 결과 앞 장에서 보았듯이 아주 소수의 사람들에 의해 한민족으로서의 문화가 유지되어 오고 있을 뿐이며, 몇몇 신문의 지면을 통해 소수의 한국어로 창작된 문학 작품들이 발표되고 있는 실정이다. 이러한 현실은 재일교포의 경우에도 마찬가지 양상을 보인다. 김달수나 김석범과 같은 재일교포 1세대 작가들의 경우에는 한국어로 민족의 문제를 다루기도 하고 제주 4·3 항쟁과 같은 한국사를 소재로 한 작품을 작품들을 발표하였다. 그러나 재일교포 2세와 3세로 내려가면서 재일교포들의 사회가 점차 일본의 중심부 사회로 편입되어 가면서 유미리나 이양지와 같은 작가에서 보듯이 대부분의 재일교포 작가들은 자신들의 문제를 일본어로 창작하고 있다.[10) 그들은 일본

10) 재일교포 사회가 1세대로부터 3세대로 진행되면서 그 문학적 양상이 어떻게 변

내의 소수민족으로서 겪게 되는 많은 문제들을 일본어로 창작함으로써 일본 사회에 충격을 가하는 역할을 하고 그 결과 일본의 유수의 문학상을 수상하기도 한다. 이는 재일하는 조선인들로서 문학을 하기 위한 어쩔 수 없는 선택이겠지만 재일교포들의 사회가 한인으로서 자신들의 문화를 유지할 수 있을 정도의 권역을 유지하지 못한 결과이기도 하다.

재외한인 문학 연구의 대상을 결정하기 위하여 각 지역 한인문학의 언어적 조건과 내용적 조건을 함께 고려해 보아야 할 것이다. 해외한인 문학의 내용적 요건으로 한민족의 고난과 투쟁의 역사, 해당 지역 한인들의 문화와 전통, 소수민족으로서의 삶의 고뇌와 정체성 문제 등을 주로 다루는 것으로 정리해 볼 수 있다. 또 언어적 요건으로 한국어 창작을 우선적으로 생각할 수 있지만 해당 지역 국어를 사용하여 창작한 경우도 내용적인 요건을 충족할 경우 어느 정도 재외한인 문학으로서 연구의 대상이 될 수 있다 하겠다. 그러나 재외한인이 해당 지역의 국어로 내용적으로도 한민족의 정체성과 관련 있는 내용을 담고 있지 않은 작품을 발표한 경우에는 재외한인 문학 연구의 대상으로서 부적절하다는 판단이 가능하다.

비록 그것이 재외한인 1세대나 2~3세대에 의한 창작이라 하더라도 한국어라는 언어적 조건과 한민족의 역사와 문화와 삶이라는 내용적 요건을 충족시키지 못한다면 재외한인 문학이라는 범주에 포함하기가 어렵다. 재외한인 문학에 대해 논의하기 위해서는 무엇보다 창작 언어라는 조건과 작품이 그리고 있는 세계가 논의의 핵심이 될 수밖에 없기 때문이다. 따라서 내용과 언어라는 조건의 충족 여부에 따라 일정한 재외한

하여 왔는가에 대해서는 김숙자, 『재일한국인문학연구』(월인, 2002.)에서 1세대 김달수와 김석범, 2세대 이화성과 김학영 그리고 3세대 유미리와 이양지 등의 작가를 대상으로 상세하게 정리한 바 있다.

인 문학의 대상으로 하는 스팩트럼을 설정해 볼 수 있다. 이를 바탕으로 재외한인 문학의 존재 조건을 엉성하게나마 도식화해 보면 아래와 같이 정리될 수 있다.

내용　　　　　　　　　　　　　언어	한국어	해당 지역 국어
한민족의 고난과 투쟁의 역사	O	△
해당 지역 한인들의 문화와 전통	O	△
소수 민족으로서의 삶과 고뇌	O	△
한민족 정체성을 담보하지 못한 내용	△	×

　　재외한인 문학의 범주 설정을 위해 이러한 가설을 세웠을 때 중국조선족 문학은 필요한 조건 전부를 충족시켜 준다. 중국조선족들은 중국 정부의 소수민족 정책에 따라 연변조선족자치주를 중심으로 조선족의 전통과 문화와 언어를 고수하여 왔다. 그들은 45년이 넘는 기간 동안 북한과의 일정한 교류를 하였지만 한국과는 단절된 상황에서 민족문화를 유지하고 새로운 시대의 한국어 문학을 창조하여 왔다. 중국의 어느 민족보다 먼저 작가협회를 만들어 민족문학을 계승하여 왔고, 그 결과 현재에도 조선족만이 중국작가협회 지역분회와 연변작가협회에 이중 등록이 가능한 권리를 확보하였다. 이러한 사실은 중국조선족 문학이 중국문학의 일원이면서도 소수민족의 문학으로서의 독자성이 강조되고 있음을 의미하는 것이기도 하다. 중국조선족 문학이 갖는 이러한 민족정체성의 유지는 여타의 재외한인 문학과 비교할 때 그 중요성을 생각하게 해준다.[11]

---

11) 구소련 지역의 고려인과 재일교포들은 소수가 한국어로 창작을 하고 있고 또 한인으로서의 정체성에 관한 작품들을 적지 않이 발표하고 있다는 점에서 재외한인문학으로서 연구할 필요가 있다. 여타 지역의 문학은 소수민족으로서 그 지역에 뿌리내리는 과정에 겪는 어려움이나 정체성의 문제 등이 작품의 중심 주제를 이루는 경우가 많으나 언어적인 조건에서 중국조선족의 문학에 비해 재외한인 문학으로서의 위상이 다소 떨어져 국문학자의 연구 대상으로 적절한가 하는 의문을 갖게 한다.

재외한인들은 이민국의 국민으로서의 정체성과 한민족이라는 민족적 정체성 사이에 존재한다. 이러한 민족 정체성의 문제는 중국조선족, 재일교포, 구소련 지역 고려인, 그리고 미주 지역과 기타 여러 지역의 재외한인들에게도 마찬가지 양상일 것이라는 추정이 가능하다. 그러나 재일교포나 고려인들의 경우 중국조선족에 비해 그 수도 적을 뿐 아니라 이미 상당히 언어적 동화가 진행되어 있다는 점에서 중국조선족의 경우[12]와는 비교되지 않을 정도로 민족 정체성을 상실하였다.

해방 이후 구미 지역으로 건너간 재외한인들은 개인적인 성장을 위한 이민이 주를 이루었고 경제적인 부를 창출하기 유리한 도시 생활을 선택함으로써 한인들의 밀집 지역을 중심으로 코리안 타운을 형성하지만 한민족 공동체를 형성하기보다는 경제적 이익을 창출하기 위한 집거의 형태를 이루어 개인적인 연결 관계만을 유지하여 한민족의 문화를 유지하는 공동체로서의 성격은 약화되고 있다. 더욱이 그들은 이민국의 문화 속에 동화되기 위한 노력을 기울임으로써 급속히 민족 정체성을 상실[13]

---

12) 중국조선족이 민족 문화와 전통 그리고 언어를 유지할 수 있은 중요한 계기는 농촌을 기반으로 조선족 마을을 이루어 삶을 영위해 왔다는 점과 중국 정부의 소수민족 정책에 따라 초중등 교육이 조선족 학교에서 이루어지고 연변대학에서 조선족을 위한 대학교육이 이루어진 점과 깊은 관련을 갖는다. 이는 재일교포와 구소련 지역 고려인들이 민족의 전통과 언어를 급속히 잃어간 것과 비교가 되는 사안이다.

13) 재미한인 3세인 캐시 송(Cathy Song)을 비롯한 여러 시인들이 초기 하와이나 미국 본토 이민 과정에서의 고난을 다루는 등 민족의 고난사를 다룬 재미한인 문학 작품이 없는 것은 아니다.(최미정, 「재미한인 시에 나타난 '사진 신부'의 삶과 꿈」(『월간 창조문예』 117호, 2006.10.) 참조.) 그러나 대부분의 재미한인 문학은 민족 정체성에 관한 관심에서 멀어져 있고 민족과 조국을 다루는 이민 1세들의 작품의 경우에도 개인적인 차원에서의 그리움이나 외로움 등이 작품의 주제로 등장하는 경우가 적지 않다. 유선모는 재미한인 작가를 미국 국적을 가진 한국계 이민으로 영어를 사용하여 미국 생활을 주제로 한 작품을 쓰는 한국계 미국인 작가와 한국어로 작품을 쓰는 재미작가로 구분하면서 작품의 내용이 한국에서 일어난 사건만을 다룰 때 재미 작가의 범주에 두어야 하는지에 대한 문제를 제기하고 있다.(유선모, 『미국 소수민족 문학의 이해-한국계편』, 신아사,

해 갔다. 이민국의 교육 정책에 따르지 않을 수 없는 현실적인 상황과 이민국의 문화 속으로 편입하여 경제적 안정을 꾀하려는 이민자들의 의식으로 구미지역의 재외한인들은 이민 2세로 내려가면서 언어적 정체성을 급속히 상실해 가게 되는 데 이러한 급격한 현지화가 재외한인 문학으로서의 의미를 퇴색시킨 결과를 낳게 하였다.

그러나 중국조선족들은 다른 지역의 재외한인들에 비해 이중 정체성을 자신들의 핵심 문제로 인식하며 살아가고 있다. 중국 국민으로서의 정체성과 한민족으로서의 정체성이라는 이중 정체성의 혼란 속에서 민족적 정체성을 유지하기 위해 애쓰고 있는 중국조선족 문학은 그 자체가 문제적이다.[14] 중국조선족 작가들이 중국의 문예정책에 따라 창작에 임하면서도 한민족의 전통과 문화를 끊임없이 문제 삼으며, 중국에서 살아가고 있는 조선족들의 삶이 갖는 특수성을 형상화하고 있고, 또 한중수교 이후 중국조선족의 변화된 삶의 모습과 함께 현재 중국조선족에게 모국이란 무엇인가에 대한 고민을 문학작품으로 형상화하고 있다. 이는 재외한인으로서 자신들의 정체성을 확인하는 작업이며 한민족의 정체성

2001, pp.19-20) 유선모가 말하고있는 한국계 미국인 작가 범주에 속하는 작가들의 작품은 미국의 소수민족 문학으로서의 지위는 확보하지만 한민족 문학의 범주에 포함시키기에는 많은 어려움이 있지 않을까 한다. 이러한 재미한인 문학의 현실은 언어와 민족 정체성을 유지하고 있는 중국조선족 문학의 특수성과 중요성을 다시 생각하게 해 준다.

14) 중국조선족 문학은 중국이라는 다민족 국가를 구성하고 있는 소수민족의 문학이다. 즉 중국조선족 문학은 중국 문학의 한 부분일 따름인 것이다. 그러나 중국의 소수민족 중에서 모국이 존재하는 몇 안 되는 민족의 하나이며 자신들의 뿌리를 정확히 인식하고 있고 중국 소수민족으로 편입되게 된 역사적 과정을 기억하고 있는 조선족은 중국의 여타 소수민족과는 달리 이중 정체성의 혼란이 더욱 심하다. 중국조선족의 민족적 정체성에 대한 고민의 일단은 정판룡, 「중국조선족 문화의 성격 문제」(『정판룡문집 2』, 연변인민출판사, 1997, pp.1-15)과 김호웅, 「접목의 원리와 조선족 공동체의 진로」(『중일한문화산책』, 흑룡강조선민족출판사, 2005, pp.1-21.) 등에 잘 나타나 있다. 중국조선족의 민족적 정체성 문제는 중국조선족 연구자들의 여러 글에서 중국조선족 문화의 특수성을 정리하는 핵심적인 개념으로 자리 잡았다.

을 고구하는 과정이기도 하다. 이런 점에서 중국조선족 문학은 한국문학 연구자들이 관심을 가지고 연구하여야 할 대상으로 받아들여야 할 필요가 생긴다.

더욱이 일제강점기 만주지역에서의 조선인들의 삶과 투쟁의 역사를 문학적으로 형상화한 소설의 경우 중국조선족 문학이 일구어낸 업적은 남북한문학에 결코 뒤지지 않는다. 중국조선족은 일제 강점기 항일 무장 투쟁의 중심에 있었으며 그로 인해 경신참변과 같은 참절한 피해를 입은 바 있다. 또 만주국의 건립 이후에도 재만조선인들은 오족협화라는 미명 아래 개척 이민을 통하여 만주 개척의 선봉에 섰지만 일본인은 물론 한족이나 만족에 비해서 정치적·경제적으로 홀대를 받으며 지내왔다.15) 그들은 현실적인 악조건 속에서도 일제와의 투쟁의 끈을 놓지 않았으며, 일제가 패망한 이후 조국으로 돌아가지 않은 조선족들은 국민당과 공산당 사이의 내전의 상황에서 중국에 살고 있는 한민족의 미래를 위하여16) 소수민족의 토지 소유권과 자치권을 일정하게 보장해준다는 공산당 측에 서서 헌신적인 투쟁을 계속하였다. 중국조선족 작가들은 선

---

15) 만주국 건국 이후 정부의 관리들의 대부분이 중국계와 일본계로 채워졌다. 대다수 조선인들이 모여 살던 간도성의 경우에도 조선인 관리는 25%에 미칠 뿐이었고 성장, 현장, 경찰청장 등의 고위 직책은 모두 중국인에게 돌아갔다. 오족협화라는 명분을 내세운 만주국이었지만 조선인들의 삶은 만주국 건국 이전이나 이후 달라진 것이 별로 없었다. 윤휘탁, 「만주국의 '민족협화' 운동과 조선인」, 한국민족운동사학회 편, 『한국항일민족운동과 중국』, 국학자료원, 2001, pp.144-171 참조.

16) 만주 지역에 남은 조선인들이 공산당 측으로 기운 것은 1928년 「중공만주성위고 만주농민서」에서 조선족 노동자와 농민이 "일률적으로 토지 생산기관 소유권과 혁명정권을 향유한다"고 규정한 후, 소수민족도 한족과 동일한 토지소유권을 확보하게 해 준다는 정책이 계속 이어졌으며, 1947년 12월 11일 중국공산당이 영도하는 동북행정위원회는 『토지법대강』을 실행하는 것과 관련된 보충 방법에서 "동북해방구경계내의 소수민족은 한인과 동등하게 땅을 나누어야 하며 소유권도 가져야 한다."고 규정하였다. 이러한 공산당의 토지정책은 많은 조선인들이 공산당 측에 서게 하는 결정적인 요인이 되었다. 중국 공산당의 토지 정책과 관련한 내용은 이해영, 『중국조선족 사회사와 장편소설』, 역락, 2006, p.56 이하 참조.

조들의 고난에 찬 삶과 치열한 투쟁의 역사에 대한 자존심을 바탕으로 문학 작품을 창작한다. 김학철의 <격정시대>, 리근전의 <고난의 년대>, 최홍일의 <눈물 젖은 두만강> 등의 작품은 일제 강점기 민족의 고난과 항일 운동을 소설화한 좋은 예이다.

이상의 논의에서 살펴보았듯이 중국조선족 문학은 현재 한반도 내에서 이루어지고 있는 남북한문학을 제외하고는 한국어 문학의 최대 보고이다. 한국문학의 범주를 한국 또는 한반도라는 지역적 한계를 벗어나 생각하면 중국조선족 문학은 한국문학의 범주에 가장 가까이 놓여 있는 재외한인 문학이다. 이런 점에서 중국조선족 문학은 한국문학 나아가 한민족문학의 연구를 위하여 한국문학 전공자들에 의해 본격적으로 소개되고 연구될 필요가 있는 것이다. 그러나 중국조선족 문학에 대한 연구는 중국의 개혁·개방과 한중수교 이전에는 중국조선족들이 적성국가의 국민들의 문학이라는 이유로 접근이 불가능하였다. 북한문학과 마찬가지로 중국조선족 문학은 한국문학 연구자들에게는 접근할 수 없는 존재였던 것이다.

중국의 개혁개방과 한중수교 이후 한국에서는 중국조선족에 대한 관심이 일기 시작하였다. 반세기 가까운 세월을 서로 떨어져 살았지만 중국조선족들이 예전 우리가 가지고 있던 전통을 상당 정도 유지하면서 조선족의 문화를 유지하고 한국어로 된 문학을 창작하고 있다는 것은 많은 사람들의 관심을 불러일으키기에 충분했다. 초기에 연변을 드나들던 연구자들은 연변조선족자치주와 기타 중국조선족의 집거지를 중심으로 연변조선족의 삶과 현실 그리고 문화적 특징 등에 대해 많은 연구를 진행하였으며, 한국문학과는 다소 이질적인 중국조선족 문학에도 관심을 갖게 되어 중국조선족 문학 작품집이 출간된 바도 있다.[17]

17) 이 시기 출간된 대표적인 중국조선족 작품집은 아래와 같다.

개혁·개방과 함께 중국조선족 연구자 1세대들은 민족정체성과 관련하여 자신들의 문학에 대한 연구를 시작하였다. 1950년대의 비평 수준을 넘어 중국조선족 문학과 문화의 특성을 연구하기 시작한 이들은 우파와 소수민족에 대한 압박이 심했던 20여 년간 언급조차 하지 못하던 조선족의 문학과 문화에 대한 연구를 통해 조선족문학의 개념, 역사, 특성 등에 관한 광범위한 연구 성과를 보여주어 이후 중국조선족 문학 연구의 방향을 결정해 준 선도적인 업적을 이루었다.[18] 이에 비해 한국 측 연구자들의 중국조선족 문학에 관한 연구는 중국과의 교류가 시작되자 조선족이 모여 살고 있는 연변을 드나들면서 그들의 문학 작품을 접하게 된 연구자들에 의해 개인적인 관심을 바탕으로 이루어졌다. 이들의 연구에 직접적인 영향을 준 것은 중국조선족 연구자 1세대들의 연구 결과이다.

중국조선족 연구자 2세대들은 자신들의 문학적 유산을 정리하기 위해 1세대들의 연구 업적을 바탕으로 다양한 방법으로 연구를 진행하였다. 특히 한국에서 석박사 과정을 수학을 하고 돌아간 연구자들이 한국과 중국의 출판사에서 그들의 연구 결과물들을 단행본으로 출간[19]하면서

리태수 외, 『그녀는 고향에 다녀왔다』, 슬기, 1987.
흑룡강조선민족출판사 편, 『일송정 푸른 솔은』, 삼민사, 1988.
이근전, 『고난의 년대』, 세계, 1988.
김학철, 『격정시대』, 풀빛, 1988.
김학철, 『해란강아 말하라』, 풀빛, 1988.
김학철, 『무명소졸』, 풀빛, 1989.
김학철 외, 『나는 조선민족이다』, 한울림, 1989.
18) 중국조선족 연구자 1세대들의 대표적 연구 업적은 이래와 같다.
임범송·권철 주필, 『중국조선족문학』, 흑룡강조선민족출판사, 1989.
조성일·권철, 『중국조선족문학사』, 연변인민출판사, 1990.
정판룡, 『정판룡문집』, 연변인민출판사, 1992.
19) 최근 한국에서 발간된 중국조선족 연구자들의 연구서는 아래와 같다.
오상순, 『개혁개방과 중국조선족 소설문학』, 월인, 2001.
이광일, 『해방 후 조선족 소설 문학 연구』, 경인문화사, 2003.

중국조선족 문학에 관한 연구가 한국과 중국 양측에서 활기를 띠게 된다. 또한 한국의 연구자들에게서도 중국조선족 문학에 대한 연구가 개인적인 차원에서 꾸준히 이루어져 상당히 많은 논문들이 학술지에 발표되고 있으며 연구자들의 공동 작업에 의한 단행본이나 개인 연구자에 의한 연구서가 출간되기에 이른다.[20]

최근 중국조선족 문학에 대한 연구는 김학철, 리욱, 임효원 등 몇몇 작가에 한정되어 있던 연구 대상을 다양한 작가들의 작품으로 확대하여 중국조선족 문학의 실상을 파악하는 방향으로 진전되고 있다. 오상순이나 이광일이 중국조선족 문학의 흐름을 정리하여 다양한 작가들을 대상으로 하였고 이해영은 김학철, 리근전, 최홍일 등으로 연구 대상을 확대하여 심도 있는 연구를 진행하였다. 또 최병우는 최근 중국조선족 연구자들 사이에서 연구가 중단되고 있는 리근전의 작품에 대한 집중적인 연구를 진행하고 있기도 하다.

다른 한편으로 중국조선족 문학에 대한 연구가 개인적인 연구에서 연구팀에 의한 본격적인 연구로 전환하는 모습을 보여주기도 한다. 한림대학교 정덕준 교수팀들은 학진 지원을 받은 공동작업을 통하여 근대 이후 1990년대까지의 중국조선족 문학의 전개 양상과 특성을 장르 별로 체계적으로 살펴보고, 그 문학적 성과와 민족문학사적 의의를 정리하고, 불완전하나마 이 시기 발표된 중국조선족 문학 작품의 목록을 정리하여 CD의 형태로 제공하여 다음 세대의 연구에 많은 도움을 제공하고 있다.[21] 또 2005년부터 아주대학교 중국조선족문학 연구팀은 한국학술진

이해영, 『중국조선족 사회사와 장편소설』, 역락, 2006.
이종순, 『중국조선족 문학과 문학교육』, 서우얼출판사, 2006.
김경훈, 『중국조선족 시문학 연구』, 한국학술정보, 2006.
20) 김승찬 외, 『중국조선족 문학의 전통과 변혁』, 부산대출판부, 1997.
황송문, 『중국조선족 시문학의 변화양상 연구』, 국학자료원, 2003.

홍재단의 연구지원을 받아 해방 이후 한중수교까지의 연변조선족 문학 작품의 완전한 목록을 작성하여 데이터베이스화하고, 대표적인 작품을 선정하여 작품 본문을 전산 입력하여 목록과 함께 데이터베이스화하는 작업을 진행하고 있다. 또 이들은 이러한 자료 정리 작업을 바탕으로 중국조선족 문학에 대한 다양한 시각의 논문들을 양산함으로써 향후 중국조선족 문학에 관한 초석을 다지고 있다.

3. 중국조선족 소설의 연구 방향

중국조선족 문학에 대한 연구는 한국문학 연구자들의 관심을 필요로 한다. 중국조선족 문학은 중국문학 연구자들의 관심을 받지 못하고 있고 중국조선족 연구자들과 일부 한국 연구자들에 의해 연구되고 있을 뿐이다. 최근 재외한인 문학에 대한 연구의 필요성을 공감한 연구자들에 의해 국제한인문학회가 결성되어 학술지 <국제한인문학>이 발간되고 있으며 전 세계에 흩어져 있는 한민족의 문학을 연구하려는 움직임이 일고 있다. 해외한인 문학 중에서 연구의 필요성을 드러내고 있고 또 한국문학 전공자가 다가서야 할 대상이 중국조선족 문학이다. 남한문학의 연구 성과를 바탕으로 북한문학에 대한 연구를 진행[22]하여 한반도 내에서 이루어지는 한민족의 문학을 정리함과 동시에 중국조선족 문학을 본격적으로 연구함으로써 한국문학 연구의 폭과 깊이를 더해갈 수 있을 것이다. 이를 위해 향후 중국조선족 문학에 대한 연구는 아래와 같은 점에

---

21) 정덕준 외, 『중국조선족 문학의 어제와 오늘』, 푸른사상, 2006.
22) 북한문학에 대한 사적 연구와 자료 차원의 연구가 진행된 지 10년이 가까워 오고, 이제는 북한문학 작품에 대한 본격적인 연구가 이루어지고 있다. 이영미, 『북한 문학과 정치 커뮤니케이션』, 보고사, 2006. 참조.

초점이 맞춰져야 할 것이다.

첫째, 우선 가장 먼저 추진되어야 할 일은 중국조선족 문학에 대한 자료 정리이다. 현재 중국조선족 학자들을 중심으로 중국조선족문학전집의 출간되고 있다. 2000년대 초에 연변인민출판사에서 <20세기중국조선족 문학사료전집>을 출간한 바 있고, 최근 연변대학교 조선언어문학연구소 중심으로 <중국조선민족문학대계>(흑룡강조선민족출판사)를 지속적으로 출간하고 있다. 그러나 이들 전집은 안수길, 현경준, 김창걸, 최명익, 김조규 등 재만조선인 문학이 중심을 이루고 중화인민공화국이 건립한 이후 중국조선족 문학은 아주 소략하게 취급되어 중국조선족 문학을 연구하기 위한 자료로서는 불충분하다. 일제가 패망한 이후 만주 지역에 남아 있던 조선인들이 창작한 작품으로부터 소수민족으로서 중국조선족의 문학 작품들을 정리하는 작업은 중국조선족 문학 연구를 위하여 중요한 의의를 지닌다. 중국조선족 문학 작품을 모으고 전산 입력하고 각 시기별로 중국조선족 문학을 대표할 수 있는 작품을 선별하여 필요한 경우 주석을 달아 선집의 형태로 출간하는 일은 중국조선족 문학 연구의 대상 확대와 관련지어서도 무엇보다 선행되어야 할 작업이다.[23]

둘째, 일제 강점기의 역사와 중국의 당대사와 관련하여 중국조선족 문학에 대한 새로운 읽기 작업이 필요하다. 중국조선족은 일제 강점기 만주 지역에서 간고하게 살아온 재만조선인의 후예이며 중국의 국민으로서 중국 당대사를 몸으로 체험해 온 사람들의 문학이다. 따라서 그들의 문학을 연구하기 이해서는 만주 지역의 근대사와 관련하여 또 중국의 당대사와 관련하여 작품을 살펴 볼 필요가 있다. 특히 만주지역 독립 운동

---

23) 앞에서 밝힌 아주대학교 중국조선족문학 연구팀이 해방 이후 한중수교까지 발표된 중국조선족 문학 작품을 전산 입력 작업을 하는 것은 자료 정리의 차원에서 매우 고무적인 일이다.

의 형상화 방법과 관련한 주제는 남북한 문학과 중구조선족 문학을 통괄하여 살펴 볼 필요가 있다. 또 1940년대 후반 중국혁명의 과정에서 일구어낸 중국조선족의 역할을 문학적 형상화한 작품에 대한 연구와 중국의 소수민족 정책과 문예 정책의 변화에 따른 중국조선족 문학의 대응 양상 등을 살피는 것도 중국조선족 문학을 보다 심도 있게 바라보기 위한 핵심 과제가 된다.

셋째, 개혁개방 이후 조선족문학의 변화 양상에 대한 연구이다. 중국조선족 문학은 중국문학의 한 부분이므로 개혁개방 이후의 중국조선족 문학은 중국문학의 주류의 움직임과 무관하지 않을 것이다. 상처문학, 반성문학 등과 같은 중국 당대문학사의 흐름과 관련지어 중국조선족 문학을 바라보는 것이 이러한 관점을 반영한 것이다.[24] 그러나 한국문학 전공자들이 중국조선족 문학을 접근하기 위해서는 이러한 접근에서 벗어나 1950년대 말의 반우파 투쟁 이후 문화대혁명이 끝나는 시기까지의 중국 문화 중심 정책에서 소수민족의 문화를 인정해주는 개혁개방 정책으로의 변화가 중국조선족 문학에 어떠한 영향을 주었는가에 대해 연구해야 한다는 것이다. 중국조선족이 갖는 이중적 정체성이 국민정체성에서 민족정체성으로 변화해 가면서 그것이 중국조선족 문단에 어떻게 영향을 미치며 어떠한 방식으로 작품에 드러나는가를 세밀하게 살피는 연구는 중국조선족 문학 연구가 한국문학 연구의 범주 속으로 들어오기 위한 한 방안이 될 것이다.

넷째, 한중 수교가 중국조선족 문학에 미친 영향을 살피는 작업이다. 1992년 한국정부와 중국정부가 공식적으로 외교 관계를 맺었다. 물론 한

---

24) 개혁개방과 한중수교 이후의 중국조선족 문학의 특성을 중국 당대문학사의 변화 추이에 맞추어 정리한 오상순의 앞의 책은 이러한 연구 방법의 대표적인 예가 된다.

중수교 이전에도 적지 않은 한국 인사들이 중국을 방문하였지만, 한중간의 왕래가 자유로워지면서 중국조선족 작가들은 모국인 한국의 경제 성장을 체험하였고, 작가들 사이의 교류에 의해 한국문학의 영향을 일정하게 받기도 한다. 또 한중수교로 많은 중국조선족들이 한국에서 취업을 하게 되는데 이는 중국조선족의 경제 상황을 윤택하게 하였지만 많은 부작용을 낳기도 하고, 모국 한국에 대한 희망과 실망이 교차하면서 한국에 대한 새로운 시각이 형성되기도 하였다. 또 농촌을 기반으로 하던 중국조선족 사회가 와해되고, 또 많은 중국조선족들이 보다 나은 수입을 찾아 한국으로 관내의 대도시로 이동하게 되었다. 이러한 중국조선족 사회의 변화는 중국조선족 문학에 많은 변화를 초래하였을 것이다. 이러한 한중수교 이후의 중국조선족 문학의 변화 추이를 내밀하게 연구하는 것은 현재의 중국조선족 문학을 체계적으로 연구하기 위한 출발점으로서의 의의도 갖는다.

다섯째, 점진적으로 중국조선족 문학에 대한 미학적 연구가 축적되어야 한다. 중국조선족 문학은 중국의 소수민족 문학으로 존재하면서 중국의 문예정책을 철저하게 반영하여 왔다. 따라서 중국조선족 문학은 '문학예술사업은 혁명 사업에 기여하여야 하며, 광범한 대중에게 영향을 미칠 수 있어야 한다'는 중국의 문예정책의 지침에 따른 것이어서 문예미학적 접근이 어려운 부분이 있다. 하지만 중국조선족 문학만이 가지고 있는 독특한 미학적 특성을 밝혀내는 것은 앞으로의 해외한인 문학 연구를 본격화하고 중국조선족 문학을 한국문학의 한 부분이 되도록 하기 위해 반드시 필요한 작업이다.

여섯째, 남북한 문학 나아가 재외한인 문학과의 비교 연구가 필요하다. 중국조선족 문학의 특성을 정리하기 위해서는 작품에 대한 문예 정책적, 역사적, 미학적 연구가 이루어져야 하지만, 재외한인 문학으로서의 중국 조선족 문학을 올바로 연구하기 위해서는 남북한 문학은 물론 재일교포, 구소련 지역의 고려인 그리고 세계 각 지역의 재외한인들이 이룩한 문학들과 비교하는 작업이 필요하다. 각 지역의 재외한인들은 각기 다른 이유로 이국땅을 선택했으며 그들의 삶의 조건과 추구하는 욕망이 다르다. 이러한 각 지역 재외한인의 차이에 따라 발생하는 문학의 편차를 비교하는 연구는 재외한인 문학에 대한 연구를 심화시킬 수 있고, 이는 결국 중국 조선족 문학의 특수성을 밝히는 일로 이어질 수 있을 것이다.

참고 문헌

권철·조성일, 『중국조선족문학사』, 연변인민출판사, 1990.

김경훈, 『중국조선족 시문학 연구』, 한국학술정보, 2006.

김숙자, 『재일한국인문학연구』, 월인, 2002.

김승찬 외, 『중국조선족 문학의 전통과 변혁』, 부산대출판부, 1997.

김종국 외, 『중국특색조선족문화연구』, 료녕민족출판사, 2000.

김종회, 「한민족 문화권의 새 범주와 방향성」, 『국제한인문학연구』 창간호, 국제한
　　　인문학회, 2004.

김준엽·김창순, 『한국공산주의운동사』, 청계연구소, 1986.

김필영, 『소비에트 중앙아시아 고려인문학사』, 강남대출판부, 2004.

김호웅, 「접목의 원리와 조선족 공동체의 진로」, 『중일한문화산책』, 흑룡강조선민족
　　　출판사, 2005.

오상순, 『개혁개방과 중국조선족 소설문학』, 월인, 2001.

유선모, 『미국 소수민족 문학의 이해 - 한국계편』, 신아사, 2001.

이광일, 『해방 후 조선족 소설 문학 연구』, 경인문화사, 2003.

이명재 외, 『억압과 망각, 그리고 디아스포라』, 한국문화사, 2004.

이소연, 「재미 한인문학 개관 II」, 김종회 편, 『한민족 문화권의 문학』, 국학자료원,
　　　2003.

이영미, 『북한 문학과 정치 커뮤니케이션』, 보고사, 2006.

이종순, 『중국조선족 문학과 문학교육』, 서우얼출판사, 2006.

이해영, 『중국조선족 사회사와 장편소설』, 역락, 2006.

임범송·권철 주필, 『중국조선족문학』, 흑룡강조선민족출판사, 1989.

장사선·우정권, 『고려인 디아스포라 문학 연구』, 월인, 2005.

정덕준 외, 『중국조선족 문학의 어제와 오늘』, 푸른사상, 2006.

정판룡, 「중국조선족 문화의 성격 문제」, 『정판룡문집 2』, 연변인민출판사, 1997.

중국작가협회 연변분회 편, 『문학평론집』, 민족출판사, 1982.

최미정, 「재미한인 시에 나타난 '사진 신부'의 삶과 꿈」, 『월간 창조문예』 117호,
　　　2006.10.

최병우. 「<고난의 년대>의 탈식민지적 연구」, 『한중인문학연구』 18집, 2006.8.

한승옥, 「재일동포 한국어 문학연구 총론 (1)」, 『한중인문학연구』 14집, 2005.4.

황송문, 『중국조선족 시문학의 변화양상 연구』, 국학자료원, 2003.

중국 조선족 소설 연구의 현황과 현재적 의의

김 형 규

목 차

---

1. 중국 조선족 문학의 특수성과 관점의 문제

현재 시점에서 조선족 문학은 재외한국문학[1]의 범주에서도 상당히 특

---

1) 해외에서 생산되는 한민족 문학에 대한 명칭과 범주는 명확하지 않을뿐더러 통일
된 개념을 적용하기도 어렵다. 이는 재외한인들의 위상이 거주지역이나 국적에

이한 성격을 지니고 있다. 중국 국적을 가지고 있는 한민족이라는 점, 다시 말해 중국이라는 국가 체제에 기본적으로 속해 있으면서 한민족의 언어로 문학 활동을 하고 있다는 점은 재미한인이나 재일한인 문학과는 상이한 점이다. 물론 재일한인 중에는 한국어 창작을 고수하고 있는 집단이 있지만 그들의 국가관은 모국 지향적이라는 점에서 차이가 있다. 특히, 조선족 문학의 출판어(print-language)[2]가 한국어라는 점은 기본적으로 조선족이 중국이라는 국가 공동체에 소속되어 중국 국민으로서의 삶을 영위하고 있다는 점에 비추어볼 때 매우 특이하고도 중요한 일이라 할 수 있다. 국가(nation)와 민족(ethnicity)[3]이 동일한 형태로 발전해

따라 상이하고, 국가와 민족, 그리고 언어와 역사 등이 복잡하게 관계 맺고 있는 상황이기 때문이다. 본고에서는 '동포' 또는 '교포'라는 용어가 정서적이고 감정적인 요소를 내포하고 있는 측면이 강하기 때문에 보다 객관적이고 가치중립적인 차원에서, '재외동포', '재외동포문학'이란 용어대신 '재외한인', '재외한국문학'이란 용어를 사용하도록 하겠다. 여기서 '한국'은 남한과 북한을 모두 포함하는 포괄적인 차원에서 사용하고 있음을 밝힌다. 이에 따라 '조선족'에 대한 명칭도 '재중한인'으로 표기해야 하지만 조선족의 경우 중국 국민으로서의 자의식이 뚜렷하고, 그들 스스로도 '중국조선족'이라 명확하게 규정하고 있으므로 '조선족', '조선족문학'이란 용어로 통일하여 사용한다.

2) 앤더슨은 출판어(활자어, print-language)를 새로운 공동체의 상상을 가능하게 하는 기초적이면서 역사적인 사건으로 보고 있다. 이 출판어의 출현은 '생산 시스템과 생산관계,' '커뮤니케이션 기술', '인간의 언어적 다양성이라는 숙명성' 등에 의한 우연적이고도 폭발적인 상호작용의 결과로 보고 있다. (Benedict Anderson, 『상상의 공동체』, 윤형숙 역, 나남출판, 2002, pp.71-76 참조)

3) 'ethnicity'는 공통의 신화, 역사적인 기억과 문화의 공유, 특정 고국과의 심리적 결합, 하나의 공동체에 속한다는 소속감과 연대감을 공유하는 문화적 공동체라 할 수 있다. 이에 반해 'nation'은 공통의 경제와 법적 권리·의무 등을 포함하는 정치적인 공동체라 할 수 있다.(윤인진, 『코리안 디아스포라』, 고려대학교출판부, 2004, p.23)

서구어인 'nation'의 의미가 정치적인 테두리를 전제로 하고 있음에도 불구하고 우리말로 '민족'으로 번역되는 경우가 많은 것은 민족적으로 동일한 국가형태를 오랫동안 지속해 온 역사적인 경험과 관련이 있을 것이다. 하지만 위에서 언급했듯이 '민족'은 문화적인 동질감을 강조하는 'ethnicity'의 의미로 사용하고 'nation'은 국가를 전제로 한 '국민'으로 사용하는 것이 혼란을 줄일 수 있으리라 생각된다. 이와 관련하여 'nationalism'의 경우에도 다양한 계층과 인종의 국민적인 동질화를 이루었거나, 이루길 지향하는 국민이 주체가 된다는 점에서 '민족주의'로 번

온 우리의 역사적 경험에 비추어보면 국가와 민족이 일치하지 않는, 중국적이면서 동시에 한국적인 조선족문학의 이러한 특수성은 쉽게 이해되기 힘든 부분이다. 우리는 1천년 이상 단일민족국가로, 그것도 중앙집권화가 강화되는 형태로 발전해왔으며, 언어와 문화공동체의 발전도 한반도라는 지리적 공간을 주로 하여 전근대적인 것이었지만 국가의 발전과 궤를 같이 해왔다.[4] 이렇게 언어공동체가 민족공동체이면서 동시에 국가공동체를 이루고 있던 우리로서는 국가와 민족, 혹은 언어가 이질적이면서 통일적인 정체성을 이루고 있는 중국 조선족의 상황을 명확하게 인식하기가 쉽지 않다.

중국 조선족은 한반도에서 이주한 조선민족의 한 갈래이지만 엄연한 중국 국민이다. 그들은 중국 소수민족 중 국경 밖에 독립된 나라를 가지고 있는 민족 중 하나로 토착 민족이 아닌 이주민족이라는 점에서 모국의식이 강한 편이다. 하지만 중국 국민으로서의 국가의식 또한 강한 점을 부정하기는 어렵다. 그들의 국가의식은 1949년 중화인민공화국의 건립과 함께 이중국적이 허용되지 않으면서 중국 국적을 대부분 획득하고, 1952년 연변 조선족 자치구 인민정부가 수립됨으로써 공식화되었다. 하지만 조선족이 중국인으로서의 국민의식을 실질적이고도 확고하게 가지게 된 것은 그들의 역사적 체험이나 정치적 배경과 함께 이해해야 한다. 조선족은 우선 불모지였던 중국 동북지역에 정착하여 생존기반을 일궜기 때문에 지역적인 애착심이 강하다. 그리고 일본 제국주의에 대한 저항과 중국 내전 등에 적극적으로 참여함으로써 중국 공산당 정권 수립에 실질적인 기여를 했기 때문에 중화인민공화국 건설에 한 몫을 담당했다는

역, 사용하는 것도 재고해 볼 필요가 있다.
4) 서중석, 「한국에서의 민족문제와 국가」, 한국사연구회 편, 『근대 국민국가와 민족문제』, 지식산업사, 1995, p.112.

자부심을 가지고 있다. 여기에 중화인민공화국 건립 당시에 이루어진 토지 개혁 과정에서 동등한 지위에 바탕을 둔 토지분배를 받음으로써 소작농의 지위에 머물러 있던 사회적 지위가 변했다는 점과 모국의 분단으로 인해 남과 북 그 어디도 통일된 국민적 정체성을 가지는데 한계가 있었다는 점 등도 중국 국민으로서의 자의식을 강화하게 된 배경이라 할 수 있다.[5]

조선족 문학은 이주 초기나 일제 식민지시기에는 조선 문인들의 망명 혹은 정착과정에서 이루어진 활동들에 근원을 두고 있다. 김택영, 신채호에서부터 윤동주, 안수길, 김창걸 등 소위 재만문학(在滿文學)의 범주가 조선족 문학의 모태를 형성했다. 이후 1949년 중화인민공화국의 건립 이후 민족 자치가 실시되고 '연변문예연구회'가 결성되면서 본격적이고 독자적인 문학 활동이 전개되기 시작한다. 1956년 중국작가협회 연변분회가 결성된 후 연변지부를 중심으로 길림지부, 목단강지부, 할빈지부, 심양지부, 북경지부, 통화지부 등으로 구성되어 현재에 이르고 있다. 조선족 문학은 민족적 특징을 강하게 내포하고 있으면서 민족의 언어로 문학 활동을 하고 있는, 중국의 지배적인 한족문학과 다른 독자적인 특질을 가지고 있는 대표적인 소수민족문학으로 평가받고 있다. 현재 연변분회 회원은 400여명, 중국 작가협회 정식 회원 작가는 40여 명에 이르

---

5) '조선족'이라는 명칭도 중국이라는 국가적 테두리를 전제로 한, 중국 내 소수민족 중 하나를 지칭하는 용어라고 할 수 있다. 실제로 조선민족, 고려인, 조선인, 조선족 등 다양한 명칭으로 불리던 재중한인들의 명칭이 '조선족'으로 확립된 것은 연변 조선족 자치구가 건립된 1952년 전후이다. 조선족 사회의 형성과정에 대해서는 다음의 책들을 참고할 수 있다.
  김상철·장재혁, 『연변과 조선족』, 백산서당, 2003, pp.81-98.
  정신철, 『한반도와 중국 그리고 조선족』, 모시는사람들, 2004, pp.32-35.
  임계순, 『우리에게 다가온 조선족은 누구인가』, 현암사, 2003, pp.236-251.
  이재달, 『조선족 사회와의 만남』, 모시는사람들, 2004, pp.21-68.
  윤인진, 『코리안 디아스포라』, 고려대학교출판부, 2004, p.45-86.

는 것으로 알려져 있다.

 숙명적으로 중국적 요소와 모국적 요소가 혼재한 조선족 문학의 이중적 성격6)은 조선족 문학의 독자성을 뒷받침하면서 조선족 문학의 정체성을 구성하는 핵심적인 근거이다. 그렇기 때문에 조선족 문학의 특수성에 대한 통찰을 바탕으로 조선족 문학이 구성해왔거나 지향하고 있는 정체성을 구체적으로 해명하는 것은 조선족 문학이 지닌 위상과 의의를 규명하는 첫걸음이 될 것이다. 이는 조선족 문학을 우리 문학사의 성과로 자리매김하기 위한 과정에서도 필수적인 사항이다. 하지만 무엇보다도 특수하면서도 독자적인 조선족 문학의 성격을 전제하거나 이해하고, 한국 문학의 입장에서 조선족 문학에 대한 관점을 명확히 가지는 자세를 가질 필요가 있다. 이러한 자세를 바탕으로 조선족 문학의 성과들을 수렴할 때만이 우리 문학의 지평은 질적으로 확장될 수 있으며, 나아가 통일시대의 문학 혹은 세계화 시대의 민족문학을 논할 수 있을 것이다. 그렇지 않을 경우 조선족 문학은 문학현상의 양적 확대를 통해 폐쇄적인 민족주의나 국가주의(nationalism)에 기반한 민족문학론을 재생산하는 차원에 그치거나 그럴 의도를 실현하고자 하는 연구자들의 일방적인 구애에 머물 수도 있다.

 중국 조선족 문학에 있어서 민족적 특성이나 성격은 중국이라는 국가주의에 기반하고 있기 때문에 우리가 말하는 민족, 혹은 민족성과 일치하고 있다고 판단하기는 어렵다. 민족이란 개념은 근대 국민국가의 산물로

---

6) 김관웅, 「중국 조선족문학의 력사적 사명과 당면한 문제 및 그 해결책」, 『비평문학』 13, 한국비평문학회, 1999, p.552.
 조선족의 특수한 지위나 성격을 나타내는 말로 조선족 연구자들에 의해 주로 사용되는 '국가와 민족의 이중성'란 말은 그 의미를 좀 더 분명히 하고 사용할 필요가 있다. '국가'와 '민족'이 대등한 영향 요소로 작용하고 있는 것으로 보기 어렵기 때문에 단순히 표면적인 양상만을 바탕으로 해서 사용하는 '이중성'이란 표현은 신중해야 할 필요가 있다.

국가주의를 반영하면서 정치적으로 집권화된 단위의 존재인 국가를 전제하고 있다.[7] 또한 조선족은 중국을 구성하고 있는 소수민족 중 하나의 민족으로 중국이라는 국가주의에 기반하고 있는 에스니스티(ethnicity)에 가깝기 때문에 그들이 지향하는 민족주의는 우리와 달리 중국이라는 국가주의에 보다 더 귀속되며 그 테두리 안에 존재한다. '조선족 문학은 분명 각 민족 자체의 특성을 가진 문학이지만 소수민족을 포함한 각 민족의 공동 창조에 의해서 그 테두리 안에서 이루어진 중국문학이며 중국문학의 한 개 조성부분'[8]이라는 조선족 연구자의 정의도 결국은 중국 국가주의의 테두리를 강조하는 것으로 볼 수 있다.

국가는 작가의 이데올로기를 규정하는 압력으로 작용하고 동시에 작가는 국가 체제하에서 국민화[9]된 존재이다. 그렇기 때문에 우리와 같은 언어로 씌어진 점, 우리와 같은 혈연적 뿌리를 가지고 있다는 점만으로 한국문학의 범주에 귀속될 수 있는가의 문제와 조선족 문학이 한민족의 지향성[10]을 얼마나 형상화하고 있는 하는 문제는 같은 차원에서 논의할 수도 없으며, 쉽게 일반화시킬 수 있는 문제도 아니다. 중요한 것은 현재 시점에서 우리 민족문학의 성과를 풍부하게 하고 지평을 확대할 수 있는 실질적이고 구체적인 자료로서 활용하는 것이 중요하다.

조선족 문학의 특수성은 우리 입장에서 보면 우선 체험과 언어에 있어 공유하고 있는 부분이 많다는 것으로 이해할 수 있다. 조선족의 현재 삶은 중국 국민으로서의 체험에 기초하고 있지만 그들의 역사적이고 원형적인 삶의 많은 부분은 민족적인 체험을 공유하고 있다. 조선족의 이

---

7) Ernest Gellner, 『민족과 민족주의』, 이재석 역, 예하, 1988, p.13.
8) 권철, 「중국 조선족문학 연구현황」, 『아시아문화』 13, 1997, p.289.
9) 니시카와 나가오, 『국민이라는 괴물』, 윤대석 역, 소명출판, 2002, p.70.
10) 우한용, 「역사적 주체로서의 인식과 실천-이근전 <고난의 년대>론」, 『동서문학』, 1990.9, p.199.

민과 정착의 역사는 근대 초기 우리 민족의 제국주의 체험의 일부분이며, 우리 민족의 역사적 현장인 만주 체험을 공통의 기억으로 가지고 있다. 역사적으로뿐만 아니라 문학적으로도 이민문학의 시기[11]를 공통분모로, 공통의 기억으로 공유하고 있으며, 언어에 있어서도 한글의 사용을 민족성 유지의 핵심으로 보고 있다는 점도 비슷하다.

조선족 문학에 대한 연구는 곧 조선족 문학이 지닌 특성을 규명하면서 그 특성에 바탕을 둔 문학적 의의를 우리 문학사의 테두리에 자리매김할 것을 의도한다. 이는 앞서 언급한 체험과 언어의 공유에서부터 출발해야 할 것이다. 본고는 본격적인 연구를 위해 국내에 소개된 지금까지의 연구 성과들을 구체적으로 검토하는 것을 목표로 한다. 이를 통해 현재 시점에서 조선족 문학의 성격과 의의를 가늠해보고 구체적인 연구를 위한 방향을 이끌어 내고자 한다.

2. 중국 조선족 소설의 연구 현황

중국 조선족 소설의 연구 현황을 점검하기에 앞서 조선족 문학의 특수성에 대해 논한 성과들을 짚어볼 필요가 있다. 조선족 문학이나 문단의 특수한 성격에 대한 이해는 조선족 문학의 정체성 혹은 독자성을 이해하기 위해 필수적으로 규명해야 할 문제로 우리 문학과의 연관성 파악과 직결되는 사항이다.

우선 조선족 문단의 형성과정을 이주의 단계에서부터 구체적으로 고

---

11) 오양호는 1941년부터 1945년의 시기를 이민문학기로 명하고 1940년대의 연변 문학 작품들이 식민지 시대 말기의 문학사적 공백을 메울 가능성을 지속적으로 탐색하고 있다.
오양호, 『한국문학과 간도』, 문예출판사, 1988.
_____, 『일제강점기 만주조선인 문학연구』, 문예출판사, 1996.

찰하여 조선족 문단의 특수한 성격을 점검하고 있는 박남훈의 연구가 있다.[12] 이 글은 근대문학(이주~1920년)과 현대문학(1920년~1949년)의 단계는 조선의 지식인들이 중국으로 망명 혹은 정착하는 과정에서 이루어진 잠정적인 시기로 보고, 근대문학단계에서는 근대문명개화와 민권개화, 민족독립자주의 사상고취가, 현대문학단계에서는 반제반봉건, 항일투쟁에 기초한 혁명적 진보적인 문학이 전개되었음을 설명한다. 그리고 중화인민공화국이 창립된 이후 중국의 문화정책과 소수민족 정책에 영향을 받으면서 조선족 문단이 어떻게 변화되고 형성되었는지도 객관적인 자료들을 통해 설명하고 있다. 이 과정에서 조선족 문단은 중국 문학의 일부이면서 '백의동포문학'이라는 이중성에 바탕을 두고 있지만, 분명한 민족문화의식을 가지고 문학예술을 통해 민족 전통을 계승하고 민족적 동질성을 확보해 나가고 있음을 지적하고 있다. 하지만 중국 조선족 작가들의 관점을 그대로 받아들여 민족성과 민족의식을 설명하고 있어 그들의 민족성, 혹은 민족적 지향이 어떻게 중국의 소수민족 중 하나의 민족성으로 변화되었는지, 또는 우리의 민족성의 관점에서 어떻게 바라볼 것인가의 문제까지는 확장하여 논의하지 않고 있다.

조선족 작가들에게 있어 민족성의 문제는 그들의 정체성과 독자성을 지탱해주는 본질적인 근거로서의 역할을 한다. 그렇기 때문에 그들에게 있어 민족성에 대한 강조는 곧 조선족 문학 혹은 조선족의 생존 문제와 직결된다. '공동한 언어와 문자의 상실은 곧 민족의 정체성, 독자성의 상실을 뜻하기 때문에 우리말과 글은 우리의 얼을 지키고 문화의 독자성을 지키는 유일한 문화적 장치이요 방선'이라는 점, '조선족 문학은 우리말과 글을 지키는 방벽, 우리의 문화를 지키고 민족동화를 방지하는

---

12) 박남훈, 「조선족 문단형성과정과 작가의 사회적 의미」, 김승찬 외, 『중국 조선족 문학의 전통과 변혁』, 부산대출판부, 1997.

전위부대로서의 가치를 지닌다'고 하는 조선족 연구자의 평가[13]는 이런 점을 잘 보여주고 있다.

김종회의 최근 연구[14]는 한국문학의 범주에서 조선족 문학을 논할 가능성을 검토하고 있다. 재외한국문학의 의미와 개념을 문학창작의 강역, 창작 주체, 언어의 문제, 주독자의 문제 등을 통해 검토하고 중국 조선족 문학의 성격과 현실을 파악하고 있다. 조선족 문학을 조선족의 전통과 습속에 대한 긍지를 강도 높은 수준으로 간직한 성과로 평가하고 난관 속에서 보존해 온 문화적 성과들을 문화사의 각론으로 받아들이고 한국문학사의 한 부분으로 편입하여 의미부여하고 자리매김해야 한다고 말하고 있다. 이는 재외한국문학의 범주 설정과 조선족 문학의 연구가능성에 대한 구체적인 문제제기에 해당한다고 할 수 있다.

중국 문학과의 관계 속에서 소수적 문학으로서의 가능성을 점검하고 있는 이영구의 논의[15]는 조선족 문학 연구 방법에 있어 새로운 가능성을 시사해 주고 있다. 조선족 문학이 지닌 독자성을 주류적 중국 문학담론과의 차이를 통해 확인하고자 하는 그의 방법론은 조선족 문학의 특징을 중국적인 것과 민족적인 것의 단순한 조합으로 이해하는 차원을 극복하고자 하는 시도라 할 수 있다. 민족특색과 탈이데올로기 지향을 통해 국가권력에 대한 도전을 보여주고 있는 김학철의 소설과 개혁개방 이후 문화중개시스템으로서의 자의식과 한국 진출 관련 주제의식을 다룬 작품들을 통해 다수의 문학인 중국 한족(漢族)문학과는 다른 양상을 보이고 있음을 파악하여 조선족 문학이 지닌 소수적 문학으로서의 가능성

---

13) 김관웅, 앞의 글, 1999.
14) 김종회, 「중국 조선족 문학의 어제와 오늘-한민족 문화권의 새로운 영역」, 『국어국문학』 130, 국어국문학회, 2003.
15) 이영구, 「소수적 문학으로서의 재중교포문학」, 『중국학연구』 28, 중국학연구회, 2004.

을 살펴보고 있다.

앞서도 언급했듯이 조선족 문학의 특수한 성격과 정체성에 대한 탐구는 재외한국문학의 위상을 정립해 나간다는 차원에서 필요하고도 주요한 과정임에 틀림없다. 하지만 중국 조선족문학이 한국문학의 범주 아래 전일적으로 귀속될 수 있는 것이라 속단하기 어렵기 때문에 조선족 문학의 특수한 성격과 정체성에 대한 논의는 구체적인 작품을 통해 한국문학의 관점에서 점검되고 평가되어야 할 필요가 있다.[16] 조선족 소설 작품을 대상으로 한 연구 성과들을 점검해보도록 하겠다.

1) 조선족 소설의 전개와 특징 연구

조선족 소설의 전개와 특징을 연구하는 작업은 자료의 방대함과 접근의 용이성 때문에 주로 조선족 연구자들에 의해 이루어졌는데 조성일·권철[17], 오상순[18], 이광일[19] 등의 성과가 대표적이다.

조성일·권철의 성과는 조선족 문학을 사적으로 집대성한 거의 최초의 작업이라는데 의의가 크다. 근대, 현대, 당대문학으로 구분[20]하여 전개하고 있는 이 연구에서는 조선족 문학사의 서술을 19세기말부터 진행된 이

---

16) 이런 차원에서 조선족의 한국문학사 서술이나 한국문학에 대한 인식 양상을 살펴보는 작업도 병행될 필요가 있다. 지금까지 진행된 이런 차원의 연구로는 다음의 성과들이 있는 정도이다.
  김중하, 「조선족의 소설사 기술태도에 나타난 소설의 기능문제」, 김승찬 외, 『중국 조선족 문학의 전통과 변혁』, 부산대출판부, 1997.
  양문규, 「중국 조선족의 한국 현대문학 인식 및 향후 수용 전망」, 『배달말』 28, 배달말학회, 2001.
17) 조성일·권철, 『중국 조선족 문학통사』, 이회문화사, 1997.
18) 오상순, 『개혁개방과 중국조선족 소설문학』, 월인, 2001.
19) 이광일, 『해방 후 조선족 소설 문학 연구』, 경인문화사, 2003.
20) 근대문학은 踐入~1920년, 현대문학은 1920년~1931년, 1931년~1945년, 1945년~1949년의 세 단계로, 당대문학은 1949년~1966년, 1966년~1976년, 1976년~1986년의 세 단계로 구분, 설정하고 있다.(조성일, 앞의 책, p.16)

주 초기로 확대함으로써 조선족 문학의 역사성과 민족성을 실질적으로 반영하고 있다. 또한 1931년과 1945년을 특징적인 시기로 설정함으로써 중국의 사회력사발전의 단계성과 조선족 력사발전의 특수성 및 조선족 문학발전의 구체적 상황을 함께 고려한 양면성과 민족주체성의 강화를 엿볼 수 있다.[21] 하지만 시대구분의 큰 틀은 중국 문학사의 기준을 그대로 따르고 있으며, 소설문학에 대한 서술이 대부분 개괄적인 소개에 그치고 김학철, 리근전 등 몇 작가에 대한 설명만이 이루어지고 있다.

오상순과 이광일의 조선족 소설에 대한 사적 기술은 사회 전반의 다양성이 허용되는 개혁개방 이후의 분위기를 반영하여 좀 더 민족적이고 문학적인 기준이 강화되는 양상을 보인다. 오상순은 개혁개방 후의 소설문학에 무게를 두어 서술하면서 소략하지만 소설문학의 미학적 특성을 소설사 서술에 반영하고 있으며, 특히 시장경제와 90년대 소설과의 관계를 정리하고 있다는 특징을 보인다. 이광일의 연구는 조선족 문학의 독자성을 더욱 부각시켜 소설사를 기술하고 있는데, 이러한 노력은 소설사의 시기 구분에서도 엿볼 수 있다. 그는 조선족 문학사의 시점을 1949년이 아닌 1945년으로 보면서 발전 단계 또한 반우파 투쟁이 시작되는 시기부터 문화대혁명 기간까지를 한 시기로 본다. 또한 문화대혁명 이후 새로운 시기의 시작도 1978년으로 봄으로써 소설의 성과들을 사적 기술의 실질적인 기준으로 삼고자 애쓰고 있다. 특히 1945년을 조선족 소설사의 시점으로 파악하고 '재건기'라 명하고 있는 것은 재만문학과의 연속성을 강조하면서 조선족 소설의 전통을 확고히 하려는 시도로 보인다.

하지만 조선족 연구자들의 사적 연구는 상대적으로 중국 문학의 관점에 기반하고 있으며 문학사회학적 입장을 기본으로 하여 주로 주제 분석에 그치고 있는 한계가 없지 않다. 물론 오상순과 이광일의 연구에서

---

21) 김중하, 앞의 글, p.35.

는 텍스트에 입각한 미학적인 접근이 시도되고 있기도 하지만 본격적으로 반영되고 있다고 보기 어렵다.[22] 이 외에 전성호[23]의 연구가 있으나 조성일의 분류 기준에 따라 작품을 소개하는 정도에 그치고 있다.

국내 연구자들의 성과로는 우선 김중하[24]와 조남철[25]의 성과를 들 수 있다. 김중하는 조성일의 시기 구분을 받아들여 정치변혁의 소용돌이를 건너오면서 조선족 소설가들이 어떻게 대응해 왔는가, 소설 창작 방법이 문화정책이나 소수민족 정책에 얼마나 영향을 받았는가를 단계별로 검토하고 있다. 이를 통해 17년 시기에는 당면한 신중국 건설에 맞추어 대체로 평범한 주인공을 통해 주어진 환경에 쉽게 적응하고 사회주의 건설에 매진하는 과정을 보여주고, 극단적 좌경화 시기인 문화대혁명 시기에는 소수민족 문학 중 하나인 조선족 문학이 위축되다가 개혁개방이후 소수민족의 문학적 부활을 인정함으로써 자본주의적 생활 요소나 민족적 감수성을 형상화하여 문학의 다양성, 사실주의의 심화와 확대를 꾀하고 있다고 평가하고 있다.

조남철은 1949년부터 1967년 문화대혁명 직전인 당대문학의 앞부분을 대상으로 하여 문학적 배경, 민족문학의 건설과 전개과정, 문예이론의 내용 등을 살핀 후 소설의 발전과정을 검토하고 있다. 신중국 건설 이후

---

22) 이광일의 경우 서사적인 측면에서 접근하고 있지만 전체 논의에 비해 부차적이고 표면적인 논의에 그치고 있다. 전체 시대 구분이 세 단계로 이루어져 논의되고 있지만 서사시간과 시점, 문체 등을 논의한 부분에서는 개혁개방을 기준으로 2단계로 구분하여 논의하고 있다.

23) 전성호, 『중국 조선족 문학예술사 연구』, 이회문화사, 1997.

24) 김중하, 「중국 사회주의 문화정책이 조선족 소설창작 방법에 미친 영향」, 김승찬 외, 『중국 조선족 문학의 전통과 변혁』, 부산대출판부, 1997.

25) 조남철, 「연변 조선족 소설 연구」, 『한국방송통신대학교 논문집』 34, 2002.
이글에는 1990년 2월 13일에 조성일의 사회로 진행된 김학철과 연변사회과학원 문학예술연구소 연구원과의 대담 자료가 실려 있어 김학철의 소설관과 민족문학의 변모 과정을 이해하는데 참고가 될 만하다.

반우파 투쟁 이전까지는 사회주의 제도의 우월성, 새생활에 대한 희열, 근로대중의 전형적 인간형 창조, 묘사의 사실성 등을 특징으로, 사회주의 건설을 본격적으로 시작한 반우파 투쟁이후 문화대혁명 직전까지는 새로운 사상과 낡은 사상의 투쟁, 생활의 긍정적인 측면의 부각, 계급투쟁의 확대 등으로 인해 애정문제나 민족문제에 대한 형상화가 불가능해지고 영웅적이고 이상화된 인물 창조에 경도되어 있음을 지적하고 있다.

정덕준의 논의26)는 국내 연구자 중 거의 유일하게 조선족 소설의 전개를 본격적으로 검토하고 있다. 이글에서는 조선족 소설의 발전 과정을 계몽기(1949~1957년 상반기), 암흑기(1957년 후반기~1976), 부흥기(1976~1980년대 후반), 성숙기(1980년대 후반~1990년대 후반)로 구분하고 있다. 계몽기는 사회주의사실주의로, 암흑기는 극좌주의로, 부흥기와 성숙기는 사실주의로의 복귀를 통해 창작의 자유와 관심영역의 확대를 특징으로 지적하고 있다. 중국의 정치 사회적 상황을 고려하면서 구체적인 소설 작품을 분석하고 그 미학적 특질을 추출하여 사적인 의미를 부여하고자 하는 노력이 엿보이는 연구이다. 특히 개혁개방 이후의 조선족 소설에 나타나는 사실주의적 특징을 1970년대 한국의 산업화사회의 문학과의 연관성 속에서 이해하고자 하는 점들이 눈에 띈다. 하지만 부흥기와 성숙기의 문학적 특징을 명확히 구분하고 있지 않다는 점, 사실주의적 특징을 파악하는 개념으로 중국 문학의 개념인 상처소설[傷痕小說], 반성소설[反思小說], 개혁소설 등을 그대로 활용하고 있는 점, 계몽기의 특징으로 지적한 사회주의사실주의가 창작 지도이념으로서의 사회주의사실주의인지, 아니면 그것과 어떻게 구분되는 것인지에 대한

---

26) 정덕준·김기주, 「재중 조선족소설 전개 양상과 그 특성-1949년~1976년의 작품을 중심으로」, 『한국문학이론과 비평』 21, 한국문학이론과 비평학회, 2003.
정덕준, 「개혁개방 시기 재중 조선족 소설 연구-1976~1995년 전반기 작품을 중심으로」, 『한국언어문학』 51, 한국언어문학회, 2003.

천착이 분명하지 못하다.

국내 연구자들의 성과는 대부분 조선족 문학의 검토 시점을 1949년 중화인민공화국의 성립으로부터 잡고 있는 점이 조선족 연구자와 다르게 눈에 띄는 부분이다. 하지만 조선족 문학과 우리 문학과의 연관성에 대한 분명한 인식을 바탕으로 의도적으로 구획한 것이라고 보기는 어렵다. 오히려 이를 제외한 대부분의 논의가 조선족 연구자들의 시각과 성과에 기대고 있기 때문에 좀 더 구체적이며 다양한 방법과 관점들이 개입될 필요가 있을 것이다.

2) 개별 작가·작품 및 주제별 연구

개별 작가 및 작가에 대한 연구는 조선족 현지 연구자들에게는 가장 활발한 부분이지만 한국 연구자의 성과는 그리 많지 않다. 그나마 김학철, 김창걸, 이근전 등의 일부 작가들에 대한 연구가 진행되어 온 편이다.

우선 김학철은 생애에 있어서나 문학적 성과에 있어서나 주목을 요하는 작가로 중국 조선족 문학의 산맥[27]으로 일컬어져 왔다. 조선족 연구자들의 성과를 살펴보면 우선, 김학철 연구의 대표적인 학자인 연변대 김호웅 교수의 성과를 들 수 있다. 그는 김학철의 문학 세계를 ① 1945~1949년, ②1950~1956년, ③1957~1980년, ④1981~2001년의 네 단계로 나누어 시기별로 작품을 검토함으로써 김학철의 인생과 문학을 총체적으로 검토하고자 시도하고 있다. 여기서 김학철의 작가적 특성으로 인물의 형상성과 유머의 강조, 조선어의 형상성과 작가의 언어수양 강조, 혁명적 낙관주의를 들고 이에 바탕을 둔 풍부한 해학과 유머, 신

---

27) 김호웅, 「중국 조선족문학의 산맥-김학철」, 『민족문학사연구』 21, 2002.

랄한 풍자 등을 문학적 특징으로 정리하고 있다. 하지만 이러한 특징이 작품 내적인 특질에서 추출되기 보다는 산문이나 생애 체험 등 작품 외적 차원과의 관련성에서 나온 것이 많다. 이밖에 미래지향적이고 낙관주의적인 정신미와 해학적인 서술을 특징으로 지적한 전성호[28], 역사적인 체험에서 얻은 정치 감각과 소박성, 낙천성으로 표상되는 작가적 진실이 이원적으로 균형을 이루고 있는 것으로 평가하고 있는 이해영[29]의 연구 등이 있다.

김학철에 대한 국내 연구자의 연구로는 실천적인 항일민족독립운동에 입각하여 빨치산 문학의 기원[30], 행동적 항일문학[31]이라 평가한 글에서부터 종합적인 검토가 시도되고 있는 이상갑의 두 편의 논문[32]을 들 수 있다. 이상갑은 김학철이 조선의용군의 사고방식을 가지고 자신의 경험을 기록하기에 열중하여 왜곡된 역사의 현장이 사라지기 전에 그것을 조급함으로 증언하기에 힘썼으며, 그렇기 때문에 문학과 역사 두 방면에서 의미를 획득하면서 동시에 한계를 보인다고 평가하고 있다. 또 일제 강점기의 항일 투쟁을 경험했고 남북한 문학을 객관적인 시각으로 바라볼 수 있는 위치에 있기 때문에 우리 민족문학의 거울로서의 역할을 감당하고 있다는 점도 지적하고 있다.

김창걸에 대한 연구는 우리 문학사 중 암흑기의 체험적 증언이면서

28) 전성호, 「<격정시대>와 작가의 미학추구」, 『중국 조선족 문학예술사 연구』, 이회문화사, 1997.
29) 이해영, 「<해란강아 말하라>의 창작방법 연구」, 『한중인문학연구』 11, 한중인문학회, 2003.
30) 김윤식, 「항일빨치산문학의 기원 - 김학철론」, 『실천문학』, 1998.12.
31) 송하춘, 「연변소설 개관(1)」, 『한국학연구』 3, 고려대학교 한국학연구소, 1991.
32) 이상갑, 「역사증언에의 욕구와 형상화 수준 - 김학철론(1)」, 『한국학연구』 10, 고려대학교 한국학연구소, 1998.
_____, 「한 민족주의자의 인간주의 - 김학철론(2)」, 『한국학연구』 11, 고려대학교 한국학연구소, 1999.

사실주의 문학의 맥을 이어주는 업적이라 소개하고 있는 장병회[33])에서부터 조남철[34], 김종회[35]) 등의 연구가 있다.

조남철은 1936년부터 1943년에 이르는 김창걸의 작품들을 중국 땅에 이주한 농민들을 비롯한 노동자들의 비참한 생활과 민족과 계급적인 압박에 대한 그들의 반항 정신을 그린 작품, 일제에 반대하고 민족정신을 높이려는 작품으로 나누고 전자에 해당하는 작품들을 소개, 분석하고 있다. 이를 통해 김창걸의 소설을 국내와는 다른 삶의 조건 속에서 고통스럽게 살아갔던 민족의 삶의 모습을 형상화하고 있다고 결론내리고 있다.

김종회는 김창걸을 일시적인 체류와 체험으로 만주체험을 형상화하고 있는 작가와 달리 '만주에서 시작해 만주에서 끝난, 만주라는 공간적 환경이 자기체계 내에서 생산한 이른바 토종성의 문학적 실과'로 보고 있다. 그리고 김창걸의 소설이 만주의 이주민들이 겪었던 시대사적 굴곡, 그 시대의 정치 사회적 변화와 문학의 관계 양상을 확인할 수 있게 하는 충실한 자료로서의 기능을 하고 있음에 주목했다. 이는 조선족의 일상생활이 비록 사회주의 체제내의 환경조건을 무시할 수 없으며 중국을 조국으로 받아들이고 있다 하더라도 그 깊은 바닥에서 조선족으로서의 결속력을 소중히 여기고 무엇보다도 민족적 관습과 풍속을 끈질기게 보존하여 왔다는 사실 때문이라고 분석하고 있다. 그리고 소수민족으로서 겪어야하는 적지 않은 불이익이 상존함에도 불구하고 조선족의 전통과

---

33) 장병희, 「일제 암흑기의 재만문학연구-김창걸 단편소설을 중심으로」, 『어문학논총』 11, 1992.

34) 조남철, 「1930년대 농민소설 연구-김창걸의 농민소설을 중심으로」, 『한국방송통신대학교 논문집』 27, 1999.

35) 김종회, 「중국 조선족 문학과 김창걸의 소설」, 『한국문화연구』 7, 경희대 민속학연구소, 2003.
_____, 「중국 조선족 문학의 어제와 오늘-한민족 문화권의 새로운 영역」, 『국어국문학』 130, 국어국문학회, 2003.

습속에 대한 긍지를 오히려 우리보다 더 강도 높은 수준으로 간직한 성과라 평하고 있다.

이근전에 대한 연구는 주로 장편 <고난의 년대>에 집중되어 있다. 우한용[36]은 이근전의 <고난의 년대>를 대상으로 작품의 구성과 인물의 전형성을 살펴보고 소설의 장르적인 성격과 이데올로기 문제를 검토하고 있다. <고난의 년대>의 전반부가 '민족단위의 공동체 형성을 위한 투구'를 서술한 것이라면 후반부는 '국가 단위의 항일 투쟁'을 그리고 있는 것으로 보고 있다. 그리고 단순한 서술시각으로 인한 성격의 단순화가 반봉건 반제 투쟁을 통해 공산주의 혁명을 수행하는 인물을 그려야 한다는 이데올로기에 발목이 잡힌 결과[37]라 평가하면서 우리 민족문학으로서의 가치에 대한 판단을 유보하고 있다.

오양호·임향란[38]은 <고난의 년대>를 대상으로 고향의식을 분석하여 삶의 개척과 현실에 대응하는 이향의식, 민족의식과 역사의식을 고찰하고 있다. 이를 통해 이주부터 정착에 이르는 과정에서 1세대들이 지녔던 고향의식과 정착의식이 민족의식과 역사의식으로 변모되어가는 과정을 설명하고 있다. 이주사의 문학적 재현이라는 점에서 종합적이고 최종적이며 포괄적인 의의가 있다고 평가한다.

---

36) 우한용, 「이근전 <고난의년대>」, 『동서문학』, 1990.9.
37) <고난의 년대>가 지니는 사상적 편향과 이데올로기의 강화는 국내연구자뿐 아니라 조선족 연구자들의 평가에서도 어느 정도 동일하게 지적되고 있다. 주제적, 사상적, 구도적, 기교적 측면에서 중국 사회주의적 창작 강령과 정치에의 봉사적인 사명 때문에 한계를 지녔다는 평가는 극단적 좌경화 시기에 생산된 작품에 대한 반성적 평가라는 측면이 강하다.
   채 훈, 「민족해방과 계급투쟁의 반백년사-이근전의 <고난의 년대>」, 『대륙문학 다시 읽는다』, 대륙연구소 출판부, 1992, p.132.
   조성일·권철 외, 앞의 책, p.649.
   전성호, 앞의 책, p.337.
38) 오양호·임향란, 「중국조선족문학에 나타난 고향의식」, 『국제한인문학연구』 1, 국제한인문학회, 2004.

한승옥[39)]은 만주체험 소설의 전개를 대략적으로 고찰한 후 이근전의 <고난의 년대>와 김학철의 <격정시대>를 비교 고찰하고 있다. <격정시대>는 순진한 소년이 계급의식과 민족의식에 눈뜨고 종국에는 공산주의자로 민족해방전선에 투사로 성장하는 과정을 그린 소설로, <고난의 년대>는 민족 주체성 회복을 위해 목숨을 걸고 투쟁하는 생성적 인물과 자신의 안일과 향락을 위해 반민족적 행위를 서슴지 않는 반민족적 부정적 인물들이 대립하는 갈등 구조를 보이면서 중국 공산당의 시각에서 탈피하지 못하고 있다고 평가하고 있다. 또 두 작품 모두 낙관적 결말로 마무리되는 상승구조를 가지고 있으면서 공산당 중심의 기술이 이루어지는 중국적 특색을 지니고 있지만 만주체험의 극대화라는 측면에서 의의를 지닌다고 보고 있다.

이밖에 구체적인 작품을 주제적인 차원에서 접근한 연구 성과들이 있는데 민현기의 두 편의 논문이 눈에 띈다. 우선 「중국 조선족 소설에 나타난 '개혁·개방'의 사회적 의미」[40)]는 1980년대 초부터 1990년 초까지 발표된 조선족 소설 가운데 정부의 개혁·개방 정책으로 인한 사회의 급격한 변화와 그로 인한 집단과 개인 또는 개인과 개인 사이의 복잡한 갈등 문제를 다양하게 형상화한 소설들을 대상으로 개혁·개방의 사회적 의미를 검토하고 있다. 이를 통해 조선족 작가들은 투철하고 건실한 현실비판의식을 바탕으로 변혁기에 처한 인간이 사회적 현실을 어떻게 수용하고 있는가, 또한 그 시대적 상황과 대립·갈등하고 있는 원인이 무엇인가를 성찰하는 데 집중되어 있다고 보고 있다. 그리고 이러한 양상은 정치적 이데올로기가 예술을 압제했던 전시대에 비해 여러

---

39) 한승옥, 「연변 조선족 현대소설에 나타난 갈등 구조 연구」, 『숭실대학교 논문집』 23, 1993.
40) 민현기, 「중국 조선족 소설에 나타난 '개혁·개방'의 사회적 의미, 『동서문화』 33, 계명대학교 인문과학연구소, 2003.

면에서 심화, 확대된 결과라 평가한다. 「중국 조선족 페미니즘 소설 연구」[41]는 1980, 1990년대 발표된 여성 작가의 작품 중 페미니즘과 연관지어 논의가 가능한 11편을 대상으로 하여 결혼생활의 갈등과 여성의 주체적 각성, 여성노인 문제에 대한 성찰, 봉건적 인습과 남성 지배 권력의 타락상 등의 내용을 담은 작품들을 분석, 평가하고 있다. 이 과정에서 조선족 여성 작가의 작품들에서 보이는 비유의 상투성과 지나친 교훈성은 작가의 끈질긴 탐구정신과 치열한 대결의식의 결여를 의미해 결국엔 여성의식의 약화나 추상화로 이어질 수 있음을 지적하고 있다.

여성 작가들의 작품을 다루고 있는 연구로는 조선족 연구자인 오상순의 「개혁개방과 중국조선족 여성문학」[42]도 있다. 오상순은 1980, 1990년대 조선족 여성 작가들의 작품을 통해 사회·정치적인 문제보다는 일상적이고 개인적인 체험을 통해 여성적 고뇌와 갈등, 남권사회에 대한 도전과 여성자아에 대한 긍정과 확신 등의 주제를 여성 특유의 감성적이고 시각과 섬세한 묘사를 통해 보여주고 있다고 평가하면서 현실의식과 역사의식이 부족함을 조심스럽게 지적하고 있다. 이외에 소설가 이호철의 「연변 조선족 소설에 드러나 있는 한국여성상」[43]은 본격적인 연구논문으로 보기는 어렵지만 조선족 소설을 통해 민족적인 여성상의 모습을 구체적으로 탐색하고 있는 글이라 할 수 있다. 여성작가의 작품을 대상으로 여성상을 탐구한 성과들은 1980년대 후반부터 급격히 확대된 여성작가들의 활동을 반영한 것이면서 동시에 여성들의 의식과 지위가 개

---

41) 민현기, 「중국 조선족 페미니즘 소설 연구」, 『한국문학논총』 31, 한국문학회, 2002.
42) 오상순, 「개혁개방과 중국조선족 여성문학」, 『여성문학연구』 7, 한국여성문학회, 2002.
43) 이호철, 「연변 조선족 소설에 드러나 있는 한국여성상」, 『한국문학연구』 19, 동국대한국문학연구소, 1997.

혁개방 이후 중국 사회의 변화된 양상을 예각적으로 보여주는 것임을 드러내는 것이기도 하다.

3. 중국 조선족 소설의 현재적 의의

1) 민족적 기억의 복원과 재구

중국 조선족 문학은 민족성과 민족어에 대한 강조를 통해 나름의 정체성과 독자성을 확보하고 있다. 하지만 앞서도 언급했듯이 그들이 강조하는 민족성이나 민족문학이 우리가 추구하는 민족성이나 민족문학과 일치한다고 보기는 어렵다. 우리에게 있어 언어의 동질성을 바탕으로 한 민족공동체의 강조는 정치공동체의 체제를 강화하는 데 중요한 역할을 해왔다. 즉, 민족의식의 강조는 한반도 내에서 1국가 체제를 유지, 강화하는 논리적 근거로서의 역할을 해 온 측면이 강하다. 이는 과거 역사적인 경험에서뿐만 아니라 남한과 북한의 통일을 지향하는 미래의 국가통합을 위해서도 마찬가지이다. 그렇기 때문에 중국의 소수민족 중 하나인 조선족의 민족주의가 우리의 국가통합을 위해 전일적으로 봉사하고 있다고 보는 것은 분명 무리가 있다. 반면에 중국은 여러 민족으로 구성되어 있지만 단순한 복수민족 국가가 아니라 역사적으로 형성된 하나의 '민족실체'인 '통일적 다민족'으로서의 '중화민족'[44]의 개념을 통해 국가통합의 중요한 근거로 삼고 있다. 중국 국민으로서의 조선족은 중화민족을 구성하는 56개 민족 중의 하나이다. 그렇기 때문에 조선족에게 있어서의 민족주의는 정치적인 차원의 통일과 융합을 전제로 한 문화적 다

---

44) 백영서, 「중국의 국민국가와 민족문제:형성과 변용」, 한국사연구회 편, 앞의 책, p.81.

원성의 차원에서 제한적으로 발현되는 것으로 이해해야 한다.

　조선족에게 있어 민족성은 중국이라는 국가체제 내에서 자신들의 정체성과 독자성을 유지하기 위한 차이의 전략이라고 볼 수 있다. 그들이 중국의 법에 의한 권리와 의무에 충실해야 하는 중국국민이라는 점은 중국이라는 국가 체제 내에서 이루어지는 국민화의 영역[45])에서 자유로울 수 없다는 것을 의미한다. 그들의 현재 삶이 이루어지는 시간과 공간, 그들의 습속과 신체, 그리고 언어와 사고도 중국 국민으로서의 영역에서 자유로울 수 없다. 물론 조선족은 자치주를 중심으로 습속과 언어에 있어서 어느 정도의 자율성을 보장받고 있고, 또 그를 통해서 소수민족으로서의 독자성을 유지하고 있다. 하지만 조선족의 자율성은 분명 사회주의 국가인 중국, 그리고 한족 중심의 질서 체제 내에서 보장받는 자율이다. 이러한 자율은 역으로 한족 중심의 소수민족 사회로 구성된 중국이라는 국가시스템의 안정적 운영에 복무하는 면이 있다.[46]) 그렇기 때문에 중국 조선족 문학에서 언급되거나 강조되는 민족성은 우리의 민족적 지향과 일치하는 것으로 보기 어렵고, 그에 따라 과거의 역사나 언어 사용 문제[47])만을 놓고 재외한국문학의 범주에 그대로 자리매김하기도 쉽지 않다.

---

45) 니시카와 나가오는 국민화를 ①공간의 국민화, ②시간의 국민화, ③습속의 국민화, ④신체의 국민화, ⑤언어와 사고의 국민화의 영역으로 구분하여 설명하고 있다.(니시카와 나가오, 앞의 책, pp.69-72.)

46) 다문화·다언어주의에는 항상 일종의 수상함이 따라다닌다. 그 말이 국가 측으로부터 나오고 있고, 에스닉 마이너리티(ethnic minority)를 위한다기보다 궁극적으로는 다수파의 이익과 국익을 위한 정책으로 시행되고 있거나 아니면 거꾸로 특정한 에스닉 집단의 자기주장을 관철시키는 수단으로 이용되기 때문이다.(니시카와 나가오, 앞의 책, pp.89-90.)

47) 조선족의 한글 사용문제만을 놓고 우리 문학으로서의 가능성을 섣부르게 판단한다면 한어(漢語)에 익숙하여 한어로 창작하는 작가의 경우에는 또 다른 잣대를 적용하지 않을 수 없다. 조선족의 대표적인 작가 중 한 명인 이근전 같은 경우는 대부분의 작품을 한어(漢語)로 창작한 후 번역한 것으로 알려져 있다.

하지만 조선족의 역사와 문학은 우리의 민족적 기억을 많은 부분에서 공유하고 있다. 조선족의 역사는 제국주의에 의한 식민지배의 영향 아래 시작되었으며 조선족의 문학은 식민지 체험의 지난한 생존 투쟁의 과정에서 생겨났다. 게다가 현재 중국 동북 지역을 생활의 터전으로 삶고 있는 조선족들은 국가의 경계로 인해 접근에 제한이 있는 국내 연구자들보다 만주를 중심으로 한 민족적 기억을 보다 더 생생하게 증언할 가능성이 있으며, 남과 북이 분단된 상황 속에서 이데올로기적으로 자유로운 위치에서 보다 더 객관적으로 역사적인 기억의식을 생산할 가능성을 가지고 있다.

이러한 가능성은 우선 우리 문학사에 있어 과거 식민지 시대 만주체험의 양상을 보다 풍부하게 할 수 있을 것이다. 최서해나 강경애 그리고 안수길을 제외하고는 거의 그 예를 찾아볼 수 없는 만주 체험의 문학사적 형상화라는 측면과 김학철, 이근전 등의 작품에서 드러나는 적극적인 항일 체험 등을 통해 민족적 기억을 재구하는 역할을 할 수 있다. 또한 공간적으로는 만주지역을 중심으로 이루어진 우리 민족의 체험 및 기억을 복원함으로써 우리 민족의 역사적 현장으로서, 우리 문학의 중요한 역사적 배경으로서의 만주의 공간적 지위를 회복시키는데 일조할 수 있을 것이다.

만주 체험을 중심으로 한 민족적 기억은 비단 만주 지역을 배경으로 한 작품들에서만 가능한 것은 아닐 것이다. 즉, 현재 조선족 소설이 다루고 있는 다양한 배경들, 만주 지역을 중심으로 한 동북 지역뿐만 아니라 북경을 비롯한 중국 전역, 그리고 남한과 북한 지역을 배경으로 한 작품들에서도 민족적 기억의 원형들과 그로 인해 다양하게 변이된 조선족의 삶의 양상들을 담고 있을 가능성이 크기 때문이다. 그들의 삶의 현장으로서 만주는 과거와 현재가 상존하는 삶의 현장 어디에나 영향을 미치는 기억이 될 것이다. 이렇게 복원된 기억의 원형인 만주는 역사적인 장소에 머무는 것이 아니라 구체화되고 활성화된 기억[48]이 됨으로써 과거와 현재, 그리고 미래를 연결하고 가치들을 중개하는 역할을 통해 정체성의 특성과 행동규범을 만드는 생산적인 공간이 될 것이다. 이렇게 민족적인 기억을 복원하고 재구하는 과정은 우리 민족 문학의 현재와 미래를 위해 과거를 돌아보는 한 과정이 될 것이며, 이는 곧 분단된 현실 속에서 통일시대의 문학을 지향하는 민족문학의 미래상을 구성하는 한 과정이 될 수도 있을 것이다.

이러한 차원에서 보면 우리 민족의 역사체험을 제제로 하고 있는 작품에 대한 발굴과 소개, 그리고 연구가 우선적으로 확대될 필요가 있다. 앞서 연구사에서 살펴보았듯이 김학철이나 이근전의 일부 작품뿐만 아니라 최홍일의 <눈물 젖은 두만강>, 김용식의 <규중비사>, 윤일산의 <어둠을 뚫고>, 한원국의 <잊을 수 없는 사람들>, 김운룡의 <새벽의 메아리>, 류원무의 <숲속의 우등불>, 이태수의 <체포령이 내린 '강도'>, 김길련의 <먼동이 튼다>와 같은 역사장편소설들에 대한 관심이 필요할 것이다.

물론 이 과정에서 우리 민족의 역사적 체험을 다룬 조선족 소설을 대함에 있어 우리의 민족적 지향과 다른 역사인식에 대한 경계와 평가가 분명해야 한다는 점은 염두에 두어야 한다. 아울러 조선족 문학의 시점과 소설사의 시기 구분에 대한 인식도 명확한 기준을 가지고 정립할 필요가 있다. 문학사의 시점과 시기구분은 구체적인 텍스트들과 문학 내외적 배경 등을 종합하고 추상화하여 평가하고 그에 따른 결과가 반영되는 과정이다. 특히 조선족 문학의 시점을 어떻게 잡느냐의 문제는 소위 말하는 재만문학의 성과와 의미를 우리 문학사에서 어떻게 평가하느냐 문제와 직결되며 나아가 우리 문학과의 연속성과 관련성을 구체적으로 검증하는

---

48) Aleida Assman, 『기억의 공간』, 변학수 외 역, 경북대학교출판부, 2003, p.168.

문제이기도 하다. 앞서 연구사에서 검토했듯이 조선족 연구자들과 달리 국내 연구자들은 조선족 문학의 시점을 대부분 1949년으로 보고 그 이후의 작품들을 조선족 문학이라는 범주아래 다루고 있지만 시기구분에 대한 명확한 인식을 바탕으로 하고 있다고 보기는 어렵다. 반면에 조선족 연구자들은 조선족 문학의 연원을 이주 문학 초기에 활동했던 김택영, 신채호 등에서부터 잡고 식민지 시대 재만문인들의 문학적 성과들을 수용하여 조선족 문학의 전통을 구성하고 있다. 분명 조선족 문학은 식민지 시대 재만문인들의 활동, 나아가 한반도 내에서 이루어진 한국문학에 뿌리를 두고 있다. 하지만 유독 만주라는 공간에서 이루어진 문학 활동을 연원으로 보고자하는 것은 만주라는 공간이 속해 있는 중국적인 국경(國境)의식이 반영된 것으로도 볼 수 있다. 우리는 1949년 기점을 분명히 하여 그 이전까지의 문학은—예를 들어 김창걸 같은 경우는—보다 분명하게 한국문학의 범주에서 다루고, 1949년 중화인민공화국 성립 이후의 문학은 재외한국문학의 범주 아래 조선족 문학을 다룰 필요가 있다. 그럴 때 시간적으로나 공간적으로 만주 체험의 문학이 우리 문학사의 암흑기를 메울 중요한 성과가 될 가능성이 커질 것이다.[49]

조선족 문학의 재외한국문학으로의 귀속은 범주를 구획하여 일괄적으로 판단할 문제가 아니라 우리 민족문학의 전통과 기억을 복원하는 자료로서 선별적이고 주체적으로, 중국적 담론을 극복해가면서 이루어져야 할 문제이다. 이를 위한 작업으로 항일 체험을 비롯한 식민지적 경험을 형상화한 작품을 더욱 발굴하여 연구 성과를 축적하면서 궁극으로는 항

---

49) 만주에서의 문학 활동은 '이민문학', '망명문학'이라 칭하며 당시 조선 문학의 공백을 대신할 수 있는 것이라는 평가와 일제의 '괴뢰국가'였던 만주국의 국책에 순응하여 이루어진 '국책문학'의 성격을 띠고 있다는 평가가 상존하고 있다. 만주에서의 문학 활동을 '국책문학'의 관점에서 논의하고 있는 글로는 조진기의 「일제의 만주정책과 간도문학」(『배달말』 27, 2000)와 「만주개척민 소설연구」(『친일문학 연구의 성과와 과제』, 우리말글학회, 2002)가 있다.

일 체험의 소설사를 정립으로 나가는 것도 바람직하다는 생각이다.

2) 문화적 아이덴티티(identity)의 반성과 기획

중국 조선족의 특수한 지위는 제국주의에 의한 우리 민족의 식민체험이라는 역사적인 기억을 공유하고 있으면서, 민족의식을 중국 사회 속에서 집단적 독자성을 유지하는 핵심으로 여기고 있기 때문에 한민족으로서의 자의식이 매우 강하다. 하지만 한편으로는 중국이라는 국가체제하에서 모국의 한민족과는 다른 이질적인 체험을 경험하면서 중국 국민으로서의 동질화의 과정 속에 놓여있다는 점에서 고유한 민족정체성의 온전한 유지가 어렵기도 하다. 이렇게 민족과 국가, 어느 한쪽으로도 완벽한 동질성을 구축할 수 없는 그들의 특수성은 민족과 국가의 경계를 넘어서는 민족정체성에 대한 근본적인 물음을 던질 수 있는 가능성을 가지고 있기도 하다. '우리'이면서 '우리가 아닌' 조선족의 특수한 지위는 조선족 문학에도 그대로 적용될 수 있는 것이다. 다시 말해 조선족 문학은 중국 당대문학의 한 부분을 이루고 있지만 주류인 한족문학과는 일정한 차이를 유지하고 있으며, 한국문학과는 다른 환경과 체험을 바탕으로 생산, 유통되고 있지만 일정정도의 동질성을 가지고 있기도 하다. 이러한 이중의 차이는 우리를 우리답게 할 수 있는 민족 정체성은 무엇인지 객관적으로 탐색할 가능성과 함께 국가주의에 함몰되어 있는 폐쇄적인 민족문학에 대한 근본적인 반성을 가능하게 할 수 있다.

김학철 소설에 나타나는 민족 특색이나 개혁 개방 이후 조선족 여성소설에 나타나는 전통적인 여성상의 모습들은 중국이라는 국가적 조건을 무화시키거나 한족(漢族) 중심의 문화적 체계에서 이탈하고자 하는 특성으로 볼 수 있으며, 이는 어떤 식으로든 한민족(韓民族)으로서의 정체성을 확인하고, 강화하고자 하는 의도들로 볼 수 있다. 또한 이근전의 <고난의 년대>를 비롯한 우리 민족의 역사적 체험을 소재로 한 조선족의 역사 소설들은 중국적인 역사인식이나 사회주의적인 당성에 충실한 부분들이 있기 때문에 우리의 역사인식과는 차이를 보이는 부분들이 있기도 하다. 이렇게 중국이라는 국가적 담론과 차이를 보이는 것이든, 아니면 우리의 현실적인 민족의식과 차이를 보이는 것이든 간에 그 차이의 구체적인 내용을 탐색하는 과정과 결과는 우리의 민족성, 혹은 민족문학의 현재와 미래를 점검하는 차원과 관련이 있을 수 있다.

이런 점에서 조선족 소설은 우리의 민족정체성을 반성하고 기획하는 구체적인 자료로서, 민족정체성의 타자로서의 의의를 지닌다고 할 수 있다. 실제로 조선족의 역사는 타자의 역사라 불릴 만하다. 식민지 시대에는 일본 제국주의라는 주체 세력에 대한 타자였으며, 해방 이후에는 중국의 주류 민족인 한족에 대한 타자인 소수민족이면서 모국의 한민족에 대해서도 재외한인이라는 타자로 존재하고 있다. 어쩌면 타자의 중층적 역학관계가 바로 그들의 정체성을 구성하는 것인지도 모른다. 어쨌든 조선족의 소설 담론들은 우리 안의 타자를 비쳐볼 수 있는, 우리 민족 문학의 타자로서의 역할을 내포하고 있다고 할 수 있다. 그렇기 때문에 협애한 국가주의에 바탕을 둔 민족성의 테두리 안에 조선족 문학을 무조건적으로 포함시킬 것이 아니라 그간의 민족담론을 반성적으로 검토하고 국가주의를 극복할 수 있는 통일시대 민족 정체성을 구성할 수 있는, 문화적 정체성[50]의 확립을 위한 구체적인 자료로서 조선족 문학을 선별적으로 수용하고 판단할 필요가 있다.

---

50) 민족정체성은 문화적 정체성의 특정한 형태로, 공통의 문화가 민족을 창출한다. 국가 개념이 상대적으로 문명의 개념과 관련이 있고 민족은 문화의 개념과 관련이 있음은 니시카와의 글을 참고할 수 있다.(니시카와 나가오, 앞의 책, pp.97-125)

특히, 조선족이 민족성을 유지하면서 중국이라는 국가적 질서 속에서 상대적인 독자성을 보장받고 있는 것은 현실적으로는 중국 당국의 소수민족 정책과 밀접한 관련을 가지고 있다다는 점을, 다시 말해 핵심적인 정치권력의 차원은 허용되지 않는 문화적인 차원의 독자성 허용이며, 다원주의의 제한적 수용이라고 점을 분명히 할 필요가 있다. 중국의 이러한 정책기조는 전통적으로 한족(漢族) 문화의 우월감이나 자신감에 바탕을 둔 중화사상, 화이사상(華夷思想)에 바탕을 두고 있는 경향이 있다. 즉, 소수민족의 문화적 다원성을 허용하는 소수민족 정책은 화(華)가 이(夷)의 정치적 독립성과 문화적 독자성을 원칙적으로 부정하면서도, 현실적으로 그것을 관철할 수 있는 한계를 느껴 제한적이고 단기적인 차원에서 실현되는 것으로 볼 수 있는 것이다. 문화적 우월주의에 바탕을 둔 문화주의가 소수민족의 문화적 다양성을 제한적으로 인정하여 단기적인 공존을 추구하면서 궁극적으로는 한족(漢族)으로의 동화를 지향하는 '중화사상'으로 한족(漢族)의 정치공동체가 바로 '중화민족'의 정치공동체로 실현될 수 있는 것이다.[51] 이런 점에서 조선족의 독자성과 특수성은 문화적인 차원에서 제한적이고 선별적으로, 다양한 층위의 차이에 주목하여 이해해야 할 것이다.

조선족 소설을 통해 과거와 현재, 국가와 민족이 혼성되어 있는 문화적 차이를 탐구하여 새로운 문화적 정체성을 구성할 때 조선족 문학의 재외한국문학으로서의 가치가 커질 것이다. 조선족 소설이 내포하고 있는 '차이의 미학'이 우리에게는 '차연(différance)의 미학'이 될 수 있는 것이다. 문화적 차이의 담론 주체는 타자의 자리에서 구성된다. 타자의 담론은 주체의 지배적 이데올로기로부터 출발했지만 주체의 불안한 자기 정체성을 내포하고 있으며, 여기서 발생하는 민족적·국가적 정체성의

---

51) 백영서, 앞의 글, pp.82-86 참조.

분열은 새로운 문화의 구성 가능성이기도 하다. 정체성의 형식은 다른 상징적 체계들에 끊임없이 연루되기 때문에 항상 '불완전'하며 문화적 전이(translation)에 열려 있고, 문화적 차이를 말하는 것은 정체성의 형식에 대해 질의를 하는 것이다.[52]

민족적 기억의 복원과 재구가 만주를 중심으로 한 과거 체험을 형상화한 소설의 현재적 의의가 된다면 문화정체성에 대한 객관적인 탐색과 이를 통한 협애한 민족문학론에 대한 반성은 현대 체험을 담은 조선족 소설이 가진 의의가 될 수 있다. 즉, 중국이라는 환경과 국가시스템 아래에서 조선적이면서 민족적인 특성을 유지하게 만든 구체적이고 특수한 문화적 정체성의 양상을 파악할 수 있으며, 이를 통해 남북의 차이를 포함한 국가의 경계를 넘어서는 민족문화의 가능성을 탐색할 수 있다. 연구사에서 살펴 본 테마별 연구 중 여성상이나 여성의식의 변화에 대한 검토들이 한 예가 될 수 있다. 이뿐만 아니라 기존의 한민족이 유지해 온 문화적 관습이나 규범들이 어떻게 변화하고 있는지, 모국의 한민족과는 어떻게 다른지 등의 차이가 다방면에서 구체적으로 탐색할 필요가 있다. 물론 이와 함께 중국내 다른 민족과의 차이를 확인하고 규명하는 과정 또한 필요한 부분일 것이다. 이렇게 보면 우리 문화의 관점에서 조선족 소설에 대한 테마별 연구는 좀 더 다양해질 필요가 있다.

아울러 문화적 차이의 중층적인 양상을 파악하기 위해 조선족 언어의 특성에 대한 관심을 좀 더 특별히 가져야 할 필요가 있다. 조선족의 언어가 중국 한어(漢語)와 다른 것은 분명하지만 중국식으로 변형되어 사용되고 있는 부분도 있다. 그렇기 때문에 우리말이지만 우리말과는 차이가 나는 부분이 많다. 여기에 조선족의 언어는 민족성 유지를 위한 핵심

---

52) Homi K. Bhabha, 『문화의 위치-탈식민주의 문화이론』, 2002, 나병철 역, pp.316-320 참조.

적 요소로 중요한 역할을 하기 때문에 조선족 문학은 심미적 기능만을 수행하는 문학적 수단으로서의 의미뿐만 아니라 상상의 공동체를 재현하는 기술적 수단[53] 그 자체가 된다는 점도 중요하게 인식해야 할 문제이기도 하다. 결국 남한과 북한, 그리고 중국식 한자어의 언어습관까지 혼합되는 양상을 보이는 조선족의 언어는 각 국가의 문화적 양식이 지니는 차이를 반영하면서 계속 변용되어가는 타자성, 복수성을 드러내는 크리올어[54]가 될 수 있다.

4. 중국 조선족 소설의 '탈주(fuite)' 가능성

중국 조선족 문학의 민족적 특성이나 성격은 중국이라는 국가주의에 기반하고 있지만 언어나 체험의 측면에서 우리 민족문학으로서의 가능성을 가지고 있다. 그렇기 때문에 조선족 문학의 특수한 성격과 정체성에 대한 탐구는 재외한국문학의 차원에서 필요하고도 주요한 과정임에 틀림없으며, 구체적인 작품을 통해서, 그리고 한국문학의 관점에서 점검되고 평가되어야 할 필요가 있다. 최근 들어 재외한국문학에 대한 관심이 커지면서 중국 조선족 문학에 대한 관심도 증가하여 본격적인 연구가 시도되고 있는 상황이다. 하지만 아직까지는 작품을 중심으로 한 자료의 소개에 머물고 있는 면이 강하고, 그에 따라 많은 부분을 조선족 연구자들의 성과에 기대고 있는 것도 사실이다.

조선족 소설의 전개와 특징을 연구하는 작업은 자료의 방대함과 접근의 용이성 때문에 주로 조선족 연구자들에 의해 이루어졌는데, 중국의

---

53) Benedict Anderson, 앞의 책, p.48.
54) Steven Pinker, 『언어본능』, 김한영·문미선·신효식 역, 그린비, 1998, p.47.

정치·사회적인 요소가 강하게 반영되어 있고 상대적으로 중국문학의 관점이 강하다는 점에서 우리 문학의 관점에서 구체적인 검증과정을 거쳐야 할 것이다. 특히 조선족 소설의 사적 전개에 대한 연구는 식민지 시대와 해방기 문학과의 관련성을 고려하여 재외한국문학의 위상을 구체적으로 자리매김하는 차원에서 이루어져야 한다. 아울러 특정 작가나 일부 작품에 대한 연구에 그치고 있는 개별 작가나 작품에 대한 연구는 양적으로 좀 더 확장될 필요가 있다. 이를 통해 한편으로는 과거의 민족적 기억을 복원하고 현재적으로 재구하는 구체적인 성과로 삼고, 다른 한편으로는 민족적 지향과 성격의 동질성과 차이를 구체적으로 확인하는 과정으로 삼아야 할 것이다. 이러한 차원에서 구체적인 성과들이 축적된다면 국가적 테두리를 넘어서는 민족문학의 가능성과 통일시대 우리 민족의 문화적 정체성을 탐색하는데 일조할 것이라 생각된다.

근대 국가의 경계는 제국주의의 식민지배의 결과이다. 조선족 문학이 중국 국적을 갖게 된 것도 결국은 식민체험과 저항의 결과이다. 타자로서의 삶이 중층적으로 퇴적되어 있는 조선족 문학은 우리와 같지만, 우리와 같지 않은 민족주의를 지향하고 있다. 이 점에서 조선족 문학은 식민주체의 국가주의와 닮아 있는 우리의 자기중심적 논리를 반성할 수 있는 가능성을 가지고 있기도 하다. 특히, 조선족 문학의 과거이며 현재적 공간인 만주는 식민주의를 극복한 공간이면서 동시에 식민주의의 결과를 온전히 안고 있는 공간이기도 하다. 또한 국가주의의 경계를 넘어서는 민족의 공간이기도 하다. 그런 의미에서 만주라는 공간은 우리에게 국가주의와 민족주의를 넘어서는 제3의 공간55)으로서의 가능성을 가지

---

55) 제3의 공간이란 문화의 의미와 상징들이 어떤 근원적인 통일성이나 고정성도 갖지 않는, 문화적 변화를 예감하는 은밀한 불안정성의 공간이다.(Homi K. Bhabha, 앞의 책, p.91.)

고 있다. 또한 물리적으로 만주는 과거에는 한·중·일을 비롯한 서구 열강이 교섭하는 공간이었으며, 현재에는 중국과 남북한이 교섭하는 첨예한 가장자리로서 상호의 공간이기도 하다. 그 공간은 민족적이면서 반민족주의적인 '국민'의 역사를 구성하는 일을 시작할 수 있게 해준다.[56] 만주는 단순한 삶의 터전이나 배경으로서의 지질학적 공간에 머물지 않고, 상충하는 가치들이 서로 충돌하는 담론공간으로 문화적 가치들이 서로 겨루는 갈등의 터전(site of struggle)이며 또한 그 가치들이 구체화되어 드러나는 재현의 현장(site of representation)으로서의 문화적 공간이며 기억이 된다.

물론 이러한 점은 가능성의 영역에 머물러 있다. 조선족이 중국이라는 국가체제에서 나름대로의 안정적 지위를 확보하고 있고, 동시에 한족 중심의 주류적 문화에 대항하는 민족주의가 또 다른 자기중심적 논리를 생산하는 과정일 수도 있다는 점 또한 상기해야 한다. 하지만 이러한 우려에도 불구하고 조선족 소설을 통해 과거와 현재, 중국과 한국, 남한과 북한 등 다양하고 복수적인 문화적 가치들이 교섭되고 혼성되고 있는 조선족 문화의 양상을 살펴 볼 수 있을 것이다. 이 양상들은 강제적인 사회 및 지식의 구조로부터 탈출하는 과정으로서, 주류적인 한족(漢族)문화나 모국의 문화 권력의 중심으로부터 '탈중심화' 혹은 '탈영토화(déterritoralisation)'를 지향하는 조선족의 문화적 정체성을 구성할 수 있게 해줄 것이다. 우리는 이를 통해 '통합'된 공통감각을 '나'라는 이름으로 변이시켜 수없이 많은 '나'들, 순간마다 조건마다 달라지는 '나'들로 우리의 삶을 변이시키길 촉구하는 '탈주(fuite)'의 가능성[57]을 보아야 할 것이다.

---

56) 위의 책, p.93.
57) 이진경, 『노마디즘 1』, 휴머니스트, 2002, p.425.

참고 문헌

권 철, 「중국 조선족문학 연구현황」, 『아시아문화』 13, 한림대학 아시아문화연구소, 1997, pp.287-294.

김관웅, 「중국 조선족문학의 력사적 사명과 당면한 문제 및 그 해결책」, 『비평문학』 13, 한국비평문학회, 1999, pp.551-569.

김상철·장재혁, 『연변과 조선족』, 백산서당, 2003.

김승찬 외, 『중국 조선족 문학의 전통과 변혁』, 부산대출판부, 1997.

김윤식, 「항일빨치산문학의 기원－김학철론」, 『실천문학』, 1998.12

김종회, 「중국 조선족 문학과 김창걸의 소설」, 『한국문화연구』 7, 경희대 민속학연구소, 2003, pp.67-83.

_____, 「중국 조선족 문학의 어제와 오늘－한민족 문화권의 새로운 영역」, 『국어국문학』 130, 국어국문학회, 2003, pp.247-267.

김호웅, 「중국 조선족문학의 산맥－김학철」, 『민족문학사연구』 21, 민족문학사학회, 2002, pp.218-249.

민현기, 「중국 조선족 소설에 나타난 '개혁·개방'의 사회적 의미, 『동서문화』 33, 계명대학교 인문과학연구소, 2003, pp.109-128.

_____, 「중국 조선족 페미니즘 소설 연구」, 『한국문학논총』 31, 한국문학회, 2002, pp.53-84.

서종택, 「재외 한인 작가와 민족의 이중적 지위」, 『한국한연구』, 고려대학교 한국학연구소, 1999, pp.7-14.

송하춘, 「연변소설 개관(1)」, 『한국학연구』 3, 고려대학교 한국학연구소, 1991, pp.153-177.

양문규, 「중국 조선족의 한국 현대문학 인식 및 향후 수용 전망」, 『배달말』 28, 배달말학회, 2001, pp.295-318.

오상순, 「개혁개방과 중국조선족 여성문학」, 『여성문학연구』 7, 한국여성문학회, 2002, pp.350-381.

_____, 『개혁개방과 중국조선족 소설문학』, 월인, 2001.

오양호·임향란, 「중국조선족문학에 나타난 고향의식」, 『국제한인문학연구』 1, 국제한인문학회, 2004, pp.125-152.

_____, 『일제강점기 만주조선인 문학연구』, 문예출판사, 1996.

_____, 『한국문학과 간도』, 문예출판사, 1988.

우한용, 「역사적 주체로서의 인식과 실천－이근전 <고난의 년대>론」, 『동서문학』, 1990.9, pp.198-223.

윤인진, 『코리안 디아스포라』, 고려대학교출판부, 2004.

이광일, 『해방 후 조선족 소설 문학 연구』, 경인문화사, 2003.

이상갑, 「역사증언에의 욕구와 형상화 수준－김학철론(1)」, 『한국학연구』 10, 고려대학교 한국학연구소, 1998, pp.147-175.

_____, 「한 민족주의자의 인간주의－김학철론(2)」, 『한국학연구』 11, 고려대학교 한국학연구소, 1999, pp.105-123.

이영구, 「소수적 문학으로서의 재중교포문학」, 『중국학연구』 28, 중국학연구회, 2004, pp.305-327.

이재달, 『조선족 사회와의 만남』, 모시는 사람들, 2004.

이진경, 『노마디즘 1』, 휴머니스트, 2002.

이해영, 「<해란강아 말하라>의 창작방법 연구」, 『한중인문학연구』 11, 한중인문학회, 2003, pp.376-398.

이호철, 「연변 조선족 소설에 드러나 있는 한국여성상」, 『한국문학연구』 19, 동국대 한국문학연구소, 1997, 169-192.

임계순, 『우리에게 다가온 조선족은 누구인가』, 현암사, 2003.

장병희, 「일제 암흑기의 재만문학연구－김창걸 단편소설을 중심으로」, 『어문학논총』 11, 국민대학교 어문학연구소, 1992, pp.83-102.

전성호, 『중국 조선족 문학예술사 연구』, 이회.

정덕준, 「개혁개방 시기 재중 조선족 소설 연구－1976~1995년대 전반기 작품을 중심으로」, 『한국언어문학』 51, 한국언어문학회, 2003, pp.1-25.

정덕준·김기주, 「재중 조선족소설 전개 양상과 그 특성－1949년~1976년의 작품을 중심으로」, 『한국문학이론과 비평』 21, 한국문학이론과비평학회, 2003, pp.204-228.

정신철, 『한반도와 중국 그리고 조선족』, 모시는사람들, 2004.

조남철, 「1930년대 농민소설 연구－김창걸의 농민소설을 중심으로」, 『한국방송통신대학교 논문집』 27, 한국방송통신대학교, 1999, pp.3-16.

_____, 「연변 조선족 소설 연구」, 『한국방송통신대학교 논문집』 34, 한국방송통신
　　대학교, 2002, pp.55-76.

조성일·권철, 『중국 조선족 문학통사』, 이회문화사, 1997.

조진기, 「일제의 만주정책과 간도문학」, 『배달말』 27, 배달말학회, 2000, pp.221-241.

_____, 『친일문학 연구의 성과와 과제』, 우리말글학회, 2002.

채 훈, 「민족해방과 계급투쟁의 반백년사 ─ 이근전의 <고난의 년대>」, 『대륙문학
　　다시 읽는다』, 대륙연구소 출판부, 1992, pp.125-133.

한승옥, 「연변 조선족 현대소설에 나타난 갈등 구조 연구」, 『숭실대학교 논문집』
　　23, 1993, pp.1-21.

니시카와 나가오, 『국민이라는 괴물』, 윤대석 역, 소명출판, 2002.

Anderson, Benedict, 『상상의 공동체』, 윤형숙 역, 나남출판, 2002.

Assman, Aleida, 『기억의 공간』, 변학수 외 역, 경북대학교출판부, 2003.

Bhabha, Homi K, 『문화의 위치』, 나병철 역, 소명출판, 2002.

Gellner, Ernest, 『민족과 민족주의』, 이재석 역, 예하, 1988.

Steven Pinker, 『언어본능』, 김한영·문미선·신효식 역, 그린비, 1998.

중국 조선족 시 형성 과정의 탈식민주의적 의미

윤 의 섭

1. 서론

일제 식민시대를 통과하면서 중국 조선족 시[1]의 역사가 보여주고 있

---

1) 본고에서 사용하는 '중국 조선족 시'라는 용어는 중국에 거주하는 조선족이 쓴 시라는 의미이다. 1949년 중화인민공화국이 창건되면서 중국은 1952년 조선족에 대해 연변조선족자치구를 허용하고 조선족을 중공인민으로 공식 승인하였다.(이규태, 「중국 조선족 사회의 형성과정」, 『在外韓人硏究』 10호, 재외한인학회, 2001, p.205) 이에 따라 본고는 1949년 이후 중국 조선족이 쓴 작품을 '중국 조선족 시'라는 명

는 변화 과정은 역사적 질곡을 겪으며 무엇을 취하고 무엇을 벗어던졌는지를 극명하게 보여준다.

문학사적 측면으로 볼 때 우리가 흔히 암흑기라고 부르는 1940년에서 1945년까지의 문학적 공백은 중국 동북 지역을 중심으로 펼쳐진 유이민 문학²⁾ 활동으로 다시 씌어질 수 있다.³⁾ 일제의 탄압과 경제적 고통을 피해 중국 국경을 넘어간 유이민자들의 문학이 한반도 내에서 씌어지지 않았다고 해서 우리의 문학이 아니라고 할 수는 없는 것이다.

그렇다면 해방기, 정확히 말하면 1945년부터 중화인민공화국이 탄생하기 전인 1948년까지의 중국 내 한민족의 시⁴⁾ 역시 우리의 문학사에 편입시키는 것은 가능한가. 그리고 1949년 이후 중국에서 씌어진 중국 조선족 시는 어떠한 관점에서 살펴보아야 하는가. 중국 조선족의 시를 우리의 문학, 우리 민족의 문학으로 볼 수 있는가. 본고의 일차적 목적은 이러한 의문을 풀어보는 데 있다. 이러한 의문의 해결은 본질적으로 문학사적 고찰을 토대로 이루어져야 할 것이다. 중국 조선족 시의 형성

칭으로 구분하여 사용하고자 한다. 이는 역사적·정치적·국가적 관계를 고려했을 때는 한국 문학과는 단절을 의미할 수 있다. 그러나 민족과 관련해서는 또 다른 차원의 연계가 가능할 수 있다. 이에 대해서는 뒤에 다루기로 한다.

2) 여기서 말하는 '유이민 문학'이란 일제강점 후 발생한 대규모의 국외 이주민 및 유랑민이 유이민 지역에서 창작한 문학을 의미한다.(윤영천, 『韓國의 流民詩』, 실천문학사, 1987, pp.10-11 참고) 중국으로의 한민족 유이민 과정은 2장에서 자세히 언급하고자 한다.

3) 오양호, 『韓國文學과 間島』, 문예출판사, 1988, pp.90-113. 윤영천, 「중국 조선족 시의 형성과 전개-1940년대~1960년대 전반기를 중심으로」, 『민족문학사연구』 17집, 민족문학사학회, 2000, pp.207-208.

4) 1945년부터 1948년까지의 '중국 내 한민족 시'는 1949년 이후의 '중국 조선족 시'라는 용어와 구별하기 위한 용어이다. 왜냐 하면 이 시기까지는 아직도 '유이민 문학'의 범주에 속할 수 있기 때문이다. 이 당시에 중국은 중국 공산당과 국민당과의 전쟁이 진행 중인 상황에서 중국 내 소수 민족인 조선 유이민자들이 국적을 갖지 못한 채 탄압을 받은 시기였다.(이규태, 앞의 논문, p.202와 조성일·권철 외, 『중국 조선족 문학 통사』, 이회, 1997, 229 참고) 더구나 귀향 유이민이 다시 도만하는 경우도 많았다.(윤영천, 위의 논문, p.216)

과정에서 드러나는 문학사적 전개 양상은 곧 그들 문학의 정체성을 밝히는 궤적이기도 하다.

그러나 단순한 문학사적 형성 과정의 추적, 섣부른 민족 문학 개념 등의 적용으로 중국 조선족의 시를 파악해서는 안 될 것이다. 이미 그들의 문학이 중국의 문학사로 기술되고 있고 엄연히 중국이라는 국가 체제에 속해 있는 상황에서 우리식의 문학사 기술 방식을 적용할 수는 없기 때문이다. 다만 중국 조선족 시가 일제 식민시대를 공유한 한민족 문학의 한 갈래에서 파생된 것이라면 우리와 마찬가지로 탈식민주의적 궤도를 걸어왔을 것이라는 가능성을 배제할 수는 없을 것이다.[5] 따라서 '탈식민주의적 의미'를 밝히려는 본고의 시도는 중국 조선족 시의 형성과 문학사적 전개 과정을 역사적, 계보학적으로 밝혀보려는 의도에서 붙여진 방법론적 기준이다.

중국 조선족 시에 대한 연구는 주로 형성과 전개 과정을 중심으로 이루어져 왔다. 이는 개별 시인이나 특정한 주제에 대한 연구 이전에 중국 조선족의 시에 대한 전반적 소개, 개괄 등이 선행되어야 했기 때문인 것으로 보인다. 조성일과 권철 등은 『중국 조선족 문학 통사』에서 중국 조선족이 이주하기 시작한 때부터 현재에 이르기까지를 근대문학, 현대문학, 당대문학으로 크게 나누고 이를 다시 모두 일곱 시기로 구분하여 논하고 있다.[6] 이 논저는 중국 조선족 문학사를 총괄적으로 다룬 것으

---

5) 우리 시 역시 탈식민주의의 과정을 거쳐 왔다는 것은 탈식민적 태도를 드러내는 작품에 대한 분석을 시도하고 있는 다양한 연구를 통해 확인할 수 있다. 이에 대해서는 김승희, 「김수영의 시와 탈식민주의적 반(反)언술」, 김승희 편, 『김수영 다시 읽기』, 프레스21, 2000, 하정일, 「탈식민의 시인 - 김남주에 대한 몇 가지 단상」, 『시와 사람』 21호, 시와사람사, 2001. 여름호, 김승희, 「어떻게 제국의 기호학을 검색하고 반언술을 만들 것인가」, 『시와 사상』 30호, 시와사상사, 2001. 여름호 등을 참고.

6) 이 책에서 저자는 다음과 같이 시기 구분을 하면서 문학사 기술 방법에 대한 견해를 밝히고 있다.

로 시기별 변천 과정과 특징을 일괄할 수 있다는 데에 의의가 있다. 그러나 중국이라는 국가적 체제에 의한 관점에서 그들 문학을 논하고 있는 점은 좀더 재고되어야 할 필요가 있다. 오양호, 윤영천 등은 주로 1940년에서 1945년까지의 만주 유이민 문학에 대해 논하고 있다.7) 이들의 논의는 1940년대 전반기의 우리 문학사에 만주 지역의 유이민, 또는 조선인의 문학이 추가되어야 할 것을 주장하며 중국 조선족 문학의 형성과 그 특징을 구체적 자료를 토대로 논하고 있다. 그렇지만 1945년 이후의 유이민, 또는 조선인의 문학에 대해서는 자세한 언급을 하고 있지 않다. 해방기에 씌어진 문학에 대한 정체성은 그 이전만큼이나 심도 있게 다루어져야 할 것이다. 이와 함께 오정혜는 해방기 조선족이 쓴 시를 논하면서 해방의 의미를 상징과 관련지어 살펴보았고8) 윤영천은 1940년대에서 1960년대 전반기까지의 중국 조선족 시문학의 형성 과정을 논한 바 있다.9) 한편 정덕준과 노철은 1949년부터 1990년대까지의 중국 조선족 시를 문학사적으로 구분하여 연구하고 있다.10) 이 논문은

"시기 획분을 역사 시대에 편입하면, 천입~1920년의 문학이 근대에 속하고 1920년~1931년의 문학, 1931년~1945년의 문학, 1945년~1949년의 문학이 현대에 포섭되고 1949년~1966년의 문학, 1966년~1976년의 문학, 1976년~현재의 문학이 당대에 해당된다.

여기서 한가지 부연하고 싶은 것은 세상에 절대적인 사물이 존재하지 않는 것과 마찬가지로 상술한 시기 획분도 어디까지나 상대적인 합리성을 지니고 있다는 그것이다. 따라서 세월의 흐름과 문학사 연구가 중심에로 발전함에 따라 보다 합리적인 시기 획분법이 나타날 수도 있다."(조성일·권철 외, 앞의 책, p.16)

7) 오양호, 『日帝强占期 滿洲朝鮮人文學硏究』, 문예출판사, 1996, 오양호, 『韓國文學과 間島』, 문예출판사, 1988, 오양호, 「간도이민문학과 연변문학의 위상 고찰-1940년대 연변문학을 중심으로」, 『통일문제와 국제관계』 5집, 인하대학교 평화통일연구소, 1994, 윤영천, 『韓國의 流民詩』, 실천문학사, 1987, 오상순, 「광복 전 재만 조선인 문학의 성격 및 특성」, 한국문학연구학회 편, 『다매체 시대의 한국문학Ⅱ』, 국학자료원, 2002, 김호웅, 『在滿朝鮮人文學硏究』, 국학자료원, 1998 등.

8) 오정혜, 「광복 후 중국 조선족 시의 성격」, 『국어국문학』 21집, 동아대학교국어국문학과, 2002.

9) 윤영천, 『서정적 진실과 시의 힘』, 창작과 비평사, 2002.

민족적 특성이 어떻게 형상화되고 민족문학으로 어떠한 성격을 갖는가에 주목하여 계몽기, 암흑기, 회복기, 성숙기 등 네 시기로 구분하여 논하고 있다.[11] 그러나 이러한 용어에서 알 수 있듯이 시를 유기체로 파악하고 시가 발전해나간다는 사고는 재고할 필요가 있다고 본다. 시는 변화할 뿐이며 반영과 창작, 그리고 독자 수용의 관계에 따라 그 양상이 바뀌는 것이다. 이와 함께 이 논문에서는 민족 문학의 범주에 중국 조선족 시를 포함시킬 수 있는가에 대한 보다 다양한 고찰이 선행되지 않았다든지, 시가 민족문학을 드러내거나 드러내지 않음에 따라 암흑기나 회복기 등으로 논할 수 있는지 등의 심층적인 접근을 요하는 부분이 많이 있다고 보인다. 민족문학사의 관점에서 중국 조선족 시를 논하고자 한다면 그들 시의 발전과정이 아닌 변화과정을 살펴보아야 한다. 이 외에도 1950년대에서 현대에 이르기까지 중국 조선족 시에 대한 다양한 논의가 이루어지고 있지만[12] 중국 조선족 시의 형성과 현대에 이르는 총체적인 논의는 아직 미약하다고 보인다. 이러한 선행 연구의 성과를 바탕으로 우리가 우리 문학과의 관련성을 고려하며 중국 조선족 시를 논하려 한다면 그들의 시를 탈식민주의의 관점에서 우리 문학, 더 나아가 우리 민족과 어떠한 관계가 있는지, 있다면 그 한계는 어디까지인지 등, 다층적인 관계의 범주 속에서 살펴보아야 할 할 것이다.

특정한 범주의 문학적 형성 과정은 문학적 패러다임 형성에 따른 변

---

10) 정덕준·노철, 「중국 조선족 시문학 연구」, 『현대문학이론연구』 20집, 현대문학이론학회, 2003.

11) 이 논문에서 구분한 시기는 다음과 같다. ①1949~1957년 상반기 - 계몽기, ②1957년 하반기~1976년 - 암흑기, ③1976년~1980년대 후반 - 회복기, ④1980년대 후반~1990년대 후반 - 성숙기(p.345).

12) 이에 대해서는 허형만, 「중국 조선족 동포 시인들의 시세계」, 『현대문학이론연구』 21집, 현대문학이론학회, 2004, 오정혜, 「1950년대 중국 조선족 시 연구」, 동아대 박사논문, 2003, 권기호, 「중국 주재 조선족 시인들의 시 유형 연구 - 조국이미지를 중심으로 -」, 『어문학』 제62호, 한국어문학회, 1998.1 등을 참고할 수 있다.

화를 중심으로 기술되어야 할 것이다.[13] 물론 역사적 상황에 따른 시기 구분이나 10년 단위에 의한 문학사 분획이 일정한 의미가 있다 하더라도 변화를 형성하며 등장하는 새로운 문학 범주 형성의 양상을 기계적인 잣대로 절단하여 구분하긴 힘든 것이다.[14] 또는 그렇게 구분하는 것이 합리적이라 하더라도 문학 자체의 변화가 어떠한 패러다임 구축으로 형성되어 문학사의 한 분기점으로 자리 잡아 갔는지에 대한 논의를 통해 구분되어야 할 것이다. 중국 조선족의 시에 있어서 그들 시의 변화는 이전 시기와의 누적적 관계에 의해 점진적으로 형성되었다기보다는 새로운 가치 체계나 구조, 이를테면 사회주의 국가의 건설, 사회주의 강령의 영향, 소수민족 정책 지침 등에 따른 급변하는 환경 속에서 형성된 것으로 보인다. 이와 같은 문학 형성 과정에 대한 문학사 전개 방식은 당대의 문단 흐름과 지배적 이데올로기도 패러다임 형성의 중요한 요소로 보기 때문에 후대의 역사관에 의해 재구된 기술 방식의 한계를 벗어나 당대의 세계를 문학이 어떻게 인식하였느냐는 데에 초점을 맞출 수 있다. 이러한 인식론적 문학사 기술 방식에 의해 우리는 중국 조선족 시에 나타나는 현실 인식을 밝힐 수 있고 또한 그들의 문학을 탈식민주의 역사의 한 자료로서 읽을 수 있을 것이다.[15]

본고는 1945년 이후부터 1949년 전까지를 중국 조선족 시의 형성 이

---

13) 패러다임(paradigm)이란 다양한 관념을 서로 질서지우는 체계나 구조를 일컫는 개념이다. 새로운 패러다임은 쿤에 의하면 기존의 패러다임을 대체하며 비누적적인 발생으로 형성되고 이때 다른 기존의 가치 체계나 질서 등의 구조는 새 패러다임을 인정하려는 방향으로 움직인다. 이로써 패러다임은 특정 시기마다 새로운 변화를 형성하며 존재한다.(T. S. Kuhn, 김명자 역, 『과학혁명의 구조』, 두산동아, 1999 참고)

14) 이태희, 「現代詩史 記述方法 考察」, 『한국시학연구』 제14호, 한국시학회, 2005.12, pp.37-39 참고.

15) Walter Benjamin, 차봉희 편역, 「文學史와 文藝學」, 『現代社會와 藝術』, 문학과 지성사, 1980, pp.13-22 참고.

전 과정으로, 그리고 1949년부터 1966년 이전까지를 중국 조선족 시가 정립되어 가는 형성기로 보고 이 시기 전체를 형성 과정의 범주에 넣어 고찰하고자 한다.16) 이에 따라 중국 조선족 시의 형성 과정을 논하기 위해 중국 조선족 시의 형성 시점인 1949년 전후와 1966년 문화혁명기 이전 시기까지 구분하여 살펴보고자 한다. 문화혁명기 이후의 중국 조선족 시는 형성 과정에서 벗어나 다른 국면으로 나아갔다고 보아지기 때문이다. 따라서 본고는 1945년 이후부터 1966년 문화혁명기 이전까지 중국에서 발간된 조선족의 시집을 논의 대상으로 하였다. 한편 중국 조선족 시의 형성 과정은 탈식민의 과정이기도 한데 그 이유는 탈식민주의가 식민주의 담론의 극복만이 아니라 민족의 이산, 민족적 정체성의 문제 등과 밀접한 관계가 있기 때문이다. 따라서 2장에서는 중국 조선족 시가 한민족 문학의 범주로 파악될 수 있는 근거를 살펴보고 그 근거에 따라 3장과 4장에서 그들 시의 형성 과정에 나타난 한민족 문학으로서의 탈식민주의적 의미를 고찰해보고자 한다.

본고는 중국 조선족 시에 나타난 다양한 양상과 민족, 조국에 대한 의식을 추적하는 데 있어 많은 시사점을 제시할 것으로 기대한다. 또한 중국 조선족의 시가 우리의 詩史와 관련하여 탈식민주의적 의미에 있어서 어떠한 관계망을 가질 수 있는지를 가늠해 볼 수 있다는 점에서도 또 다른 의의가 있을 것으로 본다.

---

16) 특정 양상의 시 형성 과정과 형성 이후 정립되어 가는 형성기는 포괄적 관점에서 고찰할 필요가 있다. 형성기 역시 크게 보면 형성 과정에 포함될 수 있기 때문이다. 다만 특정 시기 구분은 이 포괄적 범주 안에서 지정되어야 할 것이다.

2. 한민족 문학으로서의 가능성

중국 조선족 문학은 대개 '한민족' 문학의 일부로 논의되고 있지만 중국 조선족 문학을 '한민족'의 문학으로 대할 수 있는지에 대한 성찰 없이 당위성에 의해 접근할 수만은 없다고 본다. 이 점은 중국 조선족 시에 나타난 탈식민주의의 의미를 살펴보는 데 있어서도 우선적으로 논의되어야할 것이다.

중국 조선족은 주지하다시피 중국이라는 국가 체제에 속한 중국 내소수 민족의 범주에 속하고 있다. 그러나 중국 조선족의 중국 천입 과정은 한민족17)의 유이민 역사이기도 하다. 다시 말하면 중국 조선족 형성의 근원은 민족 국가를 형성하고 있었던 우리나라에서 출발하고 있는 것이다.

우선 중국 조선족의 역사 인식과 한민족으로서의 의식 구조를 살펴보기 위해 조선족의 중국 천입 역사를 일괄해볼 필요가 있다.

중국 조선족의 역사에 대해서는 크게 네 가지 주장이 나오고 있다. 즉, 조선족 조상들이 고조선·고구려 등 고대국가 시기 이후 중국 동북 지역에 계속 영위해 왔다는 토착민족설, 명나라 초기에 자연 국경이 형성되고 한민족이 만주로 대량 이주한 시기를 중심으로 하는 元末·明初說, 중국과 조선의 국경에 대해 체결한 조약(1627년 '江都會盟')을 기준으로 현재 중국 조선족과 연관성을 갖는 집거구역 및 민족공동체가 형성된 것으로 보는 시기인 明末·淸初說, 그리고 근대 민족공동체의 개념이 형

---

17) 본고의 '한민족'이라는 개념은 특정한 이데올로기적 의미를 내포하고 있는 '민족문학'의 '민족'이라는 개념과 구별하고자 하는 용어이다. '한민족'은 과거부터 한반도를 토대로 영위해온 '우리 민족'을 가리키며 그 근원적 토대를 벗어났지만 한민족으로서의 혈통적·언어적·전통적·문화적·정서적 동질성 등등을 유지하고 있거나 과거에 공유했던(이 동질성을 이루는 요소를 모두 갖출 필요는 없다.) 다른 국가에서의 '우리 민족'도 포함된다.

성된 이후의 이주기를 중국 조선족 형성의 기원으로 보는 19세기 중엽설이 그것이다.[18) 이 중 19세기 중엽설이 그간 전통적인 주장으로 받아들여져 왔다. 그러나 17세기 초에 조상이 이주하여 지금의 하북성 靑龍縣, 요녕성 蓋縣, 本溪縣 등에 거주하고 있는 朴氏 후손들이 1982년 자신들은 만족 혹은 한족이 아니라 조선족의 후예라고 주장, 조선족의 족적을 회복하게 된 것을 계기로 조선족의 역사적 시점을 明末·淸初로 보자는 의견 역시 많은 동조를 얻고 있는 중이다.[19) 특히 明末·淸初說은 19세기 중엽 이후의 '민족공동체의 형성과 그 공동체를 이루고 있는 민족의 역사 상한선은 별개의 문제'[20)라는 관점과 현재의 조선족인 朴氏 후손과 그 조상이 연관을 맺고 있다는 점을 들어 민족적·혈연적 계보를 중요한 민족 구성 요소로 보고 있다.

> 19세기 후반기라고 주장하는 연구자들은 이들이(박씨 조선족—인용자) 17세기에 중국 동북지방에 이주하여 왔다고 하지만 그들이 가입한 것은 한족이나 만족들의 공동체였으로 지금의 조선족공동체의 형성과는 아무런 연계가 없다. 그러므로 이들의 역사는 조선인 유이민사의 범주에 속할 뿐이지 중국조선족의 역사범주에 속할 수 없다는 것이다[21)

이러한 중국 조선족 연구자들의 상반된 견해에 대해 아직 확정을 내릴 수는 없다. 보다 중요한 것은 중국 조선족 형성을 민족공동체의 범주

---

18) 김태국, 「중국 조선족 역사 上限線 문제」, 『전주사학』 6집, 전주대학교역사문화연구소, 1998, pp.194-195.
19) 김태국, 「中國에서의 朝鮮族 歷史 硏究」, 『동북아연구』 2집, 조선대학교동북아문제연구소, 1996, pp.131-132, 손춘일, 「中國 朝鮮族 歷史의 上限과 遼寧, 河北의 朴氏人들」, 『이화사학연구』 22집, 이화여자대학교사학연구소, 1995, pp.263-267.
20) 김태국, 「중국 조선족 역사 上限線 문제」, 앞의 책, p.199.
21) 김태국, 「中國에서의 朝鮮族 歷史 硏究」, 앞의 책, p.132.

에서 논하고 있다는 것과 그들의 거주 연원이 17세기 초든 19세기 중엽 이후이든 현재에 이르기까지 중국 조선족을 이루고 있는 구성원이 한민족으로서 굳건하게 자리 잡고 있다는 그들의 인식 태도이다. 이러한 논의와 인식 태도는 일제시대에 중국으로 대거 유이민한 한민족 역시 조선족의 구성 요소로 받아들이게 하는 토대로 작용한다. 그렇기 때문에 1948년까지의 간도, 만주 등지의 정착민과 유이민의 문학 역시 한민족 문학의 한 범주로 볼 수 있는 것이다.

사실 '단일한 집단적 정체성의 긍정적 표현으로서의 민족성이 식민 권력의 고착과 위계 서열과의 차이를 표현하고, 저항을 위해 사용될 수 있는 가장 성공적인 전략임이 입증되었'[22]기 때문에 아시아나 아프리카 등 신생국의 민족 공동체 형성 과정이 근대 서구 제국주의의 식민시대 경험 이후 서구의 민족 공동체 형성 과정을 모델로 삼아 이루어졌다는 서구의 민족 형성에 대한 관점[23]은 타당하다고 할 수 있다. 따라서 19세기 말 제국주의에 대한 대항 과정에서 그들과의 차이를 분명히 하기 위해 우리의 민족 공동체 의식이 형성되었기 때문에 민족의식은 곧 제국주의 침략의 한 결과물이라는 견해[24]가 나올 수 있다.

그러나 우리나라의 경우에서 볼 때 이러한 견해는 곧바로 수용하기 어려운 부분이 있다. 우선 우리나라는 근대 제국주의 시대 이전에 이미 국가를 형성하고 있었기 때문에 '신생국'이 아니다. 민족주의는 서구의 모형을 답습했다 할지라도 국가 단위의 민족은 이미 존재하고 있었던 것이다. 또한 '민족 공동체 의식 형성'이 19세기 말 제국주의에 대한 대항 과

---

22) Peter Childs · Patrick Williams, 김문환 역, 『탈식민주의 이론』, 문예출판사, 2004, p.412.
23) Benedict Anderson, 윤형숙 역, 『상상의 공동체』, 나남출판, 2002. 특히 pp.149-150 참고.
24) 고부응, 『초민족 시대의 민족 정체성』, 문학과 지성사, 2002, p.125.

정에서 성립되었다 하더라도 '민족'이나 '민족 공동체'가 그 시대에서야 형성된 것은 아니다. 앤더슨은 '민족은 본래 제한되고 주권을 가진 것으로 상상되는 정치공동체'라고 규정하면서 '민족은 주권을 가진 것으로 상상되며 공동체인 것으로 상상된다'라고 말하고 있다.[25] 이 상상된 민족 공동체가 민족 언어의 존재와 민족 언어에 대한 인쇄 기술의 발달·보급에 의해 '새로운 형태'로 형성된 것이라면 우리나라에 있어서 상상된 민족 공동체 형성 시기는 이미 민족 언어와 그것의 활자가 가능했던 시기로 거슬러 올라갈 수 있다.[26] 결국 각국에 각 민족이 분산되어 있는 유럽의 경우 인쇄 기술의 발달로 인해 민족 공동체에 대한 상상이 가능했다는 논의를 이미 국한된 공간 속에서 지속되어 온 우리의 경우에 곧바로 적용하기 어렵다는 점을 인정할 수 있다면 우리의 민족 공동체 형성은 적어도 통일 신라 시대나 고려 시대까지로 그 기원을 거슬러 올라갈 수 있다.

국가는 민족에 선행하며 민족을 만들어 낸 것이고 정치적 행위만이 민족을 드러내며 언어 공동체로는 민족이라 볼 수 없다는 주장[27]을 수긍한다 하더라도 타 국가·민족과 대항하며 민족국가나 그러한 국가를 건설하려는 움직임을 보여주고 있는 통일 신라 이후의 우리나라 역사는 곧 민족 공동체의 기원이 근대 이전이라는 것을 명백히 보여준다.[28] 따

---

25). Benedict Anderson, 윤형숙 역, 『민족주의의의 기원과 전파』, 나남, 1991, pp.21-23.

26) 위의 책, p.69와 Peter Childs·Patrick Williams, 앞의 책, p.146-147 참고. 물론 앤더슨은 민족 공동체 형성이 자본주의 체제와도 관련이 있다고 말하고 있어 봉건 국가 체제였던 우리의 경우와는 차이가 있다. 그러나 '상상된 민족 공동체', 또는 '민족의식'이라는 용어에서 알 수 있듯이 앤더슨이 주장하는 것은 민족주의와 민족의 공동체 구성에 관한 논의이다. 다시 말해 '새로운 형태의 상상된 공동체의 가능성'에 대한 논의이지 초기 민족의 형성에 대한 본질성에 대한 것은 아닌 것이다.

27) 최갑수, 「서구에서의 근대 국민국가의 형성과 민족주의」, 한국사연구회 편, 『근대 국민국가와 민족문제』, 지식산업사, 1995, p.16.

라서 19세기 말 제국주의 시대의 민족 공동체 의식은 '형성'되었다기 보
다는 제국주의와의 대항과정에서 본격적으로 '강화·전면화'된 것이다.

중국 조선족의 정체성은 이러한 맥락에서 파악되어야 할 것이다. 민족
국가 체제하에서 유이민을 하였던 민족으로서 중국 조선족은 중국이라는
새로운 국가 체제에 편입하였다. 그러나 국가나 정치적 소속 명칭은 바
뀌었지만 한민족이라는 근간과 민족적 정체성은 바뀌지 않은 것이다. 중
국은 1952년 조선인의 민족구역자치 제도를 실시하여 조선족을 중국 내
다른 민족, 즉 한족이나 여타 소수 민족이 아닌 한민족이라는 특정한
'민족' 단위로 인정하였다. 중국 조선족은 이 자치구 내에 집거하며 민
족 공동체와 정서를 유지해 왔다. 국가가 선행하였고 그 국가의 범주에
서 갈라져 나와 민족 공동체를 유지하고 있는 중국 조선족이 현재까지
도 혈통적·언어적·전통적 정체성을 유지하고 있다는 점에서, 무엇보
다도 앞서 살펴보았듯이 중국 내에서 한민족의 한 갈래에 속해 있다는
정체성을 주장하고 있다는 점에서 본고는 중국 조선족이 중국 국가 체
제에 속해 있는 소수민족으로서 한민족의 한 계보를 이어가고 있다고
본다. 이러한 중국 조선족이 문학을 통해 지금까지 민족 언어를 공유하
고 있으며 한민족적 정서를 표출하고 있다는 점에서 중국 조선족 문학
은 한민족 문학의 범주에 들 수 있다.29) 그러므로 한민족으로서의 중국
조선족이 쓴 시, 나아가 중국 조선족의 문학은 한민족의 문학의 한 갈래

---

28) 이에 대해서는 다음 글을 참고 할 수 있다. "한국 민족은 먼 옛날부터 형성되기
시작하여, 고려·조선에 이르러 외형이 완성된 감을 주었다. 세 나라로 통합된
것이 후기 신라의 과도기를 거쳐, 적어도 고려 이후에는 1천 년 동안 단일민족국
가를, 그것도 중앙집권화가 강화되는 형태로 발전시켰으며, 언어와 문화공동체의
발전도 전근대적인 것이었지만 국가의 발전과 궤를 같이하였고, 지리적 위치도
조선 초기에 확정이 되다시피하였다."(서중석, 「한국에서의 민족문제와 국가 - 부
르주아층 또는 지배층을 중심으로」, 한국사연구회 편, 앞의 책, pp.111-112)
29) 이 점은 (다양한 국가를 거친)우리 민족이, 우리의 언어로, 우리의 정서를 다룬
작품을 국문학이라고 정의하는 일반적 관점과도 부합된다.

이다. 결국 이들의 문학이 갖는 탈식민주의적 의미를 고찰하고자 시도는 한때 한민족으로서 식민시대를 거쳤고 그 이후 한민족의 범주에서 형성되어 왔다는 점에서 가능한 것이다.

3. 형성 과정의 정체성 분열과 동일시를 향한 욕망

1949년 중화인민공화국의 건국 이후 중국 조선족 시는 전면적이면서도 급변적인 양상으로 등장한다. 중국 조선족 시의 형성은 그만큼 신속하게 이루어졌다. 단지 건국이라는 역사적인 사건이나 자치구의 인허라는 외부적 사건만이 중국 조선족 시의 형성을 성립시키는 조건으로 작용한 것은 아니다. 중국 조선족, 구체적으로는 중국 조선족 시인들이 시 속에, 그리고 시로써 '중국 조선속 시'라고 명명할 수 있는 시적 세계와 이데올로기를 안으로부터 그려내고 있다는 점을 중국 조선족 시 형성의 일차적 발화점으로 삼아야 한다. 그렇기 때문에 1949년 이후 중국 조선족 시는 이전 시기와는 다른 새로운 패러다임을 구축하고 있는 것으로 보아야 한다.[30] 당시의 중국 조선족 시와 시단이 새롭게 형성된 패러다임의 범주를 따라 동시다발적인 변화의 양상을 보이고 있다는 사실은 그들의 시를 살펴보면 쉽게 알 수 있다. 이 시기부터 '중국 조선족 시'에는 중국을 '조국'이라고 분명하게 명시하고 있는 것이다.

---

30) "당대시의 전사로서 해방 직후 조선족 현대시의 특징들은 당대시에서 연속성과 불연속성으로 작용하게 된다."(김준오, 「중국 사회주의 문화정책과 중국 조선족 시가전통의 변모양상」, 『한국문학논총』 16집, 한국문학회, 1995, p.89) 같은 면에서 이 논문은 1949년 이후의 시가 이전 시기의 농촌시와는 연속성을 보이지지만 '노동계급의 창조적 삶을 구가하는 긍정적이고 미래지향적인 태도가 보다 극명히 드러나고 있다'고 말한다.

①새 중국 수놓은 과학자와 예술가들(김순기, <승리의 감격>(1948) 부분)

②자유 중국 건설 위해 싸우고 있나니(김순기, <인류의 태양>(1949) 부분)

③진정 우리 조국의 보배/황금빛 노다지(서헌, <내 이름을 쓴다>(1950) 부분)

④「조국의 국방건설과 경제건설을 튼튼히 해야만/우리들의 행복을 영원히 보장할 수 있다」……는/애국풍산의 신념에 불타(채택룡, <알뜰한 공량으로>(1951) 부분)

⑤조국을 방위하며/조선을 원조하며(리욱, <『가장 사랑스러운 사람』에게 – 인민들은 중국 인민 지원군을 『가장 사랑스러운 사람』이라고 부른다>(1954) 부분)

위의 인용은 1954년 발간된 시집 『해란강』[31]의 일부이다. 씌어진 연도순으로 볼 때 1948년과 1949년까지는 중화인민공화국이 들어설 무렵으로 '조국'이라는 표현을 드러내놓고 표현하고 있지 않다. 그러나 1950년 이후에 씌어진 시에서는 ③, ④, ⑤의 예에서 알 수 있듯이 중국을 '조국'이라고 표현하고 있다. 이 시기 이후의 시는 예외 없이 중국을 '조국'으로 부르고 있다. 특히 ⑤의 리욱 시는 1950년에 발발한 한국전쟁에 북한을 지원한 조선족에 대해 쓰고 있는데 조국으로서의 중국을 방위하기 위해 '조선'을 원조했다는 내용이다. 즉, 1950년대 이후의 시에서 '조선'은 조선족에게 조국이 아니라 원조 대상 국가로 인식되고 있는 것이다. 이렇듯 1949년 이후의 중국 조선족 시는 전면적으로 중국을 '조국'으로 호칭하며 이전 시와는 다른 국가관과 시적 현실 인식 태도를 보이고 있다. 1945년 중화인민공화국의 건립은 문학사적 관점에서 볼 때 새로운 시적 체계의 패러다임을 형성하는 직접적 요소라고 할 수 있다.

---

31) 연변문학예술계련합회 편, 『해란강』, 연변교육출판사, 1954. 이 종합시집에는 모두 11명의 시인이 쓴 30편의 시가 실려 있다.

물론 국가에 대한 외적인 호칭 변화만을 놓고 1949년을 중국 조선족 시의 형성 시점으로 볼 수만은 없다. 왜냐하면 새 국가 체제의 성립은 곧바로 그 구성원들에게 새 국가 호칭 및 국가 이데올로기에 대한 수용을 요구하게 되고, 중국 조선족 입장에서도 이제는 중국을 조국이라고 호칭할 수밖에 없는 현실로 작용하기 때문에 의도적이든 의도적이지 않든 국가 호칭에 대한 시적 표현은 당연히 바뀔 수밖에 없는 것이다. 그러나 다음 장에서도 살펴보겠지만 이러한 중국 국가 체제로의 편입에 대한 표면적 변화는 동시에 중국 조선족 시가 선택과 수용으로써 내적 패러다임의 변화까지 이끌어 내야하는 계기로 작용하고 있다는 점을 간과할 수 없다. 말하자면 중국 조선족 시는 1949년 이전까지의 시적 인식 태도를 바꿔 중국이라는 국가 체제에 맞춘 시적 양식과 내용을 창출해내야 했던 것이다. 여기서 우리는 중국 조선족의 시가 한민족 · 조선족의 심정과 인식으로 중화인민공화국의 현실을 담아내야 했던 내면의 전환기적 복잡성과 심리를 이해해야 한다. 배제와 선택의 과정을 거치면서 중국 조선족의 시는 스스로의 현실을 인정하고 받아들여야 하는 과정을 거쳤다고 보아야 한다.

중국 조선족 시의 형성에 작용한 인식의 특성을 알아보기 위해서 우선 1949년 이전 중국이라는 무대에서 씌어진 한민족의 시가 어떠한 양상이었는지, 민족, 혹은 조국에 대한 인식을 어떻게 보여주고 있는지를 살펴봐야 한다. 이를 통해 우리는 중국 조선족 시 형성 과정에 나타난 탈식민주의적 의미도 함께 파악할 수 있다.

1945년 해방 이후에서 1949년 중화인민공화국이 탄생하기 전까지의 중국 동북지역 한민족은 생존을 위한 고투와 전쟁 속에서 격변의 역사적 상황을 겪는다. 이 시기는 민족적 정체성과 현실 인식 태도에 있어서 혼란과 과도기의 시대였고 1949년 이후 '조국'에 대한 개념과 지시체가 바뀌는 데 결정적 원인을 제공한 전단계로 이해할 수 있다.

　　할아버지 남긴것은/倭놈들에게 꺽기운 화살과 비ㅡㄴ 쌀자루/그리
고　祖國을向한無言의遺言이……//…(중략)…//할머니의　아들ㅡ貴여운
朝鮮의아들이 半生을 鐵窓에보내었고(박노을, <할머니와 엿고리> 부
분)32)

　　놈들은 개부리들은/왜놈의등세를 하늘같이 믿고/民族과 同胞를잇고
人類를 잊고/無數한 屠殺을 일삼었거니(채택룡, <革命의 꽃> 부분)33)

　　그어머니 아버지는 가고없지않는가/오늘에 충실한 朝鮮의내가되기
까지/오늘도 내일도 호박국에 조밥을 벗삼어 革命하는 이情熱을 끊이
지 않으리……(신활, <호박> 부분)34)

　　오! 가자 가자/正義를 위하여/祖國을 위하여/또한 和平을 위하여(김
경락, <대낮> 부분)35)

　　웬일이냐/ 한　民族 三千万 동포에/기쁨과 슬픔이 갈렸느냐…(중
략)…//이 民族 三千万이 우(怒)는 날/벽력처럼 우는날(리욱, <橄>(1947)
부분)36)

　　위 인용시를 보면 1945년에서 1948년 당시의 대부분 시인들은 중국을
'조국'으로 명시하지 않는 반면 조선 역시 '조국'으로 부르는 데 있어 불
분명한 태도를 보이고 있다는 것을 알 수 있다. 박노을의 시에 나타난

---

32) 연길한글연구회 편, 『颱風』, 연길한글연구회, 1947, pp.46-48.
33) 위의 책, p.26.
34) 위의 책, p.20.
35) 위의 책, p.42.
36) 리욱, 『20세기 중국조선족 문학사료전집ㅡ리욱 문학편』, 중국조선민족문화예술출
　　판사, 2002, pp.44-45.

'조국'은 할아버지의 조국이지 정작 화자 자신은 그 '조국'을 '조선'이라고 말하고 있다. 그런데 신활의 시에는 '오늘에 충실한 朝鮮의내'라고 말하고 있어 중국 내에서의 조선 민족이라는 인식을 보이고 있다. 그런가 하면 김경락의 시에서는 중국을 '조국'이라고 명시하고 있는데 리욱은 당시 한반도의 38선 문제를 노래한 위 시에서 '이 民族 三千万'이라고 표현하여 화자를 한민족의 범주에 넣는 태도를 보이고 있다. 이러한 예를 통해 우리는 적어도 이 시들이 발표된 1947년까지는 아직 국적이나 정체성에 대해 명확한 개념이 형성되어 있지 않았다고 할 수 있다. 즉 이 시기에는 '조국'에 대한 명확한 인식이 없었거나 그것이 불확정적인 시대였다. 중국과 조선 모두에 대해 조국으로 대하는 데 있어 불분명한 태도를 보이고 있는 것이다. 해방기의 시에는 조국, 민족, 동포, 인민, 혁명, 동지 등등의 호칭이 뭉뚱그려져 있어 중국과 우리나라, 즉 조선과의 경계가 무화된 양상을 보이고 있다. 이는 당시의 유이민들과 정착한 조선족들이 중국을 자신들의 국가로 정위하지 않고 있다는 증거이기도 하지만 마찬가지로 조선을 그들의 분명한 '조국'으로 여기고 있지 않다는 증거이기도 하다. 그러나 결과적으로 볼 때 당시의 중국 거주 한민족은 조선을 돌아갈 수 없는 먼 땅, 그리고 중국을 삶의 터전으로 삼을 수밖에 없다는 혼란스럽고도 막연한 심리를 갖고 있었다고 할 수 있다. 왜냐하면 당시의 유인민들과 거주자들은 이중의 전투, 즉 항일투쟁과 사회주의 혁명 투쟁을 통해 정체성과 이데올로기적 분열을 겪으며 중국의 소수민족으로 편입되는 역사적 흐름을 따라갔기 때문이다.

1931년을 전후로 일제의 억압을 피해, 그리고 일제에 토지를 빼앗긴 채 생존을 위해 만주 지역으로 항일지사와 농민들이 대거 유입되었다. 이들은 해방 후에도 대부분 정착하여 중국 조선족으로 자리 잡았다. 중요한 것은 이들이 중국에서 벌인 정치적·경제적 활동이다. 특히 1945

년까지 이들은 일제 식민주의에 맞서 조선혁명군, 조선의용군 등의 군대를 결성해 조직적인 항일 전투를 벌였다. 그리고 1930년대 연변지역에서의 항일무장투쟁은 1931년 만주사변을 계기로 중국공산당의 지시에 의해 창설된 항일유격대의 경우에서 알 수 있듯이 조선 공산주의자와 좌파민족주의자들이 주도한 공산주의에 의한 투쟁으로 전개되었다.[37] 이러한 사정은 해방 후에도 연변을 중심으로 하는 조선족이 공산주의의 관리 지도 하에 놓이게 되는 원인이 되었다. 한편 일제의 토지 약탈로 인해 만주로 건너간 농민들 역시 토지를 소유하기 위한 전쟁을 벌일 수밖에 없었다. 그들은 중국인에게는 일본의 식민으로, 다른 한편으로는 만주 국민으로 억압을 받으며 무국적으로 지낼 수밖에 없는 상황에서 농작물을 수탈당했다. 이런 와중에 해방 후에는 토지 소유권을 인정하지 않는 국민당에 맞서 토지 소유를 인정한 중국 공산당과 함께 인민해방군의 전선에 뛰어들게 되었다.[38] 토지 소유권을 계기로 '조선농민은 정말로 연변을 고향이라고 생각하고 중화인민공화국을 자신의 조국이라 생각'[39]하게 된 것이다. 항일 투쟁 과정을 통해 중국 공산당의 관리에 놓이게 된 정치적 배경과 토지 소유를 둘러싼 공산주의에 대한 신뢰라는 경제적 요소가 함께 작용하면서 중국 거주 조선인들은 탈식민과 탈봉건의 길을 함께 걷게 된 것이다. 이 때문에 1945년 이후의 시는 농사와 토지에 대한 애착, 민족(남북한) 해방, 중국 사회주의 혁명 등에 대한 인식을 함께 드러내고 있다. 그러나 앞의 인용시에서도 살펴보았지만 1949

---

37) 이규태, 앞의 논문, pp.187-195 참고.

38) "당시 중국공산당연변지구위원회 서기였던 유준수(劉俊秀)는 동만주의 조선인 처우와 조선인에게 토지개혁을 행함에 있어 '조선인의 국적문제와 한족과의 민족모순'에 직면했다. 그는 조선족이 2개의 조국을 가지고 있는 것을 배려하여 이중국적을 승인해서 중국공민으로서의 모든 권리를 받을 수 있도록 해서 조선족 농민이 토지분배의 권리를 갖게 되었다."(위의 논문, p.199)

39) 위의 논문, p.200.

년 중화인민공화국이 세워지기 전까지는 '조선인'이 '조선족'으로서 완전한 중국 국적을 갖고 있지 않았고, 조선족 스스로도 중국과 조국, 조선 등에 대한 정체성의 혼돈을 보이고 있다. 따라서 이 시기는 탈식민의 과정 속에 정체성의 분열이 진행 중인 단계라고 볼 수 있다. 또한 이 시기는 라캉의 관점에서 보자면 중국 조선족이 중국을 그들의 새로운 '조국'으로 받아들이기 전단계로서의 거울단계라고 할 수 있다.[40] 다시 말해 새로운 '조국'을 향해 움직여간 중국 조선족 시의 여정은 자신의 정체성을 확인해줄 대상을 찾으려는 정체성의 동일시를 향한 욕망을 드러낸 것으로 파악될 수 있는 것이다.

4. 부인을 통한 중국 조선족 시 패러다임의 형성과 형성기

표면적으로 볼 때 1949년 이후 '중국 조선족 시의 형성'은 중국 국적 취득과 중국 공산주의에 대한 '조국'으로서의 인정으로부터 이루어진 것이다. 이 시기부터 1966년 이전까지를 중국 조선족 시의 형성기라고 할 수 있다. 우리는 여기서 주목할 점이 있다. 중국 조선족 시의 새로운 패러다임 형성의 전면적 작동에는 내면으로부터의 수락과 그것에 맞추어 나가려는 의지가 작용해야 했다. 이때 우리가 명확히 알아야 할 것은 조선/중국(조국), 탈식민/탈봉건, 토지 수탈/토지 소유, 한민족/중국 소수민족, 유이민/정착, 무(이중)국적/국적 취득 등의 이항대립 요소에서 왼쪽

---

40) 생후 6개월에서 18개월 사이의 아기는 거울 속에 비친 자신의 모습을 통해 주체를 확인한다. '이 단계에서 아이는 자신의 몸을 가눌 수는 없지만 거울에 비친 자신의 이미지를 총체적이고도 완전한 것으로 가정한다.'(권택영, 「라캉의 욕망 이론」, Jacques Lacan, 권택영 엮음, 『욕망 이론』, 문예출판사, 1994, p.15) 거울 속의 주체 이미지를 자신과 동일한 것으로 여기고 그러한 주체를 찾아 나서려는 단계가 곧 거울단계(상상계라고도 함)인 것이다.

항이 결국 오른쪽 항으로 대체되었다는 점이다. 대체 과정에 작용한 중국 조선족의 민족적 심리는 호미 바바가 말하는 프로이트의 '부인(disavowal)'이라는, 혼성성(hybridity)[41]을 수반하는 심리이다.[42] 이 '부인'에 의한 대체는 중화인민공화국 탄생 초기에 중국 조선족에게 있어 동시다발적으로 이루어졌다. '부인'이란 프로이트가 특정한 의미로 사용한 용어로서 주체가 외상으로 지각되는 현실을 인정하는 것을 거부하는 방어 방식을 의미한다.[43] 프로이트에 의하면 여자아이의 경우 처음 남근을 본 후 자신에게 남근이 없다는 사실을 '부인'한다고 한다. 더 나아가 여자아이는 자신이 남근을 가지고 있다고 믿으며 남근을 선망하게 되고 남자아이와 동일시하려는 시도를 하게 된다는 것이다. 이는 거세 콤플렉스로 이어지는데 성장과정에서 해소되지 않으면 정신분열적 상태로 남게 된다.[44] 성장 초기 단계에서 남근의 부재 공간에는 곧바로 다른 대체물이 들어서야 한다는 심리가 발생하는데 이는 주체가 양가성 또는 양가성이 확장된 의미의 혼성성을 갖는다는 것을 의미한다.[45] 식민주의 시대

---

41) 혼성성은 식민주의 권력을 해체적으로 들여다보기 위한 전략적 시각에 의해 파악된 혼합되고 분열된 상태의 다성적 식민주의 문화 양상을 의미한다. 식민주의 시대 이후 이미 고착된 식민 의식(식민지 담론, 전통으로의 복원 의지) 등에 덮어 씌어진 탈식민문화 역시 혼성성으로 파악될 수 있다. 혼성성은 '식민지 권력, 그 변환의 힘과 고착성에 포함된 생산성의 기호이다.'(Homi k. Bhabha, 나병철 역, 『문화의 위치-탈식민주의 문화이론』, 소명출판, 2002, p.225)

42) 윤의섭, 「1950~60년대 중국 조선족 시에 대한 탈식민주의적 고찰」, 『현대문학이론연구』 27집, 현대문학이론학회, 2006.4, p.240 참고.

43) Jean Laplanche·J. B. Pontalis, 임진수 역, 『정신분석사전』, 열린책들, 2005, pp.171-173.

44) Sigmund Freud, 한승완 역, 『나의 이력서』, 열린책들, 1997, pp.198-213, Sigmund Freud, 임홍빈·홍혜경 역, 『새로운 정신분석 강의』, 열린책들, 1996, pp.159-192 참고.

45) '혼성성은 식민주의적 부인(disavowal)의 효과를 역전시키는 식민지적 표상작용과 개별화의 문제들이며, 그것을 통해 타자의 '부인된' 인식들(지식들)을 지배담론에 틈입시켜서 권위의 토대(그 인식의 규칙들)를 소원화시키는 것이다.'(Homi k. Bhabha, 앞의 책, p.229)

이후 국민당과의 사회주의 혁명 전투를 겪으면서 조선족이 중국 체제로의 편입과 체제 건설에 동참하게 된 것은 곧 조국, 혹은 고향을 새롭게 규정하게끔 작동했다. 그러나 그들은 중국을 본질적인 조국으로 받아들였다기보다 그것을 그들의 '부인'의 자리에 새로 건설하고 창조한 것이다. 1949년 이후의 중국 조선족 시에서 발견되는 것은 돌아갈 수 없는 조국(조선), 포기(혹은 선택)해야 할 국적, 망각된 고향 등 탈식민시대 이후 발생한 각종 부재의 자리에 '조국(중국)', 토지, 사회주의 등이 대체되었다는 점이다. 그것은 순수한 의미의 대체가 아니라 혼성적인 대체이다.46) 식민시대와 그 이후의 각종 부재 상태는 간단하게 용납되기는 쉽지 않은 것이었다. 그들은 해방기에도 아직은 중국에 대해 조국이라는 말을 아끼면서 중국의 해방일인 9월 3일을 노래하지 않고 '거리 거리에는/손에 손에는/太極旗 나부끼었고'(이두성, <三一節>)47) '解放된 오늘날을 기뻐하소서'(김인균, <頌三一節>)48)라며 조선의 해방일인 8월 15일의 기쁨을 노래했다. 식민주의에 의해 거세된 부재를 인정하지 않는 심리가 곧바로 대체물을 찾으려는 의지를 작동시킨다고 본다면 조국, 국적 등의 부재 상황에 대한 '부인' 심리가 중국 조선족에게 작용했을 것이고 양가적 대체로서, 또는 암묵적 인정으로 중국을 '조국'으로 받아들인 것으로 볼 수 있다.49) 그리고 이 과정은 거울단계를 거쳐온 중국 조선족이 상징계에 들어섰음을 의미한다.50) 즉 부인의 심리 속에서 그들이

---

46) 윤의섭, 앞의 논문, p.247 참고.

47) 연길한글연구회 편, 앞의 책, p.34.

48) 위의 책, p.57.

49) 이것은 개혁개방기 이후의 중국 조선족 시에서 민족과 고향 의식이 다양하게 표출되고 있다는 점에서도 확인된다. 탈식민시대 이후 중국 조선족의 깊은 무의식에는 식민시대 이전의 민족적 근원에 대한 향수가 이어지고 있었던 것이다.

50) '대상을 실재라고 믿고 다가서는 과정이 상상계요, 그 대상을 얻는 순간이 상징계'다.(권택영, 앞의 글, Jacques Lacan, 앞의 책, p.19) 상징계는 주체가 욕망하는

찾아 나선 '조국'과 '중국'이 등가를 이루면서 욕망의 대상을 획득한 단계인 것이다. 비록 상징계에서 받아들인 대상을 통해 얻은 '자기충족성은 자아형성시 필연적으로 개입되는 오인(méconnaissance)으로부터 생겨난 환상일 뿐'[51]이어서 이후 문화혁명기에 그 환상이 깨지지만 이 시기에는 대상을 믿고자 하는 의식이 앞섰지 다른 선택의 여지는 없었던 것이다. 이러한 과정은 곧 그들이 새로운 체제 속에서 생존하기 위한 방어기제이기도 하다.[52] 중국 조선족 시의 형성은 이렇게 타자를 동일시하려는 욕망과 함께 '부인'과 '생존 방어기제'가 패러다임의 원점으로 작용하면서 이루어진 것이다.

> 불러 보자 목청껏 불러들 보자/살뜰한 그 이름!/심령 속에 깃들은 채 불러 못 보던/아—/내 나라, 내 살림, 사랑하는 조국이여!/의젓이 주인된 그 맘으로/불러 불러 다시 또 불러 보자/부를수록 살뜰한 어머니 같이/심장 속에 보석으로 새겨진 이름/그 이름 다시 불러 중화 인민 공화국—(김례삼, <공산당의 붉은 기'발—중국 공산당 탄생 30 주년에 드림>(1951) 부분)[53]

> 조국의 리정표에 새긴 승리는/평화—/보선—/국가 사회주의 공업화—//…(중략)…//오! 내, 남의 행복을 위하고/자자 손손의 영화를 위하여/시월의 금빛 년륜으로/새 살림에 꽃 무늬를 늘임인저.(리욱, <세기의 기쁜 소식>(1954) 부분)[54]

> 아, 이 고장을 떠나서 또 어디로 가랴!//당이 키워 준 이 팔로/당이 안겨 준 이 땅에서/주어진 곡창문을 열어 젖히지 못하고서야/조국의

대상과의 완전한 동일시 단계를 의미한다.

51) 위의 책, p.46.
52) 윤의섭, 앞의 논문, p.243.
53) 중국작가협회연변분회 편, 『연변시집(1950~1962)』, 연변인민출판사, 1964, p.7.
54) 중국작가협회연변분회 편선, 『창작선집』, 연변교육출판사, 1956, pp.89-90.

그 어느 한 치의 땅에 가서/떳떳이 걸어 다닐 면목이 있으랴(김성휘,
<나는 이 고장에 살겠노라>(1961) 부분)[55]

  김례삼의 인용시에서 보이는 '중화인민공화국'에 대한 경도와 '조국'
에 대한 반복적 영탄은 타자를 주체에 각인시키려는 자기 암시 효과를
의도하고 있다. 내면으로부터 조국을 승인하기 위한 가장 효과적인 방법
은 중국과 중국 체제에 대한 열광적인 몰입인 것이다. 리욱은 1949년
이후부터 개혁개방기 전의 시에서는 앞서 살펴본 시 <檄>(1947)에서
보이는 것과 같은 민족에 대한 동일성을 드러내고 있지 않다. 위의 인용
에서처럼 나와 남과 후대의 행복을 위해 조국의 사회주의에 적극 참여
하려 한다. 리욱은 중화인민공화국 건국 시기 이전이나 개혁개방기 이후
에 민족의식을 드러내고 있지만 이 시기에는 중국 체제에 대한, 그리고
중국을 대상으로 하는 시로 일관하고 있다. 그러나 이 시기에 한민족으
로서의 민족적 정체성을 직접 드러내지 않았다고 해서 그들의 시를 한
민족의 계보를 잇고 있는 민족의 시가 아니라고 할 수는 없다. 그들의
시에는 김성휘가 위 인용시에서 '아, 이 고장을 떠나서 또 어디로 가랴!'
라고 말했듯이 조선족이라는 소수민족이 내포할 수밖에 없는 새로운 체
제로의 편입, 즉 중국 체제에 적응하고 삶을 영위하기 위한 생존전략이
작용하고 있다. 그들이 중국에 뿌리를 내릴만한 근원적 이유가 토지에
기반하고 있었으므로 '곡창문을 열어 젖히지 못하고서야' 생존할 수 없
는 것이다. 생존해야 하기 때문에 그들은 민족적 요소를 망각하거나 은
폐할 수밖에 없는 것이다. 그리고 그것은 언젠가는 복원되거나 변형된
형태로 다시 나타날 수 있는 가능태로 잠재되어 있다.
  '부인'의 심리 위에 겹쳐진 방어기제로서의 생존전략, 그리고 대상에

---

55) 중국작가협회연변분회 편, 앞의 책, pp.130-131.

대한 동일시의 욕망은 1949년 이후 중국 조선족의 시와 이전의 시와의 차이를 이루며 형성기에 중국 조선족 시 형성의 패러다임을 견고히 구축해 나간다. 중국 조선족 시가 민족의식이나 조국의식에 있어서 이전 시기와 결코 누적적인 변모 양상을 보이지 않는 것은 시 자체의 문체, 구조, 인식 전반에 나타나는 변화가 소수 시인의 변화로 추진된 것이 아니라 사회적·경제적·정치적·문화적 전환에 의해 총체적으로 이루어졌기 때문이다. 문학 활동 면에서는 1950년대 후반까지 각종 문학 대회와 문학회가 형성되었고 ≪연변문예≫(1951년 창간), ≪연변문학≫(1959년) 등의 정기 간행물이 발간되기 시작했다.[56] 1956년 모택동의 문예지침으로 '백화만발, 백가쟁명'[57] 방침이 제기되자 '작가들은 포만된 열정과 낙관주의 정신으로 생활을 대하는 시점에서 건국 후의 새로운 생활과 투쟁을 찬미하며 새 사회, 새 생활을 가꾸어 가는 근로 대중들의 전형적 성격 창조에 모를 박았다.'[58] 또한 한국전쟁에 조선족이 참전한 것은 사실상 중국 공산주의의 견고함을 다지기 위한 희생으로 이러한 정치적 과정은 1952년 '연변조선족자치구인민정부' 수립, 1955년 '길림성장백조선족자치현' 수립[59] 등의 기반이 된 것으로 볼 수 있다.

그런데 문학사적으로 볼 때 새로운 패러다임이 형성된 이후 그 기원은 잊혀지고 자연스럽고 당연한 것으로 고착된다.[60] 따라서 1957년부터 시작된 '반우파 투쟁'에 의한 '지나친 『정치운동』의 압력과 교조주의적인 사상 비판은 시인들의 머리를 속박하였고 시인들의 영감을 고갈시켰

---

56) 조성일·권철 외, 앞의 책, pp.252-255.
57) 이 문예 정책은 '창작의 자유와 비평의 자유, 개인의 창조성이 보장되어야 한다는 예술의 민주화에 대한 욕구'가 배경의 일부로 작용하였다.(김준오, 앞의 논문, p.91, 김종수·최건 공저, 『중국당대문학사』, 청년사, 1991, pp.45-47참고)
58) 조성일·권철 외, 앞의 책, p.256.
59) 이규태, 앞의 논문, p.206.
60) 가라타니 고진, 『일본근대문학의 기원』, 민음사, 1997, p.32 참고.

고 시적 상상의 나래에 모진 상처를 남겼다.'[61]는 평가는 정치적으로, 이데올로기로 패러다임을 더욱 고착화 시킨 사건에 대한 평가라고 할 수 있다. 경직된 사회주의 체제로의 강요는 중국 조선족 시 형성 초기의 본질을 망각시키고 점차 패러다임 견고하게 유지하고 강화하려는 의지를 작동시키는 것이다. 임효원의 시집 『진달래』(1957)는 아직 '반우파 투쟁'이 본격화되기 전에 발표된 시를 수록한 시집으로 '불타는 조선의 땅 우에서/눈물을 잊은 형제들과 함께'[62]하고자 하는 민족에 대한 연민과 기억이 잔재하고 있지만 1960년대로 들어서면서는 그런 면모가 보이지 않는다. 시집 『홰불이 타오른다』[63]는 노동자, 농민, 학생 등 다양한 계층의 시를 모은 것으로 모주석을 드높이거나 사회주의 건설에 매진하겠다는 의지의 시들로 일관되어 있다. 임효원은 시집 『변강의 아침』에 수록된 <조국의 아침>이라는 시에서

　　　제국주의, 반동파의 무장 침범도/현대 수정주의의 미친 뇌까림도/중국의 전진을 막아 내지 못했고/거센 동풍을 거슬릴 수 없다![64]

라고 말하고 있다. 이 시는 조선족의 문학 자체가 '수정주의 문학'으로 몰려 비판받는 입장이면서도 정치적·사회적 흐름에 편승해야 하는 현실을 보여주는 것이다.[65] 결국 경제 발전과, 영국[66] 등의 선진국을 앞

---

61) 조성일·권철 외, 앞의 책, p.281.
62) 임효원, <이 손에 총을 주소>, 『진달래』, 민족출판사, 1957, p.11.
63) 연변인민출판사 편, 『홰불이 타오른다』, 연변인민출판사, 1958.
64) 임효원, <조국의 아침>, 연변인민출판사 편, 『변강의 아침』, 연변인민출판사, 1964, p.92.
65) 1957년부터 시작된 반우파 투쟁에 의해 '수정주의', '반동문학' 등으로 몰린 조선족 문학은 조선어 사용에 제약을 받았으며 많은 중견 작가들의 정치적 권리와 창작 권리가 박탈당했고 따라서 창작과 비평 활동은 침체되었다.(조성일·권철 외, 앞의 책, pp.257-264)

지르려는 근대화의 과정 속에서 중국 조선족의 시는 탈식민성와 함께 탈전근대성을 향해 나아갔지만 내적 과정은 조선족 문학 탄압 등의 억압을 견뎌야 하는 고투를 겪고 있었던 것이다. 1966년 문화혁명이 시작되기 전까지 지속된 이 시기 중국 조선족 시의 패러다임 고착화는 식민 시대를 벗어나 중국을 조국으로 받아들이며 정착한 조선족 시에 있어서 생존을 위한 변화와 수용과 적응을 요구했다고 볼 수 있다. 중국 조선족 시는 1949년 이전 시기의 불확정성이 새로운 패러다임을 통해 대체되거나 망각되면서 형성된 것이다. 그리고 중국이라는 국가 체제와 사회주의라는 정치적 범주 속에서 조선족이라는 민족적 범주가 뒤섞이는 혼성성의 양상[67]을 보이다 시간이 흐르면서 점차 중국 사회주의의 거대 담론 밑바닥으로 조선족으로서의 민족적 의식과 본질적 정체성이 잠식되는 양상을 보인다. 이러한 형성기의 과정은 문화혁명기의 새로운 패러다임 형성이 이루어지기까지 심화, 고착되었고 문화혁명기에 이르러 중국 조선족 시는 상징계의 분열을 겪고 실재계로 들어서는 계기를 맞이하게 된다.[68]

---

66) 연변인민출판사 편, 『청춘의 노래』, 연변인민출판사, 1959에 실린 문정숙의 <방송원의 소리>, 조인숙의 <화가는 아닐지언정> 같은 시에는 영국을 경제적으로 앞서기 위한 모델이자 경쟁 상대로 설정하고 있다.

67) 리욱의 <아름다운 이야기>, 『고향의 사람들』, 민족출판사, 1957, pp.71-73에 있는 '묘비에는/"조선 영웅의 묘"라 하고/모서리에는/"중국 사람이 세움"이라 하였기에,//…(중략)…//마을에는/"중조 인민 단결"/"일본 제국주의 타도"라는/뼈라가 휘날렸다.'라는 구절에서는 중국과 조선 민족의 역사가 한 자리에서 공존하는 모습을 볼 수 있다. 화자가 이러한 공존을 부각하려는 의도는 혼성적 공간에 대한 인식을 인정하고 강조하려는 데 있다고 보인다.

68) 상징계의 대상이 찾고자 하는 대상이 아님을 확인하는 순간 주체는 다른 대상을 찾아 나서게 된다. 이 단계가 곧 실재계이다.(권택영, 앞의 글, Jacques Lacan, 앞의 책, p.19 참고)

5. 결론

중국 조선족은 중국 국가 체제에 속해 있는 소수민족으로서 한민족의 한 계보를 이어가고 있다. 이러한 전제 하에 본고는 중국 조선족 시가 형성된 1949년 중화인민공화국 시기를 중심으로 1945년부터 1966년 이전까지를 논의 대상으로 하여 중국 조선족 시의 형성 과정에 나타난 탈식민주의적 의미를 살펴보았다.

본고에서 의미하는 중국 조선족 시는 중화인민공화국이 건국된 1949년 이후 중국 내 조선족에 의해 씌어진 시를 말한다. 중국 조선족은 여러 학설에 의해 중국 천입 시기에 대한 역사적 상한점이 제기되고 있지만 본고는 중국을 구성하는 소수민족이라는 점에 초점을 맞추었다. 해방 이후에도 중국 내 유이민들은 이중 국적이나 무국적 상태로 남아있었다. 1949년 중국에 의해 그들은 조선족 자치와 국적을 인정받았다. 따라서 해방 후 1948년까지는 한국문학사의 한 계보를 이어주는 유이민 문학사에 그들의 문학을 포함시킬 수는 있을 것이다. 그러나 중국 공산당과 함께 일제와 국민당과의 전투에 동조하며 중화인민공화국 건설에 기여하고 자연스럽게 국적을 획득한 가운데 씌어진 중국 조선족의 시는 국가, 또는 국적이라는 틀에서 볼 때 중국 문학사의 일부로 보아야 할 것이다.

하지만 그들은 한때 우리와 같은 국가를 공유했었고 지금까지 민족 언어를 공유하며 민족적 정체성을 찾고 있는 등 한민족의 정체성적 계보를 이어오고 있으므로 한민족 문학의 범주에 들 수 있는 것이다. 이는 중국 조선족 문학은 식민시대 이후 변화와 생존과 정체성 찾기의 과정을 겪어 온 것이기도 하므로 탈식민의 과정이기도 한 것이다.

한편 본고는 중국 조선족 시의 형성 과정과 탈식민주의적 의미를 패러다임의 논리를 통해 살펴보았다. 중국 조선족의 시에 있어서 그들 시의 변화는 이전 시기와의 누적적 관계에 의해 점진적으로 형성되었다기 보다는 새로운 가치 체계나 구조, 이를테면 사회주의 국가의 건설, 사회 주의 강령의 영향, 소수민족 정책 지침 등에 따른 급변화된 환경 속에서 탈식민주의의 특성을 보이며 형성된 것으로 보인다.

흔히 17년 문학기라고 불리는 1949년부터 1966년까지의 중국 조선족 시는 '부인'의 심리 위에 겹쳐진 방어기제로서의 생존전략, 그리고 일제 식민주의에 의해 발생한 조선족으로서의 고향, 조국, 땅, 국적에 대한 부 재를 중국으로 대체하는 양상을 보여주고 있다. 이러한 대상에 대한 정 체성의 동일시 욕망은 1949년 이후 중국 조선족의 시와 이전의 시와의 차이를 형성하며 중국 조선족 시로서의 패러다임을 형성하게 하는 탈식 민의 과정인 것이다. 중국 조선족 시가 민족의식이나 조국의식에 있어서 이전 시기와 결코 누적적인 변모 양상을 보이지 않는 것은 시 자체의 문체, 구조, 인식 전반에 나타나는 변화가 소수 시인의 변화로 추진된 것이 아니라 사회적·경제적·정치적·문화적 전환에 의해 총체적으로 이루어졌기 때문이다.

1966년 문화혁명이 시작되기 전까지 지속된 형성기 시기의 시적 양상 은 식민시대를 벗어나 중국을 조국으로 받아들이며 정착한 조선족 시에 있어서 생존을 위한 변화와 수용과 적응을 요구했다고 볼 수 있다. 중국 조선족 시는 1949년 이전 시기의 조국에 대한 불확정성이 중화인민공화 국 건설 이후 새로운 패러다임 형성을 통해 대체되거나 망각되면서 이 루어진 것이다. 그리고 중국이라는 국가 체제와 사회주의라는 정치적 범 주 속에서 조선족이라는 민족적 범주가 뒤섞이는 혼성성의 양상을 보이 다 시간이 흐르면서 점차 중국 사회주의의 거대 담론 밑바닥으로 조선 족으로서의 민족적 의식과 본질적 정체성이 잠식되는 양상을 보인다. 이 러한 양상은 문화혁명기의 새로운 패러다임 형성이 이루어지기까지 심화, 고착되었고 문화혁명기에 이르러 중국 조선족 시는 조국으로 대체된 중국이 오인된 환상에 불과하다는 것을 깨닫고 동일시가 분열되는 과정을 거친다.

중국 조선족 시의 형성 과정에 대한 탈식민주의 논의는 탈식민주의 이론의 특성상 좀더 다양한 관점에서 재론될 필요가 있다. 또한 이 시기의 시들에서 보이는 조선족만의 민족의식이 통일문학 시대를 대비하는 우리에게 어떤 의미와 가치가 있는지는 시인에 대한 개별적 연구를 통해 계속 밝혀져야 할 것으로 보인다.

참고 문헌

고부응, 『초민족 시대의 민족 정체성』, 문학과 지성사, 2002.

권기호, 「중국 주재 조선족 시인들의 시 유형 연구－조국이미지를 중심으로－」, 『어문학』 제62호, 한국어문학회, 1998.1, pp.243-265.

김승희, 「김수영의 시와 탈식민주의적 반(反)언술」, 김승희 편, 『김수영 다시 읽기』, 프레스 21, 2000.

_____, 「어떻게 제국의 기호학을 검색하고 반언술을 만들 것인가」, 『시와 사상』 30호, 시와사상사, 2001. 여름호.

김준오, 「중국 사회주의 문화정책과 중국 조선족 시가전통의 변모양상」, 『한국문학논총』 16집, 한국문학회, 1995, pp.79-104.

김종수·최건 공저, 『중국대대문학사』, 청년사, 1991.

김태국, 「중국 조선족 역사 上限線 문제」, 『전주사학』 6집, 전주대학교역사문화연구소, 1998, pp.193-203.

_____, 「中國에서의 朝鮮族 歷史 硏究」, 『동북아연구』 2집, 조선대학교동북아문제연구소, 1996, pp.125-141.

김호웅, 『在滿朝鮮人文學硏究』, 국학자료원, 1998.

리욱, 『고향의 사람들』, 민족출판사, 1957.

_____, 『20세기 중국조선족 문학사료전집－리욱 문학편』, 중국조선민족문화예술출판사, 2002.

서중석, 「한국에서의 민족문제와 국가－부르주아층 또는 지배층을 중심으로」, 한국사연구회 편, 『근대 국민국가와 민족문제』, 지식산업사, 1995.

손춘일, 「中國 朝鮮族 歷史의 上限과 遼寧, 河北의 朴氏人들」, 『이화사학연구』 22집, 이화여자대학교사학연구소, 1995, pp.263-267.

연길한글연구회 편, 『颱風』, 연길한글연구회, 1947.

연변문학예술계련합회 편, 『해란강』, 연변교육출판사, 1954.

연변인민출판사 편, 『변강의 아침』, 연변인민출판사, 1964.

연변인민출판사 편, 『청춘의 노래』, 연변인민출판사, 1959.

연변인민출판사 편, 『해불이 타오른다』, 연변인민출판사, 1958.

오상순, 「광복 전 재만 조선인 문학의 성격 및 특성」, 한국문학연구학회 편, 『다매체 시대의 한국문학 Ⅱ』, 국학자료원, 2002.

오양호, 「간도이민문학과 연변문학의 위상 고찰－1940년대 연변문학을 중심으로」, 『통일문제와 국제관계』 5집, 인하대학교 평화통일연구소, 1994, pp.51-62.

_____, 『日帝强占期 滿洲朝鮮人文學硏究』, 문예출판사, 1996.

_____, 『韓國文學과 間島』, 문예출판사, 1988.

오정혜, 「1950년대 중국 조선족 시 연구」, 동아대 박사논문, 2003.

_____, 「광복 후 중국 조선족 시의 성격」, 『국어국문학』 21집, 동아대학교국어국문학과, 2002, pp.239-264.

윤영천, 「중국 조선족 시문학의 형성과 전개－1940년대~1960년대 전반기를 중심으로」, 『민족문학사연구』 17집, 민족문학사학회, 2000, pp.198-240.

_____, 『서정적 진실과 시의 힘』, 창작과 비평사, 2002.

_____, 『韓國의 流民詩』, 실천문학사, 1987.

윤의섭, 「1950~60년대 중국 조선족 시에 대한 탈식민주의적 고찰」, 『현대문학이론연구』 27집, 현대문학이론학회, 2006.4, pp.235-256.

이규태, 「중국 조선족 사회의 형성과정」, 『在外韓人硏究』 10호, 재외한인학회, 2001, pp.117-214.

이태희, 「現代詩史 記述方法 考察」, 『한국시학연구』 제14호, 한국시학회, 2005.12, pp.27-49.

임효원, 『진달래』, 민족출판사, 1957.

조성일·권철 외, 『중국 조선족 문학 통사』, 이회, 1997.

정덕준·노철, 「중국 조선족 시문학 연구」, 『현대문학이론연구』 20집, 현대문학이론학회, 2003, pp.341-368.

중국작가협회연변분회 편, 『연변시집(1950~1962)』, 연변인민출판사, 1964.

중국작가협회연변분회 편선, 『창작선집』, 연변교육출판사, 1956.

최갑수, 「서구에서의 근대 국민국가의 형성과 민족주의」, 한국사연구회 편, 『근대 국민국가와 민족문제』, 지식산업사, 1995.

하정일, 「탈식민의 시인－김남주에 대한 몇 가지 단상」, 『시와 사람』 21호, 시와사람사, 2001. 여름호.

허형만, 「중국 조선족 동포 시인들의 시세계」, 『현대문학이론연구』 21집, 현대문학이론학회, 2004, pp.407-426.

가라타니 고진, 『일본근대문학의 기원』, 민음사, 1997.

Anderson, B, 윤형숙 역, 『민족주의의의 기원과 전파』, 나남출판, 1991.

_____, 윤형숙 역, 『상상의 공동체』, 나남출판, 2002.

Bhabha, H. k, 나병철 역, 『문화의 위치 — 탈식민주의 문화이론』, 소명출판, 2002.

Benjamin, W, 차봉희 편역, 『現代社會와 藝術』, 문학과 지성사, 1980.

Childs, P, · Williams, P, 김문환 역, 『탈식민주의 이론』, 문예출판사, 2004.

Freud, S, 임홍빈 · 홍혜경 역, 『새로운 정신분석 강의』, 열린책들, 1996.

_____, 한승완 역, 『나의 이력서』, 열린책들, 1997.

Kuhn, T. S, 김명자 역, 『과학혁명의 구조』, 두산동아, 1999.

Lacan, J, 권택영 엮음, 『욕망 이론』, 문예출판사, 1994.

Laplanche, J, · Pontalis, J. B, 임진수 역, 『정신분석사전』, 열린책들, 2005.

제2장
중국 조선족 시의 전개와 탈영토화

해방기 재중 조선인 시에 나타난 현실 인식

윤 의 섭

목 차

---

1. 서론

일본 제국주의가 패망한 뒤 해방기[1]에 중국에 거주하고 있던 한인은

---

1) 본고에서 말하는 중국에서의 해방기는 1945년 이후부터 중화인민공화국이 창건된

또 다른 역사적·정치적 혼돈의 상황에 직면하게 된다. 일제의 탄압을 피해 중국으로 건너왔던 이 시기 재중 조선인[2]은 중국과 해방된 조선의 정치적 상황과 토지, 생활 기반과 같은 복잡한 여건에 의해 조국인 조선으로 귀환하지 않은 채 정착을 하게 되었지만 중국에서의 현실은 순탄치 않았다. 2차 대전 기간 중에도 중화민국은 국민당과 공산당의 무력 대립을 겪고 있었고 재중 조선인 역시 일제의 억압에서 벗어난 해방 이후에도 국민당의 '수복구'와 공산당의 '해방구'에 거주하며 이데올로기적 대립의 영향을 받게 되었다.[3] 또한 조선은 완전한 독립을 이루지 못한 채 신탁통치와 남북 분단의 정치적 상황에 놓이게 되었고 이 역시 재중 조선인에게 있어서는 중국 공산당과 관련하여 대단히 민감한 사안이 아닐 수 없었다. 이러한 해방기에 중국 동북지역에는 130여만 명의 조선인이 남게 되었는데[4] 이 수많은 조선인이 겪게 되는 재중의 현실과 삶의 질곡은 당시의 재중 조선인 시인들에 의해 시로 형상화되고 있다.

이처럼 시문학사에 있어서 해방기 재중 조선인의 시는 민족의 해방을 염원하는 해방 전의 시나 1949년 중화인민공화국이 창건된 이후의 '중국 조선족 시'와는 차별되는 특성을 갖는다. 그것은 한 마디로 일제시대의 식민으로부터 벗어난 '탈식민' 이후의 '행복하면서도 이상적인 삶을 향한 이데올로기적 선택의 과정'이라고 말할 수 있을 것이다.[5] 해방기

1949년 이전까지의 시기이다. 중국에서의 해방기 설정 기준은 뒤에 논한다.

2) 본고에서는 해방기에 중국에 거주하고 있는 한인을 '재중 조선인'으로 지칭하고 자 한다. 이 명칭은 중국에 머물다 귀환한 한인이나 중화인민공화국 건설 이후의 '중국 조선족', '중국 동포' 등과 구별하기 위한 것이다.

3) 장석흥, 「해방 후 귀환문제 연구의 성과와 과제」, 『한국근현대사연구』제25집, 한국근현대사학회, 2003. 6, p.14.

4) 김춘선, 「광복후 중국 동북지역 한인들의 정착과 국내귀환」, 『한국근현대사연구』제28집, 한국근현대사학회, 2004. 3, p.181. 우리나라의 해방이 이루어진 1945년 전에 중국 동북지역에는 약 230만 명의 한인이 거주하고 있었다.

5) 본고에서 말하는 '탈식민'은 곧 '식민주의 상태를 벗어난'이라는 의미이다. 한편

재중 조선인 시에 나타난, 공산당과 국민당의 충돌 속에서 살아남기 위한 과정이나 해방 직후 조국 조선의 광복에 환호하다 점차 중국을 조국으로 연호하게 되는 과정은 중국 조선족 문학사의 입장에서 보면 과도기적 양상일 것이며 한국 문학사의 입장에서 보면 아직 정착하지 못한 채 떠도는 유이민 문학의 한 양상이라고 볼 수 있을 것이다. 이러한 특수성에 대해서는 재중 조선인, 혹은 조선족이 갖는 정체성 문제와 겹쳐 볼 때 그 의미를 좀 더 살펴볼 필요가 있다. 시는 다른 장르에 비해 다소간 즉각적인 반응 양상을 보인다고 볼 수 있다. 따라서 해방기 정국에 대한 재중 조선인의 인식 태도가 시에 어떻게 나타나고 있는지를 파악함으로써 당시 재중 조선인의 의식과 정치적·역사적 사고방식을 알 수 있을 것이다. 이와 함께 해방기 재중 조선인 시문학의 양상을 다른 시기와 비교하여 분명하게 규명할 수 있을 것이다.

사실 중국근대사에 있어서 우리가 말하는 해방기를 곧바로 적용하기는 힘들다.[6] 재중 조선인에게 있어서 해방기란 우리나라의 해방기 개념으로 보아야 한다. 여기에 구체적으로는 중국이라는 공간성과 함께 그들만의 특정한 조건을 고려해야 한다. 중국의 역사에서 일제와의 전쟁이 종식된 시기는 1945년 9월 3일로 기록되고 있으므로[7] 중국에서 우리나

대부분의 재중 조선인은 중국 공산당의 정책에 동조했으며, 이는 사회주의라는 이데올로기를 선택한 것이다. 아울러 재중 조선인은 새로운 중국 건설에 앞장섰기 때문에 이 과정은 이데올로기를 통한 행복하면서도 이상적인 삶의 현실화를 향한 실재성을 그 목표로 하고 있다고 볼 수 있다.(K. Mannheim, 임석진 역, 『이데올로기와 유토피아』, 지학사, 1976, p.144 참고)

6) 중국은 일제가 패망한 1945년부터 중화인민공화국 창건 해인 1949년까지를 '제3차 국내혁명전쟁시기'로 칭한다. 따라서 엄밀한 의미에서 보면 일제에 의해 식민지배를 받지 않았던 중국에 있어서 이 시기는 항일전쟁의 종식이라는 의의가 더 중요하며 인민에 대한 공산당의 '해방을 위한 혁명기'라고 보아야 타당하다.

7) 조성일·권철 외, 『중국 조선족 문학 통사』, 이회문화사, 1997, p.229, 김동훈, 「中國 朝鮮族의 現代文化와 文獻에 對한 槪略的 考察」, 『東北亞硏究』제13집, 조선대학교동북아문제연구소, 1996. 7, p.79.

라 식의 해방기라는 개념을 부여할 수 있는 시기는 1945년 9월 3일부터 중화인민공화국이 창건된 1949년 10월 1일 전까지라고 볼 수 있는데 여기엔 일제와의 전쟁으로부터의 해방이라는 의미와 함께 중국 공산당이 국민당에 대해 벌인 해방 전쟁기, 즉 '제3차 국내혁명전쟁시기'로 불리는 사회주의 국가 건설 투쟁기라는 의미도 포함되어 있다. 한편 우리나라의 해방기는 문학사에 있어서는 해방 공간으로도 불리는데, 1945년 8월 15일 일제가 패망한 시점부터 남한과 북한이 각기 단독 정부를 수립한 1948년 8월 15일이나 동년 9월 9일까지로 볼 수 있다.8) 이렇게 볼 때 본고에서 대상으로 하는 재중 조선인에게 있어서의 해방기는 우리나라와 중국에서의 사정을 고려한 기준으로 그 시기를 정해야 한다. 뒤에 살펴보겠지만 이 당시의 시에 나타나는 바와 같이 재중 조선인에게 있어서 1945년 8월 15일은 조국인 조선이 일제로부터 해방된 날로 각인되어 있으며 이는 중국인들과는 다른 의미에서 해방을 받아들이고 있다는 증거이기도 하다. 다만 재중 조선인은 훗날 대부분이 중화인민공화국의 국적을 갖게 되었기 때문에 우리나라와는 다르게 1949년까지를 이들의 해방기로 보아야 한다. 따라서 본고에서 다루는 해방기는 1945년 8월 15일부터 1949년 10월 1일 전까지이다. 이러한 구분은 매우 중요한데 왜냐하면 재중 조선인의 시에 나타난 해방기, 특히 8·15는 재중 조선인만의 특별한 의미를 갖고 있으며 그것은 중국 거주민이지만 조선인으로서의 정체성이 작용하여 나타난 현상이라는 것을 보여주기 때문이다. 한편 중화인민공화국 창건으로 중국을 구성하는 소수 민족의 하나로 인

---

8) 김윤식, 「해방후 남북한의 문화운동」, 김윤식 외, 『해방공간의 문학운동과 문학의 현실인식』, 한울, 1989, p.9, 김승환, 「부르조아민주주의혁명적 세계관으로부터 사회주의 리얼리즘에로의 소설적 전화와 해방공간 토지문제로 현현된 주인과 노예의 변증법적 역전과정」, 김윤식 외, 같은 책, p.192. 한편 해방기 우리나라 시의 현실 인식에 관해서는 박용찬, 『해방기 시의 현실인식과 논리』, 역락, 2004를 참고.

정을 받게 되면서 재중 조선인이 갖고 있는 유동적 정체성이 '중국 조선족'으로 고착되었기 때문에 해방기는 재중 조선인을 조선인으로 볼 수 있는 마지막 시기이기도 하다.9)

이는 해방기 재중 조선인의 시가 우리나라의 해방기 문학사에서 한국문학이라는 동등한 범주 속에서 다룰 수 있는 요소를 충분히 갖추고 있다는 점을 보여준다. 또한 해방기에 대한 그들의 현실 인식을 고찰하고자 하는 본고의 시도는, 그들이 한반도 내에서 해방기를 바라보는 시각과는 다른 위치에서 당대 한민족의 역사적·문학적 의식을 보여주고 있다는 점에서 해방기라는 탈식민 이후의 복잡다단한 시기를 다양하고도 깊이 있게 이해하는 데에 중요한 관점을 제시하리라 본다.

해방기 재중 조선인 시는 기존의 연구에서 많은 부분 단편적으로 다루어지고 있다. 조성일, 권철 등은 이 시기를 항일 전쟁 후 새로운 문예 활동이 전개된 시기로 보고 송가와 감정적 색채가 명랑한 현실을 다루는 시가 많이 창작되어 중화인민공화국 건국 후의 시가문학에 토대가 되었다고 평가하고 있다.10) 윤영천이나 오정혜 등은 해방기의 재중 조선인 시를 8·15 광복과 혁명에 대한 내용으로 크게 나누어 그 양상을 살피고 있다.11) 주로 토지 문제의 중요성과 새로운 사회를 건설하기 위한

---

9) 실제로는 1952년에 '연변조선족자치구인민정부'가 수립되고, 1955년 '길림성장백 조선족자치현' 수립되었지만 1949년 중화인민공화국 창건으로 재중 조선인은 중국이라는 공간에서 소수민족으로의 국적을 얻었다고 보아야 할 것이다. 또한 중국에서 살아가야 했던 재중 조선인은 '중국 조선족'으로서 '조국'의 대상을 '조선'이 아닌 '중국'으로 명백히 해야 했던 것이다. 이에 대해서는 윤의섭, 「중국 조선족 시 형성 과정의 탈식민주의적 의미」, 『한중인문학연구』 제18집, 한중인문학회, 2006.8, pp.53-80을 참고할 수 있다.

10) 조성일·권철 외, 앞의 책, pp.229-248.

11) 윤영천, 「중국 조선족 시문학의 형성과 전개─1940년대~1960년대 전반기를 중심으로」, 『민족문학사연구』 제17집, 민족문학사학회, 2000, pp.214-222, 오정혜, 「광복 후 중국 조선족 시의 성격」, 『국어국문학』 21집, 동아대학교 국어국문학과, 2002. 이 외에 김순례, 「중국 조선족 시문학사 개관」, 『한민족문학권의 문학』,

의지가 이 시기에 팽배해 있다는 논의를 중심으로 전개되고 있는데 재중 조선인이 갖고 있는 현실 인식 태도의 내면에 감춰진 심리와 역사적 의식을 좀 더 깊게 살펴볼 필요가 있다.

시에 나타나는 현실에 대한 인식은 시대적 환경과의 관련 속에서 이루어진다. 이때 시의 외적 세계의 구조는 주어진 인간 환경에 대해 가지는 주관적 관계의 성향을 반영하려는 시인의 내적 욕구에 의하여 조성되는 것이므로[12] 인식의 양상과 의미는 제한적 성격을 갖는다. 해방기의 재중 조선인 시 역시 해방과 재중이라는 통시적, 공시적 환경에 대한 유의미적 반응 양상을 보이고 있다. 인식의 대상 자체는 그것이 의식 내에서 내적으로 소유되어야만 한다는 사실을 통해서 규정된다.[13] 재중 조선인은 해방기 현실을 인식할 때 현실에 대해 내적 욕구와 내적 소유를 드러내고 있으며 실재성으로서의 이상적인 삶과 선택된 이데올로기를 진리로 확신하고 있다. 이러한 관점에서 본고는 해방기 재중 조선인 시에 나타난 현실 인식의 양상을 살펴볼 것이다. 그리고 그 현실 인식이 조국에 대한 민족의식을 드러낸다는 점과 중국을 조국으로 받아들이게 되는 내적 경로를 표출하고 있다는 점에 의미가 있음을 밝히고자 한다.

본고는 해방기에 발간된 종합시집 『태풍』(연길한글연구회, 1947)과 이 시기에 씌어진 리욱, 임효원, 설인, 김례삼 등의 시를 논의 대상으로 한다.[14] 이들의 시는 해방기에 새로운 시대적 요청에 부응하여 창작된 문학작품으로 평가되고 있는데[15] 본고는 이들 시에 해방기의 현실에 대한

국학자료원, 2003, pp.346-348 등을 참고할 수 있다.

12) 윤여탁, 「1920~30년대 리얼리즘 시의 현실인식과 형상화 방법에 대한 연구」, 서울대 박사논문, 1990, p.28.

13) Walter Benjamin, 차봉희 편역, 『現代社會와 藝術』, 문학과 지성사, 1980, p.184.

14) 본고는 이들 시인의 시집 발간 연도가 대부분 1950년대 이후이지만 시의 발표 시기가 1945년에서 1949년 사이로 명시된 시를 논의 대상으로 하였다. 시의 출전은 시를 인용할 경우 자세히 밝히고자 한다.

인식이 드러나고 있다고 본다.

우리는 재중 조선인이 이 시기를 어떻게 인식하고 있는가, 그 인식이 어떠한 의미를 가지는가를 살펴봄으로써 해방기에 재중 조선인이 지향했던 의식이 어떤 것이었는지를 파악할 수도 있을 뿐만 아니라 우리의 문학사에 있어서도 식민시대 이후의 현실을 새롭게 재조명할 수 있는 계기가 되리라고 본다. 본고를 통해 자칫 편향되기 쉬운 해방기의 시적 전개 과정에 재중 조선인의 시라는 또 하나의 한민족 문학이 갖는 의미가 기입되기를 기대한다.

2. 재중 현실에 대한 인식의 양상

1945년 8월15일은 우리 민족이 일세의 식민주의에서 벗어났다는 의미에서 탈식민 시대로 들어선 때이다. 좁게 보면 재중 조선인에게 있어서는 만주국의 허울을 벗어나 일제로부터 자유로워지게 된 시기이기도 하다. 따라서 재중 조선인의 해방기란 중국에서 맞이한 탈식민 시대의 시작인 것이다. 이 시기의 현실을 바라보는 재중 조선인의 시적 시각도 무엇보다 해방의 기쁨과 민족의식의 고양을 통해 긍정적인 미래가 열려 있을 것이라는 인식이 전제되어 있다. 동시에 정치적으로 재중 현실을 탈식민 이후 새로운 체제를 받아들여야 하는 현실인 것으로 인식하고 있다. 본장에서는 이러한 해방기를 바라보는 현실 인식의 양상이 시에 어떻게 나타나고 있는지를 당시의 정치적 · 사회적 정세의 전개 과정을 고려하여 알아보고자 한다.

---

15) 조성일 · 권철, 앞의 책, p.234와 황송문, 『중국조선족 시문학의 변화양상 연구』, 국학자료원, 2003, pp.65-90 참고.

1) 해방과 조국의 미래에 대한 긍정적 인식

해방 직후 재중 조선인의 시는 기나긴 일제의 식민 상태로부터 벗어나 맞이한 자유의 기쁨을 민족적 감정을 실어 표출하고 있다. 이는 재중 조선인이 '조선'을 조국으로 여기며 한민족의 정체성에 대한 동질의식을 뿌리 깊이 간직하고 있다는 사실을 보여주기도 하는 것이다. 또한 그들은 해방으로 시작되는 미래를 긍정적으로 전망하며 희망과 의욕을 드러내고 있다.

> 진탕을 밟으며 중국사람들 틈에끼어./조그마한 기를흔들면서 달음박질하는 아이들./산떼미같은 전차가 지나갈때마다/귀여운 두팔을 나풀거리며 만세 만세 한다.//세상에 태어나서 처음 쥐어보는 태극기/세상에 태어나서 처음 불러보는 만세.//끓어오르는 뜨거운 눈물속에서/나는 그네들넋의 깨끗함을 고마워한다.

朴貴松, <天使> 전문16)

위 시는 해방의 기쁨을 노래하고 있다. '중국사람들' 틈에서 '처음 쥐어보는' 한민족의 상징 태극기를 흔들며 '달음박질하는 아이들'은 다름 아닌 재중 조선인의 자녀들이다. 화자는 지금까지 태극기가 어떤 의미가 있는지, 만세 제창에 어떤 사연이 담겨 있는지 '세상에 태어나서 처음' 경험하는 아이들로서는 알 길 없는 아이들의 '깨끗함'에 고마워하고 있다. 그만큼 순진한 아이들의 '넋'을 통해 화자는 재중의 현실에서 맞이한 한민족의 밝은 미래를 보고 있는 것이다. 그들의 현실은 '진탕'과 '중국사람들' 속에 놓여 있지만 감격의 눈물로 맞이할 만큼 기쁜 상황으로

---

16) 연길한글연구회편, 『颱風』, 연길한글연구회, 1947, p.10. 모든 인용시의 표기법은 원문을 따랐으며 창작년도는 밝혀져 있는 경우 표기하도록 한다.

인식되고 있으며, 아이들을 통해서 어렴풋이나마 희망을 배태하고 있는 것으로 받아들여지고 있다. 재중 조선인의 해방기는 감격스러운 탈식민 시대의 시작으로 인식되고 있는 것이다.

> 백산 아래/흑수 끼고 사는/착한 우리를/해방의 날을 얼마나 기다렸더 냐!/두만강/너의 천년은 순간이나/우리의 백년을 지루도하여/억눌려 살 기에 지쳤느냐/오늘,/놈들의 흉측한 마수에서/이 사람들,/이 영웅들,/창공 에 날아예는 수리개 같고/청산을 달리는 범 같더라.//…(중략)…//이제/오 채가 령롱한/주단으로 단장하고/호호탕탕하게/발을 구르고/활개를 치며/ 태양이 첫 웃음 펴는/너의 큰 세계로/푸른 바다로/줄기차게 달려라.

리욱, <내 두만강에 묻노라>(1947) 부분[17]

위 시에서는 기다리던 해방기를 '흉측한 마수'에서 풀려나 창공을 나는 '수리개'와 청산을 달리는 '범'같은 자유를 얻게 된 때로 인식하고 있다. 이 역시 탈식민 시대를 맞이한 시인의 의식을 보여주는 것이며 시작의 시간성을 의미하는 '이제'라는 부사어를 통해 '큰 세계', '푸른 바다'로 상징되는 미래를 향해 새롭게 출발하고자 하는 의지를 강하게 드러내고 있다. 이때 미래는 '오채가 령롱한 주단', '호호탕탕', '활개', '웃음' 등의 구절에 나타나듯 밝고 희망적인 것으로 인식하고 있음을 알 수 있다.

2) 중국 공산당과 토지 정책에 대한 호응

재중 조선인은 해방의 기쁨에 마냥 고무될 수만은 없었다. 재중 조선인의 현실은 공산당과 국민당 간의 전쟁, 정착의 문제, 생활고 등으로

---

17) 리욱, 『20세기 중국조선족 문학사료전집－리욱 문학편』, 중국조선민족문화예술출 판사, 2002, pp.40-41.

무척 힘겨웠는데 이는 사회주의 이데올로기를 선택해야 하는 상황으로 작용했다. 일제가 물러난 1945년 8월부터 1946년 5월까지 중국 동북지역은 이른바 '얄타협정'에 근거하여 소련군이 점령하고 있었으며, 소련군이 철수하기 시작한 1946년 동북 지역은 국민당이 심양, 장춘, 길림 등을, 중국 공산당이 송화강 이북지역을 점령하고 있었다.[18] 이러한 와중에 치안의 혼란을 틈타 만주국 잔여세력, 지방의 토호, 일본군 일부가 저지르는 약탈, 살인, 부녀자 겁탈을 피해 재중 조선인은 연변 등 재중 조선인 밀집지역으로 도망쳐야 했다.[19] 조국으로 귀환하지 못한 채 중국에서 살아가야 했던 조선인에게는 그들의 생명과 지위, 재산의 안녕을 보장해줄 세력이 필요했던 것이다. 그러나 국민당이 점거한 이른바 '수복구'의 조선인은 1946년 4월부터 당시 동북보안사령장관부 한교사무처에서 제정한 '한교처리임시방법'에 규정된 제9조에 의해 재산이 무조건 차압되었다.[20] 나중에 이 규정은 완화되었으나 재중 조선인의 토지와 산업은 대부분 국민당에 압수되어 생활 터전을 잃은 조선인들은 국내로 귀환하거나 토지 개혁을 진행하여 조선인들에게 소유권을 부여한 중국 공산당 관할구역인 '해방구'로 이동하는 결과를 가져왔다.[21] 한편 1946년 연변지역을 장악한 중국 공산당은 동년 7월부터 1948년 4월까지 토지개혁을 실시하여 재중 조선인에게 토지를 분배해 주었다. 또한 재중 조선인의 국적에 대해서는, 조국은 조선이고 동시에 중국 공민으로 인정

---

18) 김춘선, 앞의 논문, pp.184-188.

19) 李振韶, 「조선인에서 조선족으로: 중국 공산당의 연변(延邊)지역 장악과 정체성 변화(1945-1949)」, 『中蘇研究』 제26권 3호, 한양대학교아태지역연구센타, 2002, p.96.

20) 여기서 '한교'는 재중 조선인을 의미하며 제9조의 내용은 다음과 같다. '무릇 동북 한교 중에서 송환 혹은 소유산업을 검거할 때, 조선 및 대만인 산업처리 방법과 규정에 따라야 하며 일률로 잠시 차압하고, 체류 한교 산업을 조사하고 등록해야 하며 이전시키거나 변경시키는 것을 엄금한다.'(김춘선, 앞의 논문, p.195)

21) 위의 논문, pp.196-198.

하는 이중국적을 부여하고 중국의 소수 민족으로 승인, 토지권, 인권, 재산권을 보호는 정책을 펼쳤다.[22] 이처럼 국민당과는 판이한 정책을 펼친 중국 공산당에 대해 재중 조선인은 협조와 지지를 아낄 수 없었을 것이다. 이러한 여건에 의해 재중 조선인의 시는 해방의 기쁨을 노래하던 내용에서 주로 토지개혁이나 중국 공산당을 찬양하는 내용으로 바뀌어, 중국 사회주의를 긍정적 이데올로기로 인식하는 양상을 보인다.

> 아니 이게/토지집조라는게임둥?/그럼 정말/우리 이름으로 나왔음둥?//에이구, 원 기차기도 해라/이런것까지도 내여주다니/원! 이렇게 아슴챌데라구//토지를 노놔줄 땐/못살던 집이라고/기름진 옥답으로 분여해주더니//오늘은 또 이렇게/토지집조까지도 내여주다니/실로 원 꿈같소꼬마!/정말 꿈같소꼬마!//내 나이 쉰살 거진 먹두라/은성에서 만주까지 흘러왔지만/실로 개값이도 못가면서/살아왔더니/우리 집도 이젠 살 때를 만났다오//…(중략)…//장개석을 때려엎는 내전 지원 더 잘하고/주인된 우리 구실 생산으로 잘하리다

김례삼, <토지집조>(1947.6) 부분[23]

위 시는 중국 공산당이 실시한 토지 개혁으로 토지를 분배받고 그 토지의 소유권을 인정해 주는 '집조'를 받은 것에 대한 감격이 나타나 있다. 화자는 '아슴챌데라구', '꿈같소꼬마'라는 표현으로 고맙고도 꿈만 같은 현실에 기뻐하고 있다. 당시 연변 지역의 재중 조선인, 116681 가호, 549961명이 분배받은 토지는 평균 4.5~7.07헥타르였다.[24] 사실 재중 조선인에게 있어서 토지는 목숨처럼 귀한 삶의 토대이다. 중국으로 유이민

---

22) 위의 논문, pp.206-217.
23) 김례삼, 『인생의 고행길』, 연변인민출판사, 1994, pp.46-50.
24) 최봉룡, 「연변조선족자치주의 역사와 현황 및 그 전망」, 『단군학연구』 제7호, 단군학회, 2002.12, p.317.

하게 된 주 이유 중의 하나가 토지를 개간하여 먹고 살기 위해서였다. 일제 시대에 자기 땅이 없어 '개값이도 못가면서' 고통받았던 기억은 중국 공산당의 토지 개혁 정책을 큰 은혜로 받아들일 수밖에 없게 만든 것이다. 이는 중국 공산당에 대한 신뢰와 전적인 호응을 확고히 하는 계기로 작용했으며 '이젠 살 때를 만났다오'라는 구절처럼 보다 현실적인 희망으로 해방기의 정치적 상황을 인식하게 된 것이다. 구체적으로는 혼란스런 해방기에 중국 공산당의 편에 서서 국민당과의 '내전 지원'에 발 벗고 나서야 한다는 인식, '생산'에 전념해야 한다는 인식이 점차 확산되고 있는 것이다.

3) 조국에 대한 연대감과 사회주의 국가 건설 참여

한편 한반도의 정세는 재중 조선인에게 커다란 관심 사안이 아닐 수 없었다. 그것은 조선을 여전히 조국으로 인정하고 있다는 의미이면서 동시에 중국 공산당의 정치적 이데올로기 영향이 작용하고 있다는 의미이기도 하다. 1948년 남북이 각각 단독 정부를 수립하기까지 한반도는 1945년 12월 모스크바협정을 통해 미국과 소련에 의한 신탁통치를 받게 된다. 남북에서 찬반론이 거세게 일어난 것처럼 재중 조선인 사회에서도 신탁통치에 대한 반대 집회가 일어났다. 1946년 1월 4일 연변 지역 재중 조선인의 각 기관 대표 50여 명이 모여 조선독립촉진협의회를 결성하기로 하고 동년 1월 7일 고려소학교에서 조선신탁통치문제와 시국문제를 토론하는 대회가 열렸다.[25] 아래의 시는 이러한 신탁통치에 대한 인식을 드러내고 있다.

---

25) 염인호, 「해방 직후 延邊 조선인 사회의 변동과 6·25전쟁 – 군중 대회·운동 분석을 통하여」, 『한국근현대사연구』 제20집, 한국근현대사학회, 2002. 봄호, pp.298-299.

웬 일이냐/한 나라 三千里 疆土에/밝음과 어둠이 놓였느냐//웬일이
냐/한 民族 三千万 동포에/기쁨과 슬픔이 갈렸느냐/한 나라 한民族이
라/ㅡ운명이 같거늘/뉘 웃어야 하느냐/뉘 울어야 하느냐//正義의 칼을
들어/三八을 끊어야하겠다./真理의 빛을 둘러/南北을 합쳐야하겠다.

리욱, <檄>(1947) 부분26)

여기서 해방기 재중 조선인은 비록 중국에 거주하는 입장일지라도 조
국인 조선에 대해 조국의 온전한 독립을 염원하는 조국애와 같은 연대
의식을 갖고 있음을 알 수 있다. 이는 조선을 조국으로 인정하는 태도이
며, 혼란스런 해방 정국을 함께 타도해나가야 한다는 인식을 갖고 있다
는 것을 보여준다. 그래서 위 시의 화자는 '正義의 칼을 들어' 분단선을
끊고 '/南北을 합쳐야하겠다'고 말하는 것이다. 화자는 이러한 태도가
해방기에 취해야 할 '真理'라고 인식하고 있다.

신탁통치 외에도 재중 조선인 사회는 남한의 대구지역을 중심으로 벌
어진 1946년 10월의 '10월 폭동'에도 지대한 관심을 보였다. 노동자들의
총파업에 개입한 미군정에 의해 3백여 명이 사망하는 등의 인명피해가
발생한 이 사건에 대해 재중 조선인은 1947년 3월 1일 3만여 명이 모
인 자리에서 '남조선 미군 폭행 항의대회'를 열었다.27) 그런데 이 대회
는 중국 공산군의 승리를 축하하는 대회이기도 했다. 또한 '남조선 미군
폭행 항의대회'를 적극 지지하고 나선 세력 역시 중국 공산당이었다.28)
중국 공산당 입장에서는 남한의 미군 행위에 대한 재중 조선인의 반감
을 고무시키고 이를 국민당의 장개석과 미국은 공동의 적이라는 인식과

---

26) 리욱, 앞의 책, p.44.
27) 염인호, 앞의 논문, p.312.
28) '항의 위원회 비서처의 문정일·양환준·임민호·박근식·김삼룡 등 5인 모두는
중공 간부들이었다.'(위의 논문, p.313)

해방기 재중 조선인 시에 나타난 현실 인식 121

연결시키려는 의도가 있었다고 볼 수 있다. 중국 공산당은 혁명 전쟁과 계급적 대립의 장에 재중 조선인을 끌어들여야 했는데 이는 재중 조선인 사회가 중국 사회주의 국가 건설에 필요한 세력으로 받아들여졌다는 것을 의미한다.[29] 이러한 과정을 통한 재중 조선인의 중국 공산당에 대한 호응, 국민당에 대한 혁명 전쟁의 적극적 동조 의식은 당시의 시에 반영되어 있다.

> 싸우는 인민들여/四억五천만이여/결전의 해/一九四九년은 동터 오나니/숙현(宿縣)도 서주도 해방된 오늘/남경으로 쳐들어가/장정권(蔣政權) 타도하고/나라끝 운남까지 해방시키세/날창도 빛나는 인민해방군/토지 얻은 농민들과 철쇄끊는 로동자들/새 중국 수놓는 과학자와 예술가들/모주석이시여/이 모두 당신을 따라 싸우는/인민의 대렬이거니/대렬의 선두에 엄연히 서서/진리를 가르치는 당신의 모습/내 오늘도 삼가 당신을 그려보나니/펄펄 내리는 하얀 눈 속에/한사코 달리는 그리는 마음/내 오늘도 머리숙여 감사드리나니/모주석 그 이름 영원히 빛나리
>
> 김순기, <승리의 감격>(1948.12) 부분[30]

한 논문에서는 혁명 전쟁을 내용으로 다루고 있는 이러한 시를 '국내 혁명시편'이라고 칭하면서 '조선민족, 조선적인 것'이 틈입할 자리가 존재하지 않는 중국적·비(非)조선적 시 의식을 드러내고 있다고 말한 바 있다.[31] 이러한 양상은 해방기 재중 조선인이 중국에서의 삶의 영위에 있어 어떠한 선택을 해야 하는가라는 현실적인 문제에 직면한 결과 나

---

29) 위의 논문, pp.314-317.

30) 연변문련 편, 『해란강』, 연변교육출판사, 1954, pp.33-34.

31) 김준오, 「중국 사회주의 문화정책과 중국 조선족 시가전통의 변모양상」, 『한국문학논총』 제16집, 한국문학회, 1995, pp.220-222. 참고로 이 논문의 주 52)에서는 <승리의 감격>을 '김순석'이 쓴 것으로 되어 있으나 이는 '김순기'의 誤記인 것으로 보인다.

타난 인식 반응이자 수긍이라고 볼 수 있다. 해방 후 중국 내 정세가 점차 중국 공산당의 득세로 기울어가면서 혁명 전쟁에 대한 적극적 참여와 중국 공산당의 정책을 찬양하는 시가 많아졌다. 해방기 재중 조선인은 토지 개혁이나 한반도 내의 정세에 동조를 해주었던 중국 사회주의 이데올로기를 '진리'로 받아들이며 '토지 얻은 농민'으로서 '해방'을 위해 '싸우는' 중국의 인민인 것이다.

8·15 해방, 해방기 한반도의 정세, 토지 개혁, 중국 공산당의 혁명 전쟁 등과 같은 해방기 재중 조선인의 현실 상황은 그들의 시에서 각각 희망적인 것, 연대감과 동조의 대상, 은혜로운 것, 적극적 참여의 대상으로 인식되고 있다. 그리고 조국 해방의 기쁨에서 당면한 삶의 현실로 관심 대상이 바뀌어가면서 중국 공산당의 사회주의 체제를 전면 긍정하고 따라야할 가장 중요한 현실로 인식하고 있다. 재중 조선인에게 있어서 중국 공산당과 혁명 전쟁 참전은 그들의 현재와 미래의 평화를 위한 희생인 것이다. 이처럼 해방기 재중 조선인의 시에 나타난 현실 인식의 양상은, 정치적 현실로 부각된 사회주의 이데올로기의 수용을 통해 혼란기를 벗어나 안정된 체제를 받아들이고자 하는 태도를 보인다. 사실 탈식민의 상황은 식민주의 체제가 와해된 자리에 다른 체제가 들어섰다는 것을 의미한다. 이때 탈식민의 주체는 보다 안정적인 체제로의 빠른 전환을 요구하게 된다. 탈식민 시대의 현실에 대한 주체의 인식은 이러한 체제 선택의 의지와 맞물려 있다. 재중 조선인의 해방기 시에서 보이는 현실 인식은 이러한 탈식민 시대의 특성을 드러내고 있다.

3. 현실 인식에 나타난 의미

해방기 재중 조선인의 시에 나타난 현실 인식의 양상에서 우리는 크게 두 가지 의미를 찾아볼 수 있다. 그 한 가지는 그것이 재중 조선인의 민족적 정체성과 조국에 대한 민족의식을 드러내고 있다는 점이다. 그리고 나머지는 해방기 재중 조선인의 이데올로기 선택 과정에서 행복하면서도 이상적인 삶에 대한 지향이 우선적으로 추구되고 있음을 보여주어 '재중 조선인'이 중국 내 소수 민족인 '중국 조선족'으로 편입되어 가는 과정의 내면적 경로를 알 수 있다는 점이다.

1) 민족적 정체성과 조국에 대한 민족의식 표출

주지하듯 해방기 재중 조선인은 유이민, 혹은 조선인이자 중국 공민이라는 이중 국적의 상태였다. 이는 중국의 입장이면서 동시에 중국에 발붙이고 사는 재중 조선인의 현실이기도 했다. 그러나 적어도 해방 직후부터 조국으로의 귀환과 거주[32], 그리고 중국에 터를 잡아가는 과정 중에도 재중 조선인의 민족적 의식은 조국인 조선을 향하고 있었다는 점

---

32) 해방 후 국민당과 중국 공산당은 1948년까지 재중 조선인의 본국 귀환 정책을 추진하였다. 그러나 국민당의 경우 중국 공산당과의 전쟁으로 인하여 조선인 귀환 작전이 실패했는가하면 중국 공산당은 당시 '북조선'의 인정서가 없거나 귀국 이유가 불분명하거나, 또는 노동 능력이 있는 자에 대해서는 귀국을 허용하지 않는 등 재중 조선인의 귀환에 소극적으로 대하기도 했다. 특히 중국 공산당은 재중 조선인들이 조선을 조국으로 갖고 있다는 것을 인정하고는 있지만 그것은 중국 사회주의와 북한과의 정치적 연계와 협조 가능성을 염두에 둔 정책이었다. 중국 공산당은 재중 조선인의 조국인 조선이 제국주의 침략 혹은 위협을 받을 때 중국 경내 조선인은 조국에 돌아가 제국주의를 반대하고 조국을 보위할 책임이 있다고 선언하였다.(김춘선, 앞의 논문, pp.198-212 참고) 이는 한국전쟁 시 재중 조선인(조선족)이 참전하게 되는 계기이었기도 하지만, 조국으로 귀환하지 않고도 중국에 살면서 조국을 저버리지 않고 조국을 위할 수 있다는 의식을 갖게 한 것이나 다름없어 재중 조선인이 중국에 정착하는 데 있어 또 하나의 이유로 작용했다고 보인다.

이 그들의 시에서 여실히 드러나고 있다. 이 점은, 비록 재중 조선인이 1949년 중화인민공화국이 건설되면서 '조선족'이라는 중국 내 소수민족으로 자리 잡아 갔지만 그 뿌리로부터는 한민족으로서의 강한 정체성을 유지하며 조선을 조국으로 인식하고 있었다는 확신을 갖게 한다. 우리는 그들의 심리와 의식을 파악함으로써 피상적으로만 관찰되었던 해방기 재중 조선인의 민족적 위상을 규명할 수 있을 것이다.

앞 장에서 살펴본 바와 같이 재중 조선인은 신탁 통치 반대 운동이나 남한의 반미 항쟁 등의 정치적 사안에 민감한 반응을 보이면서 국경을 초월하여 조국의 독립이나 사회적 문제에 적극 참여하여 해야 한다는 인식을 보이고 있었다. 이는 다음과 같은 詩歌33)가 나오게 된 배경이기도 하다.

> 無窮花 三千里 빛나는江山/四千年 歷史깊은 우리祖國을/기리기리 福되게 保全하려고/아! 선뜻이 몸을바친 義勇軍일세//白頭山下 萬古숲을 집을삼고서/넓고넓은 東北들을 舞台로하여/朝鮮男兒 높은氣槪 빛내이면서/아! 굳세게 싸워나온 우리義勇軍//父母妻子 여이고 故國을떠나/萬里長城 넘어서 黃河를건너/異國의 들끝에서 八年동안을/아! 거룩한 피를흘린 朝鮮義勇軍

金三龍, <朝鮮義勇軍頌歌> 전문34)

---

33) 인용한 작품은 시집에 '歌謠'로 명기되어 있다. 중국 조선족 학자인 조성일은 시가의 종류를 서장시와 서사시로 크게 나누고 다시 표현 형식에 따라 정형시(혹은 격률시), 자유시, 산문시, 가사, 민가 등으로 분류하고 있어 가사를 시의 한 장르로 보고 있다.(조성일, 『시론』, 한국문화사, 1996, p.34) 즉 가사는 '노래를 부를것을 전재로 하여 씌어진 시를 말한다. 가사는 시문학의 한 형태이므로 우선 시로서의 독자성을 가진다. 가사는 풍부하고 다양한 현실생활과 인민들의 사상 감정을 간결하고 함축된 시적형상속에서 집약적으로 표현하는것이 특징이다. 동시에 가사는 음악적형상과 결합되어 노래로 불리워지는만큼 시행과 시어들이 째여지고 운율화되어야 한다.'(같은 책, pp.59-60)라고 규정한다. 이러한 의미에서 인용한 '歌謠'는 시가의 한 종류인 가사로 볼 수 있겠다. 본고는 이를 시로서 논의하고자 한다.
34) 연길한글연구회편, 앞의 책, pp.39-40.

사랑스러운 父母兄弟 서슴없이 떨쳐버리고/생소한 異域산속에서 뭉
어진 祖國을爲하여/勇敢히 싸운女性同志 아!朝鮮의딸 우리義勇軍//武裝
도凜凜々한 그姿態 씩씩할손 男子에지랴/砲煙彈雨 그속에라도 서슴지않
고 뛰어들어/勇敢히 싸운女性同志 아!朝鮮의딸 우리義勇軍//한손에는
솥과밥그릇 또한손에는 총과칼을/때로는 동무들의빨래 밤이면 보선짝
꿰매며/勇敢히 싸운女性同志 아!朝鮮의딸 우리義勇軍//十年인들 二十年
인들 不屈의精神 變할소냐/八年풍진 괴롭다않고 하로같이 우서가면서/
勇敢히 싸운女性同志 아!朝鮮의딸 우리義勇軍

玄南極, <朝鮮女性義勇軍> 전문[35]

  '조선의용군'은 1932년 결성되어 항일투쟁과 중국 동북지역에서의 對
국민당 내전 참여, 그리고 신탁통치로 분열된 조국의 독립을 위한 투쟁
등을 벌인 조선인 군대다.[36] 재중 조선인과 동북 지역으로 진출하여 북
한으로 넘어갈 계획을 갖고 있는 조선의용군은 해방기의 현실을 불완전
한 독립으로 인식하고 있었다. 때문에 1946년 연변에서 신탁통치를 반대
하여 개최된 조선독립촉진대회에 조선의용군이 등장하자 재중 조선인은
크게 환영했고 ≪연변민보≫에 이들을 찬양하는 시가 게재되었는가 하
면 물품 지원, 입대 등으로 적극 지원하며 나섰던 것이다.[37] 이러한 배
경으로 위의 두 시는 조선의용군에 대한 재중 조선인의 호응과 동질의
식을 드러내고 있다. 이는 재중 조선인의 민족의식을 대변하는 것이기도
한다. 조선의용군을 '四千年 歷史깊은 우리祖國을/기리기리 福되게 保
全'해 줄 대상으로 찬양하는 것은 재중 조선인이 조선을 조국으로 여기
며 조선의 현실에 늘 깊이 있게 관여하고 있음을 보여 주는 것이다. 인

---

35) 위의 책, pp.8-9.
36) 염인호, 「조선의용군」, 『역사비평』, 역사문제연구소, 1994.8. 가을호 참고. 특히
    pp.206-208을 참고할 것.
37) 염인호, 앞의 논문, p.304.

용한 시에서는 조선여성의용군을 '아!朝鮮의딸 우리義勇軍'으로 표현하며 조선의용군이나 조선여성의용군을 해방기 현실의 난국을 타개해 줄 찬양의 대상으로 인식하고 있다. 이러한 현실 인식은 재중 조선인이 조국의 완전한 독립, 제대로 된 국가 형성에 비록 중국에서라도 어떠한 방식으로서든 참여하고 있었으며. 조선을 조국으로 여기고 있을 뿐만 아니라 조선 민족이라는 민족적 정체성을 확고히 갖고 있었기 때문에 가능한 것이다.

2) 이데올로기 선택과 조국 대체 과정의 경로 표출

한편 해방기 재중 조선인의 시에 나타난 현실 인식은 그들의 이데올로기 선택 과정과 행복하면서도 이상적인 삶에 대한 지향 의식을 보여주고 있다. 그런데 중국 내전, 식민수의 시대의 잔재인 이중 국적 문제, 조선인 차별, 재산 몰수 등 탈식민 시대의 혼돈 속에 처한 재중 조선인은 중국 공산당의 사회주의라는 이데올로기를 좋다 나쁘다라는 가치판단보다는 자신들에게 이익을 주는 시대적 대세로서 받아들였다고 보아야 한다. 사실 '우리는 어떤 경우에도 사물을 좋다고 [선하다고] 판단하기 때문에 우리가 그것을 추구하고, 의욕하며, 혹은 충동을 느끼거나 욕구하는 것이 아니다. 오히려 반대로 우리가 그것을 추구하고 의욕하며 갈망하고 충동을 느끼기 때문에 무엇인가를 좋다고 [선하다고] 판단한다.'[38] 재중 조선인은, 국민당과는 상대적으로 재중 조선인의 재산이나 토지에 대한 권리를 인정하였고, 비록 정치적 의도에서였더라도 재중 조선인의 조국애를 인정하고 그들을 조선의 민족으로 승인한 중국 공산당의 정책을 지지한 것이다. 이 과정에서 재중 조선인은 재산과 토지 확보, 사회적 지위의 확

---

38) Benedict de Spinoza, 이재기 · 김영철 역, 「에디까(論理學)」, 金奎榮 편, 『世界의 人思想 5 - 데까르뜨/스피노자/라이프니쯔』, 철문출판사, 1987, p.314.

보, 더 나아가 국민당과의 전쟁에서 승리한 중국 공산당의 사회주의 체제에서 민족적 생존의 토대를 확보하기 위해 그들의 생활에 깊숙이 파고든 중국의 사회주의 이데올로기를 거부하지 않은 것이며 결국에는 중국 사회주의 이데올로기가 좋은 것, 이득을 주는 것, 당위적이며 필수적인 것이라고 판단하기에 이른 것이다.

> 한평생 글 모르던/화전민 늙은이가./이 밤 벼르고 별러서/싸움 나간 아들에게 편지 한장 쓰노라고.//옆에 앉은 할머니/다듬질 다 했어도./손'바닥 종이에 그리는지 쓰는지/죄 없는 연필에 침만 바르겠지.//먼저 자리에 누운 할머니/등잔 근심 몇번 지나 잠꼬대마저 들릴적./늙은이는 등'불에 종인 한장 비껴들고/떠듬 떠듬 곡조 붙여 내리 읊었다.//마을의 덕분으로/집 밭에도 이삭은 탐실하니라./걱정말고 잘 싸워 이겨라./올 가을에는 무던히/너 어머니 옷감도 끊게 된단다.//그런데 애야, 모를 세상이다./칠순에 젊어지는 법도 있는지/이 여름 김매기에 선잡이라고/그 어른이 초상과 호미 하나를/사람들은 집으로 가져 왔단다.

> 임효원, <편지>(1948.8) 전문[39]

위 시에서 늙은이는 전쟁에 나간 아들에게 편지를 쓴다. 편지는 아들에게 집 걱정 마라는 내용과 '모택동'으로 여겨지는 '그 어른'의 보살핌이 늙은 나이에 기쁨을 준다는 내용으로 이루어져 있다. 이 시는 농촌 생활의 소박한 넉넉함이 중국 사회주의 체제의 영도 아래 이루어지고 있다는 내용을 다룬 유형의 시에 속한다. 그러나 위 시에서 보이는 현실에 대한 인식은 중국 사회주의의 보살핌으로 농촌 생활이 영위되고 있다는 것이 아니다. 그들이 인식하고 있는 것은 우선은 '마을의 덕분으로/집 밭에도 이삭은 탐실하니라./걱정말고 잘 싸워 이겨라'라고 아들에게

---

39) 임효원, 『진달래』, 민족출판사, 1957, pp.12-13.

안심하기를 당부하는 편지에서도 알 수 있듯이 농촌 생활이 잘 영위되어야 한다는 것의 중요성이다. 또한 농사일에 작용하는 중국 사회주의의 배려는 일종의 보상으로 받아들여지기에 만족하고 있는 것이다. 재중 조선인은 결코 전쟁으로 편히 사는 것이 아니다. 농사지으며 편하고 잘 사는 것이 우선이다. 전쟁이나 중국 사회주의 체제는 그들의 삶에 동반한 현실이지 그 현실이 처음부터 좋은 것이어서 따르는 것이라고 볼 수 없다. 중국 사회주의는 '늙은이'에게 자부심을 주고 배려를 해 주기 때문에 좋은 것으로 판단되는 것일 뿐이다. 그리고 결국은 재중 조선인이 따르고 받아들여야 하는 현실 상황은 그것이 합리적이고 타당하며 이로운 것이어야 한다. 그러므로 그들이 선택한 것은 좋은 것이라고 여기는 내적 인정이 뒤따르게 된 것이다.

따라서 우리는 재중 조선인이 현실 인식을 통해 드러내고 있는 이데올로기적 경향과 이상적 삶에 대한 의식과의 관계를 다시 고찰해볼 필요가 있다. 즉, 중국 사회주의가 행복하면서도 이상적인 삶을 가져온다고 재중 조선인이 믿었다기보다 해방기에 지향했던 행복하면서도 이상적인 삶을 사회주의가 완성시켜 줄 것이라고 믿었다고 보아야 한다. 사실 이데올로기와 행복하면서도 이상적인 삶 '이 두 가지 槪念은 다 같이 思想形成의 基本要件은 그 自體와 일치하는 現實的 根據를 提示하는 데 있다고 하는 要請을 內包하고' 있다.[40] 여기서 '現實的 根據를 提示하는 데 있다'는 말은 실현 가능한, 혹은 실현하고자 하는 이상적 세계를 구체적으로, 현실적으로 보여주어야 한다는 의미로 받아들여야 할 것이다. 해방기 재중 조선인의 시에 나타난 현실 인식의 궁극적 동기는 이상적인 사회에 대한 '현재적 실현'이었다. 그리고 중국 사회주의 이데올로기는 그것을 실현시킬 수 있는 체제로 받아들여졌다. 재중 조선인의

---

40) K. Mannheim, 앞의 책, p.145.

중국 사회주의 이데올로기는 행복하면서도 이상적인 삶을 실현하기 위한 과정에서 선택된 필요 충분 조건인 것이다.

> 아, 내 나이 어릴 때 내 입은 가볍고… 이봐요, 당신은 무에 그리 기쁘세요? 왜 노래가 좋지 않우? 아니, 어린애처럼 좋아하는게 하도 우스워서요. 흥, 사람은 웃으며 살아야 해. 어떻게요? 아, 내 나이 어릴 때 …이렇게 하하하, 호호호, 그게 웃으며 사는거예요?/그럼, 내 노래는 웃음의 화환이요, 환희를 가진 생활의 선율이거던… 노래란 반드시 기쁨에서만 오는걸가요? 하기야 지나첸 비애도 비장한 노래를 가져오지만. 그럼 노래란 단지 기쁨에서만 오는것도 아니죠. 흥, 비애를 비애로만 돌리지 말고 이것을 노래로 나타낼줄 아는 생활이 곧 환희요 웃음이란말이요./그러면 당신의 노래는 어디에서 온거예요? 내 노래? 여보, 저 논배미를 보오, 논두렁으로 논물이 철철 넘쳐 흐르지 않소. 록의성장한 들우에 우리들이 가꾼 오곡이 바람에 늠실거리는데 내 노래가 무어겠소./벼의 푸른 파도 창파인양 흐느적이는데, 당신의 노랜 대지가 새 주인을 만난것처럼 해방과 환희? 그래 그래, 아, 내 나이 어릴 때, 우리 합창할가? 그러세요. 아, 내 나이 어릴 때 내 입은 가볍고 모든 바다우에서 놀길 원했네…/꾀꼬리의 노래인가, 두 청춘 남녀의 아름다운 노래 소리, 발그레한 저녁노을 비낀 황혼의 엷은 막을 뒤흔들어주는 환희의 노래! 산책의 길에서 무지개처럼 피여나는 푸른 꿈이 무르익는 생활의 힘찬 멜로디…

설인, <환희>(1948.8) 전문[41]

위 시에서 '환희의 노래'는 '푸른 꿈이 무르익는 생활의 힘찬 멜로디'이다. '논두렁으로 논물이 철철 넘쳐 흐르'고, '록의성장한 들우에 우리들이 가꾼 오곡'이 넘실거리는 생활의 풍요로움을 보며 화자는 '환희'의 이상적 삶을 노래하고 있는 것이다. 비슷한 시기에 쓰인 설인 시인의 다

---

41) 설인, 『설인시선집』, 민족출판사, 1999, pp.98-99.

른 시 '새벽이여/붉게붉게 타오르는 인민의 새벽이여/나는 뻗어가는 행복 속에서/건설의 거창한 모습을/어린아이처럼 발돋음하여가며/피나게 피나게 노래하리라!'(<노래하리라>(1948.10))라는 부분에서 직설적으로 드러나고 있는 중국 사회주의 건설에 대한 찬양 역시 현실 생활의 환희와 어릴 적부터 바라고 꿈꾸어 왔던 이상적 삶의 현실화를 실현시켜 준다고 믿기 때문에 발로된 감정인 것이다.

해방기 재중 조선인 시에서 해방의 기쁨을 표출한 시는 그리 많지 않다. 그보다는 토지나 전쟁과 같은 현실에 대한 시적 인식, 새로운 세계 건설에 대한 의지, 중국 사회주의 건설에의 동참 등이 더 많은 양을 차지하고 있다. 이는 해방기의 북한 시에서도 나타나는 현상이지만,[42] 해방의 기쁨과 의미만을 되새기기에는 해방 이후 급격하게 변화하는 정세와 직면한 생활이 그들에게는 더 중요한 현실적 과제였기 때문이다.

이처럼 해방기 재중 조선인 시에 나타난 현실 인식은 그들이 민족적 정체성을 유지하며 조선을 조국으로 인식하고 있었으며, 중국에서의 현실 속에서 행복하면서도 이상적인 삶을 꿈꾸었음을 보여주고 있다. 또한 조선에 대한 심적 지향과 행복하면서도 이상적인 삶에 대한 현실적 지향 사이에서 중국 사회주의 이데올로기가 우호적인 것으로 받아들여졌는데 이는 그들이 바라는 바를 실현시켜 줄 현실적 체제로서 받아들였기 때문이었다. 조국에 대한 염원과 행복하면서도 이상적인 삶을 실현하기 위한 과정 속에서 중국 사회주의 이데올로기를 긍정적인 것으로 파악하고 있는 해방기 재중 조선인의 현실 인식 양상은 탈식민 시대 이후 재

---

42) '북한시에서도 해방의 기쁨을 시적으로 형상화한 시는 그리 많이 발견되지는 않는다. 그것은 해방이라는 개념이 내면화될 시간적 여유가 없었다는 것은 물론 또한 해방이 기쁨이자 또한 대상에 대한 증오를 가져다주었다는 점에서 시적 어조가 지향한 바가 냉정한 태도를 띨 수 없었다는 것도 한 이유가 될 것이다.' (우대식, 『해방기 북한 시문학론』, 푸른사상, 2005, p.73) 이러한 양상은 해방기 재중 조선인의 시의 양상과 어느 정도 유사하다고 볼 수 있다.

중 조선인이 점차 중국을 현실적인 조국으로 받아들이고 신뢰하게 되는, 조국에 대한 내면적 대체 과정[43]의 경로를 알 수 있게 해 준다는 데에 그 의미가 있다.

4. 결론

본고는 해방기라는 특정한 시기에 나타난 재중 조선인 시의 현실 인식 양상을 고찰하고 그것이 갖는 의미를 민족의식과 이데올로기 선택의 측면에서 고찰해 보았다. 해방기라는 탈식민 시대에 재중 조선인의 시에는, 그들이 조국에 대한 조국애와 민족적 정체성을 가지고 있었으며 행복하면서도 이상적인 삶의 실현을 위해 어떤 방식으로 중국 사회주의 이데올로기를 선택하게 되었는지가 나타나고 있다. 이는 그들이 어떠한 내적 과정을 거쳐 중국의 소수 민족으로 편입되어 중국을 조국으로 받아들이게 되었는지를 보여준다.

해방기 재중 조선인 시에 나타난 현실 인식의 양상은 크게 두 가지로 조국에 대한 인식과 중국에서의 현실 인식으로 나누어 볼 수 있다. 해방기 재중 조선인의 시에서 현실 상황은, 해방은 희망적인 것으로, 해방기 한반도의 정세는 연대감과 동조의 대상으로, 토지 개혁은 은혜로운 것으로, 중국 공산당의 혁명 전쟁은 적극적인 참여의 대상으로 인식되고 있다. 그리고 조국 해방의 기쁨에서 당면한 삶의 현실로 관심 대상이 바뀌어가면서 중국 공산당 체제를 전면 긍정하고 따라야할 가장 중요한 현실로 인

---

43) 탈식민주의적 관점에서 탈식민 시대 이후 중국 조선족 시에 나타난 조국의 대체 과정과 민족적 정체성을 논한 글로는 윤의섭, 「1950~60년대 중국 조선족 시에 대한 탈식민주의적 고찰」, 『현대문학이론연구』 제27집, 현대문학이론학회, 2006.4, pp.235-256을 참고할 수 있다.

식하고 있다. 해방기 재중 조선인의 시에 나타난 현실 인식의 양상은, 정치적 현실로 부각된 사회주의 이데올로기의 수용을 통해 혼란기를 벗어나 안정된 체제를 받아들이겠다는 탈식민 시대의 특성을 보이고 있다.

해방기 재중 조선인의 시에 나타난 현실 인식의 양상에서 우리는 크게 두 가지 의미를 찾아볼 수 있다. 그 한 가지는 조국에 대한 의식과 민족의식을 드러내고 있다는 점이다. 그리고 해방기 재중 조선인의 이데올로기 선택 과정과 행복하면서도 이상적인 삶에 대한 지향 의식을 통해 중국을 조국으로 받아들이게 되는 과정을 알 수 있다는 점이다. 해방기 재중 조선인의 시에는 그들이 민족적 정체성을 유지하며 조선을 조국으로 인식하고 있었으며, 중국에서의 현실 속에서 행복하면서도 이상적인 삶을 꿈꾸었다는 것이 드러나 있다. 또한 조선에 대한 심적 지향과 행복하면서도 이상적인 삶에 대한 현실적 지향 사이에서 중국 사회주의 이데올로기가 우호적인 것으로 받아들여졌는데 이는 중국 사회주의 체제를 그들이 바라는 바를 실현시켜 줄 현실적 체제로서 받아들였기 때문이었다. 이는 재중 조선인의 조국에 대한 내면적 대체 과정의 경로를 보여주는데 탈식민 시대 이후 재중 조선인은 점차 중국을 현실적인 조국으로 받아들이고 신뢰하게 된 것이다.

참고 문헌

金奎榮 편, 『世界의 大思想 5 ─ 데까르뜨/스피노자/라이프니쯔』, 철문출판사, 1987.

김동훈, 「中國 朝鮮族의 現代文化와 文獻에 對한 槪略的 考察」, 『東北亞硏究』 제13집, 조선대학교동북아문제연구소, 1996.7, pp.71-91.

김례삼, 『인생의 고행길』, 연변인민출판사, 1994.

김순례, 「중국 조선족 시문학사 개관」, 『한민족문학권의 문학』, 국학자료원, 2003, pp.327-368.

김승환, 「부르조아민주주의혁명적 세계관으로부터 사회주의 리얼리즘에로의 소설적 전화와 해방공간 토지문제로 현현된 주인과 노예의 변증법적 역전과정」, 김윤식 외, 『해방공간의 문학운동과 문학의 현실인식』, 한울, 1989, pp.191-220.

김윤식, 「해방후 남북한의 문화운동」, 김윤식 외, 『해방공간의 문학운동과 문학의 현실인식』, 한울, 1989.

김준오, 「중국 사회주의 문화정책과 중국 조선족 시가전통의 변모양상」, 『한국문학논총』 제16집, 한국문학회, 1995, pp.79-104.

김춘선, 「광복후 중국 동북지역 한인들의 정착과 국내귀환」, 『한국근현대사연구』 제28집, 한국근현대사학회, 2004.3, p.181-221.

리욱, 『20세기 중국조선족 문학사료전집 ─ 리욱 문학편』, 중국조선민족문화예술출판사, 2002.

박용찬, 『해방기 시의 현실인식과 논리』, 역락, 2004.

설인, 『설인시선집』, 민족출판사, 1999.

연길한글연구회편, 『颶風』, 연길한글연구회, 1947.

연변문련 편, 『해란강』, 연변교육출판사, 1954.

염인호, 「조선의용군」, 『역사비평』, 역사문제연구소, 1994.8. 가을호, pp.170-210.

_____, 「해방 직후 延邊 조선인 사회의 변동과 6·25전쟁 ─ 군중 대회·운동 분석을 통하여」, 『한국근현대사연구』 제20집, 한국근현대사학회, 2002. 봄호, pp.292-320.

오정혜, 「광복 후 중국 조선족 시의 성격」, 『국어국문학』 21집, 동아대학교 국어국문학과, 2002, pp.239-264.

우대식 , 『해방기 북한 시문학론』, 푸른사상, 2005.

윤여탁, 「1920~30년대 리얼리즘 시의 현실인식과 형상화 방법에 대한 연구」, 서울
　　대 박사논문, 1990.

윤영천, 「중국 조선족 시문학의 형성과 전개－1940년대~1960년대 전반기를 중심으로」,
　　『민족문학사연구』 제17집, 민족문학사학회, 2000, pp.198-240.

윤의섭, 「1950~60년대 중국 조선족 시에 대한 탈식민주의적 고찰」, 『현대문학이론
　　연구』 제27집, 현대문학이론학회, 2006.4, pp.235-256.

＿＿＿, 「중국 조선족 시 형성 과정의 탈식민주의적 의미」, 『한중인문학연구』 제18
　　집, 한중인문학회, 2006.8, pp.53-80.

李振翎, 「조선인에서 조선족으로: 중국 공산당의 연변(延邊)지역 장악과 정체성 변화
　　(1945~1949)」, 『中蘇研究』 제26권 3호, 한양대학교아태지역연구센타, 2002,
　　pp.89-116.

임효원, 『진달래』, 민족출판사, 1957.

장석흥, 「해방 후 귀환문제 연구의 성과와 과제」, 『한국근현대사연구』 제25집, 한국
　　근현대사학회, 2003.6, pp.9-26.

조성일, 『시론』, 한국문화사, 1996.

조성일·권철 외, 『중국 조선족 문학 통사』, 이회문화사, 1997.

조정남, 『현대중국의 민족정책』, 한국학술정보(주), 2006.

최봉룡, 「연변조선족자치주의 역사와 현황 및 그 전망」, 『단군학연구』 제7호, 단군
　　학회, 2002.12, pp.301-337.

황송문, 『중국조선족 시문학의 변화양상 연구』, 국학자료원, 2003.

Benjamin, W, 차봉희 편역, 『現代社會와 藝術』, 문학과 지성사, 1980.

Mannheim, K, 임석진 역, 『이데올로기와 유토피아』, 지학사, 1976.

문화대혁명기 조선족 시의 탈식민주의적 성격

정 수 자

1. 머리말

문화대혁명기간은 중국 당대사에서 가장 강력한 정치적 통제를 보여준 시기에 속한다. 1966년부터 1976년까지 10년 동안 "문화대혁명이라는 운동 자체가 실질적으로 유일한 텍스트로서 의미"[1]를 갖는 상황이

---

1) 김진공, 「문화대혁명 기간의 문예 연구」, 서울대 박사논문, 2001, p.87.

지속된 것이다. 이러한 정치적 통제는 '문예 강령'을 통해 문예계를 장악한 데 이어 '人漢族化'를 통한 소수민족의 동질화를 추진하는 데까지 이르게 된다. 정치적 통제 즉 국민의 삶을 총체적이고 직접적으로 지배하는 통제는 당시 중국의 지배 주체가 소수민족에게 가한 억압을 극명하게 보여준다. 이런 측면에서 보면, '중화' 이데올로기에 사로잡힌 중화인민공화국도 서구의 어느 제국에 못지않은 폭력성을 드러낸다고 하겠다.2) 특히 문화대혁명기에는 중화 이데올로기의 강화 속에서 제국주의적인 억압이 극대화되기 때문이다.

이러한 억압은 "중국인민에게 가장 중요한 식민지배자는 그들 자신의 정부"3)라고 하는 레이 초우의 말을 환기한다. 레이에 의하면, 외국의 식민지배가 없었던 중국은 오히려 식민 경험이 있는 나라보다 체제나 언어 등에서 더 심각한 '그들 자신의' 문제를 갖고 있다. 중국 정부가 곧 인민의 식민지배자라는 그의 견해에 동의할 경우, 문화대혁명기는 가장 극심한 식민적 억압을 보여준 시기이다. 특히 소수민족인 조선족 문학에 작동한 중국 정부의 제국주의적 탄압을 보면 식민성은 한층 두드러진다. 이런 측면에 주목하여 본고는 문화대혁명기 조선족의 시문학을 탈식민주의적 관점에서 살피고자 한다. 식민적 상황은 한 국가나 민족 내에서도 생기므로 어떤 지역이나 집단이 여타 집단을 통제하고 복속시키는 상황

---

2) 제국주의는 흔히 서구나 자본주의와 관련해서 설명하지만, 제국주의는 서양만이 아니라 전 세계에 걸친 현상이었고 역사의 모든 시대를 통해 제국주의적 국가들이 존재해왔다는 사실을 환기할 때, 문화대혁명 당시 중국이 보인 막강한 통제는 제국주의라 할 만하다. 또한 제국주의는 식민지의 확보와 지배 과정에서 그 내용이나 시기의 유사성으로 인해 두 개념이 혼용되어 왔는데, 1960년대 이후는 '제국 후의 제국주의'나 '신식민주의' 등으로 제국주의의 개념이 확대되며 정치 문화적인 현상은 물론 자본의 불균등한 관계에 이르기까지 광범위한 영역을 포괄한다. 문화나 자본 혹은 언어의 지배적 현상까지를 모두 제국주의로 파악하는 것이다. 박지향, 『제국주의-신화와 현실』, 서울대학교출판부, 2000, p.298 참조.

3) 레이 초우, 장수현·김우영 옮김, 『디아스포라의 지식인-현대문화연구에 있어서의 개입의 전술』, 이산, 2005, p.25.

을 분석하고 비판하는 데는 탈식민적 관심이 더 필요한 것이다.[4] 그리고 식민주의는 끝났지만 제국주의는 여전히 남아 있는 현 상황에서 볼 때, 소수민족 문학에 가해진 제국적 통제의 명암을 확인할 수 있을 것이기 때문이다.

문화대혁명기에는 조선족 문인뿐만 아니라 중국 내의 모든 작가들이 혁명 수행의 도구화를 자임했다. 물론 예술의 정치화 곧 문예를 현실 정치의 직접적인 선전 도구로 삼는 것은 공산주의 체제의 특수성이고 시대를 떠나 지속되어온 특성이다. 그런데 정치 현실 속에서 중요한 역할을 담당해온 중국의 문예 전통이 1949년 이후는 정치 투쟁의 직접적인 수단에까지 이르게 된 것이다.[5] 그런 와중에 문예 강령이나 소수민족의 동질화를 앞세워 더욱 강력한 제국주의적 권력을 행사한 문화대혁명기는 조선족 문학에도 매우 심각한 영향을 끼치게 된다. 그뿐만 아니라 소수민족으로서 감당해온 '대한족화'의 탄압과 통제의 그늘은 그 흔적을 더 깊게 남기고 있다. 민족주의가 새삼 봉건주의나 수정주의로 매도당하고 부정되는 동안에도 중국의 정책에 신속하게 부응할 수밖에 없었던 것이다.

문화대혁명기 조선족 시문학은 "사회주의 문화정책을 순발력 있게 가장 효과적으로 반영할 수 있는 합목적적인 기능"[6]의 수행을 보여준다. 지배 주체의 정책이나 강령에 적극적으로 동조함으로써 민족의 생존을 도모하는 하나의 방편으로 삼는 것이다. 이때 활용한 양식인 송가는 제국적 정치 통제에 의해 강요된 모방이자 동일화라는 특성을 지니는 동시에 이에 따른 양가적인 측면을 내포하게 된다. 그런 점에서 당시의 송

---

4) 고부응, 『초민족 시대의 민족 정체성─식민주의·탈식민이론·민족』, 문학과지성사, 2002, p.23.

5) 위의 논문, p.28.

6) 김준오, 「중국 사회주의 문예정책과 조선족 시가전통의 변모 양상」, 김승찬 외, 『중국 조선족 문학의 전통과 변혁』, 부산대학교출판부, 1997, p.99.

가가 보여주는 모방이나 동일화의 양가성을 규명하는 것은 조선족 시문학에 대한 또 다른 접근이 될 것이다. 이러한 인식에 따라 본고는 문화대혁명기에 간행된 조선족 시집 중에서 『장백산에 울리는 노래』(1972.6), 『태양의 빛발아래』(1973.4), 『격전의 노래』(1975.1), 『조국에 드리는 노래』(1975.5), 『우렁찬 전고소리』(1976.2), 『공사의 아침』(1976.3), 『폭풍뢰』(1976.5) 등 7권을 고찰 대상으로 한다. 이는 당시 시집 간행이 거의 없었던 한족의 문단에 비춰볼 때 상당히 많은 양일 뿐 아니라 여러 시인의 시 모음집이라는 점에서도 주목된다. 이러한 탈식민주의적 고찰은 조선족 시문학 연구의 외연을 확장할 것으로 보인다.

2. 문예 강령과 '大漢族化'

문화대혁명 기간에 중국은 문예정책을 통해 문예계를 철저하게 통제하는 동시에 정치적인 이용을 극대화한다. 그런데 문화대혁명의 발단이 바로 문예 영역에 대한 비판에서 시작되었으므로[7] 이 기간의 조선족 문학은 그 폐해를 여실히 드러내고 있다. 이는 혁명의 필요에 따라 문학을 보다 더 직접적으로 정치에 복무시키고 도구화하는 것으로 나타난다. 따라서 문화대혁명 기간은 후에 문학의 쇠퇴기, 수난기 혹은 암흑기로 집약되는 극도의 위축을 보이게 된다. 이 기간 동안 박물관은 문을 열지 않았으며 서점의 서가는 텅 비고 학술지든 문학지든 잡지들은 1966년에 모두 정간되어 문학이 설 자리조차 없었던 것이다.[8] 이런 상황에서 시

---

7) 이 외에도 문화대혁명을 주도하고자 한 이들이 목적을 이루기 위해 이용한 가장 중요한 수단이 문예이고, 문화대혁명을 주도하고자 한 이들의 의도와 무관하게 그 속에 내재되어 있던 다양한 가능성이 드러난 것이 문예 영역인 것이다. 김진공, 앞의 논문, p.9 참조.

작된 '紀要(<임표 동지에게 위탁하여 소집한 '部隊文藝工作座談會紀要'>의 약칭, 이하 기요로 칭함)'의 강령은 이후 문예계에 지속적이고 막강한 정치적 영향력을 행사한다. 이 자리에서 쟝칭이 제기한 구호 즉 "문예계에서 마르크스주의를 위배하고, 마오 주석의 사상과 위배되는 반당·반사회주의·반동노선을 규탄한다"는 내용에 동조하는 사설과 혁명모범극 등이 뒤따르고 문화대혁명을 찬양하는 작품이 대거 등장하는 것이다.9) '기요'의 문예 강령이 문학의 정치화를 선도하면서 혁명의 실현에 전면적으로 나서는 것이다.

그뿐만 아니라 1968년에는 문학예술의 기본 원칙이 발표되고, 『文滙報』에 「문예무대를 마오쩌둥 사상을 선전하는 영원한 진지로 삼자」는 문화부장의 지시문이 제시된다.10) 이때 문학예술 창작의 기본 원칙으로 삼은 것이 이른바 '三突出原則論' 즉 '근본임무론', '주제선행론', '3돌출원칙론'이다. 이를 살펴보면 '근본임무론'은 사회주의혁명의 영웅의 전형을 창조하는 것이 사회주의 문예의 근본임무임을 천명한 것이다. '주제선행론'은 작품을 쓰기 전에 무산계급사회주의혁명이라는 사상적 주제를 먼저 정하고 그에 적합한 영웅인물을 창조한 다음 부수적인 인물과 배경을 설정해야 한다는 것이다. '3돌출원칙론'은 주제를 확정한 후 등장인물은 모든 인물 중에서 긍정적(正面) 인물을 집중적으로 부각시키고, 다음으로 긍정적 인물 중에서 영웅인물을 집중적으로 부각시키며, 끝으로 영웅인물 중에서도 주요 인물을 집중적으로 부각시켜야 한다는 것이다. 이는 당시 중국 내의 문화예술 전체를 혁명에 복무시키려는 '기요'의 통제에서 비롯된다. 따라서 모든 문화예술인은 강령을 자발적으로

---

8) 모리스 마이스너, 김수영 역, 『마오의 중국과 그 이후 2』, 이산, 2004, pp.528-529.
9) 김시준, 『중국 당대문학사』, 소명출판, 2005, pp.23-24 참조.
10) 위의 책, p.271.

받아들일 수밖에 없었는데, 기요가 그만큼 무소불위의 힘을 발휘했기 때문이다.

그런데 조선족은 문예 강령 외에도 소수민족으로서의 또 다른 통제를 받는다. 마오쩌둥이 소수민족에 대한 사회주의 민족정책을 주장하면서 이전의 유화적 민족정책을 강압적인 민족동화정책으로 전환했기 때문이다. 민족문제의 중요성을 의도적으로 부정하고 계급투쟁 일변도로 추진한 민족동화정책은 소수민족의 문화적 특수성을 해체하고 한족으로의 동화를 시도한다. 이러한 '대한족화'는 민족의 문화, 생활습관, 민족 언어와 문자, 민족학원을 모두 폐지하는 것으로 이어지며 이후 민족동화의 강압적인 추진을 보여준다.[11] 게다가 '기요'가 '민족문화혈통론'을 제기하면서 민족 배타주의를 전면에 부각, 민족주의의 탄압을 가중시킨다. 통일전선 전략의 차원에서 소수민족 언어와 문화에 대한 연구를 장려하던 중국의 민족정책이 급선회한 것이다. 이는 1949년 중화인민공화국 성립 후 중국이 수립한 소수민족정책 즉 민족평등정책·민족단결정책·민족구역자치정책과 각 민족의 공동발전번영정책 등[12]의 전면적인 수정이다. 이에 따라 '평등·자치·진보'를 바탕으로 한 중국 소수민족정책은 폐기되고 사회주의 한족으로의 동화를 강요하는 정책으로 일관하게 된다. 이러한 정책은 소수민족 지역의 특성과 필요를 부정하고 지방민족주의와 종파주의, 주권주의를 타파하여 한족의 우수한 문화와 경험을 학습

---

11) 김상철·장재혁, 『연변과 조선족-역사와 현황』, 백산서당, 2003, p.75.

12) 중국의 소수민족정책은 헌법(1982년 제정) 제 4조에도 명시되어 있다('중화인민공화국의 각 민족은 일률로 평등하다', '그 어떤 민족에 대한 기시와 압박도 금지한다'). 이러한 민족평등과 민족단결정책을 실시하는 것은 각 민족인민은 인류사회의 물질적 재부와 정신적 재부의 창조자이며 인류 역사 발전의 동력으로서 인류사회 발전을 위해 모두 다 기여하였다는 마르크스주의의 민족평등이론과 사회주의 원칙, 그리고 중국 각 민족이 중국의 역사발전에 누구나 기여한 사실을 논거로 한 것이다. 김병호, 『중국의 민족문제와 조선족』, 학고재, 1994, pp.11-12 참조.

하고 한족을 중심으로 단결해야 한다는 대한족주의의 애국주의만 강조하며 그 가치의 절대화를 도모한다.[13] 이러한 동화정책에 따라 '민족'에 관한 어떤 것도 드러내지 못하는 상황에서 조선족은 그들 나름의 생존 방식을 모색하게 된다.

이 때 조선족 시인들이 문예 강령에 부합하는 양식으로 택한 게 송가이다. "영웅적 인물을 형상화한 '송가'를 주류적 장르"[14]로 삼아 중국의 문예 강령을 실현하는 것이다. 이후 송가는 마오쩌둥 사상의 찬양이나 칭송, 영웅의 우상화, 혁명 의식의 고취 등에 가장 효과적인 노래로 지속적인 창작을 보여준다. 이러한 창작은 중국 지배 주체의 이념과 정책을 따르는 조선족의 의지를 가시적으로 보여주는 행위라고 할 수 있다. 나아가 중국의 인민과 똑같은 방식으로 당의 강령에 부응함으로써 제국 내의 소수민족으로서 생존의 입지를 마련하는 것이기도 하다. 이러한 행위는 동일화를 표방하는 일종의 전략이라고 할 수 있을 것이다. 페쇠에 의하면, 동일화는 그들에게 주어진 이미지에 '자유롭게 동의하는' '착한 주체'들의 양식이다.[15] 그런데 조선족이 취한 방식은 중국의 강요를 받아들이는 표방을 통해 '자유롭게 동의하는' '착한 주체'로 보이고자 하는 일종의 위장이라 하겠다. 당시는 무엇보다 살아남는 것이 절실했는데, 그 길은 중국의 인민과 같은 방식으로 적응하고 생활하는 것뿐이었기 때문이다. 이러한 생존 전략 중의 하나가 모방이나 동일화의 가시적인 표방이고, 그것을 반영하는 송가의 대대적인 창작으로 나타난 것이다.

이렇듯 제국의 문예 강령과 민족정책은 문학의 도구화나 규격화를 초래하고 조선족 문학에도 막대한 영향을 미친다. 이때 창작된 문학의 경

---

13) 김대광, 「중국 소수민족정책의 변화과정에 관한 연구」, 동아대 박사논문, 1993, p.64.
14) 김준오, 앞의 논문, p.114.
15) 다이안 맥도넬, 임상훈 옮김, 『담론이란 무엇인가』, 한울, 1992, p.53.

향을 압축하면 대략 세 가지로 나눠볼 수 있다. 첫째 '4인방'의 좌경 노선을 선양한 것, 둘째 개인숭배를 고취한 것, 셋째 인민들의 생활과 사상 감정을 반영한 것이다.[16] 이런 특성에서 송가가 문예 강령을 얼마나 철저하게 따랐는지 다시 한번 확인할 수 있다. 그러나 제국의 강령에 신속하고 적극적으로 부응한 형식이 송가였다는 점은 강령의 폭압이 그만큼 심했다는 반증이기도 하다. 한 목소리의 과도한 부각이라는 창작 자체가 조선족 문학에 군림한 문예 강령의 위력을 보여주는 것이기 때문이다. 특히 '대한족화'를 비롯한 중국의 민족 배타주의는 조선족 문학을 말살하는 정도에 이를 만큼 심각한 상흔을 남기게 된다. 민족어의 탄압 속에서 민족의식이나 민족 정서가 배격되는 동안 "중국의 정치적 인식을 되풀이하는 시만 양산"[17]할 수밖에 없었던 것이다. 이는 민족의 고유 정서나 문화는 물론 언어까지 버리도록 강요한 한족화의 정치적 위력이나 구속력이 얼마나 막강했는지 보여주는 예라 할 것이다.

　문화대혁명기의 문예 강령과 '대한족화' 정책은 조선족 문학의 특수성이나 독자성을 배제하는 것이었다. 그리고 강령의 구체적인 실현은 대부분 동일화를 표방하는 송가의 양식으로 수행되었다. 이러한 창작 행위는 표면상 자발적인 것으로 보이지만, 거대 제국의 강압 속에서 이루어진 것만은 부정할 수 없는 사실이라고 하겠다. 명성이란 위대함을 얻는 자에게만 따르는 것이고, 그리고 그 위대함이란 보통 일방적이고 단순하고 잔인무도하고 맹목적인 자에게만 주어진다.[18] 당시 중국의 문예 강령은 무엇보다 마오쩌둥의 명성을 드높이는 데 주력했다. 이러한 강령에 적극

---

16) 위의 책, pp.397-398.
17) 정덕준·노철, 「중국 조선족 시문학 연구」, 『현대문학이론연구』, 현대문학이론학회, 2003, p.355.
18) 알라이다 아스만, 변학수·백설자·채연숙 옮김, 『기억의 공간』, 경북대학교출판부, 2003, p.75.

부응하고 '대한족화'에 동화의 태도를 취한 조선족 문학의 시적 동일화는 문화대혁명의 강압 상황에서 선택할 수밖에 없었던 하나의 방편이었다. 그러므로 당시 "조선족 문단에는 진정한 문학작품이 한편도 없었다"[19]는 지적은 문화대혁명이 끝난 후에야 가능한 반성이라고 하겠다. 그만큼 문화대혁명기의 문예 강령이나 민족정책이 소수민족의 생존 자체를 좌우하는 폭력이고 광기였던 것이다.

3. 모방으로서의 송가와 양식적 특성

문화대혁명기의 문예 강령과 그에 따른 조선족의 문학적 부응은 중국의 제국주의적 통제를 극명하게 보여준다. 문학이 혁명을 수행하는 수단으로 기꺼이 전락하면서 이를 통해 제국의 강령을 실천하는 모습을 보여주는 것이다. 이에 따라 혁명의 전파를 위한 혁명모범극 같은 양식이 중국 전역에 하나의 전범으로 제시되며 문예의 도식화가 가속화된다. 그리고 시는 인민 대중에게 잘 전달되는 쉽고 간명한 문체를 형식적 요건으로 하면서 혁명의 효율적인 수행을 최우선적으로 추구하는 양상을 띠게 된다. 이러한 방식은 사회주의 문학의 본령에 속하는 것이지만, 문화대혁명 기간에는 당이 더 강력한 통제를 가함으로써 문학의 규격화가 심화되는 것을 볼 수 있다. 혁명에 대한 찬양과 칭송을 앞세우는 내용과 이에 알맞은 양식으로 시 전체의 도식화가 지속적으로 나타나는 것이다. 따라서 거의 모든 시가 "비유나 상징 대신 직접적인 서술과 진술에 의존하는 장르의 매체화라는 사회주의적 굴절현상"[20]을 보이는 것은 당연

---

19) 조성일 · 권철 외, 『중국 조선족문학통사』, 이회문화사, 1997, p.397.
20) 김준오, 앞의 논문, p.105.

한 귀결이라고 하겠다.

조선족 시문학도 칭송 혹은 찬양에 적합한 양식으로 정형화하는 한편 '노래'의 측면을 전면에 부각한다. 이때 취한 양식인 송가는 특정 대상의 덕을 기리는 효과를 극대화하며 노래성을 활용한다. 송덕에는 일반적으로 세 가지의 조건이 상정되는데, 첫째 위대한 행위, 둘째 그 치적에 대한 기록, 셋째 후세의 추모가 그것이다.[21] 특히 시인은 송덕을 직업적으로 해온 사람으로 영웅들의 이름을 후세의 기억 속에 남기는 역할을 해온 전통을 갖고 있다. 그러므로 문화대혁명기에 특정 대상이나 정책에 대한 찬양을 강령으로 강요당한 시인들의 임무도 이러한 전통과 무관하지 않다. 그리고 문화대혁명 기간에 두드러진 조선족의 송가 역시 이런 기능을 최대한 살리는 하나의 방편으로 선택된 것이라고 하겠다. 송가가 영웅의 행동이나 일생을 찬양하기 위해 씌어진 전통만 아니라 권력자를 찬양하는 방편으로 활용된 적도 많기 때문이다. 문화대혁명기의 송가 역시 이런 역할을 담당하며, 당시 최고 권력자인 마오쩌둥에 대한 칭송과 함께 혁명에 대한 찬양을 전면에 부각한다.

> 아, 승리로 빛발치는 모주석의 혁명로선!
> 당이 걸어온 거룩한 력사여,
> 우리 군대 싸워온 혁혁한 페지여,
> 억만인민 모주석을 노래부르네.
>
> — 김응준, 「모주석의 혁명로선 따라 앞으로」 일부
> (『장백에 올리는 노래』)

> 꿈결에도 뵙고 싶던 자애로운 모주석!
> 7억 인민의 희망과 미래를 지니시고

---

21) 알라이다 아스만, 앞의 책, p.46.

공산주의 설계도를 그리시는 그이
이 아침 만면에 웃음을 띄우시고
들끓는 검열대오를 향하여
거룩한 손길을 저으십니다.
                  ─ 박명룡, 「모주석의 손길 따라」 일부(『태양의 빛발아래』)

아, 당이여 자애로운 어머니
따사로운 그대의 크나큰 품속에서
이 땅에 꽃피는 만년행복을 두고
우리의 뜨거운 가슴속에 부풀어오르는
한없는 자랑과 긍지와 기쁨을
어찌 한입으로 노래 다 부를수 있겠습니까,

                  ─ 팔도공사업여문예창작조, 「태양의 빛발아래」 일부
                                      (『태양의 빛발아래』)

　위의 시에서 마오쩌둥이나 당은 최우선적인 찬양과 칭송의 대상으로
구가되는 것을 볼 수 있다. '7억 인민의 어머니'인 마오 주석 혹은 '자
애로운 어머니'인 당은 전 중국 인민의 희망이자 미래로 받들어진다. 누
구도 거역할 수 없는 위대한 태양인 마오 주석과 관련된 일은 모두 하
늘같은 위업으로 추앙된다. 그런 점에서 마오는 중국과 당을 대표하는
인물인 동시에 혁명의 투사이자 영웅으로 영원한 찬양의 대상이다. 모든
인민의 구심점으로 그를 추종하는 인민들의 열정과 충성을 송가로 격하
게 분출하는 것이다. 이러한 양상은 대부분의 시에 공통적으로 나타나며
반복을 통한 각인으로 그 효과를 배가한다. 송덕이라는 목적이 시 전체
에 끊임없이 작동하는 것이다.
　문예 강령의 기계적 반영은 시에 구호 같은 구절을 반복하며 격앙된
어조를 보여준다. 마오쩌둥 한 사람에 모든 칭송과 찬양을 집중함으로써

하나로 매진하는 혁명의 원동력을 거듭 강조하는 것이다. 이러한 칭송의 방식은 곧 마오의 사상을 영구화하는 동시에 이름의 영원화를 꾀하는 행위라고 할 수 있다. 이름의 영원화는 그 동안 영혼 구제의 세속적 대안이라는 전통을 갖고 추구되어 왔다. 그런데 문화대혁명 기간에 조선족 시가 보여주는 마오쩌둥이라는 이름의 영원화는 "세속적 칭송을 통해 후세의 보편화된 칭송을 얻으려 하는"[22] 양상을 드러낸다. 송가의 양식을 띠는 조선족의 많은 시들이 중국 인민의 가슴 속에 뜨겁게 살아 있는 이름이자 길이 남길 이름으로 마오를 각인하는 것이다. 이렇듯 송가는 마오쩌둥이라는 이름의 영원화를 꾀하는 동시에 문예 강령의 신속한 반영과 모방을 가시적으로 보여주는 조선족의 가면 역할을 한다.

마오쩌둥에 대한 칭송이 압도적인 비중을 차지한다면 '3돌출원칙론'을 그대로 반영하고 있는 시편도 상당히 많이 보인다. 이러한 유형의 송가는 문화대혁명 당시 강조한 下放(지식인들을 농촌이나 공장에 보내 노동으로 사상개조 학습을 시키는 것) 정책의 선전과 실현을 꾀하고 있다. 혁명을 모범적으로 수행하는 무산대중 속의 이름 없는 인민을 영웅으로 찬양하는 내용이 주를 이루는 것이다. 여기서도 마오 사상의 실현에 초점을 맞추면서 그에 합당한 인물을 설정하여 노래하는 것을 볼 수 있다.

> 농업의 근본출로는 기계화에 있다 하신
> 모주석의 교시를 가슴속깊이 아로새기고
> 뜨락또르 운전수로 자진하여나선
> 빈하중농의 미더운 딸이여!
>
> 하늘 절반 떠인 녀성의
> 자랑높은 긍지에 가득차
> 떳떳이 핸들을 잡더니

---

22) 위의 책, p.46.

인젠 제법 어엿한 운전수로 자랐구나!

　　－김창욱,「뜨락또르와 함께 힘차게 달리리!」일부(『격전의 노래』)

아, 나는 자랑찬 제약공
공농병을 위한 웅대한 리상 실현하며
윙윙거리는 제약기계앞에서
오늘도 알약 만들어간다오.

　　　　－김순금,「제약공의 노래」일부(『우렁찬 전고소리』)

석공젊은이앞에서
깎아지른 벼랑산도 머리 숙이노라,
쇠쐐기 받아문채 청석바위 뻐개진다.
온 산이 두손 들어 돌을 바치노라
무쇠매의 고함소리에 몸부림친다.

　　　　－김욱,「석공젊은이」일부(『우렁찬 전고소리』)

　　위의 시들은 마오의 사상과 당의 정책을 철저히 실천하는 인물을 설정, ‘3돌출원칙론’에 입각한 시를 보여준다. ‘3돌출론’은 주제를 정한 다음 긍정적 인물을 통해 영웅을 부각하고 그 중에도 주요 인물을 영웅화하여 집중적으로 살리는 창작 방법론인데, 이 방법에 입각한 것이 송가의 상당 부분을 차지하는 것이다. 인용 시에서도 ‘뜨락또르 운전수’나 ‘제약공’ 혹은 ‘석공’으로 주인공을 설정함으로써 무산대중 속의 이름 없는 인물을 부각하는 것을 확인할 수 있다. 그뿐만 아니라 농촌과 공장 같은 노동 현장에서 열심히 일하는 청년들을 찾아 이를 긍정적으로 형상화하는 시도 많이 보인다. 대중 속의 평범한 인물들을 설정한 뒤 긍정적 인물로 부각함으로써 이들을 혁명 수행의 선봉자로 삼는 것이다. 이렇듯 긍정적이고 영웅적인 인물을 집중적으로 제시하는 것은 혁명의 성공적 수행과 선동 효과를 발휘하게 된다. 송가는 이렇듯 주제를 미리 정해놓고 인물과 사건을 끼워 맞춰 영웅으로 형상화하는 창작 과정을 통해 많은 인물을 창조하고 그들을 기꺼이 노래한다. 그러나 '3돌출원칙론'의 적극 반영은 비슷한 유형의 인물을 양산하는 한편 그 인물들의 이야기가 시의 골격으로 전경화되는 도식화 양상을 드러내게 된다.

무산계급의 영웅화 즉 '3돌출원칙론'에 맞춰서 쓴 시들은 내용이나 형식 모두 비슷비슷한 경향을 보인다. 문예 강령의 철저한 반영을 하나의 생존 방식으로 택한 이상 조선족 시인들에게 다른 시를 추구할 입장이 아니었던 것이다. 그러므로 송가풍의 시들은 마오쩌둥과 당을 칭송하고 그 정책이나 혁명 사상의 구현을 가장 중요한 소임으로 수행하고자 한다. 문예 강령의 지속적인 반영이 조선족에게는 일종의 보호막 역할을 할 수 있기 때문이다. 따라서 거의 모든 시에 걸쳐 반복되는 칭송과 찬양의 도식화는 목적이 시를 규율하는 데 따른 당연한 귀결이라 하겠다. 이렇듯 조선족 시인들의 강령 받아쓰기는 혁명 기간 내내 재생산되고 그것의 도식화 역시 지속적으로 반복되었다. 당시로서는 문예 강령이나 정책을 위반하는 시는 시도조차 불가능한 상황이었기 때문이다.

송가는 문화대혁명기에 조선족 시인들이 택한 문예 강령의 반영이자 강요된 모방의 결과물이다. 1972년 이후 매년(때로는 매달) 엮어낸 송가 모음집이라는 자체가 이러한 주변인이자 소수민족인 조선족의 입장을 대변한다. 그러므로 송가는 중국의 제국적인 강요 아래 씌어진 것이면서 조선족이 자발적으로 쓴 시라는 중층적 측면을 갖는다. 하지만 송가는 문예 강령에 호응하는 방식을 통해 자신들의 입지를 공고히 하려는 의지의 반영이자 생존을 위한 위장이라는 측면이 강하다. 이는 중국의 강요에 부합하는 시를 가시적으로 그리고 지속적으로 내세우는 데서도 엿볼 수 있다.

문예 강령이 창작 방법론의 단순한 제시에 그쳤다면 시인들이 그것을 그렇게 적극적으로 따라 부르지는 않았을 것이기 때문이다.[23] 문화대혁명 이전의 발표작까지 문제 삼아 중국 내의 많은 문인을 처형한 사실만 봐도 당시의 생존 자체가 얼마나 절실한 문제였는지 알 수 있다. 그런 상황에서 조선족 시인들은 당시의 지배 주체가 주입한 내용을 더 적극적으로 전면에 내세울 수밖에 없었을 것으로 보인다. 중국의 인민이면서 소수민족인 조선족의 송가는 중국의 주류가 될 수 없는 주변인이 처한 삶의 한 방식을 반영한다. 그런 측면에서 송가는 언어의 이면에 절실한 생존 욕망을 내포한 채 송덕을 앞세우는 위장의 노래라고 할 수 있을 것이다. 따라서 이러한 과장된 억양과 포즈의 송가풍 시들은 강요된 모방에 가려진 소수민족의 내면을 역설적으로 보여주는 것이라 하겠다.

4. 강요된 동질화와 모방의 양가성

문예 강령은 중국이 이상으로 여기는 사회주의 제국을 문학으로 실현하라는 강압적인 요구이다. 당시 지배 주체가 소수민족에게 민족 문화나 언어를 버리고 한족으로 귀화할 것을 강요하는 것도 이와 같은 맥락이다. 강요된 동질화는 그에 가까운 닮음을 요구하는데, 이는 호미 바바가 말한 식민지적 모방을 환기한다. 바바에 의하면, 식민지적 모방은 '거의 동일하지만 아주 똑같지는 않은 차이의 주체로서' 개명된(reformed) 인식 가능한 타자를 지향하는 열망이다.[24] 이때 거의 동일하지만 '아주 똑같지는 않

---

23) 문화대혁명 당시 이름이 크게 알려진 원로작가와 저명작가, 예술인만도 200여 명이 죽었고, 기타 이름 있는 작가와 지식인 수천 명이 목숨을 잃었다. 김시준, 앞의 책, p.271.
24) 호미 바바, 나병철 옮김, 『문화의 위치-탈신민주의 문화이론』, 소명출판, 2002,

음'이라는 모방(mimicry)의 양가성[25]을 중국과 조선족 관계에도 적용할 수 있을 것이다. 이 양가성은 "지배자가 피지배자를 파악하여 지배하기 쉽도록 만들기 위해 '나를 닮아라'는 요구를 하는 동시에 식민 지배의 체제를 유지하기 위해서는 '나와 같아서는 안 된다'는 모순적 요구를 하는 것"[26]이다. 이런 것을 허용과 금지가 뒤섞인 지배자의 양가적 요구라고 할 때, 중국의 지배 주체 역시 이와 유사한 양상을 보여준다. 문화대혁명 당시 중국은 '대한족화'를 내세워 모든 소수민족을 완전히 한족으로 통합함으로써 거대한 사회주의 제국을 건설하고자 한다. 그러나 실질적으로는 소수민족에 대한 차별이 상존하고 있었다. 이는 어떤 한족이 소수민족의 상층 계급에 투항했다는 이유로 숙청한 일과 중국 공산당이자 소수민족 몽고의 지도자가 민족의 언어와 문화유산학습을 장려했다는 이유로 숙청당한 사실 등에서도 확인할 수 있다.[27] 또한 소수민족의 주요 책임자가 민족 자치지방의 간부였던 과거에 비해 한족이 그 자리를 대부분 차지했다는 사실도 문화대혁명기 소수민족정책의 양가적 측면을 드러낸다. 한족화를 앞세우지만 소수민족이 한족의 지위나 권력에 오르는 것은 제지하

---

p.178.

25) 양가성ambivalence은 본래 정신분석학 용어로 "하나의 대상에 대한 관계에서 서로 상반되는 성향이나 태도 혹은 감정-전형적으로 사랑과 증오-이 공존하는 것"을 의미한다. 이 용어는 프로이드가 블로일러에게서 빌려온 용어로 세 가지 차원을 지닌다. 의지의 양가성-가령 주체가 먹고 싶으면서 먹고 싶지 않은 것, 지적 양가성-주체가 어떤 제안을 하면서 동시에 그 반대를 말하는 것, 감정적 양가성-주체가 동일한 사람을 사랑하면서 증오하는 것이다. 한편 어떤 체계에 기분 좋은 일이 다른 체계에는 기분 나쁜 것이 될 수 있다는 점에서 모든 <타협 형성>을 양가성으로 볼 수 있다. 장 라플랑슈·장 베르트랑 퐁탈리스 공저, 임진수 옮김, 『정신분석사전』, 열린책들, 2005, pp.239-240 참조.

26) 박상기, 「탈식민주의 양가성과 혼종성」, 『비평과 여론』 제6권, 한국비평이론학회, 2001.6, p.90.

27) 내몽고자치주의 지도자이며 청년시절부터 중국 공산당으로 활약했던 몽고족의 지도자인 Ulanhu가 몽골 언어와 문화유산에 대한 학습을 장려했다는 이유로 기소당해 민족분열주의자로 숙청당한 일이 있음. 김대광, 앞의 논문, p.55.

는 것 자체가 곧 지배자의 양면성을 보여주는 것이다.

그런데 이러한 탄압에 대한 피해자의 반응 역시 양가적인 측면을 지니게 된다. 제국의 문예 강령이나 소수민족정책에 부응할 수밖에 없었던 약자로서는 가면을 써야 했기 때문이다. 그런 점에서 송가는 조선족이 중화인민공화국의 한 인민이라는 것을 표면에 드러내어 보여주는 방식으로 적합했던 것이다. 이러한 창작 행위는 중국 지배 주체의 강령이나 정책에 대한 동질화를 지속적으로 강조한다. 이때 동질화의 표방은 중국이 추구하는 가치와 이상을 자기 것으로 포장하는 한편 내면적으로는 조선족의 정체성을 버리지 않는 측면에서 양가적인 양상을 띠고 있다. 여기서 조선족이 취하는 행위는 "<마치……과 똑같은> 것을 표현하는"[28] 동일화라고 할 수 있을 것이다. 이를 통해 '대한족화'에 직접적으로 저항하지는 않지만 조선족이라는 소수민족의 정체성 또한 완전히 저버리지는 않기 때문이다.

> 배나무집 옥순이는
> 례장감을 되돌리고
> 시집가던 그날아침
> 일밭으로 나왔고요
> 청기와집 령감로친
> 환갑날이 돌아오자
> 아들며늘 불러놓고
> 회억대비 하였다오.
> 웃마을의 만식이와
> 아래마을 영실이는
> 혁명사업 앞에놓고
> 결혼식을 미뤘고요

---

28) 장 라플랑슈·장 베르트랑 퐁탈리스 공저, 앞의 책, pp.119-120 참조.

－강길자, 「꽃피는 새기상」 일부(『우렁찬 전고소리』)

송림강반 무대삼아
왕쓰룽이 반조하고
김할머니 노래하니
본보기극 꽃이피고
형제민족 굳게뭉쳐
영웅따라 나아가네.
　　(중략)
맞들이멘 두민족
대비판 불길높이
대진군 전고높이
계속혁명 한길에서
대채따라 달린다네.

－손례규, 「민족단결 꽃피였네」 일부(『공사의 아침』)

　　인용한 두 편의 시는 4음절에 4음보의 율격을 활용하되 기계적이라고 할 정도의 규칙성을 보인다. 다른 시보다 특히 더 정제된 양식과 율격에서 느껴지는 리듬감이 민요의 가락과 매우 유사하다. 띄어쓰기도 무시한 율격의 규칙성이 2음보의 반복을 통해 리듬을 형성하는 것이다. 이는 송가의 양식적 특성인 율격 중에서도 한국의 전통적인 시가 율격으로의 회귀 현상을 보여준다. 이렇듯 민족적이고 민중적인 요소가 두드러진 민요의 특성을 차용하는 시편이 드물긴 하지만, 여기서 한민족 특유의 정서가 자연스럽게 배어나오는 것을 볼 수 있다. 민요처럼 따라 부를 수 있는 친근한 율격뿐만 아니라, 한국의 여느 농촌이나 다름없는 풍경과 정서가 그대로 드러나기 때문이다. 그것이 시의 전면에 내세우는 마오와 혁명의 칭송에 가려질 뿐, 이면에 스며 있는 한민족의 전통적인 마을 분위기는 공동체의식을 반영한다. 이러한 특성은 송가의 행간에 면면히 흐르는 조선족의 민족적 동질성이나 정체성을 환기한다. 그런 점에서 이 시들은 한민족의 전통적인 율격의 활용과 함께 민족 정서를 바탕으로 중국 제국의 주석과 혁명을 노래하는 양가적인 측면을 보여준다고 하겠다. 또한 두 민족을 내세우며 단결을 통한 혁명의 완수를 다짐하는 것도 소수민족의 입지를 의식한 강조임을 유념해 보면, 송가의 양가성이 더 드러난다.

송가의 양가성 중에서도 전통 율격의 차용은 보다 의도적인 것으로 생각할 수 있다. 물론 정형의 율격이나 시행의 규칙성이 혁명의 찬양이나 선동에 필요하고, 그것이 대중성의 강화에 더할 나위 없이 효과적이긴 하다. 하지만 전통이 지닌 생래적 친밀감이나 그에 따른 감응을 고려할 때, 전통 시가 양식의 활용은 조선족의 언어적 뿌리를 돌아보게 한다. 이러한 3·4음보에 3~5행의 시행이 주조를 이루는 양식적 특성은 조선족의 민족 언어이기 때문이다. 비록 송가가 중국의 혁명 주체를 위한 노래이지만, 전통 율격과 민족 정서는 조선족의 언어적 고유성을 드러내는 것이다.

> 장백의 창창한 림해우에
> 붉은 해 두둥실 솟아오르는 아침
> 강철의 대하 굽이치는 용해장에서
> 내 옷깃 여미고 북경성 우러릅니다.
>
> — 한래운, 「모주석께 드리는 송가」 일부(『폭풍뢰』)

> 장사들도 힘겨루다 탄복하고만다는
> 저 젊은이가 이곳 태생인가구요?
> 아니라오, 그는 상해공인가정에서 태여난 홍위병

문화대혁명폭풍 겪고 장백으로 왔다오.

― 박상극, 「우리네 대장이라오」 일부(『조국에 드리는 노래』)

팔월이라 장백은 시절도 좋아
동풍타고 오곡향기 만리에 풍기네
산을 허리잘라 푸른파도 가뒀더니
금비늘 번들번들 고기떼 뛰어노네.

― 왕금지, 「장백의 팔월, 시절도 좋아」 일부(『공사의 아침』)

위의 시에서 장백산은 한민족의 성산으로 여기는 '백두산'이 아니라 중국에서 부르는 명칭 그대로 '장백산'일 뿐이다. 그러나 시 속의 장백산을 조선족의 상징성을 나타내는 하나의 지명으로 생각해볼 수 있다. 조선족의 정체성이 지정학적 배경과 문화적 특수성에 의해 강화된 것이라고 할 때, 장백산은 그 의미가 남다른 산이기 때문이다. 조선족은 같은 소수민족 중에서도 특히 변경민족으로서의 문화적인 특성을 많이 갖고 있다. 만주족 같은 중국 내의 다른 민족과 비교할 때, 언어구조와 의식주생활, 생계 경제의 유형, 가치 지향 등에 있어 이질적인 조선족의 고유성이 돋보이는 것이다.29) 당시의 송가들에서도 장백산이 종종 나오는데 이 시와 마찬가지로 민족성을 특별히 앞세우지는 않지만, 행간에서 조선족 특유의 정서적 연대를 엿볼 수 있다. 또한 조선족이 거주하는 곳의 가장 높은 지명을 부각함으로써 자신의 지역성과 더불어 민족적 자부심을 은연중에 드러내는 것이라고 할 수 있다. 그뿐만 아니라 장백산이 조선의 민족정기나 정체성을 상징하는 산이라는 점에서 보면, 이 지명의 빈번한 사용은 조선족 자신의 민족적 위치를 암시하는 측면도 지닌다.

---

29) 한상복·권태환, 『중국 연변의 조선족』, 서울대학교 출판부, 1993, p.96.

이렇듯 송가의 율격이나 정서, 지명 등은 조선족 나름의 정체성이나 독자성을 담보한다. 동일화의 전경화로 인해 그것이 표면에 확연히 드러나지는 않지만, 미약한 대로 조선족의 지역성이나 민족 정서를 나타내기 때문이다. 그런 것들은 한족화의 강압 속에서도 조선족이 자신의 언어문자를 지켜온 정체성의 의미를 환기한다. 조선족의 언어가 한어라는 지배 언어에 동화되어 소멸한 몇몇 소수 언어와 달리 그 독자성을 유지한 소수 언어이기 때문이다. 조선족은 지배 언어와의 '공존'30)이라는 방식으로 자신의 언어를 고수함으로써 민족적 고유성이나 정체성을 지켜온 것이다. 이는 중국의 강령이나 정책에 적극 부응하되 한족으로의 귀화를 택하지 않는 데서도 확인된다. 마오쩌둥이나 혁명에 대한 송가를 적극적으로 부르지만, 조선족의 언어를 통해 전통적인 방식으로 그것을 보여주는 것이다. 따라서 강령을 모방하고 동질화를 가시적으로 내세우지만, 그 내면에는 조선족의 정체성을 지키려는 의지가 작동했다고 볼 수 있다.

전 지구적 자본주의나 다국적기업이 세계를 지배하는 작금의 상황에서 탈식민주의가 의미를 가지려면 "(신)식민적 현실 속에서 정신의 탈식민화를 실천하기 위한 저항의지의 표현"31)이 되어야 한다. 이러한 저항의지의 표현이라는 측면에서 보면 문화대혁명기의 조선족 시문학에 나타

---

30) 저자에 따르면 지배 언어에 대하여 소수 언어가 취할 수 있는 전략이 이론적으로는 '동화'인가 '저항'인가 '공존'인가의 셋밖에 없다. 공존을 소극적 공존과 적극적 공존으로 나누면, 다음과 같은 네 가지 경우가 있을 수 있다. ①자신의 언어를 버리고 지배 언어에 동화한다(종속적 동화). ②지배 언어를 거부하고 민족어에 의해서 저항한다(저항에 의한 독립). ③공사(公私)의 장면에 따라 지배 언어와 모어를 나누어 사용한다(소극적 공존). ④소수 언어를 정비하여 지배 언어와 나란히 공용어로 한다(적극적 공존). 미우라 노부타카, 미우라 노부타카·가스야 게이스케 엮음, 이연숙·고영진·조태린 옮김, 「식민지 시대와 포스트식민지 시대의 언어 지배-언어 제국주의의 발견 원리」, 『언어 제국주의란 무엇인가』, 돌베개, 2005, p.22 참조.
31) 이경원, 「탈식민주의의 계보와 정체성」, 『비평과 여론』 제6권, 한국비평이론학회, 2001.6, p.10.

나는 탈식민성은 두드러지지 않는다. 그렇지만 문화대혁명기의 강압 속에서 씌어진 소수민족의 문학이라는 사실을 감안하고 볼 때, 그것은 다른 의미를 담보한다. 조선족 문학이 동질화의 강요 속에서도 한족으로 완전 동화하지 않고 자신들의 민족적·언어적·문화적 고유 영역을 지켜낸 결과물이기 때문이다. 이는 "우리의 문학과 예술 그리고 출판 언론, 언어연구 등 분야들은 동화와 비동화(比同化)의 모대김 속에서 민족의 얼을 지키고 민족의 정체성, 독자성을 수호해왔다"[32]는 자긍처럼, 조선족이 자신들의 문화적 자존을 분명히 인식한 데 기인한다. 이러한 조선족의 주체적 인식이 중국이라는 거대 제국의 강요에도 불구하고 완전 흡수되지 않은 소수문화로서의 문화적 공존을 가능케 했던 것으로 보인다. 이렇듯 조선족이 중국에 함몰되지 않고 자신의 고유한 언어 문자를 지키는 것은 다문화 속에서의 소수문화 보존이라는 의미를 환기한다.

5. 맺음말

문화대혁명은 중국 내의 모든 문화예술인에게 치명적인 상흔을 남긴 정치적 격변이다. 이 시기는 절대 권력을 앞세운 만큼 조선족도 중국의 정책이나 창작 강령 등에 신속하게 부응하는 시를 통해 생존을 모색하고 있다. 문예 강령과 '대한족화'라는 이중의 탄압 속에서 외적으로는 한족과 하나임을 보여주는 한편 내적으로는 자신들의 정체성을 잃지 않는 길을 도모했던 것이다.

이때 조선족이 취한 송가는 마오쩌둥이나 혁명의 정당성과 당위성을

---

32) 김관웅, 「중국 조선족문학의 력사적 사명과 당면한 문제 및 그 해결책」, 『비평문학』 제13집, 한국비평문학회, 1999, p.556.

찬양하고 고무하는 기능을 담당했다. 강요된 모방과 동일화로서의 송가는 조선족의 생존을 위한 일종의 위장이자 민족적인 특성을 보존하는 방식으로 작용했다. 따라서 송가는 제국의 국민이라는 표층적인 위상 속에 소수민족으로서의 주변성과 정체성을 교묘하게 내포한 시가라고 하겠다. 이러한 점에서 조선족 시문학에 내포되어 있는 양가성은 거대 중국 안에서의 공존이라는 소수민족의 생존 방식이기도 하다. 송가가 조선족의 생존을 위한 전략이라면 이를 통해 지킨 것은 무엇보다 언어의 고유성이라고 할 수 있을 것이다. 비록 중국의 강압에 따라 칭송을 바치지만, 한족화에 동화되지 않은 채 조선족의 고유 언어 문자를 고수한 때문이다.

이제 사회가 더 복잡하고 다양해지면서 한 국가 내에서도 혼성의 문제가 심각해질 것으로 보인다. 기존의 영역을 뛰어넘어 새롭게 연결되는 혼성화 현상과 그것에 관계된 양가적 반응도 필연적으로 발생할 것이다. 그런 측면에서 볼 때, 중국 내 소수민족의 문화적 공존은 현대 사회가 안고 있는 혼성성 즉 다민족이나 다인종 시대의 사회의 미래상을 생각하게 한다. 중국이 조선족 문화를 자국의 소수문화로 편입해감으로써 한민족 문화라는 독자성을 탈취당하는 실정이기 때문이다. 이는 갈수록 다양한 민족과 문화가 혼성화하면서 소수 언어나 문화들이 급속히 소멸하는 상황에서의 탈식민화에 대한 근본적인 문제를 환기한다. 유엔 등에서 추진하는 소수문화나 언어의 보존을 위한 노력도 당사자들의 보존 의지가 없으면 거대한 흡입력을 가진 다수문화에 의해 소멸될 것이기 때문이다. 조선족 문화나 언어문자 역시 자본의 논리만 앞세우는 현 상황에서 더 많은 보존 의지나 대책이 없으면 중국 문화에 흡수될 가능성이 높다. 그런 점에서 조선족 문화의 독자성은 한민족 문화의 하위문화 보존이라는 차원에서의 노력을 요하는 문제이기도 하다.

참고 문헌

고부응, 『초민족 시대의 민족 정체성 – 식민주의 · 탈식민이론 · 민족』, 문학과지성
　　사, 2002.

김관웅, 「중국 조선족문학의 력사적 사명과 당면한 문제 및 그 해결책」, 『비평문학』
　　제13집, 한국비평문학회, 1999.

김근총 외, 『우렁찬 전고소리』, 연변인민출판사, 1976.2.

김대광, 「중국 소수민족정책의 변화과정에 관한 연구」, 동아대 박사논문, 1993.

김병호, 『중국의 민족문제와 조선족』, 학고재, 1994.

김상철 · 장재혁, 『연변과 조선족 – 역사와 현황』, 백산서당, 2003.

김승찬 외, 『중국 조선족 문학의 전통과 변혁』, 부산대학교출판부, 1997.

김시준, 『중국 당대문학사』, 소명출판, 2005.

김진공, 「문화대혁명 기간의 문예 연구」, 서울대 박사논문, 2001.

김철식 외, 『공사의 아침』 연변인민출판사, 1976.3.

김흥준 외, 『장백산에 울리는 노래』, 연변인민출판사, 1972.6.

박상기, 「탈식민주의의 양가성과 혼종성」, 『비평과 여론』 제6권, 한국비평이론학회,
　　2001.

박지향, 『제국주의 – 신화와 현실』, 서울대학교출판부, 2000.

박화 외, 『격전의 노래』, 연변인민출판사, 1975.1.

이경원, 「탈식민주의의 계보와 정체성」, 『비평과 여론』 제6권, 한국비평이론학회,
　　2001.

전광국 외, 『조국에 드리는 노래』, 연변인민출판사, 1975.5.

정덕준 · 노철, 「중국 조선족 시문학 연구」, 『현대문학이론연구』, 현대문학이론학회,
　　2003.

조동일, 『한국 민요의 전통과 시가율격』, 지식산업사, 1996.

조성일 · 권철 외, 『중국 조선족 문학 통사』, 이회문화사, 1997.

팔도공사업여문예창작조 외, 『태양의 빛발아래』, 연변인민출판사, 1973.4.

한상복 · 권태환, 『중국 연변의 조선족』, 서울대학교 출판부, 1993.

한태은 외, 『폭풍뢰』, 연변인민출판사, 1976.5.

레이 초우, 장수현 · 김우영 옮김, 『디아스포라의 지식인 — 현대문화연구에 있어서의 개입의 전술』, 이산, 2005.

모리스 마이스너, 김수영 역, 『마오의 중국과 그 이후 2』, 이산, 2004.

미우라 노부타카 · 가스야 게이스케 엮음, 이연숙 · 고영진 · 조태권 옮김, 『언어 제국주의란 무엇인가』, 돌베개, 2005.

알라이다 아스만, 변학수 · 백설자 · 채연숙 옮김, 『기억의 공간』, 경북대학교출판부, 2003.

에드워드 사이드, 박홍규 옮김, 『오리엔탈리즘』, 문예출판사, 2005.

장 라플랑슈 · 장 베르트랑 퐁탈리스 공저, 임진수 옮김, 『정신분석사전』, 열린책들, 2005. 다이안 맥도넬, 임상훈 옮김, 『담론이란 무엇인가』, 한울, 1992.

호미 바바, 나병철 옮김, 『문화의 위치 — 탈식민주의 문화이론』, 소명출판, 2002.

중국 조선족 시에 나타난 '고향'의 의미

김 은 영

목　차

---

1. 머리말

중국 조선족 시[1] 문학에 드러난 '고향'의 의미에 대한 연구는 이와 동

---

[1] 본고에서는 '중국 조선족 시'를 '1949년 이후 중국 조선족이 쓴 시 작품'으로 의미를 규정하고 이후의 논의를 진행하고자 한다. 이러한 전제는 조선족 시의 기원에 따른 한민족 문학으로의 공유와 만주 및 간도 유이민 문학과의 연계 상에서 방법론적 범주와 관점의 차이를 드러낼 수 있다. 하지만 '중국 조선족' 그리고 본격적 의미의 '중국 조선족 시'는 1949년 중화인민공화국 창건을 전제로 함이 타

질선 상에서 함께 언급되어야 할 많은 논의와 물음들을 내포한다. 그것은 가깝게는 본격적 의미에서의 조선족 시 문학의 발생시기와 시대구분에 대한 규정을 필요로 하며 역사적 상황의 변화에 따라 이주하며 공동체를 형성했던 조선족의 이주와 정착과정에 대한 사실도 언급되어야 한다. 또한 논의상의 혼란과 중첩을 피하기 위해서 '고향'과 '조국'의 의미상 차이도 규명되어야 한다. 이는 조선족 시문학에 나타난 '고향'의 의미가 단순히 대상에 대한 일차적 의미에 국한된 것이 아니라 이들의 정체성과 문학적 특성을 확연히 드러내는 하나의 집단적 메타포로 자리하는 까닭이다. 이에 본고는 이러한 연속된 물음들에 대한 나름의 의미 규정과 전제를 바탕으로 1949년부터 1992년까지 발표된 중국 조선족 시 중에서 '고향'이 소재가 된 작품들을 대상으로 문학 외적인 환경과 시대 변화 속에 구현된 조선족 '고향'의 모습과 그 의미를 살펴보고자 한다.2)

당하다. 1949년 중화인민공화국이 창건되면서 중국은 소수민족 정책의 일환으로 1952년 조선족에 대하여 연변조선족자치구를 허용하고 조선족을 중공인민으로 공식 승인하였다. 조선족은 이로써 중국 내 55개에 속하는 소수민족 중의 하나로 인정받으며 민족 자치구를 형성하고 오늘에 이르게 되었다. 따라서 '조선족 시'란 중국 내 소수민족으로서 자치구를 형성하고 거주하고 있는 이들에 의해 창작된 당대의 작품을 의미한다 할 것이다. 이에 대해서는 이규태, 「중국 조선족 사회의 형성과정」, 『在外韓人研究』 10호, 재외한인학회, 2001, p.205, 윤영천, 『韓國의 流民詩』, 실천문학사, 1987, pp.10-11, 김상철·장재혁, 「연변과 조선족」, 백산서당, 2003, pp.68-72, 김형규, 「중국 조선족 소설연구의 현황과 현재적 의의」, 『현대소설연구』 29호, 한국현대소설학회, 2006.3, pp.276-280. 등을 참고할 수 있다.

2) 본 연구는 1949년 이후부터 1992년까지 발표된 시인들의 작품들로 그 대상을 한정한다. 1949년 이후란 앞서 언급한 중국 조선족 시문학의 발생시기 처음부터를 의미하며 1992년은 한·중수교 이전까지의 시기를 가리킨다. 중국 조선족 시문학은 문혁(1966~1976)을 전후로 작품 양상을 현격히 달리한다. 문혁 이전의 단계를 조선족 시문학이 성립, 형성되는 시기로 문혁 이후 개혁 개방기를 시문학의 발전기로 볼 수 있다. 본고에서 1976년 문혁 이후 시작된 개혁개방기의 작품을 1992년까지로 한정함은 본 논문의 주제에 대한 논의의 범주를 분명히 하기위해 설정된 구분임을 밝힌다. 한·중수교 이후 즉 1993년 이후의 조선족 시문학은 이전의 문학양상과는 또 다른 층위를 드러낸다. 때문에 1992년 이후 고향을 대상으로 한 작품에 대한 논의는 다른 관점에서의 접근이 유용하다고 판단된다. 참고로 조선족 시문학의 경향과 시기구분에 대한 논의는 정덕준·노철, 「중국 조선족 시문학

기억과 망각을 역사와 공동체의 차원에서 논의했던 아스만은 기억은 단순히 저장되는 것이 아니라 현재의 상황이나 의도에 의해 시간이 지나면 변형되고 재구성되는 것이라고 보았다.3) 이러한 집단적 기억은 언어와 문화, 역사와 신화 등과 같은 '회상'으로서의 저장소를 가지며 기억의 전승과 재구를 통해 공동체적 정체성을 구성하고 유지하게 된다. 조선족 시 작품에 나타나는 '고향'의 의미도 이러한 관점의 적용을 가능케 한다.

중국 조선족 형성 및 정착 과정에서 창작되고 형성된 이들의 시 작품에는 떠나온 조국과 고향을 대상으로 한 작품들이 다수를 차지한다. 이것은 그들의 현재적 삶이 그 이전의 삶, 즉 유년기 혹은 과거의 삶에 의해 체험되고 기억되며 연속된 것임을 반영하는 증거이다.4) 때문에 선대로부터 내려오던 삶의 터전과 고향을 상실하고 유이민으로 떠돌다가 새로운 곳에서 투쟁의 역사를 일구고 자신들의 터전을 지켜내고 있는 이들에게 '고향'은 정서적·혈통적 조국의 상징이자5), 공동체적 동질감을 자각케 하는 집단적 무의식의 동경과 소망이다.6) 아울러 '고향'의 의미

연구」, 『현대문학이론연구』 20집, 현대문학이론학회, 2003, 윤영천, 「중국 조선족 시문학의 형성과 전개」, 『민족문학사연구』 17집, 민족문학사학회, 2000, 김준오, 「중국 사회주의 문화정책과 중국 조선족 시가전통의 변모양상」, 『한국문학논총』 16집, 한국문학회, 1995, 김순례, 「중국 조선족 시문학사 개관」, 김종회 편, 『한민족 문화권의 문학』, 국학자료원, 2003등에 상술되어 있다.

다음 본고의 인용 작품에 따라 거론되는 대상 시인들은 조선족 시문학 성립시기부터 1992년까지 지속적으로 작품 활동을 해 온 조선족 문단의 대표시인들이다. 이들 대부분은 중국작가협회 연변분회에 소속된 시인들로 리욱, 김창걸, 김례심, 김성휘, 김경석, 리상각, 조룡남, 임효원 등이 있다. 이들 시인들에 대한 선정은 조성일·권철 외, 『중국 조선족 문학통사』, 이회출판사, 1997, pp.411-412.과 박남훈, 「조선족 문단형성과정과 작가의 사회적 의미」, 『중국 조선족 문학의 전통과 변혁』, 부산대학교 출판부, 1997, pp.173-175.에 거론된 시인들을 바탕으로 하였다.

3) Aleida Assmann, 『기억의 공간』, 경북대학교 출판부, 2005, p.345.

4) 오양호, 「현대 중국 조선족 문학의 정체성」, 『한국문학』 31권, 한국문학회, 2005, p.246.

5) 권기호, 「중국 주재 조선족 시인들의 시 유형 연구」, 『어문학』, 한국어문학회, 1988, p.7.

는 중국 이라는 거대 중심사회에서 소수민족으로서 자신들의 삶을 영위하고 생존하기 위해 형성된, 사회적 실재 속에 자리하는 동화와 적응의 기재로서 작용한다.[7] 하지만 이들에게 '고향'은 '반드시 그 곳으로 돌아갈 것'이라는 디아스포라의 욕망[8]이기보다는 이미지와 장소를 통해 떠올려지는 기억의 비유를 통하여 집단적 정체성을 구성하고 유지하는 '문화적 공동체'[9]의 발현이자 '기억의 저장소'[10]라 할 수 있다. 이때의 '고향'에 대한 기억은 현재적 관점에서의 필요와 역량에 의해 새롭게 재구성되어 역사의 현재를 부각시키며, 삶의 안정과 회복, 정당화로서 새로운 의미를 생성한다. 역사와 문화 언어 등의 기억 저장소를 통해 '기억된 과거'로 재구되는 '고향'은 우리가 공동으로 기억하고 망각하는 과정을 통해서 집단적 정체성의 변화와 개조까지를 가능하게 한다. 중국 당대 문학사의 영향을 받으며 정치적·역사적 향방에 따라 의미의 차이와 변화를 드러내는 중국 조선족 시 작품에 나타난 '고향'의 의미는 바로 이와 같은 기억과 망각의 의미망 속에서 심도있는 고찰이 가능하다.

이에 본고는 '고향'을 失鄕과 異鄕 그리고 새로운 定着 과정에서 형성된 하나의 '문화적 구성물'[11]로 간주하고, 문화적 구성체로서 드러나

---

6) Walter Benjamin, 『발터 벤야민의 문예이론』, 민음사, 2003, p.383.

7) Benedict Anderson, 윤형숙 역, 『상상의 공동체』, 나남출판, 2002, p.265.

8) 이명재 외, 『억압과 망각 그리고 디아스포라』, 한국문화사, 2004, p.112.

9) 본고에서의 '문화적 공동체'란 정치적·경제적 지배 세력에 대한 종속을 탈피하고 중심 세력에 대한 생활양식과 사고방식의 차이에서 발생하는 '다름'(discrimination)을 전제로 지배 문화에 대한 변형 혹은 내재된 저항이라는 관계 속에서 구조화된 공동체를 의미한다. 이에 대해서는 3장과 4장에서 다시 상술하기로 한다.

10) 문화 혹은 개인이 정체성을 확립하거나 정당성을 확보하고 목표를 규정하기 위해서는 기억의 구상과정이 필요하다. 이러한 과정에서 기억의 매체는 새로운 기억과 이를 위해 망각되어야 하는 기억의 형태를 취하게 되는데 '기억의 저장소'란 이와 같은 저장매체와 망각 매체가 보존된 저장소를 의미한다.(Aleida Assmann,, 앞의 책, p.544.)

11) '문화'가 어떤 특정 사회 집단이 삶의 특정한 양식을 발전시키고 그들의 사회적,

는 조선족의 특성과 집단의식을 살펴볼 것이다. 이러한 연구는 고향을 상실하고 유이민으로 떠돌다가 중국 내 소수민족의 하나로 인정받으며 삶을 영위하고 있는 이들의 집단적 정체성과 공동체적 특질을 보다 분명하게 확인할 수 있을 것이다. 아울러 한민족 문학의 연장선상에서 중국 조선족 시문학을 바라보고 접근할 수 있는 또 다른 방법론적 가능성도 제시해 줄 수 있을 것으로 기대된다.

2. 동화와 적응의 매개체

중국 조선족 시에 나타나는 작품 속 '고향'에 대한 언급은 중국 조선족 시 문학의 생성 및 출발과 함께 한다. 이주민의 특성을 갖는 중국 조선족의 역사 및 이주·정착 시기에 대해서는 아직까지 다양한 범주에서 논의되고 있다.[12] 이러한 논의들은 이주의 시작 즉 조선족의 기원을 언제로 볼 것인가에 대한 始發의 추정에서 관점과 이견을 드러내는 것으

물질적인 삶과 경험에 특정한 표현의 형태를 제공하는 것이라면 '문화적 구성물'이란 시간의 경과에 관계없이 이러한 문화를 생산하고 실현시키는 원초적 요소로서 문화적 차이를 드러내는 대상과 실체를 가리킨다. (이현정, 「조선족의 종족 정체성 형성 과정에 관한 연구」, 『비교문화연구』 제7집, 서울대비교문화연구소, 2002, p.75.)

12) 먼저 중국 조선족의 역사에 대해서는 土着民族說, 元末·明初說, 明末·淸初說, 19세기 중엽설 등이 있으며(김태국, 「중국 조선족 역사 上限線 문제」, 『전주사학』 6집, 전주대학교 역사문화연구소, 1998, pp.194-195 참조.)조선족의 정착 시기에 대해서도 1800년대 후반 淸朝 末葉부터 시작하여 1930년대 일제의 이주 정책과 관련된 망명·유랑이민 시대 그리고 1932년 만주국 출범과 이후 일제 전시체제 하에서 옮겨간 시기까지 조금씩 차이를 드러낸다. 중국 지역에 조선인이 이주하기 시작한 시기를 1881년 청나라가 '봉금령(封禁令)'을 철폐하기 130여 년 전부터라고 보는 견해에는 김응렬, 「동북 3성 조선족의 가족 구조」, 김영모 편, 『중국 조선족 사회 연구』, 한국복지정책연구소 출판부, 1992,한상복·권태환, 『중국 연변의 조선족:사회구조와 변화』, 서울대출판부, 1993, 이광규, 『재중한인:인류학적 접근』, 일조각, 1997 등이 있다.

로, 조선인의 중국 동북지방으로의 대량이주 시기에 대해서는 대체적으로 19세기 중엽부터 일제의 침략 시기까지로 그 견해를 일치시키고 있다. 따라서 중국 조선족 형성 및 시 문학의 출발은 중국으로 유이민 된 대다수의 한민족 구성원들에 의해서 失鄕과 移住의 과정 속에서 定住의 형태를 띠며 형성된 것이라 할 수 있다.[13] 특히 만주사변 이후 1930년대 연변지역에서 조선 공산주의자 및 좌파민족주의자들이 주도한 항일무장투쟁이 중국 공산당의 관리 하에 놓이게 됨에 따라 일제의 토지 약탈로 인해 만주로 건너가게 된 농민들은 자신들이 개척한 땅을 고수하고 생존권의 확보를 위해 현지에 잔류하는 방법을 선택하게 되었다. 중국 조선족의 실질적 기반을 이루는 이들 잔류파의 절대 다수는 농민들로서, 토지는 이들에게 조국의 정치적 해방보다도 훨씬 더 중요하고 절실한 현안이었다. 당시 중국 거주 조선인들은 해방 후에도 토지 소유권을 인정하지 않는 국민당에 맞서 토지 소유를 인정한 중국 공산당과 함께 인민해방군의 전선에 뛰어들게 되었다.[14] 사회주의 혁명 과정과 중국 체제 건설에 적극적으로 동참했던 조선족은 이때 그 공로를 인정받아 중국 내 소수민족의 하나로 편입되는 역사적 과정을 밟게 되었다. 1949년 중화인민공화국이 세워지고 1952년 9월 마침내 '연변조선족 자치주'가 승인되면서 조선족은 중국이라는 새로운 체제에 자리하게 되었다. 1949년 중화인민공화국 성립 후 소수민족 우대정책에 따른 연변 조선족 자치주의 승인은 이들이 중국 내 소수민족으로서 그 지위와 정체성이 인정되었음을 확인해 주는

---

13) 일제 강점기 만주 유이민의 '정주형 이민화' 현상은 해방 이후에도 동요되지 않을 만큼 굳건한 것이었다. 1930년대에 일제의 억압을 피해서 그리고 토지를 수탈당한 채 생존을 위해 만주지역으로 대규모 유입된 유이민들은 중국에서의 정치적·경제적 활동을 토대로 해방 후에도 귀환하지 않고 잔류하거나 정착하여 중국 조선족으로 자리 잡게 되었다. (이에 대해서는 윤영천, 앞의 논문, pp.214-217과 이규태, 앞의 논문, pp.187-195를 참조하였다.)

14) 이규태, 앞의 논문, p.200.

것이다. 이는 조선족에게 1945년 일제의 식민통치에서 해방된 것과 더불어 중국 내 소수민족으로 새로운 삶을 가능케 하는 이차적인 의미의 해방이었다.[15] 일제시대까지 간도와 만주 등지로 이주와 유민의 역사를 거듭하며 정착해 온 조선족은 이때부터 중국이라는 새로운 국가체제의 일원으로 편입되어 중국의 정치적 영향과 사회주의 문예 강령의 기조에 따라 창작 방향과 활동이 규정되었다.

1949년부터 1966년 문화대혁명(이하 문혁)이 일어나기 전까지의 17년 시기를 '보은문학'이라 하며[16] 1976년 문화혁명 시기까지를 합쳐 계몽기와 암흑기로 나누어 언급하기도 한다.[17] 1949년 중국 정부 수립 이후부터 1966년 문혁 이전의 조선족 시문학 양상은 사회주의적 이데올로기를 기본항으로 당의 소수민족 정책에 의한 조직적 문학 활동으로 전개되었다.[18] 이 시기에는 중국작가협회 연변분회가 창립되었을 뿐만 아니라 『연변문예』(1951)나 『연변일보』(1955), 『아리랑』(1957) 등과 같은 발표 기관지가 생겨나고 『연변문학』(1959) 등의 정기간행물이 발간되기 시작하였다.[19] 작품의 주된 경향은 중국 공산당의 정책과 강령에 따라 사회주의 개혁 및 건설을 찬양하고 혁명 의식을 고취시키는데 집중되었다. 1956년 모택동의 문예지침인 '백화만발, 백화쟁명'[20]은 당의 소수민족

---

15) 오정혜, 「광복 후 조선족 시의 성격」, 『국어국문학』 21집, 동아대학교 국어국문학과, 2002, p.253.
16) 전국권, 「중국 조선족 문학의 성격 문제」, 『조선언어문학론문집』, 동북조선민족교육출판사, 1996, p.381.(윤영천, 「중국 조선족 시문학의 형성과 전개」, 『서정적 진실과 시의 힘』, 창작과 비평사, 2002, p.342에서 재인용)
17) 정덕준·노철, 앞의 논문, p.345.
18) 김준오는 1949년 이후의 시가 이전 시기의 농촌시와는 연속성을 보이지만 '노동계급의 창조적 삶을 구가하는 긍정적이고 미래지향적인 태도가 보다 극명히 드러나고 있다'고 언급하며 이 시기의 시 인민해방에 대한 찬양과 사회주의 건설에의 적극적 참여를 드러내고 있다고 하였다.(김준오, 앞의 논문, p.89)
19) 조성일·권철 외, 앞의 책, p.252-255.
20) '백화제방, 백화쟁명'이란 "모든 사람들이 서슴없이 자신의 의견을 말하고 과감

정책과 함께 창작 방향의 핵심을 이루며 문예활동의 지침이 되었으나 소수민족의 하나인 조선족에게까지 제대로 실현되지 못하였다. 뒤 이은 1957년 '반우파투쟁'[21]은 문학을 다시 정치와 계급투쟁의 도구로 환원시키며 문학을 선동의 도구로 구호화했다.

조선족 시 작품에서 중국을 조국으로 호칭하며 이전 시와는 다른 국가관과 현실 인식 태도를 보이기 시작한 것도 이 때부터 본격화되었다. 이주와 유민의 역사를 거듭하며 정착해온 조선족에게 고향에 대한 동경과 향수, 민족적 의식과 혈연에 대한 그리움은 이들의 생래적 정서이자 서정의 출발점이라 할 수 있다. 그럼에도 이 시기 시 작품에서는 개인적 서정과 감상이 배제된 채 당 수령에 대한 찬양과 감사, 새로운 공화국 건설의 기치 하에 변모된 고향의 모습과 정경만이 그려진다. "장백산 밀림에 아침해가 솟아오르면/ 언덕넘어 들판으로 송아지떼 떠나간다/ 아, 아름다운 나의 조국 강산이여/ 아름다운 내 고향 연변이여// 장백산 굽이 돌아 해란강은 맑게 흐르고/ 간곳마다 인민들은 모택동을 노래한다"(최정연, <아름다운 나의 고향>)[22], "아! 평화로운 내고향의 봄/ 그것은 로동의 봄, 희망의 봄/ 보라!/ 바람막이 울타리 안 랭상모판에서/ 새하얀

히 비판하며 논쟁할 것"을 허용하며 내용과 형식의 다양성을 추구했던 문예정책이다. 모택동에 의해 교시된 이 정책은 사회주의 건설의 전환기를 맞아 기존의 교조주의적 속박을 탈피하고 창작의 자유와 비평의 자유를 보장하고자 했던 문예정책으로 예술의 민주화와 민족적 특성의 앙양을 강조하였다. 사상의 해방을 유도했던 이 문예정책은 하지만 곧 격렬한 좌우경적 도전을 받아 제대로 실천되지 못했다.(김준오, 「중국 사회주의 문화정책과 조선족 시가전통의 변모 양상」, 『중국조선족 문학의 전통과 변혁』, 부산대학교출판부, pp.108-109)

21) 1957년부터 시작된 반우파투쟁은 '백화제방, 백화쟁명'의 쌍백 방침에 의해 자유스럽게 표현된 모든 작품을 '수정주의 이론'으로 비판하고 문학작품 속에서 사회주의 이데올로기의 강화와 전투성을 강조하며 사회주의 제도를 공고히 한다는 입장으로 문예작품을 정치에 예속된 교조주의적 방향으로 선회시켰다.(김준오, 위의 책, p.111)

22) 최정연 외, 『조선족문학선문집』, 연변대학 중문학부 조선어강좌, 1950, pp.132-133.

양사천 고이 벗기며/ 봄의 생명수 뿌려주는 살수기 든 처녀들의 맑은 웃음소리"(황옥금, <고향의 봄>)[23] 인용된 작품에서처럼 조국과 고향의 풍요로움과 아름다움은 모두 당과 주석, 모택동으로부터 받은 것으로 은혜와 감사의 연속이며 작품 속 '고향'은 지금 내가 있는 '이 곳'으로 인민의 행복한 미래가 보장된 번영과 축복의 공간이다. 1949년 이후 조선족 시 문학 작품에 드러난 조국은 떠나온 땅, 모국(조선)과 다른 중화인민공화국으로 대체되며 고향 역시 本鄕(한반도)이 아닌 중국 연변을 가리킨다. 해방기 만주 유이민으로 떠돌다가 중국 내 소수민족의 하나로 새로운 체제에 편입된 이들에게 조국과 고향은 적어도 작품 표면적으로는 연변과 중국을 의미하며, 사회적 신분과 지위 역시 중화인민공화국의 일원으로 자리한다. 이 시기 작품에는 해방기 개척민 1세대에게서 보여졌던 돌아가고 싶은 혹은 이미 돌아갈 수 없는 고향에 대한 회귀의식은 사라지고 당의 영도와 지도에 따라 행복한 새 조국의 땅, 연변의 고향 모습이 부각될 뿐이다.[24] 이러한 시작 태도는 중심 국가인 중국의 사회

---

23) 황옥금 외, 『시선집』, 연변인민출판사, 1979, pp.35-39.

24) 이처럼 중국 내 소수민족으로 살면서 자신들의 삶을 지켜나가야 했던 조선족만의 특수한 환경에서 파생하는 고향과 조국의 이원론적 관계를 오양호·임향란은 개척민 1세대의 동심원적 역사의식과 2세대의 이심원적 민족의식으로 나누어 논한 바 있으며 권기호는 이들의 작품에 나타난 조국에 대한 이미지를 5개로 분류하고 정서적·혈통적 이미지의 조국을 고향이미지와 동일하게 간주하였다. 1899년부터 1945년까지 만주 유이민 시기를 배경으로 한 소설『고난의 년대』를 대상으로 개척민 1세대의 고향의식을 살펴본 오양호·임향란의 견해는 조선족문학에 나타난 고향의식을 직접적 대상으로 삼아 면밀히 고찰하여 살펴본 최초의 논문이라는 점에서 의미가 있다. 하지만 조선족 문학 성립 이전을 주 배경으로 한 소설에서의 고향의식을 주제로 하였다는 점에서 이후의 시기로 확대된 차원에서의 논의가 필요하다. 다음 조국의 이미지를 세분화하고 그 가운데 고향의식과 일치되는 정서적·혈통적 이미지로서의 조국 이미지를 유추한 권기호의 논문은 조선족의 정체성을 직접적으로 드러내는 조국의 의미를 밝혔다는 점에서 의의를 가진다. 그러나 고향이미지로 드러난 조국은 분명 이미지 상의 비유로 존재하는 조국의 또다른 개념으로서 '고향'으로 대치되거나 동일시될 수 없는 범주로 자리하며 본 논문과 논의의 방향을 달리한다. (오양호·임향란, 「중국 조선족 문학에 나

주의 체제에 적극 동조하고 부응하여 중국 내 소수민족으로 인정받고자 했던 조선족들의 생존 방식이자 현실에 대한 방어기제라 할 수 있다. 또한 동화와 적응의 양상은 탈식민적 관점에서 혼종성[25] 혹은 모방과 동일화[26]의 과정으로 설명될 수 있다. 1949년 이후 중국이라는 새로운 국가 체제와 사회주의라는 정치적 범주 그리고 이에 따른 정책의 변화 속에서 조선족은 자신들의 종족 보존과 현실체제 생존을 위한 전략으로 필요에 의한 특정의 경험을 선별하고 그 의미를 전환시켜 자신들의 정체성을 형성하는 것이다. 때문에 문혁 시기를 포함한 개혁 개방기 이전 조선족 시의 '고향'의 모습은 현재의 관점과 필요에 의해 선택되고 변화된 양상으로 재현된다.

> 일터를 오며가며 다시다시 바라보는/ 그림같이 아름다운 내 고향 산천 / 그 어데를 보아도 앞다투어 자랑하려고/모두다 눈앞에 다가서는 듯// …(중략)…//개울물에 물결치는 정을 싣고서/ 산과 들에 흠뻑 배인 땀을 두고서/ 노력의 황금산을 안아드릴/ 보람찬 일터를 오가는 길이여// 고향산천을 바라보는 이 순간에도/ 내 가슴에 깊이깊이 느껴지는 건/ 사람도 산천도 마을도 옥토도/ 뜨겁게 안아준 당의 넓은 품이어라
>
> ─ 리상각, <꽃 피는 내고향>부분)[27]

타난 고향의식」, 『국제한인문학연구』 1집, 2004, p.140, 권기호, '중국 조선족 시인들의 시 유형 연구」, 『어문학』, 한국어문학회, 1998, p.12.)

25) '혼종성'이란 탈식민화의 과정에서 나타나는 혼합되고 분열된 상태의 다성적 식민주의 문화양상을 의미하는 것으로, 식민지 권력에 대한 차별적 의식을 내재하면서도 이미 고착된 식민의식에 영향 받았거나 재현되어 이중적 정체성을 띠게 되는 경우를 의미한다.(Peter Childs & Patrick Williams지음, 김문환 옮김, 『탈식민주의 이론』, 문예출판사, 2004, p.277.)

26) 탈식민지 이론에서 '동일화'란 지배이데올로기 속에서 주체와 타자 간의 이해와 저항에 대한 관계가 지배담론에 제한되어 개별적 주체가 담론이 제공하는 자신에 대한 이미지를 받아들일 때 발생하는 동화의 양상을 의미한다. (Peter Childs & Patrick Williams, 위의 책, p.391.)

27) 리상각, 『리상각 시선집』, 민족출판사, 1993, pp.47-49.

위 인용시에서 보이듯 작품에 등장하는 '고향'은 떠나온 곳에 대한 그리움과 추억을 담은 회상의 공간으로서가 아니라, 자신들이 뿌리를 내리고 정착한 지금 이 곳, 중국을 가리키며, 중화인민공화국 탄생과 당의 영도에 대한 찬양과 감격을 노래하고 있다. 현재란 정지된 현재의 시간 속에서 역사를 바라보는 변증법적 시간이자 과거와 미래를 연결하는 역사적 시간[28]이라고 할 때 1949년 이후 작품에 등장하는 고향은 역사의 현재를 부각시키며, 중국 정착기 이후에 형성된 삶의 공간 즉 연변 지역을 포함한 중국을 자신들의 고향으로 규정짓고 있다. 이는 내적으로는 중국에 정착하기 전 민족적 本鄕으로서의 고향과 연장선상에 놓여 있는 것이기도 하다. 하지만 작품에 그려진 고향은 한반도가 아닌 현재 자신들의 삶의 터전을 이루고 있는 '지금, 이 곳'을 가리키며 본향으로서의 고향은 내재화되어 있다. 항일 투쟁과 사회주의 혁명에 동참하며 유·이민기를 거쳐 정착된 이곳이 자신들의 고향이자 '보은의 혜택지'인 것이다. 이 때 고향은 지금 머물고 있는 현재적 집단에 의해 기억되고 활성화된 과거로서, 자신들이 사는 곳의 역사가 바로 자신들의 역사가 되는 동일화 양상으로 표출된다. 그리고 '고향'의 의미는 '역사의 기념비화'[29] 과정을 통해 중화인민공화국 건설과 체제 유지에 기여한 역사적 체험을 강조하여, 집단적 정체성과 동질성을 보장받고자 하는 동화와 적응의 매개체로 작용한다.

---

28) Walter Benjamin, 앞의 책, p.386.

29) '역사의 기념비화'란 역사 속 기억에 남을만한 인물들과 사건들을 심미적으로 구체화하고 고양하여 기억 속에 효과적인 이미지로 부각시키는 작업으로 역사적 사건과 지식을 감각적으로 체화하고 현재적 의미를 활성화시켜주는 기능을 갖는다. (Aleida Assmann, 앞의 책, p.101.) 중국 사회주의 국가 체제로의 동화와 적응은 이와 같은 역사의 기념비화 작업을 통해 소수민족인 조선족이 중국 내에서 자신들의 고유한 존재성과 당위성을 확보할 수 있게 해준다.

분명 저기였던가/ 고향친구들 잠든 곳은/ 경오년 토벌 때/ 작탄 튀던 작살바위밑-//···(중략)···장쇠, 팔배, 곰손이/ 내 가슴에 별처럼 박힌/ 그 소중한 이름들/ 살아도 죽어도/ 고향을 위해/ 생애의 막끝까지/ 충직한 동무!//···(중략)···//그래서 렬사비는/ 저토록 높고/ 그래서 메부리는/ 저토록 숭엄한것일가// 이제 나도 서마/너희들 곁에/ 세월의 모진 비바람에도/ 흩어질줄 모르는/ 대렬을 짓고/ 고향의 꿈을 지켜/ 저기-/ 해돋이도 함께 맞자!

— 김철, 「고향 친구들」부분)[30]

　역사적 사건이나 현장을 사실적으로 묘사하며 회상한 인용 작품에서 알 수 있듯이 고향을 배경으로 한 역사적 기억 장소나 혹은 이러한 기억을 도출해 낼 수 있는 유적들을 통해 조선족은 과거 자신들이 중국을 위해 쌓아온 역사적 업적과 희생을 부각시키며 강조한다.

　식민주의 시대 이후 국민당과의 사회주의 혁명 전투를 겪으면서 중국 사회주의 체제로의 편입과 건설에 동참했던 조선족은 이후에도 한국전쟁 발발 시 중국인민지원군(중공군)으로 파견되어 항미구국 투쟁에 맞서 싸운 동일한 역사적 경험을 가지고 있다.[31] 1930년대 이후 조선족은 중국의 반제·반봉건 투쟁에서 점차적으로 자기 민족의 운명을 중국 혁명의 전도와 밀접히 연계시키고, 공동의 투쟁 중에서 한족 및 기타 민족과의 혈맹관계를 건립하고 강화하였다. 역대 혁명에 적극 참여하고 유혈과 희생을 두려워하지 않는 이들의 집단성과 강인한 정신력은 중화민족의 해방과 신 중국의 건립에 적극적인 공헌을 하였고 이러한 과정 속에서 조선족은 민족적 정체성을 내면화하며 한편으로는 중국의 체제를 추수하는

---

30) 김철, 『김철 시선집』, 민족출판사, 1989, pp.290-292.
31) 정신철, 『한반도와 중국 그리고 조선족』, 모시는사람들, 2004, p.19.

그들만의 중층적 정체성을 형성하게 되었다.

식민제국주의 국가들은 동일언어와 문화를 소유한 민족공동체가 공동체의 규범이 되어가는 시대적 변화에 따라 자신의 영토 안에 있는 다양한 사람들에게 제국의 언어와 문화전통을 강요하는 동화/귀화정책(naturalization)을 추진한 바 있다.[32] 건국 초 소수민족 우대정책으로 제국의 영역을 공고히 하고 확대시켰던 중국의 지배 정책 역시 억압과 통제에 의한 중심국가의 지배 이데올로기적 속성의 반영이다. 이 때 중심국가에 대한 동화와 적응의 매개체로서 등장하는 고향의 역사적 구체화 작업은 중심 국가가 부여한 종족성의 경계 내에서 자신들의 종족을 보존하고 생존을 위해 선택한 '자기화 과정'의 산물인 것이다. 이러한 의도에 의해 '선택되고' '증류된' 고향의 모습은 현재에 봉사하는 새로운 의미를 획득하게 된다.[33] 따라서 건국 초부터 개방개혁기 이전, 역사 속 기억된 장소로서 드러나는 '고향'의 의미는 정서적·혈통적 의미는 기억 속에 내면화되고 과거와 역사적 체험의 공유를 통해 체제에 순응하고 생존하기 위한 동화와 적응의 매개체로 표출되었다.

3. 기억의 재현과 복원

1966년부터 1976년까지의 10년 동안 지속되었던 문화대혁명은 주도자였던 '4인 무리'의 청산과 함께 종식되고 조선족 문학은 다시 활기를 띠게 되었다. 변화된 중국 공산당의 민족정책과 문예정책에 따라 탄압되거나 추방되었던 시인들은 창작의 자유를 얻게 되었다. 이러한 새로

---

32) Benedict Anderson, 앞의 책, p.271.
33) 이현정, 앞의 논문, pp.74-75.

운 국면에 고무되어 조선족 자치지구의 문학단체와 문단의 활동도 점차 회복되기 시작하였다. 1978년 중국 작가협회 연변분회가 확충되고 『천지』를 비롯한 다양한 문학매체들이 간행되었다. 이 시기에 들어와 조선족 시는 민족의식과 공동체적 정서를 부각시키며 시인의 내면적 정서가 두드러지는 작품들이 창작되었고 시 의식과 주제 형상화 양상 또한 여러 유형으로 다양화되었다.[34] 개혁 개방기 이후 중국 조선족 시 작품에 드러나는 '고향'의 모습도 정서적·혈통적 뿌리에 기반을 두고 민족적 근원에 대한 향수와 민족의식이 반영된 작품들이 다수 창작 발표되었다.

민족이 서로 떨어져 있으면서도 여러 가지 방식과 매체를 통하여 서로 동일하다는 믿음에 의해 하나의 집단 혹은 사회적 실재를 이루는 상상의 공동체[35]라면 문화적으로 구성되고 경험되는 시·공간 안에서 동일한 혈통과 언어를 토대로 집단을 형성하고 있는 조선족 역시 민족적 공동체의 범주를 형성한다. 민족적 특성을 드러내며 집단을 이루는 공동체의 동질적 표상에는 인종, 신화, 언어 등과 같은 일차적 속성들이 있으며 이러한 동질성에 대한 상상을 공고히 하기 위해 많은 상징적 요소들이 동원된다.[36] 조선족의 정체성과 독자성은 앞서 언급된 일차적 속성들의 민족 구성요소와 기억의 공유를 통해 이들의 집단적 동질감과 민족의식을 확인할 수 있다. 제국주의에 의한 식민지배의 영향 아래 시작된 조선족의 이주와 정착, 만주지역을 중심으로 이루어진 항일투쟁의 역사적 체험과 중국이라는 새로운 국가로의 편입, 그리고 그 속에서 살아남기위해 동화와 적응이라는 생존의 전략과정으로까지 전개되는 조선족

---

34) 조성일·권철 외, 앞의 책, pp.414-416.

35) Benedict Anderson, 앞의 책, pp.25-27.

36) 이광규, 「해외교포와 한민족 공동체」, 『총서 1(민족통합과 민족통일)』, 한림대학교 민족통합연구소, 1999, pp.151-153.

의 역사는 자신들의 민족적 기억을 되살리며 공동체적 정체성을 뒷받침한다. 아울러 동일한 언어사용과 문화, 세대로부터 전승되는 전통 및 풍습의 전래는 동일한 환경과 체험에서 발생하는 집단적 감정과 의식을 생성하며 문화적 유대감과 동질감을 발현한다. 자신들만의 언어를 통해 기록되고 체험되는 역사적 경험과 전통 문화의 공유는 조선족을 하나의 문화적 공동체로[37] 자리매김하며 내면적 서정에 자리한 민족의식과 정서를 일깨운다.

> 윤기 도는 솥에 흰김이 서릴적에/ 때로는 솥뚜껑이 드르릉 울적에/ 향긋하니 이 가슴에 풍겨오는/ 내 고향 내 집의 토장국 냄새// 일터에서 돌아오면 저녁상에서/ 술총이 부러지게 먹어주었지/ 한식기 이밥도 게 눈 감추듯/ 고기국 찜쩌먹을 토장국에다/ 감자를 넣든지 시래기를 넣든지/ 돼지고기 몇점을 집어넣든지/ 구수한 그 맛은 매양 한가지/ 인품

---

[37] 문화적 공동체란 다양한 범주의 사람들이 각각 다양한 문화적 배경과 전통 그리고 관행을 지니면서도 상호 존중과 의존의 필요성에 의하여 유대관계를 맺음으로써 전체로서의 하나의 사회를 형성한 공동체를 의미한다.(김광억·전영평, 「동북아 문화공동체 구상의 의의와 추진방향」, 『동북아 문화공동체 추진의 비전과 과제 I, 통일연구원, 2004, p.13) 위의 관점에서 보면 단일한 혈연과 종족에 바탕을 둔 조선족은 문화적 공동체에 적용되기 부적합하다. 하지만 조선족의 형성과 성립의 과정에서 확인되듯이 한민족이라는 민족적 정체성을 가지면서도 중국 국가 체제에 속해있는 소수민족으로서 민족과 국가, 어느 한쪽으로도 완벽한 동질성을 추구할 수 없는 복합적이고 고유한 이들의 집단적 정체성에 대한 규명은 단일한 민족공동체라는 종족 정체성의 제한된 범주 내에서만의 논의로는 많은 한계를 내포한다. 때문에 앞서 언급된 바와 같이 본 논문에서는 정치적·경제적 지배 세력에 대한 종속을 탈피하고 중심 세력에 대한 생활양식과 사고방식의 차이에서 발생하는 '다름'(discrimination)을 전제로 지배 문화에 대한 변형 혹은 내재된 저항이라는 탈식민적 관계 속에서 구조화된 공동체를 의미하고자 한다. 이러한 의미 규정은 '현대 사회의 집단은 사회 계급의 차별적 구조에 의해 보다 큰 계급의 문화와 하위문화로 구분되고 이것이 전체 사회 내에서 문화적 권력에 의해 지배문화와 피지배문화로 생성된다'는 스튜어트 홀의 문화이론를 배경으로 하였다. (Stuart Hall, 임영호 역, 『스튜어트 홀의 문화 이론』, 한나래, 1996, pp.18-22. Stuart Hall, 「하위문화, 문화 그리고 계급」, 박명진 외 역, 『문화, 일상, 대중:문화에 관한 8개의 탐구』, 한나래, 1996, p.214, 고길섶, 『소수문화들의 정치학』, 문화과학사, 2000, p.53.)

이 좋으면 장맛도 좋다나// 아무렴 토장국 그 맛이 향기로운건/ 어머님
의 뜨거운 사랑이 끓기때문/ 안해의 살뜰한 정성이 넘치기때문/ 고향
의 향취가 슴배여있기때문// 그래서 먼 수도 진수 성찬앞에서도/ 토장
국 생각에 목이 멨거던/ 고향에 즐거이 돌아오는 길에선/ 그 맛이 코
끝에 감돌았거든

- 리상각, 「토장국」 전문)[38]

조선족 시 작품에서 민족 정서와 의식의 표상으로 지속되는 '고향'의
모습은 앞서 언급된 문화 공동체적 요소와 특성이 함의된 대상이다. 이
전에 고향을 대상으로 한 작품이 정치적·현실적 공동체 의미가 내재된
인위적 '조국'의 이미지가 강조된 작품이라면 이 시기의 작품은 과거고
향의 풍속과 일상을 소재로 개인적 서정의 세계를 그리고 있다. 이를 통
해 환기되는 고향집의 정경과 과거 시간으로의 회상은 내면화된 시인의
민족적 정서를 일깨운다. 후각과 미각으로 표현되는 토속적 이미지는 고
향에 대한 그리움과 향토적 정서를 드러내고 있다. 이처럼 '고향'은 과
거의 기억과 경험이 현재적 시점에서 함께하는 시·공간적 교차의 지점
으로서, 동질적 기억을 형성하고 회상기억으로 재현된다.[39] 특히 가족과
이웃, 향토, 어머니, 음식, 신화, 풍속 등을 통해 전통과 민족, 역사적 체
험이 복원된 고향의 모습은 이들에게 '기억의 고정 장치'[40]가 되어 잠재

---

38) 리상각, 『리상각 시선집』, 민족출판사, 1993, pp.117-118.
39) 아스만은 기억의 개념을 '회상 기억'과 저장기억으로 구분하여 언급하였다. 저장
   기억이란 지식과 동일한 개념으로 생각한 것, 이미 알고 있는 것 등으로 확실한
   저장소를 가지는 것이다. 반면 회상 기억이란 '활력(vis)'의 의미를 내포한 개념
   으로 현재에서 출발하여 개인적 경험과 관계되며 고유한 법칙성을 띤 능동적
   에너지로 보았다. (Aleida Assmann, 앞의 책, p.35.) 조선족 시에 나타난 '고향'의
   의미는 이미 기억되어 알고 있는 단순한 저장소로서의 고정된 기억체이기보다
   는 현재에서 출발하여 집단적 경험과 관계에 의해 새롭게 전승되고 기억되는
   활력으로서의 회상기억이라 볼 수 있다.
40) '기억의 고정장치'란 전통과 질서, 제도와 같은 문화 기억들을 그 문화에 속한

적이고 내면화된 민족의식과 공동체적 정체성을 담아낸다.

"내가 만약 물방울이라면/ 지성어린 어머님 정성을 안고/ 언제나 하얗게 하얗게 피여나는/ 내 고향 팔간집 뜨거운 김이 되리라"(김성휘, <내가 만약 물방울이라면>)[41]에서처럼 고향과 고향 사람들에 대한 애정을 숨김없이 표현하거나 "꿈길인가 생전길인가 나는 가노라/ 무궁화동산으로 찾아가노라/ 고향집 뜨락에 한그루 무궁화/ 서로의 정을 가꾸는 의미로/ 고이고이 키우던 사랑의 나무/ 님과 나 두마음에 뿌리를 내려"(김응준, <무궁화>)[42]와 같이 고향의 자연물과 풍물을 통해 민족의식을 간접적으로 드러낸다. 또 "언덕에 피여난 민들레를 꺾어 들고/ 시내물에 작은 발을 담그고/ 좋아라 깔깔 웃던 정든 그 소녀// 눈을 감아도 삼삼히 떠오르누나/ '풋강냉이 하모니카'를 불던 여름저녁이/ 둘러앉아 가을 점심 떠먹던 논두렁이// 그 언제 얼굴 한번 붉힌 적 있었던가/ 정다운 이웃사이 인품도 좋아서/ 고향이여 너는 언제나 내 자랑"(리상각, <세월이 갈수록>)[43]에서와 같이 유년의 향토적 추억과 회상을 소재로 자신들이 살아온 시대적 상황과 향토적 정서를 담아내고 있다. 이전의 작품들이 중국을 제 2의 고향으로 인식하고 표방하는 공간적 장소로서의 모습이 부각되었다면 개혁 개방기 이후 '고향'을 대상으로 한 작품들은 회상을 통한 기억 속 고향의 모습을 정경화하며 이를 풍물과 풍속의 정취를 통해 현재화시켜 재현하고 있다.[44] 이러한 의도로 '재현'되는 '고향'은

구성원에게 새기고 문화적 정체성을 기억시키는 매체를 가리키는 것으로 아스만은 언어를 비롯한 격정과 상징 그리고 육체적 몸의 체험을 통한 트라우마를 기억의 고정장치로 보았다. (Aleida Assmann, 위의 책, p.249 참조.)

41) 김성휘, 『김성휘 시선집』, 민족출판사, 2004, p.30.
42) 김응준 외, 『장백에 올리는 노래』, 연변인민출판사, 1972, p.67.
43) 리상각, 『리상각 시선집』, 민족출판사, 1993, pp.60-61.
44) '재현(representation)'이란 기왕에 있는 것 혹은 있었던 것을 다시 보여 줌을 말한다. 즉 지금 당장 현실이 아닌 것을 다시 현실로 만든다는 뜻으로 어떠한 대상

조선족의 삶의 요소와 생활환경 등의 문화적 요소가 반영되어 과거로부터 현재로 복원되고 재구성된다. 내면화된 의식의 반영으로 표출된 '고향'의 모습은 이들이 동화와 적응을 시도했던 지배 문화와의 차이를 드러내며, 이때 발생하는 미세한 간극은 중심 문화에 대한 조선족 문화의 고유성과 정체성을 확인시켜 준다. 나아가 문화와 풍속을 통해 전승되는 동질적 기억은 억압과 생존의 필요에 의해 형성된 정치적이고 현실적인 국가적 집단의식을 뛰어넘어 혈연과 정서, 풍속과 문화를 토대로 한 수평적 차원의 유대감과 동질감을 형성해 준다.

　잠, 불면, 음식, 노동, 거주, 타인의 존재 등을 인간 존재의 구성요소로 규정했던 레비나스는 '주체성'이란 생활환경(삶의 요소)의 체험을 통해 '자기성'의 영역으로 확보되고 발현되는 것으로 보았다.[45] 아울러 인간의 가장 근원적 존재 방식은 '세계 속에서의 점유' 즉 수단으로서가 아니라 '즐김과 누림', 곧 '향유(jouissance)'를 통해 가능하다고 했는데 이 관점에 의할 때 사물이란 존재의 원천이고 만족으로 체험되는 그 무엇이다. 이러한 삶의 환경과 요소는 규정할 수 있는 '어떤 것'이 아니라 사물들이 나타나고 다시 돌아가는 포괄적인 환경으로서, 인간은 공기, 바다, 흙, 바람, 물, 햇볕 등과 같이 형식 없는 내용들이 바탕이 된 향유를 통해 자신의 근원적 존재방식을 맛보게 된다. 내가 딛고 서 있는 하지만 한편으로는 내가 그것에 관해 생각하는 것과 관계없이 나를 떠받치고 있는 땅과 흙, 나를 둘러싼 공기와 물과 햇빛을 홀로 즐길 수 있는 향유를 통해 인간 주체성의 모습이 발현되는 것이다. 중국 조선족 시인들에 의해 그려지는 '고향'에 대한 잠재적 의식 혹은 무의식적 내면 정

이나 개념을 다시 현재로 제시함을 의미한다. (Jean Baudrillard, 『시뮬라시옹』, 하태환 옮김, 민음사, 1981, p.14.)

45) Emmanuel Levinas, 『시간과 타자』, 강영안 역, 문예출판사, 1996, p.149.

서에도 본래적이고 원초적인 '향유'와 즐김을 통한 '자기성'의 표출과 발현의지가 내재되어 있는 것이라 할 수 있다. 현실의 사회적·정치적 실재 속에서 체제에 순응하고 적응하며 생존해야 하는 이들에게 '고향'에 대한 '향유'는 타자로부터 벗어나 주체에게로 환원되는 또 다른 '자기 찾기'의 방식일 수 있다. 따라서 한 집단이나 공동체의 문화 생산의 근본이 기억과 망각의 스펙트럼을 내재하고, 텍스트의 불완전성이 새로운 텍스트를 창조하는 것이라고 볼 때 조선족 시에 나타난 '고향'의 의미는 조선족의 역사적 문화적 경험과 관련 있으며 현재에서 출발하여 재구성되는 '회상으로서의 저장소'로서 의미를 가진다.[46) 결국 과거로부터의 기억과 현재적 사실이 시·공간을 뛰어넘어 함께 자리하는 '고향'은, 이들의 내적 동경과 소망이 집단적으로 향유되고 창조될 수 있는 원형 회귀의 자리인 것이다. 동일한 생활환경과 체험을 토대로 자연과 향토, 신화와 풍속 등으로 환기되는 '고향'의 모습은 이들의 내면의식에 자리한 민족 공동체적 의식과 동질감을 일깨우며 문화적 공동체로서 아우라를 형성한다.[47) 이는 사유와 기억 속에서 공동체적 정체성에 의해 억압된

---

46) 아스만은 인간 기억의 유형을 '기술 기억'과 '활력 기억'으로 나누어 설명하고 있다. '기술기억'(흔히 우리가 일반적으로 알고 있는 단순한 의미의 기억을 의미)이란 알고 있는 것, 혹은 지식과 동일한 것으로 확실한 저장소에 보관된 기억을 말한다. 반면 '활력기억'(혹은 회상)은 개인이나 집단의 경험과 관계있는 기억으로 현재에서 출발하여 재구성되고 고유한 법칙성을 띠며 기억과정에 참여하는 능동적 기억의 형태를 의미한다. '회상으로서의 저장소'란 이러한 의미가 반영되어 기억의 과정에서 텍스트 상호 간의 다양한 변형, 창조, 전이 등이 작동하는 대상을 가리킨다.(Aleida Assmann, 위의 글, p.35)

47) '아우라(Aura)'란 "아무리 가까이 있다고 느껴지더라도 먼 것의 일회적 나타남"이라고 정의되는 사물과 관찰자 사이에 생겨나는 분위기와 느낌을 뜻한다. 이러한 분위기 개념은 사물과 언어의 사이에 작용하는 알레고리적 관계를 생성하고 공간과 시간의 상호 교섭의 개념을 형성한다. 조선족 '고향'의 이미지도 과거와 역사를 극복하고 문화적 공동체로 결부될 수 있는 집단의 무의식적 동경과 소망이 드러난 '소망 이미지'(Wunschbild)로서의 아우라 개념으로 볼 수 있을 것이다.(Walter Benjamin, 『발터 벤야민의 문예이론』, 반성완 편역, 민음사, 1983, p.204.)

것이 회복되어 그려지는 하나의 무대로서 자리하며, 중심문화에 대한 피지배 문화의 공동체적 특성과 고유성을 각인시켜 주고, 세대로부터 전승되어 그 의미를 더하게 된다.

4. 공동체적 정체성 표출

조선인들이 중국으로 이주할 수밖에 없었던 당대의 시대적 상황과 역사적 배경은 결과적으로 중국 조선족의 성립을 가능케 하였고 유이민으로 떠돌다 정착된 조선족 사회의 형성은이들을 중국 내 다른 소수민족과 구분 짓는 차이로 작용한다. 중국 내 대부분의 소수 민족이 중국 대륙에 뿌리를 둔 토착 민족임에 반해 조선족은 자신들의 모국을 가지며 중국으로 건너간 이주 민족에 해당된다. 당시 농민들이 대부분이었던 조선족 1세대의 초기 이주자들은 지위와 신분의 보장도 없이 생명의 위협을 무릅쓰고 온갖 어려움을 극복하며 만주의 버려진 땅을 개간하였다. 1949년 공산당이 국민당 정부와의 내전에서 승리를 거두고 중화인민공화국을 창건함에 따라 외국 거류민의 신분이었던 조선인들은 비로소 중국 내 소수 민족의 하나인 조선족으로 제국에 속한 동등한 자격을 인정받게 되었다.[48] 때문에 실향과 이향, 그리고 새로운 곳에서의 정착 이후 중국 사회주의체제 하에서 현재에 이르기까지 조선족 시 작품에 드러난 '고향'의 모습은 중층적 의미망을 형성한다. '고향'은 중화인민공화국 건국 초부터 문화대혁명이 끝나기까지는 동화와 적응의 표상으로 양식화되어 나타나고 개혁 개방기 이후에는 역사와 문화라는 동질적 경험과 기억을 바탕으로 조선족의 민족적 정체성과 문화적 특성을 드러내 주었다.

---

48) 임계순, 앞의 책, pp.305-306.

이를 종합해 볼 때 중국 조선족 시에 나타나는 '고향'에 대한 의미는 복합적 성격을 드러내며 탈식민주적 관점에서 다양하게 적용된다. 인간의 기억과 망각의 심리과정을 억압과 반복, 자리바꿈, 쾌락의 원칙과 같은 심리적 메커니즘에 의한 것으로 보는 프로이드적 인식 방법은 중국 조선족 시에 드러나는 체제적응 양상을 '조국'이나 '고향' 즉 주체가 잊혀지거나 제거되지 않았다고 부인하는 자리에 채워진 부인과 적응의 전략이자 방어 기제로 파악하였다.[49] 또 라캉의 관점에서 고향은 주체의 오인에서 비롯된 상상의 세계로서, 주체가 자신의 결핍을 채워줄 대상을 찾으려는 동일시를 향한 욕망의 과정이자 유토피아적 세계에 대한 열망으로 보았다.[50] 위의 관점들을 통해 살펴보는 '고향'의 의미는 주체와 타자, 지배와 피지배 혹은 문화 권력에 대한 지배와 종속의 관계 속에서 탈 중심주의를 지향하고 시도하는 매개체로서 의미망을 가진다. 또 중국이라는 거대 중심 체제와 지배세력으로부터 인정받고 생존해야했던 조선족의 삶의 방식과 현실 적응양상을 확인해 준다.

한편 '고향'의 의미에 대한 논의는 관점과 해석의 차이를 동반하기도 하는데 이것은 국가와 민족을 달리하며 하나의 체제 속에서 병존하고 있는 조선족의 특수한 상황과 집단성에 기인하는 바가 크다. '문화적 구성물'로서 '고향'의 의미에 대한 여러 층위의 해석과 연구는 중국 조선족의 정체성과 독자성에 대한 논의를 더욱 구체화한다. 조선족에게 현재적 조국은 분명히 중국이고 모국으로서 한국은 민족적·혈연적 공동체일 뿐이다. 이들의 문학이 만주라는 동일한 역사적 체험과 한민족 문화권을 기반으로 하여 민족적·혈통적 동일 요소들을 표출함에도 한국문

---

49) 최문규, 앞의 책, p.204.
50) 윤의섭, 「1950~60년대 중국 조선족 시에 대한 탈식민주의적 고찰」, 『현대문학이론연구』 27집, 현대문학이론학회, 2006, p.247.

학의 범주에 포함시킬 수 없는 이질성이 여기에 내포되어 있다. 조선족 문학은 각 민족 자체의 특성을 가진 문학이지만 동시에 중국 내 소수민족으로서 중국문학이며, 중국에 대한 한 개의 조성부분으로 자리하기 때문이다.[51] 따라서 조선족 문화와 정체성은 중국과 조선이라는 두 개의 문화와 정체성이 융합되어 만들어진 새로운 문화와 정체성이라는 관점에서 인식함이 필요하다. 즉 조선족은 중국 내 소수민족 집단을 이루며 타민족과 평등하면서도 구별되는 특수한 문화 공동체일 뿐 아니라 한민족이라는 혈연적 유대를 같이 하는 특수한 문화공동체라는 것이다.[52]

지배적 담론에서 이루어지는 민족성의 개념을 벗어나 문화사회학적 측면에서 민족성을 언급했던 홀은 '민족성'이란 '주체성과 정체성의 구성에서 역사, 언어 그리고 문화 등의 장소를 인정하는 것' 이상으로 모든 지식과 담론의 상황론적 맥락이다'라고 정의한 바 있다.[53] 이는 민족적 정체성이 유전이나 상속으로 고정되는 것이 아니라 연속적이고 가변적인 존재의 맥락(context)속에서 형성되고 재구되는 것임을 의미한다. 이러한 개념은 기존의 논의에서 민족성을 이루는 요소로 언급되는 계급, 젠더, 섹슈얼리티 등의 친숙한 요소에서 벗어나 역사적 특수성과 불확실성에 의한 우연적 가능성이 고려된 민족성의 개념을 제시하였다. 중국 공민이라는 국가적 정체성을 가지며 우리와 동일한 민족적 정체성을 가지는 조선족의 경우도 그 이면에 우리와 상황론적 맥락에서 문화적 차이와 역사적 특수성을 드러낸다.

---

51) 권철, 「중국 조선족 문학 연구현황」, 『아시아문화』 13, 1997, p.289.
52) 물론 이 경우 중국 내 소수민족의 하나인 조선족이 누리고 있는 실질적 의미의 평등에 대해서 논의의 여지가 있다. 하지만 같은 지역 내에서 동일한 언어를 사용하며 역사와 전통 문화를 공유하고 있는 조선족은 중심문화와 대별되는 문화적 정체성을 함의한 공동체라 할 수 있다
53) Francis Mulhen, 『문화/메타문화』, 임병권 옮김, 한나래, 2003, pp.195-196.

앞서 '문화적 공동체'란 생활양식과 사고방식 등의 문화적 차이에서
발생하는 차이를 전제로 지배 문화에 대한 변형 혹은 내재된 저항이라
는 관계 속에서 형성된 공동체라 의미하였다. 여기서 '문화'란 인간의
집단적 삶의 궤적으로서 역사와 특정한 상황의 지배를 받게 된다.[54] 문
화의 바탕이 되는 사회적 관계와 의미 구조는 집단의 전체적인 실체를
형성하며 그 집단을 유지하기 위해 사회적 존재의 재생산을 제한하거나
변형, 규제한다. 이렇게 볼 때 조선족 사회에 나타난 문화 공동체적 성
격은 지배 문화에 대한 하위문화로서 특성을 드러낸다고 할 수 있다. 한
사회에는 하나 이상의 계급이 존재함으로써 하나 이상의 문화적인 흐름
을 형성한다. 문화 또한 다른 집단이나 계급들이 생산 관계나 부 그리고
권력 등에 있어서 불균등하게 관계 지어져 있는 것처럼 문화적인 힘의
서열에 따라 서로 다르게 서열지어진다. 즉 문화적인 힘의 서열에 의해
서로 반대 위치에 서거나 지배와 종속의 관계에 서는 것으로 지배계급
과 피지배계급은 다른 문화와 양식을 갖는다. 이때 가장 강력한 계급의
구조와 의미 체계는 그 사회의 지배적 문화로서 대표성을 지니며, 다른
문화들을 정의내리고 아우른다. 반면 권력의 중심에 서 있지 않은 집단
이나 계급은 그들의 종속적인 위치나 경험 등을 그들의 문화 내에서 표
현하고 표출할 방법을 찾게 되는데 그 구체적 일련의 행위를 하위문화
라 할 수 있다.[55] 하위문화와 지배문화와의 관계를 규명할 때 지배문화
는 다른 한편 '부모 문화'[56]라고도 한다. 이 경우 하위문화는 설사 그것
의 주요 관심사가 다르다 할지라도 독특한 형태나 활동은 지배 문화의

---

54) Raymond Williams, 『문화사회학』, 설준규 · 송승철 옮김, 까치, 1984, p.29.

55) Stuart Hall, 앞의 책, p.212.

56) 부모 문화란 하위문화와 지배문화와의 관계를 규명할 때 사용되는 용어로 하위
    문화의 주요 관심사가 상위문화와 다를지라도 부모 문화의 일부와 서로 공유되
    고 있음을 이해하기 위해 사용되는 개념이다. (Stuart Hall, 위의 책, pp.213-21.)

일부와 서로 공유하고 관계를 형성한다. 이때 종속 문화는 지배 문화와 항상 공개적인 위치에서 경쟁하는 것은 아니며 오랜 기간 서로 상호 관계를 맺고 공간과 간극을 협상하면서 편입을 시도한다. 이 투쟁의 본질은 단순히 상호 배치를 의미하는 것이 아니라 문화를 보다 구체적이고 역사적인 개념으로 대체시키는 재개념화57)로서의 의미를 지닌다. 이때 지배계급의 이데올로기와 헤게모니의 행사에 의해 서열화 된 하위문화란 소집단문화이자 피지배계급이 형성하는 문화로, 지배 문화에 종속될 뿐만 아니라 중심에 대해 협상, 변용, 저항하며 그것의 헤게모니를 전복하려는 시도까지 보여주는 복잡성과 역동성을 포함한다. 계급과 위계적 서열에 의한 지배문화와 하위문화의 이분법적 구분은 강력한 계급 구조와 의미체계를 가진 중국이라는 지배 문화와, 문화적 공동체를 구성하며 집단적 정체성을 형성하고 있는 조선족 문화 사이의 차이와 간극을 함의한다. 즉 조선족 시문학은 중국을 조국으로 하는 국가적 정체성을 바탕으로 중국이라는 지배문화에 종속되어 동화와 적응을 시도하는 한편 동일한 역사적 체험과 문화적 전통을 바탕으로 한 정서적·혈통적 동질성을 중심으로 상위문화로부터의 간극을 도모하고 저항과 재배치를 시도하는 탈중심적 모습을 드러낸다. 이것은 조선족의 사회적·문화적 정체성을 결정지으며 소수문화58)를 지향하는 문화적 특성을 확인시켜 준다. 이

---

57) 종속문화가 결코 동일한 구조만을 가지고 있지 않는 지배문화에 대하여 상호 관계를 맺고 협상 혹은 투쟁 등의 과정을 통해 보다 진전된 문화의 개념으로 대체시키는 과정을 의미한다. (Stuart Hall, 위의 책, p.214.)

58) 문화가 특정 집단 내의 권력가 헤게모니에 의해 구분되고 계급화 된다고 보는 이러한 문화이론은 한편으로 지배담론에 종속되는 한계를 드러낸다. 이의 극복을 위해 기존의 문화적 패러다임을 단절하고 문화 대상과 영역을 재배치하여 이를 극복하고자 하는 대안적 문화이론이 바로 소수문화론이다. (고길섶, 앞의 책, p.272.) 상위문화에 대한 파생적이고 열등한 층위이자 종속의 의미를 갖는 하위문화로서의 조선족 문화도 나아가서는 이러한 위계적이고 이분법적 구조를 극복하고 수평적이고 계열화된 의미에서 탈영토화 된 실천적 지향이 필요할 것이다.

는 또한 중심화, 독점화, 획일화, 식민화 등으로 표상되는 지배와 종속의 위계화 된 체제들과 상위와 하위, 정상과 비정상, 흑과백 등으로 구분되는 이분법적 사회 생산의 논리를 벗어나고자 하는 탈식민의 과정을 의미하는 것이기도 하다.

동화와 적응의 매개체로서 또 풍속을 통한 기억의 재구로 재현되는 조선족 시에 나타나는 '고향'의 의미는 바로 이러한 논의의 범주에서 의미를 가진다. 즉 역사와 문화를 공유하며 집단 내 구성원들이 중요하게 여기는 문화적 가치들이 보존, 반영되는 문화적 공동체에서 문화생산의 주체들에 의해 재구된 '고향'의 모습은 지배문화의 '자연화에 반대'[59]하며 새로운 의미를 부여하는 생성의 장이다. 따라서 '고향'의 의미는 특정한 시·공간에 머물지 않고 구체화되고 활성화된 기억으로 재생산 된다. 아울러 '고향'은 현재적 문화구성 주체에 의해 조선족의 공동체적 특성과 집단적 동질감을 형성하는 생산적 공간으로 재현되며 문화공동체적 요소를 함의한 새로운 의미를 지니게 된다.

5. 맺음말

앞서 살펴본 것처럼 중국 조선족 형성 및 정착 과정에서 창작된 고향을 대상으로 한 작품은 그들의 현재적 삶이 과거의 삶에 의해 체험되고 기억되며 연속된 것임을 드러낸다. 실향과 이향, 그리고 새로운 곳에서의 정착은 이들에게 생존을 위한 투쟁의 과정이자 정체성에 대한 물음

---

59) '자연화'는 인위적인 것을 사람들이 문화적 관행의 오랜 습속을 통해 당연하고 자연스러운 것으로 믿게 되는 이데올로기적 효과를 말하며 '자연화에 반대'란 자명한 사실로 믿어온 문화적 관행들의 허구성을 폭로하고 그것의 전복적인 삶의 가치와 의미들을 정당화하는 행위를 가리킨다.(위의 책, p.44)

의 여정이었다. 때문에 중국 사회주의체제 하에서의 차별과 억압, 동화와 적응의 과정을 겪으며 오늘에 이르기까지 조선족 시 작품에 드러난 '고향'의 의미는 문학외적 요인과 시대적 변화에 따라 중층적 의미망을 형성한다.

먼저 중화인민공화국 건국 초부터 문화대혁명이 끝나기까지 '고향'의 의미는 대체로 중국이라는 국가체제에 속한 소수민족으로서 생존을 위한 변화와 수용, 동화와 적응의 표상으로 양식화되어 자리한다. 이 시기에 창작된 작품 속에 등장하는 고향의 모습은 민족적 정서와 동질감이 내면화되고, 중심 국가의 동화와 귀화정책을 반영하여 중국을 자신들의 고향으로 삼아 작품에 적극 수용하였다. 1976년 문화대혁명이 끝나고 4인 무리가 숙청되며 개혁 개방기를 맞은 조선족 시는 변화된 시대의식과 서정성을 드러내며 활발한 작품창작으로 이어졌다. 이후 조선족 시에서는 민족의식과 고향의식이 다양하게 표출되고 과거 송가와 찬양 일변조의 작품 양상을 탈피하고 시적 제재와 관심의 폭이 확대되었다. 또한 '당'과 '조국', '사회주의'와 '인민' 등의 시어들로 표상되었던 정치적이고 선동적인 틀을 벗어나고 민족적 정서와 고향, 자연과 서정을 노래한 작품들이 발표되었다. 이 시기 작품에서 나타나는 민족정서로의 회귀와 원형 지향적 고향에 대한 복원과 재구의 시도는 작품 속 '고향'의 의미가 역사와 문화라는 동질적 경험과 기억을 바탕으로 한 것임을 확인시켜주며, 이들의 민족적 정체성과 문화적 특성까지를 가늠하게 해준다.

하나의 '문화적 구성물'로 자리하는 '고향'에 대한 '회상 기억'은 시문학 형성 초기에는 역사의 기념비화 작업을 통해 중국이라는 중심 사회로의 동화와 적응을 시도하는 매개체로서 자리한다. 또한 개혁 개방기 이후 시문학 발전기에는 역사적 기억의 복원과 향토, 자연, 음식, 풍물 등으로 상징되는 풍속의 재현을 통해 집단적 동질감과 정체성을 표현하였다. 이처럼 사적 흐름과 변화 속에서 구현되는 고향의 모습과 의미는 한민족이라는 동일한 민족적·혈통적 요소를 가지면서도 중국 내 소수민족의 하나로 존재하는 중국 조선족의 특수한 상황과 집단성에 기인한다. 때문에 조선족의 집단적 동질감과 정체성은 중국과 조선이라는 두 문화와 종족간의 정체성이 융합되어 형성된 특수한 문화 공동체로서 존재한다. 그리하여 조선족 시 작품에 드러난 '고향'의 모습은 이들에게 역사적·문화적 특수성이 내재된 공동체적 공간으로 자리하며 구체화되고 활성화된 기억의 저장소로서 의미를 갖는다.

참고 문헌

고길섶, 『소수문화들의 정치학』, 문화과학사, 1998.

고부응, 『초민족 시대의 민족 정체성』, 문학과지성사, 2002.

권기호, 「중국 주재 조선족 시인들의 시 유형 연구 — 조국이미지를 중심으로」, 『어문학』, 한국어문학회, 1988, p.12.

권철, 「중국 조선족 문학 연구현황」, 『아시아문화』 13, 1997, p.289.

김경석, 『파란수건』, 연변인민출판사, 1981.

김광억・전영평, 「동북아 문화공동체 구상의 의의와 추진방향」, 『동북아 문화공동체 추진의 비전과 과제 I, 통일연구원, 2004, p.13.

김상철・장재혁, 『연변과 조선족』, 백산서당, 2003.

김성휘, 『김성휘 시선집』, 민족출판사, 2003.

김순례, 「중국 조선족 시문학사 개관」, 김종회 편, 『한민족 문화권의 문학』, 국학자료원, 2003.

김승찬 외, 『중국 조선족 문학의 전통과 변혁』, 부산대학교출판부, 1997.

김시준, 『중국 당대문학사』, 소명출판, 2005.

김응렬, 「동북 3성 조선족의 가족 구조」, 김영모 편, 『중국 조선족 사회 연구』, 한국복지정책연구소 출판부, 1992.

김응준 외, 『장백에 울리는 노래』, 연변인민출판사, 1972.

김종회, 『한민족 문화권의 문학』, 국학자료원, 2003.

김준오, 「중국 사회주의 문화정책과 중국 조선족 시가전통의 변모 양상」, 『한국문학논총』 16집, 한국문학회, 1995, p.89.

김 철, 『김철 시선집』, 민족출판사, 1989.

김태국, 「중국 조선족 역사 上限線 문제」, 『전주사학』 6집, 전주대학교 역사문화연구소, 1998, pp.194-195.

김형규, 「중국 조선족 소설연구의 현황과 현재적 의의, 『현대소설연구』 29호, 한국현대소설학회, 2006, pp.276-280.

리상각, 『리상각 시선집』, 민족출판사, 1993.

리 욱, 『고향의 사람들』, 민족출판사, 1957.

소재영 외,『연변지역 조선족 문학연구』, 숭실대학교 출판부, 1992.

오상순,『다매체시대의 한국 문학 II』, 국학자료원, 2002.

오양호,『한국문학과 간도』, 문예출판사, 1988.

오양호·임향란, 「중국 조선족 문학에 나타난 고향의식」,『국제한인문학연구』 1집, 2004, p.140.

오정혜, 「광복 후 조선족 시의 성격」,『국어국문학』 21집, 동아대학교 국어국문학과, 2002, p.253.

윤영천,『韓國의 流民詩』, 실천문학사, 1987.

_____, 「중국 조선족 시문학의 형성과 전개」,『민족문학사연구』 17집, 민족문학사학회, 2000, pp.214-217.

_____,『서정적 진실과 시의 힘』, 창작과비평사, 2002.

윤인진,『코리안 디아스포라』, 고려대학교 출판부, 2004.

윤의섭, 「1950-60년대 중국 조선족 시에 대한 탈식민주의적 고찰」,『현대문학이론연구』 27집, 현대문학이론학회, 2006, p.247.

이광규,『새중한인:인류학적 접근』, 일조각, 1997.

_____, 「해외교포와 한민족 공동체」,『총서 1(민족통합과 민족통일)』, 한림대학교 민족통합연구소, 1999, pp.151-153.

이규태, 「중국 조선족 사회의 형성과정」,『在外韓人硏究』, 재외한인학회, 2001, pp.187-195.

이명재 외,『억압과 망각 그리고 디아스포라』, 한국문화사, 2004.

이재달,『조선족 사회와의 만남』, 모시는사람들, 2004.

이현정, 「조선족의 종족 정체성 형성 과정에 관한 연구」,『비교문화연구』 제7집, 서울대 비교문화연구소, 2002, p.75.

임계순,『우리에게 다가온 조선족은 누구인가』, 현암사, 2003.

임효원,『어머니 품이여』, 연변인민출판사, 1979.

정덕준·노 철, 「중국 조선족 시문학 연구」,『현대문학이론연구』 20집, 현대문학이론학회, 2003, p.345.

정신철,『한반도와 중국 그리고 조선족』, 모시는사람들, 2004.

조성일·권철 외,『중국 조선족 문학통사』, 이회출판사, 1997.

최용린 외,『조선족문학선문집』, 연변대학 중문학부 조선어강좌, 1979.

최정연, 『조선족문학선문집』, 1950.

한국사연구회, 『근대 국민국가와 민족문제』, 지식산업사, 1995.

한상복·권태환, 『중국 연변의 조선족:사회구조와 변화』, 서울대출판부, 1993.

황옥금 외, 『시선집』, 1955.

Aleida Assmann, 『기억의 공간』, 경북대학교 출판부, 2005.

Benedict Anderson, 윤형숙 역, 『상상의 공동체』, 나남출판, 2002.

Dick Hebdige, 『하위문화:스타일의 의미』, 이동연 역, 현실문화연구, 1998.

Emmanuel Levinas, 『시간과 타자』, 강영안 역, 문예출판사, 1996.

Francis Mulhen, 『문화/메타문화』, 임병권 옮김, 한나래, 2003.

Homi Bhabha, 『문하의 위치─탈식민주의 문화이론」, 소명출판, 2002.

Jacques Lacan, 『욕망이론』, 권택영 엮음, 문예출판사, 1994.

Jean Baudrillard, 『시뮬라시옹』, 하태환 옮김, 민음사, 1981.

Peter Childs & Patrick Williams지음, 김문환 옮김, 『탈식민주의 이론』, 문예출판사, 2004.

Raymond Williams, 『문화사회학』, 설준규·송승철 옮김, 까치, 1984.

Siegfried Johannnes Schmildt, 『구성주의 문학체계이론』, 박여성 옮김, 책세상, 1989.

Stuart Hall, 『스튜어트 홀의 문화이론』, 임영호 역, 한나래, 1996.

Walter Benjamin, 『발터 벤야민의 문예이론』, 반성완 역, 민음사, 2003.

1950~60년대 중국 조선족 시에 대한 탈식민주의적 고찰

윤 의 섭

1. 서론

우리가 해방 이후 중국 조선족 시를 탈식민주의의 관점에서 살펴볼 수 있는 일차적 근거는 중국 조선족 역시 한민족으로서 일제 식민시대를 경험했다는 데에 있다. 이때 중국 조선족의 모든 시가 의식적으로 탈식민주의를 표방하고 있는 것은 아니지만 그들의 시를 탈식민주의의 시각으로 볼 수 있다는 인식이 형성된다. 동시에 중국 조선족의 시 역시 탈식민주의의 양상을 보이는 것도 사실이다. 탈식민주의는 식민지국가가 제국주의에 의한 정치적 지배 체제에서 벗어났다 하더라도 문화적, 경제적 제국주의의 속박과 잔재가 남아 있는 상황을 직시하고 제국주의의 억압적 구조로부터의 해방을 지향하는 운동으로 볼 수 있다.[1] 한마디로 탈식민주의의 개념은 식민주의 시대가 끝난 후에도 지속되는 제국주의의 영향력을 비판하고 극복하려는 노력으로 볼 수 있다.[2] 그러므로 식민주의 시대가 종식된 이후 식민시대의 잔재가 어떤 과정을 거쳐 내재화되거나 변화되어 가는지를 살펴보는 본고의 논의 방향 역시 탈식민주의 논의의 범주에 속하는 것이다. 본고는 식민시대 이후 중국 조선족 시에서 보이는, 식민주의의 영향권에서 벗어나고 있는 양상과 과정을 살펴보고자 하며 고찰 방식에 있어서도 탈식민주의의 이론적 관점을 적용하고자 한다.

한편 중국 조선족이 민족적 동질성을 공유한 한민족이면서 실제로는 중국 국적을 갖고 있다는 경계의 이중성에 의해, 시에 나타나는 민족주의적 성격은 표면적으로만 고찰되어서는 안 된다고 본다. 민족을 구성하는 일차적 요소로 혈연·언어·종교·경제 공동체·지형을 들 수 있지만 중국 조선족은 혈연과 언어를 제외하고는 뚜렷이 일치하는 요소를 공유하고 있지는 않다. 더구나 앤더슨이 주장한 대로 아시아와 아프리카 등 신생국들의 민족 공동체 형성 과정이 서구 제국주의에 의한 식민시대 이후에 서구 민족 공동체 형성 과정을 모형으로 답습하면서 형성된[3] 대항적·혼성적 성격을 갖고 있다면 중국 조선족의 민족적 정체성은 더

---

1) Bill Ashcroft 외, 이석호 역, 『포스트 콜로니얼 문학이론』, 민음사, 1996, pp.12-29 참고.
2) 박상기, 「탈식민주의의 양가성과 혼성성」, 『비평과 이론』 제6집, 한국비평이론학회, 2001, 6, p.86.
3) Benedict Anderson, 윤형숙 역, 『상상의 공동체』, 나남출판, 2002, pp.149-150 참고.

욱 불분명해질 수밖에 없다. 한 논의에 의하면 한민족 공동체의 형성은 우리나라 사람들과는 다른 중국 사람들이나 일본 사람들이 한반도의 외부에 존재하고 있고 우리 민족은 그러한 외부의 공동체와 구별된다는 의식이 형성되어 가던 19세기 말에야 시작된 것이라고도 한다. 즉 이러한 공동체 의식은 일본을 포함한 서구 제국주의의 침략의 결과물이라는 것이다.4) 그러나 '외부의 공동체와 구별된다는 의식'이 19세기 말에야 형성된 것이지 우리의 민족 공동체 의식은 제국주의 시대 이전부터 존재했다.5) 이러한 민족적 정체성에 대한 복잡성에 의해 중국 조선족의 민족적 정체성은 혈연이나 언어적 동질성에서만이 아니라 탈식민주의적 관점과 다른 국가 체제하에서의 민족의식 형성과정 역시 고려하여 규정되어야 할 것이다. 본고에서는 민족의 개념을 서구의 민족 개념뿐만이 아니라 우리에게 형성되어 있다고 보이는 민족의식의 범주도 고려하여 규정해야 한다고 본다. 다른 국가체제하에 속해 있으면서도 이전의 민족과 동질하다고 보는 것은 그 민족 구성원에게 뿌리 깊이 새겨져 있는 당위성에 근거한 것이다. 이 당위성이란 서구적 의미의 '민족' 개념이 접목되기 이전부터 이어져 오던 '혈연'·'지연' 등의 공동체 의식이 가져오는 정서적·심정적 묵약에 의해 생성되는 것이다.

본고는 중국 조선족의 시를 우리 민족이 쓴 것으로 보면서 동시에 그들의 시에 드러난 의식이 전치된 민족의식을 보인다는 점을 지적하고자 한다. 그들의 시에는 중국 국적을 갖고 살아야하는 이중적 경계의 틈새

---

4) 고부응, 『초민족 시대의 민족 정체성』, 문학과 지성사, 2002, p.125.
5) 공동체 의식의 형성과 공동체의 형성은 다른 것이다. 제국주의의 팽창 이전부터 한민족은 국가 범주를 구성한 상태에서 이미 민족 공동체와 의식을 형성하고 있었다고 본다. 이에 근거해 제국주의 시대에 공동체 의식이 형성되었다기보다 그 것이 강화되었다고 보아야 할 것이다.(최갑수, 「서구에서의 근대 국민국가의 형성과 민족주의」, 한국사연구회 편, 『근대 국민국가와 민족문제』, 지식산업사, 1995, p.16 참고)

에서 생존하기 위한 민족 공동체의 또 다른 민족의식과 방식이 담겨 있는 것이다.

해방 이후의 시에 대한 연구가 민족의 언어를 되찾고 민족 정신을 회복한 점에 중점을 두었듯이 중국 조선족 시에 대한 국내에서의 연구 역시 주로 민족주의와 관련해서 이루어졌다.[6] 반면 중국에서의 조선족 시에 대한 연구는 정치적 변화에 따라 시가 표출하고 있는 현실 극복 노력이나 사회주의의 이념 속에서 시가 삶의 진솔한 모습을 어떻게 드러내고 있는가에 초점이 맞추어져 있는 듯하다.[7] 이는 국내에서는 중국 조선족의 시를 민족주의적 동질성에 입각하여 바라보고자 하는 성향이 강한 반면 중국에서는 사회주의 체제와 정치적 변화를 반영하는 중국 내 소수민족의 시라는 입장을 갖고 있기 때문에 나타나는 현상이다. 본고에서 다루고자 하는 시기는 구체적으로 1949년 10월 1일 제3차 국내 혁명전쟁의 종식과 더불어 이루어진 중화 인민 공화국의 창건 이후인 1950년대부터 1966년 문화혁명이 일어나기 전까지의 시기이다. 이 17년의 시문학 시기를 '보은문학'으로 통칭하기도 하고[8] 1976년 문화혁명 시기까지 합쳐 계몽기와 암흑기로 나누어 칭하기도 한다.[9] 이 시기의

---

6) 이에 대해서는 권영민, 「해방을 노래한 3권의 시집」, 『문학사상』, 문학사상사, 1981.1, p.325, 오정혜, 「1950년대 중국 조선족 시 연구」, 동아대 박사논문, 2003, pp.22-26, 정덕준 · 노철, 「중국 조선족 시문학 연구」, 『현대문학이론연구』 제20호, 현대문학이론학회, 2003 등을 참고할 수 있다. 이 중 오정혜의 논문은 1950년대 중국 조선족 시를 해방 후 민족의식을 드러낸 시와 중화 인민공화국 창건에 의한 인민해방의 기쁨을 드러낸 시로 구분하고 있어 획일적인 민족주의적 성격 부여를 피하고 시 의식의 변화 과정을 반영하고 있다.

7) 이에 대해서는 조성일 · 권철 외, 『중국 조선족 문학통사』, 이회출판사, 1997, 김종수 · 최건, 『중국당대문학사』, 청년사, 1991 등을 참고할 수 있다.

8) 전국권, 「중국 조선족문학의 성격 문제」, 『조선언어문학론문집』, 동북조선민족교육출판사, 1996, p.381, 윤영천, 「중국 조선족 시문학의 형성과 전개」, 『서정적 진실과 시의 힘』, 창작과 비평사, 2002, p.342에서 재인용.

9) 정덕준 · 노철, 앞의 논문, p.345. 이 논문에서 구분한 시기는 다음과 같다. ① 1949~1957년 상반기 - 계몽기, ②1957년 하반기~1976년 - 암흑기, ③1976년~1980

시는 중화 인민 공화국에 의한 인민 해방에 대한 찬양과 사회주의 건설에의 적극적 참여를 중점으로 드러내고 있다. 그러므로 이 시기의 시에 대한 민족주의적 성격을 알아내기 위해서는 다양한 시각에서 접근해야 할 필요가 있다.

이 시기에 중국 조선족의 시는 이민족으로서 중국의 체제하에 적응하며 식민시대 이후 정착해 가는 과정을 우리 민족의 언어로 담고 있다. 이들이 민족적 의식을 드러내놓고 표출하는 면모는 시간이 흐를수록 점차 희박해지며 삶의 전선에서, 그리고 사회주의의 정치적 체제에서 자신의 존재성을 드러내는 양상이 두드러지고 있다. 민족적 의식은 표면적으로 드러나지 않고 깊은 내면으로 침잠되어 있는 것이다. 본고는 이러한 현상을 탈식민주의적 관점에서 분석하고자 한다. 이를 위해 부인(disavowal)과 교섭(negotiation)의 논리를 통해 이 시기의 시가 중국 사회주의 체제에 적응해 가는 과정을 드러낼 것이다. 그리고 이 과정에서 한 민족으로서의 정체성과 새롭게 받아들이게 된 중국 체제가 동시에 섞이는 혼성성(hybridity)이 나타나고 있음을 밝힐 것이다.[10] 혼성성은 식민시대 이후에 남아 있는 식민시대의 잔재가 식민시대 이후의 새로운 민족의식이나 체제와 뒤섞인 채 제삼의 탈식민주의적 성향으로 존재하는 양

___

년대 후반-회복기, ④1980년대 후반~1990년대 후반-성숙기. 이러한 시기 구분은 형성과 정체, 그리고 회복과 성숙이라는 통사적 발전 과정에 따라 나누어진 것이다. 이는 민족주의적 성격을 기준으로 한 것이어서 다른 기준으로 볼 때에 적합하지 않은 면도 있다. 1980년대 후반까지를 회복기라고 한다면 문화혁명 이전의 시기 상태로 회복되었다는 것인데 논문에서 말한 대로 서정시의 본령과 민족문학으로서의 성격을 회복했다면 그것은 재출발기라고 해야 마땅할 것이다. 시가 회복해야 할 것은 서정시나 민족주의 성격이 아니며 회복 대상도 없는 것이다. 성숙기라고 칭한 1990년대 역시 어떤 토대 위에서 성숙했다는 것인지 불명확하다. 시사의 통사적 구분은 다양한 기준에 의해 이루어질 수 있겠지만 각 시기의 특징을 반영하고 개별적 지위와 성격을 부여하여 구분해야 한다고 본다.

10) Homi k. Bhabha, 나병철 역, 『문화의 위치-탈식민주의 문화이론』, 소명출판, 2002 참고.

상을 가리킨다. 본고에서는 혼성성의 이러한 개념을 폭넓게 적용하여 식민시대 이후 중국 조선족의 의식이 중국 체제에서 뒤섞여 나타나는 양상 역시 혼성성으로 보고자 한다. 그리고 이 혼성성은 민족적 정체성에 대해 표면적으로 수행된 망각이며 적극적 적응의 전략인 것이다.[11] 본고는 1950년대부터 1966년까지의 중국 조선족 시를 논의 대상으로 하되 특히 『연변시집(1959~1962)』의 시편을 중점적으로 다루고자 살펴보고자 한다. 이 외에『들끓는 변강』,『고향의 사람들』에 실린 시도 참고할 것이다.[12] 이 시집들에는 1950년 이후의 중국 정치 상황을 반영하는 가운데 민족적 의식이 내재화되면서 체제에 적극 참여해 나가는 양상이 다양하게 드러나 있다.

본고는 1950~60년대의 중국 조선족 시를 탈식민주의 관점으로 분석하여 이들 시에 나타난 암묵적 부인과 체제 적응의 양상을 혼성성으로 파악한다. 이로써 중국 조선족 시가 식민시대의 종식 이후 그들만의 목소리와 세계를 형성해 나가고 있다는 점을 제시하여 중국 조선족 시에 대한 재고에 또 다른 기준을 제시할 것으로 기대한다.

---

11) Aleida Assman, 변학수 외 역,『기억의 공간』, 경북대학교출판부, 2003 참고.

12) 임효원 외,『연변시집(1950~1962)』, 연변인민출판사, 1964, 연변인민출판사 편,『들끓는 변강』, 연변인민출판사, 1959, 리욱,『고향의 사람들』, 민족출판사, 1957. 참고로 이 시기에는 많은 시집이 발간되었다. 본고는 주로 여러 시인의 시를 편선한 시집을 대상으로 논의하여 전반적인 중국 조선족 시의 흐름을 살펴보고자 한다. 한편 이 시기에 발표된 시 중에는 한국전쟁에 참전한 조선족의 이야기를 담은 시도 있다.(주선우,『잊을 수 없는 녀인들』, 연변교육출판사, 1957 등) 이러한 시에 대해서는 탈식민주의 관점과 아울러 사회주의 이데올로기와 중국 조선족의 역사적, 이념적 측면도 함께 고려해야 하므로 추후 다른 지면을 마련해야 할 것이다.

2. 부인과 적응의 전략

중국 역사에 있어서 1950년대는 중화 인민 공화국이 창건되어 사회주의 체제가 본격 가동되기 시작한 때이다. 일제시대까지 이주와 유민의 역사를 거듭하며 정착해온 중국 조선족은 우리나라와 마찬가지로 식민시대를 청산해야 했으며 동시에 소수민족으로서 새로운 체제 속에 편입해야 하는 현실을 받아들여야 했다. 그 결과 1945년의 해방과는 별도로 인민 해방을 선언한 1949년이 중국 조선족에게는 중국 전역과 더불어 일제의 식민통치에서 해방된 이차적인 의미의 해방기로 받아들여진다.[13) 이 시기의 중국 조선족 시는 중국 공산당의 정책에 따른 사회주의 개혁과 건설에 대한 낙관적 전망과 중국혁명전쟁의 승리를 위한 영웅적 투쟁을 고무하는 데 집중되었다.[14) 그 결과 주로 선전·선동을 목적으로 히는 낭송시와 송가 형식의 시가 많이 창작되었다. 이러한 사실은 중국 조선족이 중국의 사회주의 체제를 그들 삶의 총체적 기반으로 받아들이고 있다는 것을 의미한다. 중국 조선족은 특히 중국 공산당이 추진한 토지개혁을 환호했으며 이것이 자연스럽게 공산당을 지지하는 결과를 낳고 있다.[15) 이렇게 볼 때 중국 조선족의 시가 더 이상 한반도를 의미하는 '조선'으로의 실질적 회향을 노래하지 않는 것은 당연하다. 고향에 대한 마음의 향수를 완전히 배제할 수도 없지만 사회주의 체제를 따르고 사회주의 건설의 일선에 나서야 하는 생존 방식에 적응해야 하는 현실인 것이다. 더구나 1957년 이후 이어진 '반우파 투쟁'으로 인해 중화 인민 공화국 건설에 있어서 약간의 의심이라도 살만한 내용의 시는 발표되기

---

13) 오정혜, 「광복 후 중국 조선족 시의 성격」, 『국어국문학』 제21집, 동아대학교 국어국문학과, 2002, p.253.
14) 정덕준·노철, 앞의 논문, pp.346-347.
15) 윤영천, 앞의 책, pp.324-325.

힘들었고 시문학의 예술성은 정치선전에 압도당하였다.[16] 따라서 이 1950년대에서 1957년 상반기까지의 시와 1957년 후반기부터 1965년까지, 그리고 문화혁명 시기까지의 시는 성격이 어느 정도 다르다. 즉 1950년대 중반까지는 민족주의적 성격과 함께 중국 사회주의 체제에 대한 찬양과 혁명적 삶의 의지를 드러내고 있는 반면 이후 시기는 민족주의적 성격은 많이 드러나지 않으며 사회주의 체제에 복무하는 구호적 내용을 드러낸 시가 대부분이다.[17] 전반적으로 보면 이 시기는 사회주의 체제에 적응하고 부응하는 내용의 시가 주를 이루고 있다. 이는 상대적으로 조선족이 갖고 있을 법한 민족에 대한 그리움, 정체성, 고향의식 등에 대한 지향성이 위축되었거나 감추어져 있음을 말해준다. 그런데 이러한 양상은 근원적 고향이 조선이라는, 타민족으로서의 타자적 정체성을 무의식적으로 거부하는 암묵적 부인이 전제된 상태에서야 가능한 것이다. 부인이란 원래 프로이트가 특정한 의미로 사용한 용어로서 주체가 외상으로 지각되는 현실을 인정하는 것을 거부하는 방어 방식을 가리킨다.[18] 프로이트에 의하면 여자아이는 최초에 남근을 본 후 자신이 남근을 가지고 있지 않다는 사실을 부인한다고 한다. 뿐만 아니라 자신은 남근을 가지고 있다고 믿으며 남근을 선망하게 되고 남자아이와 동일시하려는 시도를 하게 된다는 것이다. 이는 거세 콤플렉스로 이어지고 성장과정에서 해소되거나 불안한 정신분열적 상태로 남게 된다.[19] 탈식민주

---

16) 김월성, 「중국조선족 시문학 상황」, 『시와 시학』, 시와 시학사, 1993. 봄호, pp.188-189.

17) 정덕준·노철, 앞의 논문, p.353. 다음은 1950년에 쓰인 시의 일부이다. "그 옛날 놈들의 압박 착취로/쪼들린 살림에 얽매여/배우지 못해 답답하고 원통하던 그 일/밭 얻고 집 얻고 정권마저 잡아/신세 고친 오늘에야 글 몰라 되랴!/마음 놓고 웃어 가며/정성껏 배우는 그 모습!"(현남극, <동학>, 임효원 외, 앞의 책, p.4) 한글을 배우자고 권유하는 이 시는 그것을 당의 혜택이라고 말하고 있지만 식민시대에 대한 반감과 민족에 대한 의식을 드러내고 있어 표면적으로 민족의식을 드러냈다고 할 수 있다.

18) Jean Laplanche·J. B. Pontalis, 임진수 역, 『정신분석사전』, 열린책들, 2005, pp.171-173.

의 이론에서 볼 때 식민주의에 의해 잊혀지거나 제거된 민족의 정체성 등에 대해 민족 구성원들은 그것이 실제로 거세되지 않았다고 믿고 싶어 하고 그 상황을 부인하는 현상이 나타날 수 있다. 그와 동시에 그 거세된 자리에 기존의 체제나 대상이 있다고 믿게 되는 양성성 내지 혼성성의 양상이 나타나는 것이다.[20] 그들은 의식하지 못하더라도 거세된 자리를 채우고 있는 것은 환상으로, 실제로는 선망하던 대상이거나 장차 채우고 싶어 하는 양가적 대상의 한쪽인 것이다. 중국 조선족 시에 있어서 사회주의 건설에 대한 강한 열망과 찬양을 통한 선동적 태도는 민족적 의식과 한반도를 의미하는 '조국'이 식민주의에 의해 현재 잊혀져 가거나 재현 불가능하다는 사실을 의식의 심연으로부터 암묵적으로 거부하고 부인하는 자리에 대신 세워진 알레고리적 방어 방식인 것이다.

> 석탄아 쏟아지라
> 태산으로 무너지라
> 저 지동치는 소리에
> 위대한 조국의 앞날이 나래친다
>
> 지난 날 고로의 기억을 잊지 않고
> 불'덩이 정성 속에 새 기록 울리는
> 여기 줄줄이 벋은 간선을 우러르면
> 아, 화려한 앞날이 보인다
> 그 날을 창조하는 우리의 행복이여!
>
> ― 한태악, <탄부의 노래>(1954) 부분(『연변시집(1950~1962)』)

---

19) 이에 대해서는 Sigmund Freud, 한승완 역, 『나의 이력서』, 열린책들, 1997, pp.198-213과 Sigmund Freud, 임홍빈·홍혜경 역, 『새로운 정신분석 강의』, 열린책들, 1996, pp.159-192를 참고할 것.

20) Homi k. Bhabha, 앞의 책, p.229 참고.

나의 조국, 넓고 넓은 나라
영원한 태양이 하늘에 빛나고
각 민족 형제처럼 서로 도우며
번영과 부강의 봉우리 향해 달리는
아 영광스러운 나의 조국

- 임효원, <영광스러운 나의 조국>(1959) 부분
(『연변시집(1950~1962)』)

인용한 시는 모두 영광스런 조국의 품 안에서 행복하다는 기쁨을 표출
하며 주체의 지위와 공간을 국가적 체제에 결속시키려는 의지를 강하게
드러내고 있다. 여기서 말하는 '조국'은 물론 중화 인민 공화국이다. 한
논문은 '연변조선족 자치주'를 승인하여 삶의 터전을 인정하고 마련해 준
중국을 중국 조선족의 시에서 조국이라고 부르는 것은 당연하기 때문에
정치 현실적 조국과 정서적 혈통적 조국이라는 이원성이 함께 공존하고
있다고 말하고 있다.[21] 그런데 이 논문에서 인용한 시의 발표 시기는 대
부분 문화혁명 이후인 1980년대이다. 1980년대 중국 개방개혁기의 시는
1950~60년대 시와 비교할 때 민족적 동질성에 의한 자유로운 감정의 표
현이 보다 더 활발할 수 있었다. 이에 비해 1950~60년대의 중국 조선족
시에 있어서 정서적 혈통적 조국에 대한 민적의식 표출은 극히 제한적인
양상을 보인다. 즉 이원적 조국이 공존하고 있다는 것을 파악하기 어려울
정도로 이 시기의 시는 민족의식을 표면화하지 않고 있는 것이다. 이러한
양상은 특히 1960년대 전후의 시부터 정서적 혈통적 조국이 내재화되고
대신 강력한 정치적 현실적 체제로서의 중국 사회주의 국가가 조국으로
자라잡고 있다는 것을 의미한다. 위 시에서처럼 '각 민족 형제처럼 서로

---

21) 권기호, 「중국 주재 조선족 시인들의 시 유형 연구-조국이미지를 중심으로-」,
『어문학』 제62호, 한국어문학회, 1998.1, pp.246~250.

도우며' 소수민족으로서의 존재론적 공간에 중국을 들여놓는다는 것은 그들에게 조선족으로서의 조국, 혹은 정체성이 현실적으로 유지되기 어렵다는 사실을 인식하고 있다는 것을 의미한다. 그러나 그들은 한반도로서의 '조국'을 조국으로 내세울 수 없는 상황, 국경이 나뉘어 발생한 이전 고향의 상실 상태, 이중 조국을 인정해야 하는 경계인으로서의 정체성 등 식민시대 이후 경험하게 된 각종 부재 상황을 무의식적으로나 심정적으로 부인하고 있는 것이다. 이 부인은 자아의 방어 기제이기도 하다.22) 부인은 체제에의 적응을 위한 수단이자 전략인 것이다. 결국 그들은 부재의 자리를 중국 사회주의 체제가 채우고 있다는 현실을 선호하고 찬양하며 적극적으로 삶의 현실에 끌어들이려는 노력을 정당화한다. 이 부인된, 혹은 재현 불가능성이 망각된 영역을 파고든 식민시대 이후의 현실은 보편주의적 열망을 선호하는 개인과 타협하면서 시민사회의 일반화된 주체의 핵심에 정체성의 모호성을 만들어낸다.23)

이는 탈식민주의의 관점에서 볼 때 중국이라는 체제와의 동일성과 양성성을 드러내는 것이지만 엄격한 사회주의 체제의 통제 하에서 생존하기 위한 일종의 전략적 행위로 받아들여져야 한다. 더 이상 삶의 터전을 잃고 싶지 않다는 식민시대 이후의 이주민적 정서는 현 체제에 대한 적응 활동을 생존 행위로 수행하지 않을 수 없는 것이다. 더구나 '반우파 투쟁'이 본격 가동되기 시작한 1957년 이후엔 이러한 적응 활동이 전면적으로 부각될 수밖에 없는 것이다. 이 시기에 민족적 정체성을 드러내거나 한반도로서의 '조국'을 회억하는 행위를 보이지 않고 대신 거의 획일적으로 사회주의에 대해 찬양하고 송가를 노래하는 것은 조국을 떠나야 했던 식민시대의 고통과 사회주의 체제에서 숙청될지도 모른다는 공

---

22) Jean Laplanche · J. B. Pontalis, 앞의 책, p.172.
23) Homi k. Bhabha, 앞의 책, p.44.

포에 대한 일종의 방어 기제라고 할 수 있다.[24] 식민시대 이후 중국 조
선족 시에 나타난 이 이중적 방어 기제, 즉 부인을 통한 자아의 방어 기
제와 송가 등의 참여적 전략을 통한 방어 기제는 현실에 적응해야 하는
중국 조선족의 분열된 정체성을 억압하는 기능을 하며 생존을 가능케
하는 복합적인 메카니즘으로 작용한다.

> 불러 보자 목청껏 불러들 보자
> 살뜰한 그 이름!
> 심령 속에 깃들은 채 불러 못 보던
> 아ㅡ
> 내 나라, 내 살림, 사랑하는 조국이여!
> 의젓이 주인된 그 맘으로
> 불러 불러 다시 또 불러 보자
> 부를수록 살뜰한 어머니 같이
> 심장 속 보석으로 새겨진 이름
> 그 이름 다시 불러 중화 인민 공화국ㅡ

> ㅡ 김례삼, <공산당의 붉은 기'발ㅡ중국 공산당 탄생 30 주년에 드림>
> (1951) 부분 (『연변시집(1950~1962)』)

'중화 인민 공화국'에 대한 애국적 심정을 강하게 드러내고 있는 위
시에서 화자가 '심령 속에 깃들은 채 불러 못 보던' 조국을 마음껏 부를
수 있는 것은 '의젓이 주인된 그 맘'이 생겨서야 가능한 것이다. 즉 이
제서야 '주인'의 입장에서 조국의 이름을 부를 수 있지만 사실 화자에게
는 오래 전부터 '조국'이라고 불러 보고 싶은 마음이 있었던 것이다. 이
러한 구절은 중국에 정착하기 전의 한반도로서의 '조국'을 현재에 재현

---

24) 장사선, 「고려인 시에 나타난 아우라」, 『한국현대문학연구』 제17집, 한국현대문
학회, 2005. 6, p.266 참고.

하는 것이 불가능하다는 현실을 부인한 결과 나타난 이접성[25]을 드러낸다. 그리고 중국 공산당 탄생 30주년을 기념하여 씌어진 송가의 일종인 이 시는 중국의 체제와 역사에 그들이 동참하고 있다는 것을 전폭적 지지와 복받친 감정을 통해 드러내고 있다. 이는 송가의 형식을 통한 방어 기제이다. 송가를 통한 동질성 획득 시도는 그들이 중국 체제에서 살아남기 위한 탈식민시대적 적응 전략인 것이다.

> 아, 이 고장을 떠나서 또 어디로 가랴!
> 당이 키워 준 이 팔로
> 당이 안겨 준 이 땅에서
> 주어진 곡창문을 열어 젖히지 못하고서야
> 조국의 그 어느 한 치의 땅에 가서
> 떳떳이 걸어 다닐 면목이 있으랴!
>
> 벗이여, 내 떳떳하노라,
> 내 고향 소나무에 칭칭
> 천오리 만오리 이 몸을 얽매여
> 이 땅에 뿌리 박고 아지 치기 원하노라!
>
> ─ 김성휘, <나는 이 고장에 살겠노라>(1961) 부분
> 『연변시집(1950~1962)』

위 시의 화자는 '고향'에 '뿌리 박고' 살기를 원한다. 이때의 고향은 물론 한반도를 일컫는 것이 아니다. 중국 조선족은 중국 정착기 이전과의 시간성이 단절된 탈식민시대의 공간적 한계를 받아들이고 고향의 지형적 현 위치를 중국 땅으로 고정화시키고 있다. 그러나 화자가 정착한

---

25) 여기서 말하는 이접성은 분리의 의미를 갖는 'Disjuncture'를 의미하는 것이 아니다. 이접성(異接性)은 이질적인 것이 접합되는 성질을 의미한다.(Homi k. Bhabha, 앞의 책, p.343 참고)

'고향'은 중국 조선족이 떠나온 민족적 본향으로서의 고향과 연장선에 놓여있다. 그것은 화자가 '이 고장을 떠나서 또 어디로 가랴!'라고 한 데서 알 수 있다. 화자는 중국 '고향'에서 더 이상 갈 곳이 없을 만큼 정착의 절박성, 생존의 안정화를 소망하고 있다. 그러한 정착의 제 일차적 조건은 '주어진 곡창문'이 상징하는 의식주의 보장이다. 화자가 정착한 곳은 떠나오기 전의 민족적 본향으로부터 삶의 터전을 찾아 나선 길의 연장선에 놓여 있는 민족적 이동로의 한 점에 불과하다. 현재 머물고 있는 곳이 그들에게 더 이상 생존을 보장할 수 없었다면 그들은 다시 길을 떠났을 것이지만 사실 그들에게 정해진 유토피아가 있는 것도 아니다. 더 이상 갈 곳이 없다는 절박한 심정은 중국의 땅을 '고향'으로 받아들이게 한다. 이곳이 진정 그들의 삶의 터전이자 고향이라고 믿는 것은 본향과 단절되었다는 사실을 부인한 결과이다. 그리고 살기 위한 적응의 방어 기제이기도 하다. 위 시는 부인의 방어 기제가 우선적으로 작동하며 민족적 생존의 욕망을 드러내고 있으며 '당'으로 대변되는 중화인민 공화국 체제에 대한 찬사를 통한 적응 전략을 암묵적으로 드러내고 있다.

요컨대 1950~60년대의 중국 조선족 시는 부인과 적응 전략이 서로 교섭하며 탈식민시대의 공백기, 즉 민족적 정체성이나 고향 상실이라는 정신사적, 역사적, 시간적, 공간적 공백의 시기를 메우고 그들의 민족적 현실을 재기입[26]하는 결과를 낳고 있다. 두 가지의 방어 기제는 따라서 서로를 보완하며, 그리고 탈식민주의적 대항성으로 작용하며 이 시기의

---

26) 재기입(reinscription)은 식민지에 씌어진 제국주의에 의한 왜곡된 역사를 전복하고 탈식민주의의 역사를 다시 기입하는 것을 의미한다. 그러나 이 경우 혼성적 기입이 불가피하며 라캉이 말하는 실재계의 가변성을 경험하게 되고 뒤에 상징계를 수정하게 되는 과정을 다시 한번 거치게 된다. 그리고 이러한 과정은 반복된다.(Homi k. Bhabha, 앞의 책, p.369 참고)

중국 조선족의 의식 깊은 곳에서 활동하고 있는 것이다. 그러나 부인과 적응의 전략 속에서도 1950~60년대의 중국 조선족 시에 민족적 정체성에 근거한 민족 정서와 민족의식이 면면히 흐르고 있는 것이 사실이다. 그들의 부인 의식이 민족적 정서와 정체성에 대한 생명력을 강화시키는 기능을 하기 때문이다. 비록 내재화되고 혼성된 것이긴 하지만 본고에서는 이러한 양상이 중국 조선족 시에 나타난 독특한 탈식민주의적 특성이라고 본다.

3. 교섭과 전치에 나타난 혼성성

부인과 적응의 방어 기제는 중국 조선족의 현실적 시·공간을 교섭[27]의 장으로 만들어 놓는다. 그러나 민족적 정체성과 본향에 대한 희미한 기억이나마 존재하고 있는 상황이라면 교섭의 장에서 추구하는 이상적 지향 공간은 공동체적 기억에 의존하는 유토피아적 조국으로 설정 된다. 이 기억에 의해 재현된 공간은 상상적 이미지로 재구된 곳으로 순차적 연대나 실제적 지형으로 측정될 수 없는 곳에 위치한다.[28] 이렇게 설정 된 유토피아는 식민시대 이전의 민족적 본질을 간직한 완벽한 조국, 혹은 순일한 민족성이 유지되는 곳일 수 없다. 제국주의적 사고를 경험한 이후의 탈식민시대에 식민의식을 전복하고자 하는 욕망은 이미 식민시대

---

27) 교섭이란 대립적인 요소들이 서로 동일성을 깨뜨리고 침투함으로써 제3의 공간 속에서 혼성되는 과정을 말한다.(위의 책, p.67 역주 12)
28) 기억에는 연대기적 시간 계산에 대한 견고하고 확실한 척도가 없다. 예컨대 기억은 가장 가까운 것을 아득히 먼 곳으로, 그리고 먼 것을 아주 가까운 곳으로 가지고 올 수도 있다. 연대순으로 정리된 역사 서적들이 어느 한 민족의 역사의식에 관해 설명한다면 그 민족의 기억은 회상 장소의 기억 내용에서 그 자료를 찾는다.(Aleida Assman, 앞의 책, p.443)

의 유산을 공유한 상태에서 발생한 ꞵ자각적 현상이다. 따라서 유토피아 설정으로도 식민시대 이전 상태로의 완벽한 복원은 불가능하다. 민족적 본향에 대한 정서는 탈식민주의 시대의 사유와 기억 속에서, 그리고 교섭의 과정을 거쳐 현재 시간에 재현된 것이다. 이는 혼성적으로 재기입된 것이며 현실과 겹친 채 재현된다. 이것은 탈식민주의적 관점에서 보면 타자와 주체를 동일시하는 상징계로 전치된 양상이라고 할 수 있다.[29] 하지만 교섭과 전치에 의해 나타난 혼성성의 가치는 진리라는 차원에서, 그리고 그것이 탈식민시대의 현실에서 획득한 중국 조선족의 진정성이라는 차원에서 평가되어야 한다. 호미 바바에 의하면 진리는 항상 그것이 출현하는 과정의 양가성에 의해 알려지고 표시된다. 결국 진리는 매개물 속에 반대인식들을 구성하는 의미의 생산성에 의해, 논쟁의 행위 자체 속에서, 그리고 대립적이고 적대적인 요소들의 교섭의 형식 내부에서 알려지고 드러난다.[30]

묘비에는
"조선 영웅의 묘"라 하고
모서리에는
"중국 사람이 세움"이라 하였기에,

놈들은
부근 3십리 마을을
샅샅이 뒤지면서
비 세운 사람을 찾았으나,

중국 사람

---

29) Jacques Lacan, 권택영 외 역, 『욕망이론』, 문예출판사, 1994, p.19 참고.
30) Homi k. Bhabha, 앞의 책, p.67.

조선 사람 할 것 없이
"모른다"는
한마디였다.

…(중략)…

마을에는
"중조 인민 단결"
"일본 제국주의 타도"라는
삐라가 휘날렸다.

　　　　　　　－ 리욱, <아름다운 이야기> 부분(『고향의 사람들』)

　　위의 시에서는 과거 항일 투쟁을 같이 경험한 중국 조선족과 중국과
의 공유 기억을 부각시키고 있다. 화자는 공유의 역사 속에서 '중조'의
협력이 같은 목표를 향해 이루어지고 있음을 보여준다. 또한 목숨을 건
협력은 곧 이후의 중국을 위한 희생인 것이다. 위 시는 '조선 영웅'과
'중국 사람'이 서로 융합하는 과정을 보여줌으로써 '중조 인민'이 함께
세운 '중국'이라는 국가 체제에 서로의 역사가 혼성적으로 기입되는 과
정을 드러낸다. 항일을 통한 탈식민 과정 속에서 중국 조선족의 역사적
기억과 중국의 역사적 기억은 교섭을 이루며 현재의 상황에 대한 진리
로 받아들여지고 있다. 동시에 그것은 혼성적이다.

　　서러운 지난날에 눈물 흘리며
　　맨발로 가시밭을 헤매던 가난한 집 아이들이
　　오늘은 재난의 산'비탈에 황금나무 심고
　　짓밟히던 마을에 봄날의 꽃을 피웠네.

　　당의 은혜로운 손'길 따라

이제 한 해 또 한 해 지나면
고향 마을에 과일이 무르익으리니
그 때면 과수원은 더욱 아름다운
이야기 낳으리라!

　　　　　　－ 리행복, <과수원>(1956) 부분(『연변시집(1950~1962)』)

위의 시에서 말하는 고향 마을의 과수원은 '당의 은혜로운 손'길 따
라' 무르익는 현실적 공간에 위치하고 있다. 이 과수원은 '서러운 지난
날에 눈물 흘리며/맨발로 가시밭을 헤매던 가난한 집 아이들'이 자라
'봄 날의 꽃'을 피우는 곳이다. 즉, 이 고향의 과수원은 화자의 지난날의
고향과 현실의 고향이 겹쳐진 교섭의 장인 것이다. 현실적 공간에서 꿈
꾸는 과수원의 결실, 과일은 과거 '짓밟히던 마을'이었던 공간으로의 재
기입을 시도하는 대체적·보상심리적 성격을 갖는다. 과일이 무르익으면
'더욱 아름다운/이야기'로 다시 씌어지는 역사 기술이 가능할 것이어서
이 시의 과거와 현재와 미래의 시간성은 하나의 현실적 공간에 혼성적
으로 겹친다. 이 시는 고향에 대한 유토피아적 환상을 실현하기 위한 탈
식민시대의 의지로 가득하다.

고향에 대한 공동체적 기억, 민족적·역사적 기억이 전승될 때 그것
은 현재의 시간에서 선택되고 재편되어질 수밖에 없다. 즉, 공동체적 정
체성이라는 전제 하에 역사의 기억은 이제 더 이상 직접적으로 역사 사
건으로 치환할 수 없게 된다. 한 걸음 더 나아가 기억은 사건을 대체하
기까지 한다.[31] 그렇다 하더라도 한 편의 시에서 나타나는 기억의 전승
은 한 민족이 다음 세대까지 민족의식과 정체성을 보전하게 하는 집단
무의식적 활동의 일부이고 그 기억은 진실된 것이다. 그것은 표면적으로

---

31) Aleida Assman, 앞의 책, p.100.

는 망각된 것으로 보이지만 현재의 시간에 존재하는 중국 조선족의 공동체적 의식이 만들어내는 틈새로 과거의 고향에 대한 기억이 교섭되어 나타나는 것이다. 이는 중국 조선족이 자신들의 현실에 대해 끊임없이 부인을 해온 결과이기도 하다. 이러한 교섭의 과정은 다음 시들에게서도 나타난다.

> 징용 딱지 올가미에 한 몸이 매워
> 북지로 끌려 갔던 불쌍한 형님,
> 지금은 생산대장 소문을 놓고
> 벌써 세 번이나 모범 상장 받았단다
>
> …(중략)…
>
> 샘물덕집 둘째도 세월이 네월이도
> 물때 벗은 이 마을 구락부 배우,
> 앞 못 보는 봉선이 할아버지도
> 지금은 경로원의 신선이란다……
>
> 아, 들어 들어 끝없는 고향 이야기
> 거짓 같은 참말이 나루터에 꽃 피는데
>
>   - 김철, <나루터>(1962) 부분(『연변시집(1950~1962)』)

> 매대 우에 펼친 꽃천
> 나비떼 부르는가
> 마을의 아낙네들
> 옷감을 끊네
>
> 늙으신 아버님께
> 두루마기 한 견지

첫돌 내기 복동인
색동 저고리

고운 무늬 골라 들고
색갈도 맞춰 가며
한 감, 두 감……아낙네들
꽃천을 끊네

            － 황상박, <꽃 피는 공소부>(1962) 부분(『연변시집(1950~1962)』)[32]

　　인용한 김철의 시는 떠나온 고향의 변화된 모습을 감격적으로 노래하고 있다. 일제 시대에 징용이나 가난으로 인해 피폐했던 고향이 화자의 눈에 '거짓 같은 참말'로 비치는 것이다. 화자가 꿈꾸었던 유토피아적 공간으로서의 고향은 지난날의 고난과 겹쳐져 더욱 의미 있게 다가온다. 이 시에서 화자가 행복할 수 있는 이유는, 그 행복의 이미지라는 것이 그들 자신의 현재적 삶의 진행 과정을 한때 규정하였던 과거의 시간에 의해 채색되고 있기 때문이다.[33] 황상박의 시는 중국에 정착한 조선족들에게 그러한 고향, 민족적 정서가 면밀하게 이어지고 있음을 보여 준다. '두루마기', '색동 저고리'는 한민족의 전통 의상을 상징하는 것이다. 그런데 '공소부'는 공산품 소비재를 파는 공공장소를 의미하는 것으로 사회주의 체제에서 볼 수 있는 시장 형태이다. 여기에 우리나라 전래적인 시장의 의미가 겹쳐 치고, 다시 민족적 상징의 의상이 배치된 것이다. 이로써 '공소부'는 민족적 본향과 중국의 현실이 교섭되는 장이 된다. 결국 식민 시대를 가로지른 민족적 시간이 현재의 시간에 교섭되어 혼성성의 양상

---

32) 『연변시집(1950~1962)』에는 이 시의 창작 연도가 밝혀져 있지 않다. 조성일·권철 외, 앞의 책, p.288에 1962년작이라고 밝혀져 있다.
33) Walter Benjamin, 반성완 편역, 『발터 벤야민의 문예이론』, 민음사, 1983, p.344.

을 드러내는 것이다. 탈식민주의의 담론을 공유할 수 있는 시·공간의 역사 속에서 개개인은 지배적인 정체성의 부분으로 이해되기 때문에[34] 중국 조선족 시인들의 의식은 민족적 정체성과 탈식민시대의 탈식민주의적 의식을 동시에 보여주는 알레고리적 문화를 형성한다고 볼 수 있다. 프레드릭 제임슨에 의하면 제3세계 문학작품은 개인의 경험에 대한 서술이 공동체(특히 민족공동체)의 운명의 알레고리가 된다고 주장한다.[35] 민족적 공동체가 민족적 문화와 역사를 공적이고 전체적으로 공유하도록 만든 것은 당연히 일제 시대 식민주의 탓이다. 중국 조선족 대개의 시가 고향과 현실에 대한 일관된 목소리를 내는 것 역시 개개의 시가 알레고리적 성격을 갖기 때문이다. 이 역시 공유와 결합이라는 측면에서 보면 교섭이 이루어지고 있는 중국 조선족의 현실을 드러낸다. 그러나 교섭에 의한 혼성성은 그들이 식민주의 시대 이후의 고난을 극복하고 현실의 체제에서 생존하기 위해 노력하는 삶의 진정성을 내포하고 있는 것이며 그들이 상정한 유토피아적 고향 역시 내적 힘을 발휘하며 다음 세대로 전승되는 진리이다. 고향의 원형적 이미지는 그들이 바라는 모습으로 더욱 굳어져 불연속적 시간 질서 위에 새로운 계보를 형성한다. 벤야민 식으로 보자면 중국 조선족의 시는 '<현재시간 Jetztzeit>에 의해 충만된 시간'[36]을 보여준다. 그리고 이는 미래를 향한 중국 조선족의 현재가 주체를 찾아 나서는 상상계에서 타자에게서 주체와의 동일성을 경험하는 단계인 상징계로 넘어간 전치의 과정에 놓여 있음을 보여준다. 그들은 자신들이 찾은 현실적 고향과 내재된 민족적 고향과의 교섭 상태를 계속적으로 재배열하고 전치시킴으로써 점차 자신들만의 탈식민시대적 유토피아를

34) Aleida Assman, 앞의 책, p.98.
35) Fredric Jameson, 'Third World Literature in the Era of Multinational Capitalism', *Social Text 15*, fall. 1986, pp.69 참고.
36) Walter Benjamin, 앞의 책, p.353.

역사 속에 재기입하길 요구하는 것이다.

최신 지도를 그리는 이들께
내 미리 말해 두리
지난 날 이름 없던 변강의 작은 마을을
아마도 그대는 몰라 보리라

구름 우에서 머리 내젓던
험봉 절벽은 간 곳 없고
만년 묵은 진펄 우에는
신형 구역이 일어 섰노라

여기 탁 트인 포강에서는
중형 트럭이 쉴새없이 달리고
저 멀리 펼쳐질 미래의 바다에서는
지금 굴토 작업이 한창이다

그뿐이랴, 무수한 용광로의 거센 화광
밤의 장막을 영영 삼켰고
누덕 치마에 소 먹이던 빈농의 딸들도
오늘은 해 밝은 공장에서 천을 짜노라
그렇다! 오랜날 범람하던 하천도
이제는 찍소리 못하고 새 하상으로 흘러드는
아, 엄청난 사변으로 충만된 내 고향
그대는 어떻게 지도에 그리려나

농촌, 아니면 도시라 표식하려나
또 아니면 이 순간을 사진 찍어 넣으려나
최신 지도를 그리는 이들이여
차라리 공산주의의 새'별 하나 그려 넣으라.

- 임효원, <최신 지도를 그리는 이들께>(1958) 전문(『들끓는 변강』)

　화자는 '지난 날 이름 없던 변강의 작은 마을'의 변화를 열거하며 새로운 지도를 그려줄 것을 요구하고 있다. 화자는 그들이 이어온 지난날의 역사와 공간을 재정립된 지형도로써 '최신 지도'에 기록해 주길 원한다. 이는 중국 체제의 역사에 재기입되기를 바라는 화자의 욕망이다. 그런데 새 지도에 편입되기를 원하는 '변강의 작은 마을'은 '진펄', '비포장', '빈농', '정비 안된 제방' 등으로 기억되는 전근대적 공간이었다. 근대 문명의 세례를 받아 변화를 거듭하고 있는 이 공간은 중국 조선족은 마음속으로부터 거듭 태어나기를 바라는 지난날의 고향의 모습을 상징하며, 그들의 미래를 상징하기도 한다. 이 혼성된 공간은 그들이 바라는 근대적 시·공간과 현실의 욕망이 동일성을 이루며 설정된 교섭의 장이다. 그리고 이 유토피아적 공간은 원형적 고향과 정확히 일치하지는 않지만 그들이 바라는 행복한 고향의 정서, 완벽한 원형적 공간으로 믿어지고 전치된 상태에서 발견된 곳이기도 하다. 그러나 이 상징계의 단계는 '공산주의', 또는 중화 인민 공화국의 체제 속에서 이루어진 것이다. 그러므로 그들은 좀 더 완성된 중화 인민 공화국 내의 조선족 지도를 만들기 위해 교섭과 전치의 과정을 끊임없이 수행해야 했다. 이후 문화혁명기의 시에서 나타나고 있는 상징계가 무너진 실재계[37]에서의 양상에서도 알 수 있듯이 중국 조선족 시는 탈식민주의적 사고와 민족적 정체성을 찾아보길 계속해서 요구하고 있다.

---

37) 상징계의 대상이 찾고자 하는 대상이 아닌 오인된 환상이라는 것을 확인하는 순간 주체는 다른 대상을 찾아 나선다. 이 단계가 실재계이다.(Jacques Lacan, 앞의 책, p.19 참고) 한편 상징계는 필연적으로 오인된 환상이다.(같은 책, p.46)

4. 결론

본고는 1950~60년대의 중국 조선족 시를 탈식민주의 관점으로 분석했다. 우선 이들 시에 나타난 암묵적 부인과 체제 적응의 양상 살펴보았다. 중국 조선족 시에 있어서 사회주의 건설에 대한 찬양적 태도는 민족적 의식과 한반도로서의 '조국'이 식민주의에 의해 현재 잊혀져 가거나 재현 불가능하다는 사실을 의식의 심연으로부터 암묵적으로 거부하고 부인하는 자리에 대신 세워진 방어 방식이다. 이는 중국 체제와의 동일성과 양가적 성향을 드러내는 것으로 엄격한 사회주의 체제의 통제 하에서 생존하기 위한 일종의 전략적 행위이다.

이러한 부인과 적응의 이중적 방어 기제는 교섭의 결과를 낳았으며 결국 혼성성을 드러내고 있다는 것을 알 수 있었다. 중국 조선족의 시에 나타난 시인들의 의식은 민족적 정체성을 구체적으로 대변하는 알레고리적 성격을 드러낸다. 이들의 시에는 한반도라는 고향이 현재 정착하여 살고 있는 시간적 불연속성의 공간과 겹쳐 혼성성을 보인다. 이러한 혼성성은 유토피아적 열망을 담고 있다. 그러나 이는 그들이 바라는 세계가 전치된 양상이다. 상징계를 경험한 후 중국 조선족의 시는 지속적인 탈식민시대의 민족적 정체성을 찾아 나서고 있다.

참고 문헌

고부응, 『초민족 시대의 민족 정체성』, 문학과 지성사, 2002.

권기호, 「중국 주재 조선족 시인들의 시 유형 연구 ─ 조국이미지를 중심으로 ─」, 『어문학』 제62호, 한국어문학회, 1998.1, pp.243-265.

권영민, 「해방을 노래한 3권의 시집」, 『문학사상』, 문학사상사, 1981.1, pp.320-328.

김순례, 「중국 조선족 시문학사 개관」, 김종회 편, 『한민족 문화권의 문학』, 국학자료원, 2003, pp.327-363.

김월성, 「중국조선족 시문학 상황」, 『시와 시학』, 시와 시학사, 1993. 봄호, pp.186-194.

김종수 · 최건, 『중국당대문학사』, 청년사, 1991.

김희진, 「탈식민주의의 '집단성'과 '개별성'」, 『원우론집』 제30호, 연세대학교 대학원, 1999, pp.141-165.

리욱, 『고향의 사람들』, 민족출판사, 1957.

박상기, 「탈식민주의의 양가성과 혼성성」, 『비평과 이론』 제6집, 한국비평이론학회, 2001. 6, pp.85-110.

연변인민출판사 편, 『들끓는 변강』, 연변인민출판사, 1959.

오정혜, 「1950년대 중국 조선족 시 연구」, 동아대 박사논문, 2003.

_____, 「광복 후 중국 조선족 시의 성격」, 『국어국문학』 제21집, 동아대학교 국어국문학과, 2002, pp.239-264.

윤영천, 『서정적 진실과 시의 힘』, 창작과 비평사, 2002.

임효원 외, 『연변시집(1950~1962)』, 연변인민출판사, 1964.

장사선, 「고려인 시에 나타나 아우라」, 『한국현대문학연구』 제17집, 한국현대문학회, 2005. 6, pp.25-283.

정덕준 · 노철, 「중국 조선족 시문학 연구」, 『현대문학이론연구』 제20호, 현대문학이론학회, 2003, pp.341-368.

조성일 · 권철 외, 『중국 조선족 문학통사』, 이회출판사, 1997.

최갑수, 「서구에서의 근대 국민국가의 형성과 민족주의」, 한국사연구회 편, 『근대 국민국가와 민족문제』, 지식산업사, 1995.

Anderson, B, 윤형숙 역, 『상상의 공동체』, 나남출판, 2002.

Ashcroft, B. 외, 이석호 역, 『포스트 콜로니얼 문학이론』, 민음사, 1996.

Assman, A, 변학수 외 역, 『기억의 공간』, 경북대학교출판부, 2003.

Benjamin, W, 반성완 편역, 『발터 벤야민의 문예이론』, 민음사, 1983.

Bhabha, H. k, 나병철 역, 『문화의 위치 — 탈식민주의 문화이론』, 소명출판, 2002.

Freud, S, 임홍빈 · 홍혜경 역, 『새로운 정신분석 강의』, 열린책들, 1996.

_____, 한승완 역, 『나의 이력서』, 열린책들, 1997.

Jameson, F, 'Third World Literature in the Era of Multinational Capitalism', Social
      Text 15, fall. 1986,, pp.65-88.

Lacan, J, 권택영 외 역, 『욕망이론』, 문예출판사, 1994, p.19 참고.

Laplanche, J. · Pontalis, J. B, 임진수 역, 『정신분석사전』, 열린책들, 2005.

제3장
중국 조선족 소설의 타자성과 주체 지향

김학철의 <격정시대>에 나타난 탈식민주의 연구

송 현 호

1. 문제의 제기

우리 학계에서 '재미동포 문학', '재러 고려인 문학', '재일동포문학'에 관한 연구와 함께 '재중동포문학'에 관한 연구가 본격화되고 있다. 재외 동포 문학에 대한 관심은 이주민의 삶과 그들의 역사적 조건에 대한 관심으로부터 비롯되었다. 재외동포 문학 연구는 보다 심도 있는 기초 자료로서의 역할을 충분히 감당해 낼 것이고, '재외동포문학'이라는 특수성을 민족문학이라는 보편성 안에서 본격적으로 논의하고 재외동포 문학의 한국문학사 수렴을 다시 한번 촉구하는 계기가 될 것이다. 냉전시대를 종식하고 민족 정체성을 확보하면서 민족통일에로 나아가야 할 우리의 역사적 방향성을 인정한다면, 이들은 통일 민족문학사 서술의 필요충분 조건으로 대두될 수밖에 없다.

특히 김학철의 작품은 중국에 살고 있는 우리 동포들의 얼, 삶의 애환과 자긍심, 통일에 대한 열망을 잘 형상화하고 있을 뿐만아니라 주변인으로 살아가고 있는 동포들의 탈식민주의적 감정을 능란한 모국어로 생생하게 서술하고 있어서 민족문학의 소중한 자산이 되기에 부족함이 없다. 이국에서 모국어를 사용하고 민족의 얼을 지키고 탈식민주의적 입장을 견지하면서 살아간다는 것이 얼마나 힘들고 위대한 일인가를 연변의 많은 문인들과의 만남과 그들의 문학 작품들을 통하여 다시 한번 확인했다. 따라서 재중동포문학 혹은 중국 조선족문학은 통일문학사의 아주 귀중한 사료들이 될 것으로 확신한다. 그 가운데 가장 눈에 띄는 작품이 <격정시대>이다.

필자가 이 작품에 주목하게 된 것은 다음과 같은 몇 가지 이유에서이다. 먼저 이 작품은 민족의 문제를[1] 수반하는 탈식민주의에 대한 접근을 가능하게 한다. 탈식민주의의 기저에는 민족주의가 놓여 있다. 중국에서 민족주의 논의는 1959년에 진행된 지방민족주의를 반대하는 정치운동의 영향으로 내면화되어 거의 모습을 드러내지 않고 있다. 한족 중심주의를 반대하고 지방민족주의를 극복하여 새로운 세계적 질서를 수립하겠다는 발상은 좋았다. 그러나 한족을 제외한 소수민족 사이에 공공연하게 존재하고 있던 민족주의가 척결되는 결과를 가져왔던 것이다.

1) 모택동, 「연안문예좌담회에서 한 연설」, 『모택동선집』 3, 민족출판사, 1992, p.1072.

다음으로 통일문학사를 서술하기 위해서는 북한문학을 말할 것도 없고 재외동포문학에 대하여 객관적인 접근을 할 필요가 있다. 독립운동사에 대한 평가 역시 마찬가지다. 민족주의 진영은 광복군의 독립운동만을 서술의 대상으로 삼았고, 사회주의 진영은 조선의용군의 독립운동만을 서술의 대상으로 삼았던 게 우리의 현실이다. 그런데 이 작품은 객관적인 시각에서 독립운동사를 서술하고 있어서 우리의 주목을 받기에 충분한 사료적 가치를 지니고 있다.

마지막으로 이 작품에서는 우리 말의 아름다움과 전통적 서술 방식을 수용하여 지식인이 민중을 진정으로 이해해 가는 과정을 그린 소설의[2] 유형을 보여주고 있다. <격정시대>는 일제 강점기의 조선과 중국을 무대로 당대의 현실에 눈떠가는 한 젊은이의 인생역정을 그리면서 조선의 전통을 발굴하기 위해 부단히 노력하고 있다. 이를 통하여 당대의 지배적인 언술을 거부하고 우리 소설의 독창적인 방향을 제시하려고 했다.

때문에 필자는 본고에서 통일문학사 서술을 위한 작업의 일환으로 김학철의 <격정시대>를 대상으로 중국조선족의 정체성과 탈식민주의 그리고 식민지 현실의 인식을 통한 새로운 고향찾기 그리고 우리 말의 활용 등에 대하여 살펴보려고 한다.

2. 중국조선족의 정체성과 탈식민주의

<격정시대>가 발표되자마자 김학철은 중국 당국에 고발당한다. 조선 의용군의 깃발이 낫과 망치가 그려진 붉은 깃발이 아니라 남한의 태극기인 것은 김학철이 남조선의 시각에서 소설을 쓴 것이고 민족주의적 색체

---

2) 위의 책, p.1076.

를 드러낸 것이라는[3] 주장이다. 고발한 사람의 입장은 <해란강아 말하라>나 <20세기의 신화>를 비판하고 이들 작품을 들어 반우파인사로 몰았던 사람들과 다를 바 없다.

<해란강아 말하라>가 '반당 반사회주의 독초'라고 비판을 받을 때 작가는 '조선사람이라는 것이 누가 한 사람이 뽀족하게 되려고 하면 깎아내리우려고 애를'[4] 쓰지만 '그건 곧 해명될 때가 있을 겁니다. 오래지 않습니다. 곧 밝혀집니다'라 응수했다. <해란강아 말하라>는 1920년대 말에서 1930년대 초반 조선인 이주자들이 모여살고 있던 해란강변의 유수툰을 배경으로 중국공산당과 연계된 농민협회 조직의 소작농과 일본제국주의자들과 연계된 지주의 계급투쟁을 통해 조선족들의 반제반봉건투쟁사를 형상화한 작품이다. 이 작품에서 반당 반사회주의적인 독초는 어디에서도 찾을 수 없다. 문제가 된 것은 조선족 소작농과 한족 지주의 투쟁사를 형상화하고 있는 점이다. 바로 민족주의적 색체가 문제가 된 것이다.

중국에서 민족주의 논의는 1959년에 진행된 지방민족주의를 반대하는 정치운동의 영향으로[5] 내면화되어 거의 모습을 드러내지 않고 있다. 이 운동은 이념적 차원에서 실시된 반우파투쟁과는 달리 다분히 민족적인 차원의 운동이었다. 한족 중심주의를 반대하고 지방민족주의를 극복하여 새로운 세계적 질서를 수립하겠다는 발상은 좋았다. 그러나 한족을 제외한 소수민족 사이에 공공연하게 존재하고 있던 민족주의가 척결되는 결과를 가져왔다. 따라서 조선족 사이에서 민족주의 논의는 금기 사항이

---

3) 리명숙, 「남북한 합작이 류배시킨 격정의 망명문학」, 『조선의용군 최후의 분대장 김학철』 2, 연변인민출판사, 2005, p.440.
4) 최삼룡, 「김학철에 대한 기성연구검토와 몇 가지 생각」, 『조선의용군 최후의 분대장 김학철』 2, 연변인민출판사, 2005, p.495.
5) 리광일, 「잠재창작과 김학철의 장편소설 <20세기의 신화>」, 『조선의용군 최후의 분대장 김학철』 2, 연변인민출판사, 2005, p.432.

되었다. 당연히 <해란강아 말하라>는 문제가 될 수밖에 없었다.

<20세기의 신화>는 전후편으로 되어 있다. 전편은 <강제노동수용소>라는 소제목이 붙어 있고, 후편은 <수용소 이후>라는 소제목이 붙어 있다. 전편은 반우파투쟁의 과정에서 우파분자로 낙인 찍힌 사람들이 강제노동수용소에서 어떻게 인간적 존엄을 지키면서 살아가고 있는가를 잘 형상화하고 있고, 후편은 1960년대 인민공사운동, 대약진운동, 중소분쟁의 와중에서 중국 사회가 어떻게 동요되고 있는가를 잘 보여주고 있다. 이 작품이 문제가 된 것은 당대 사회의 모순의 폭로와 반우파인사의 정신적 승리를 형상화한 데 있다. 작가가 조선족이고 소위 '우파인사'였던 점에 비추어보면 무엇이 문제가 되었는지 분명해진다.

김학철은 중국 사람이 아니고 조선 사람이었다. 그는 항전기에 팽덕회에게 감명 받은 바 있고, 모택동의 노선에 적극 찬동한 사람이다. 김학철이 그들에게 혁명의 동지로 유대감을 가질 수 있었던 것은 그들이 세계주의를 지향하면서도 민족주의를 주장한 사람들이고 소수민족의 보호에 앞장 선 사람들이기 때문이다. 그런데 중국은 반우파투쟁과 문화대혁명기를 거치면서 대한족주의를 내세워 소수민족을 철저하게 억압한다. 평등을 기반으로 하는 세계주의가 불평등을 기반으로 하는 대한족주의와 맞닿을 때 소수민족들이 가지는 배신감은 그 어떤 것으로도 설명이 불가능한 일이었다. 따라서 불의에 타협할 줄 모르던 김학철로서는 그에 대한 문제를 어떻게든 제기할 수밖에 없었다.

반우파투쟁기와 문화대혁명기에 반혁명분자로 몰려 험난한 삶을 살았던 김학철은 자신의 삶을 반추하면서 다시 한번 당대 사회에 문제를 제기한다. 그러나 당대의 조선족 문제를 다루지 않고 항전기의 조선의용대의 문제를 다루면서 사실에 입각하여 당대의 현실을 재현하려고 노력한다. 민족주의에 대한 시비를 사전에 차단하려고 한 것이다. 특히 조선의용군들이 광복군과 국기 게양을 하면서 느끼는 복잡한 심리가 작품에 잘 나타나 있고[6] 그 대목을 좀더 구체적으로 설명하는 후일담에서 조선 의용군이 붉은기를 주장했지만 '붉은기를 추켜들고 간다면 조선인민들은 저건 뭔가고 여길 것이고 태극기를 추켜들고 간다면 <아아, 우리 나라가 돌아왔다>고 생각할 것'이니 그렇게 하라는 팽덕회의 충고를 받아들였음을 구체적으로 서술하고 있다.

"우리나라가 망하기 전에 쓰던 기발이 무슨 기발이였는가구 물으시기에 태극기였다구 우리가 대답을 올렸더니-그렇다면 지금두 그 기발을 써야지요. 그래야 호소력이 있을 것 아닙니까. 조국을 고아복하자면 민중이 익히 아는, 전 민족이 익히 아는, 민족독립의 상징으로 될만한 기발을 내세워야 할 게 아닙니까. 그래야 민중이 기꼬이 따라올게 아닙니까. 붉은기가 아무리 좋더라두 민중의 눈에는 설단 말입니다. 민중을 리탈하기가 쉽습니다. -생략- 우리 홍군두 국민당과 통일전선을 뭇느라구 국민혁명군으루 개칭을 하구 붉은별 모표를 떼기루 -중략- 사회주의, 공산주의는 나중에 할 일이구 우선 나라의 독립부터 쟁취를 해놓구 봐야잖겠습니까"(406-407) 조선의용군의 각 지대가 태극기를 높이 추켜들고 조선독립만세를 목청껏 웨치며 싸움터로 나간 리면에는 이와 같은 곡절이 있었다. 우리 민족이 죽지 않았다.[7]

조선의용군이 태극기를 들고 싸운 것은 중국인민공화국의 성립하기 훨씬 전의 일로 항전 시기이다. 당시 조선은 일제 암흑기로 한반도가 이데올로기에 의해 양분된 시기도 아니고 남북이 이념적으로 대립하던 월씬 이전의 시기다. 3.1운동, 광주학생운동, 6.10만세사건 등에서 볼 수 있는 바와 같이 모든 조선인이 태극기를 들고 일제와 투쟁을 하던 시기였다.

팽덕회의 주장은 바로 전술전략의 차원이지 조선인들을 차별하거나 배

---

6) 김학철, 『격정시대』 하, 연변인민출판사, 1999, pp.345-346.
7) 위의 책, p.421.

제하려는 것이 아니었고, 그 점에 대하여 모두 공감한 바 있다. 공산주의가 세계주의를 표방한 것이기는 하지만 당시 전술전략적 차원에서 민족주의를 표방하는 것이 유리할 것으로 판단하여 민족주의 색채를 드러낸 것이며, 팽덕회 뿐만 아니라 모택동도 당시 민족주의를 언급한 바 있다.

> 동지들! 오늘 여러분을 이 자리에 청하여 좌담회를 여는 목적은 여러분과 의견을 교환하며 문학예술사업과 일반 혁명사업과의 관계를 연구하여 혁명적문학예술의 옳바른 발전을 가져오며 기타의 혁명사업들에 대한 혁명적문학예술의 보다 훌륭한 협조를 기함으로써 우리 민족의 적을 타도하고 민족해방의 과업을 완수하려는데 있다.[8]

조선의용군의 깃발이 붉은기가 아니고 태극기여서 문제가 된다는 주장은 문제될만한 것이 없는가를 찾으려다 억지로 찾은 생트집에 다름아니나. 일세 암흑기에는 태극기를 들고 싸운 깃이 문제될 게 없지만 남과 북이 갈려 있는 현실에서 태극기를 부각시킨 것이 남한을 지지하고 민족주의를 부추긴 것이라는 억지 논리를 펼 여지를 남긴 것이다.

탈식민주의의 기저에는 민족주의가 놓여 있다. 해방 전 모택동과 팽덕회는 분명 탈식민주의자였다. 서구 중심주의의 아류인 일본 중심주의자들의 중국 침탈에 맞서 싸우되 인민의 모든 적에 대해서도 선전포고를 하고 있으며, 유교적 중화사상과 남성 중심주의의의 극복을 주장하고 있다. 그런데 모택동의 주장을 좀더 자세히 들여다보면 통일전선대의 각이한 동맹자들의 서로 연대하고 비판해야 함을 역설하고 있다.

> 적에 대하여서는, 즉 일본제국주의와 인민의 모든 적에 대하여서는 혁명적 문학예술 일군들의 임무는 그들의 잔인성과 기만성을 폭로하

---

8) 모택동, 앞의 책, p.1072.

는 동시에 그들이 필연적으로 패배하게 될 추세를 지적함으로써 항일하는 군대와 인민들을 고무격려하여 한마음 한뜻으로 그들을 견결히 타도하도록 하는데 있다. 통일전선대의 각이한 동맹자들에 대하여서는 우리의 태도는 련합도 하고 비판도 하는 것이며 각이한 정도로 련합도 하고 비판도 하는 것이어야 한다.[9]

여기에서 각이한 동맹자가 누구인지는 당시 항전에 참여하고 있던 구성원들을 살펴보면 명확해진다. 당시 항전에는 국민당도 참여하고 있었고 조선인들과 소수민족들도 참여했다. 그런데 위의 인용에서와 같이 국민당은 인민의 적으로 분류하고 있었기 때문에 조선인이나 소수민족을 지칭하는 것으로 보아도 무방하다. 결국 모택동은 팽덕회와 마찬가지로 민족주의에 바탕을 둔 세계주의를 주장하고 있었고, 일본 제국주의를 위시한 서구중심주의, 유교적 중화사상, 남성중심주의에서 벗어나는 길이 곧 민중의 세상을 만드는 길이라고 확신했다. 즉 사회주의적 민족주의를 주장했던 것인데, 1950년대에 이르러 그 구체적인 모습은 사회주의적 대한족주의로 나타난다.

중국에서 민족주의 논의는 1959년에 진행된 지방민족주의를 반대하는 정치운동의 영향으로 내면화되어 거의 모습을 드러내지 않고 있다. 이 운동은 이념적 차원에서 실시된 반우파투쟁과는 달리 다분히 민족적인 차원의 운동이었다. 한족 중심주의를 반대하고 지방민족주의를 극복하여 새로운 세계적 질서를 수립하겠다는 발상은 좋았다. 그러나 한족을 제외한 소수민족 사이에 공공연하게 존재하고 있던 민족주의가 척결되는 결과를 가져왔다. 다중 인종과 다중 문화가 공존하는 중국은 민족 갈등이라는 위험 인자가 내포된 사회였다. 그 점은 미국과 다를 바 없다.[10] 티

---

9) 위의 책, p.1074.
10) 김봉은, 『소수 인종의 문학으로 본 미국의 문화』, 한신문화사, 2000, 들어가기 vii.

벳과 대만의 독립 문제는 중국의 수많은 소수민족과 반대 세력들의 반정부 투쟁의 빌미를 제공할 가능성이 다분하다. 위대한 사회주의 국가의 건설을 꿈꾸며 살아온 조선족을 포함한 소수민족들은 정신적 충격에서 헤어나지 못하게 했다.

따라서 조선족 사이에서 민족주의 논의는 금기 사항이 되었고, 탈식민주의 논의가 이루어질 수 있는 여건이 형성되지 않은 실정이었다. 김학철은 일제 강점기에 항일전쟁에 참여했고, 해방 전부터 공산당에 입당하여 '당의 지시라면 무조건적으로 받들어 모시는 데 습관이 되었고 당이 시키는 대로만 하면 틀림없다는 신조를 갖고 있었던'(최후의 분대장, 문학과 지성사, 1995) 사람이었다. 그러나 이성이 사라지고 광란만 계속되던 시기에 개인숭배와 우상숭배에 반기를 들고 자신의 철학을 관철하려고 한다. 그로 인하여 그는 당과 지인들로부터 숱한 박해를 받았다. 그럼에도 불구하고 <격정시대>에서 다시 한번 민족주의 문제, 특히 중국조선족의 정체성 문제를 제기한다. 그는 작품의 배경을 해방 전으로 설정하여 해방 전과 해방 후의 달라진 모택동을 우회적으로 공격한 것이다.

<격정시대>의 집필의도에서도 그러한 사실을 확인할 수 있다. 저자는 '우리 민족의 아들딸들이 걸어온 발자취를 망각의 흐름모래속에 묻혀버리지 않게 하려고ㅡ 소설의 형식을 빌어 엮어놓은 것'이 다름아닌 <격정시대>임을 밝히고 있다. 이 작품에는 일제 암흑기를 살아가는 세 가지 유형의 인간상이 제시되고 있다.

> 이민족 침략자의 철제 밑에 짓밟히는 민족 앞에서는 대개 세 가지 운명이 선택을 기다리는 법이다. 그 하나는 꼬리를 치고 나서서 앞잡이 노릇을 하는 것이고, 또 하나는 나 잡아잡수 하고 가만히 엎드려 있는 것이다. 그리고 마지막 하나는 분연히 떨쳐 일어나 반항을 하는 것이다.[11]

작가가 지향하는 인간상은 두말 할 필요도 없이 마지막 유형에 해당한다. <격정시대>의 중심인물은 말할 것도 없이 조선의용군이다. 항일전쟁 당시 가장 치열하게 싸운 사람들이 공산당원이며, 그들의 조국애를 보면서 공산주의자들의 강한 민족성을 확신한 것이다.[12] 그는 첫번째나 두번째의 인간상에 대해서도 아주 부정적인 입장을 취하고 있다. 그러한 시각에서 민족의 수난과 인간의 양심에 무관심한 <발가락이 닮았다>를 혹평한다.[13]

조선인이면서 항일전쟁에서 가장 혁혁한 공을 세운 중국조선족들은 제3세계 피식민지인들의 입장과 다르다. 중국 중심주의의 주체인 한족의 주변부에 위치하는 타자, 일제식민치하의 만주 조선인에서 중국조선족으로 명칭이 바뀐 소수민족이요 고국을 떠나온 이방인들이다. 그들은 민족의 정체성을 유지하여 일제에 항전하면서 중화인민공화국 건설에 매진함으로써 중심부로 진입하려고 노력한 사람들이다. 그런 그들의 진로를 막고 차별하는 공산주의 독재자들에게 김학철이 부정적인 입장을 취한 것은 당연한 일이다. 그들의 눈에는 국민당 정부가 소수민족을 홀대할 때 점령지의 소수민족들에게 토지를 제공하고 한족과 다름없이 대우했던 공산당의 행위가 내전에서 국민당을 이기려는 목적을 달성하기 위한 기만 행위로밖에 보이지 않았을 것이다.

3. 식민지 현실의 인식과 새로운 고향 찾기

김학철은 식민지 현실을 명징하게 인식한 작가이다. 그는 식민지 현실

---

11) 김학철, 앞의 책, p.466.
12) 위의 책, pp.442-443.
13) 김학철, <발가락이 닮았다>, 『태항산록』, 연변인민출판사, 1998, p.318.

을 신이 떠나버린 시대, 부의식이 상실된 시대로 파악했다. 하이데거는 세계는 밤으로 기울었다. 그것이 근대의 특징이라고 했다. 루카치는 신이 살던 시대는 행복했다. 천공의 불빛과 내면의 불꽃이 서로 뚜렷이 구분되지만 서로에 대해 결코 낯설어지는 법이 없는 그 자체로 완결된 서사시의 시대였다. 그런데 근대는 신이 떠나버리고 신이 살던 시대의 여명만으로 자신의 길을 찾아가는 시대, 총체성의 세계가 파괴되고 다양한 개별적 삶만이 존재하는 시대라고 했다.14) 때문에 소설은 버림받은 시대의 서사시이고, 선험적 고향이라는 기표를 잃어버린 인물들의 고향 찾기를 기록한 서사물이다.

> 선장이가 학교에서 돌아오는 길로 책보를 방구석에 내던지고 부랴부랴 도화지 크레용 등속을 챙겨들고 밖으로 나오는데
> '어딜 또 갈라구?' 하고 그 어머니가 부엌문을 펄쩍 열더니 손에 든 빈 함지박을 내밀었다.
> '반찬거리가 하나두 없다. 얼른 가서 조개나 좀 주어오너라.'15)

> 여느 때나 마찬가지로 키얕은 노가주 나무 산울타리를 훌쩍 뛰어 넘어서보니 마루 우에 생각지 않은 사람이 서있다. 일본 주인 야마다가 굵은 격자무늬의 유까다를 걸치고 두 손을 검정색 명주띠에 지르고 마루끝에 나서서 해뜨기전의 현란한 하늘을 바라보고 있은 것이다. 꼴을 보아하니 오래간만에 밤에 와 잔 모양이다. 씨동이는 빼도 박도 못하게 되었다.16)

인용문은 <격정시대>의 주인공인 서선장의 집 풍경과 그에게 처음 현실을 눈뜨게 해준 씨동이가 자주 들나들던 쌍년이네 집 풍경이다. 가

---

14) 게오르그 루카치, 『소설의 이론』, 반성완 역, 심설당, 1989, p.29.
15) 김학철, 『격정시대』 상, 연변인민출판사, 1999, p.1.
16) 위의 책, pp.69-70.

난한 선장이의 시골집 풍경은 당대의 현실을 어느 정도 가늠할 수 있게 해주고, 쌍년이네 집 풍경은 일제의 침탈이 가난한 서민의 삶으로까지 확산되고 있음을 보여주기에 부족함이 없다.

주인공인 선장이가 맨 처음 인식한 것은 조선인과 일본인의 불평등한 관계였다. 이야기는 주인공인 서선장이 소학교에 다니던 때로부터 시작한다. 그는 시민들에게 통고도 없이 원산항에 입항한 수십만톤의 일본 군함을 보러갔다가 '지금은 나라가 망했으니까 없지만' 그전에는 우리나라에도 군함이 있었고 거북선이 아주 대단한 전함이었던 사실도 알게 된다.[17] 그의 군함에 대한 관심은 밉살스러워서 귀담아듣지 않던 호소가와 교장의 훈시마저 명심해 듣게 만든다.[18] 호소가와 교장을 미워하는 것은 대일본제국의 충성스런 국민을 만든다고 떠들어대면서도 교육자답지 않게 학부모에게 모자값을 배상시킨 사건에 기인한다. 그의 일본인에 대한 거부 반응은 일본 사진관집 아들과 그의 어머니가 보여준 한국인에 대한 편견으로[19] 더욱 구체화된다.

씨동이의 현실 인식을 통해 그 역시 현실에 눈떠간다. 씨동이의 현실 인식은 한정희에 의해 구체화된다. 한정희는 무정부주의 운동을 하면서 인간다운 인간이 사는 목적은 동족의 고난에 외면을 하는 그런 인간들은 인간의 탈을 쓴 개짐승이기에[20] 무허가 집회를 기획한다. 그는 한진사의 손자로 서울에서 공부를 한 지식인이지만 무정부주의자가 되어 가난한 동족을 위한 일하는 사람이다. 그런데 그의 사업을 적색노조가 반대하고 나선다. 이를 계기로 무정부주의자들과 적색노조의 대립이[21] 격

---

17) 위의 책, p.48.
18) 위의 책, p.55.
19) 위의 책, pp.59-60.
20) 위의 책, p.85.
21) 위의 책, p.101.

화되고, 원수들 눈앞에서 동족상잔의 모습을[22] 보여준다. 이후 노동쟁의가 일어나고[23] 원산에 검거열풍이[24] 몰아닥친다.

김영하 선생과의 만남을 통해서도 그의 현실 인식은 제고된다. 김영하 선생은 국사시간에 조선조 27분의 임금 이름을[25] 외우게 하고, 일본 역사 교육과 그에 대한 반발을[26] 보여준다. 특히 그의 역사의식은 학생들에게 그대로 전수되어 '일본천황은 일년내내 대구대가리하구 된장국만 먹지만— 우리나라 임금님은 날마다 잔치상같은 수라상을 받는답니다'[27]라는 말을 공공연하게 하도록 만든다.

그런데 원산의 고향 이미지는 집의 의미를 벗어나지 못하는 것이며, 서선장의 현실 인식이 아직 유아적 상태에 머물러 있다. 주요 등장인물들이 대부분 원산을 떠나 무대를 서울 등지로 확산하면서 서선장의 현실 인식은 보다 명징해진다. 선장은 보성고보에 진학한다. 그리고 그를 에워싸고 있는 선희와 김영하 선생도 모두 서울로 이동하며, 씨동은 구치소를 탈출하여 중국으로 간다.[28]

> 서울역. 일명 남대문정거장.
> 선장이의 가슴은 뛰놀았다.
> '어떠한 운명이 나를 기다리고 있을가? 엄마는 지금쯤 무얼하고 있을가? 눈는 지금 어떻거고 있을가? 쌍년이는? 씨동이는? 그리고 아버지는?—'[29]

---

22) 위의 책, p.116.
23) 위의 책, pp.177-205.
24) 위의 책, p.206.
25) 위의 책, p.91.
26) 위의 책, p.152.
27) 위의 책, p.153.
28) 위의 책, p.247.
29) 위의 책, p.215.

견지동 연갑수변호사의 사무소 겸 주택이었다.

'이젠 다 왔다, 내리자.'

자동차 멎어서는 기척을 알아차린 모양으로 '연갑수법률사무소'라
는 간판이 걸린 현관문이 안으로부터 열리며 녀자의 얼굴 하나가 나
타났다.[30]

앞의 인용문은 선장이가 난생 처음 서울역을 접하는 순간이고, 뒤의
인용문은 양자가 된 선장이가 박숙자 아주머니 집인 연갑수법률사무소를
처음 찾은 장면이다. 연갑수 박숙자 부부가 선장이를 양자로 서울로 데
려온 목적은 서로 달랐다. 박숙자는 '선장이를 빌어 항상 들떠있는 남편
의 마음을 잡안에다 좀 붙잡아 매자는 속셈이'었고, 연갑수는 '안해가
아이에게 정을 붙이면 저를 좀 잊어주거나 제가 하는 일에 눈총을 좀
덜 쏘아주기를 바라는 마음에서'였다.[31]

박숙자 부부의 도움으로 선장이는 보성고보에 입학한다. 그런데 보성
고보에서는 친일적인 강교장이 일제의 우민화교육에 순응하고 있었다.
학생들은 강교장의 노예교육에 반발하면서 규탄시위를[32] 일으킨다. 여기
에서 우리 민족이 노예의 상태에서 벗어나는 길이[33] 제시되고 있다. 사
건은 김봉구의 구속으로[34] 마무리된다.

민족의 자존심 문제는 구걸하는 거지들과 지나가는 행인들에게 돈을
뿌리고 돈을 줍게 하여 그 광경을 사진으로 찍는 서양인에 대한 반발로
도 나타난다.[35] 급기야 광주학생운동 발발하여[36] 노예교육을 반대하고

30) 위의 책, p.217.

31) 위의 책, p.228.

32) 위의 책, p.255.

33) 위의 책, pp.257-260.

34) 위의 책, p.262.

35) 위의 책, pp.320-321.

36) 위의 책, pp.323-329.

식민지 폭압통치를 반대하기에[37] 이른다. 선장이 다니는 학교에서도 동맹휴학이 일어난다.[38] 이때 선장은 황포군관학교의 조선학생들[39]과 자본론에 대해 알게 된다. 2학년이 되어서 서원준 사건과 리재유 사건이 발발한다.[40]

1931년 만보산사건이 발발하자[41] 일본의 민족간의 이간질과 김영하 선생의 중재[42]가 이루어진다. 철천지 원수는 중국인이 아닌 왜놈들이며, 일본의 동아시아 진출을 위한 속임수임을 강조한다.[43] 당시 일본은 서구 중심주의를 모방하여 동아시에서의 일본의 패권주의를 확대시켜 나가기 위한 일본중심주의를 기획하고 있었다. 그들은 동아시아 국가들 중에서 유일하게 근대화에 성공했고, 청일전쟁과 러일전쟁의 승리로 동아시아의 패자로 부상하였다. 이를 바탕으로 제국주의적 팽창을 시도했다.[44] 따라서 일본 제국주의는 타도되고 극복해야 할 대상이다. 주인공은 점차 일본중심주의의 폭압성과 허구성을 인식해간다.

일제의 대륙침략이 노골화되면서 식민지 현실은 날로 경색되어간다. 김영하 선생이 독서회사건으로[45] 구속되고 홍구공원에서 윤봉길의사사건이[46] 일어난다. 선장이는 가혹한 식민지 현실을 인식하고 더 이상 서울에 머물 수 없다고 생각하여 서울을 탈출할 계획을 세운다. 특히 윤봉길

---

37) 위의 책, p.329.
38) 위의 책, p.339.
39) 위의 책, p.351.
40) 위의 책, p.352.
41) 위의 책, p.368.
42) 위의 책, p.371.
43) 위의 책, p.372.
44) 강정인, 『서구중심주의를 넘어서』, 아카넷, 2000, pp.73-77.
45) 김학철, 『격정시대』 상, 연변인민출판사, 1999, pp.382-383.
46) 위의 책, p.389.

의사사건은 그에게 엄청난 충격을 가져다준다.

　　자신이 동양악기점 앞에서, 흘러나오는 레코드의 아름다운 선률에 귀를 기울이고 있었을, 바로 그 무렵에 발생한 것이다. 그리고 그 애국지사ー 조선의 알ー 의 나이도 씨동이 또래밖에 더 안 되었었다. 너무나 몸가까운, 너무나 생생한 사실이었다.
　　'그에 대면 나는 하잘 것 없는 반병신이로구나!' 하는 자비심과
　　'그는 지금쯤 적에게 모진 악형을 당하고 있을텐데ー 나는 여기 이렇게 편안히 누워 있어?' 하는 자책감에 등골에 땀이 나곤 했다. 안절부절 못하다가 마침내 일어앉으며 곧 껐던 불을 다시 켰다. 부지런히 책상서랍을 뒤져 언젠가 잡지에서 스크랩해두었던 황포군관학교 조선학생들의 사진을 꺼내들고 들여다보고 또 들여다보고 하였다.
　　'얼마나 씩씩한 모습들인가!'
　　'얼마나 장한 조선의 아들들인가!'
　　'씨동이는 어디를 갔을가?'
　　'김봉구는 어떻게 됐을가?'
　　상상이 눈을 보이지 않는 갈매기떼가 되어 선장이의 머리우를 넘놀고 날아옜다. 눈뜨고 꿈꾸듯이 얼마를 그렇게 앉았다가 다시 불을 끄고 자리에 누웠다. 이번에는 김영하 선생이 잡혀가기 며칠전에 들려주던 말이 생각났다.
　　'상해 프랑스조계에는 우리 나라 임시정부가 있단다. 그 청사에는 당당한 태극기까지 띄웠단다.'
　　그러자 선장이의 감은 눈앞에서 푸른 하늘을 배경으로 높이 태극기가 바람에 펄럭였다. 그 펄럭이는 기발은 흡사 선장이를 오라고 손길을 치는 것 같았다. 선장의 넋은 그 부름을 따라 머나먼 바다 건너로 훨훨 날아갔다. 생해로 날아갔다. 황포군관학교로 날아갔다.[47]

　　그는 서울로 와서 세계 인식의 폭을 확대하고 연갑수와 숙자 아주머니의 사랑의 한계를 인식하게 된다. 숙자 아주머니는 '애국애족이라는

---

47) 위의 책, pp.390-391.

236　중국 조선족 문학의 탈식민주의 연구 I

관념을 통히 모르고 사는' 여인이고, 맹목적으로 자신을 사랑하고, 본능
적으로 자신을 아끼는 여인이었다. 또한 연갑수의 희생양이기도 했다.[48]
그는 박숙자와 연갑수 부부의 사랑으로 고향 의식을 회복하지 못한다.
더 나아가 당대의 탈식민주의 운동에 의하여 현실적인 고향의 상실이
아닌 국가의 상실을 인식하고 자신이 해야 할 바 무엇인지를 깨닫기에
이른다. 그러니까 서울에서의 고향의 의미는 원산에서보다 좀더 확대되
고 있음을 알 수 있다.

그는 더 이상 지체할 수가 없었다. 뜻을 세운 이상 '제2의 윤봉길이가
되고싶어 공부구 나발이구 다 걷어치우고'[49] 상해로 가는 열차를 탄
다.[50] 안주 청천강 정주 신의주 산해관역 진황도 천진을 거쳐 상해에
도착한다. 그런데 임시정부는 이미 중경으로 떠난 뒤이다. 상해에서 우
연히 독립운동을 하던 리춘근과 김혜숙을 만난다. 그들의 도움으로 제국
주의 강도를 도와 아편을 밀수하는 신영호를 응징하고[51] '우리 민족을
위하는 일이라면 무어나 다하겠다'[52]고 결심하고 혁명의 길로 들어선다.
남경 강녕 인근의 비밀 교육장으로 갔다가 거기에서 씨동을 비롯한 이
름 없는 조선의 용사들을 만난다.[53] 여기에서 그는 목표도 없이 남의
흉내나 내던 자신을 발견하고[54] 황포군관학교에 입학하여 우리 강토에
서 일본 제국주의자들 몰아내는 일에 착수한다.[55]

무장투쟁의 과정에서 중국인들이 자신들의 속국을 되찾아야 한다는

---

48) 위의 책, p.396.
49) 위의 책, p.470.
50) 위의 책, p.397.
51) 위의 책, p.461.
52) 위의 책, p.463.
53) 위의 책, pp.470-479.
54) 김학철, 『격정시대』 하, 연변인민출판사, 1999, p.46.
55) 위의 책, p.94.

조선관을56) 엿보기도 하고, 적을 앞에 두고 국민당과 공산당의 대립을57) 보기도 한다. 그는 그것을 분명 남의 나라의 내전으로 인식한다.58) 선장은 생후 첫 전투에서59) 가난한 중국농민 전우들을 만난다. 그들의 순박한 모습과 국민당의 타락한 모습을 비교하면서 점차 공산주의에 경도된다.

일본침략군의 침략으로 남경이 함락하고, 대도륙의 참극이 벌어진다.60) 조선의용대가 건립되는데61), 거기에 참가한 사람들은 일본제국주의가 망하지 않고는 고국땅에 돌아갈 수 없는 신세들이다. 여기에서 선장은 주은래62)와 팽덕회를 만난다. 주은래는 조선의용대를 환영하며 사회혁명과 민족해방의 관계를 명쾌하게 설명한다.63) 선장은 김구의 반일사상에 대한 이야기와 리승만이 고국의 애국동포들이 보낸 임시정부의 국고금을 가로채 미국기선에 오른 사건을 듣는다.64) 그들의 이승만에 대한 부정적 태도는 미국과 일본과 같은 제국주의에 대한 거부와 긴밀한 관련이 있다.

중공 신사군 대홍산정진종대사령부위원회의 성재수 영향으로65) 조선의용대 제2지대에 중국공산당 지하조직이 생성된다. 이때 친구 곽복덕의 편지를 받는다. 동아신질서의 확립을 위해 분투하자는 것인데, 일본제국

---

56) 위의 책, p.128.
57) 위의 책, p.135.
58) 위의 책, p.171.
59) 위의 책, p.179.
60) 위의 책, p.184.
61) 위의 책, p.185.
62) 위의 책, p.202.
63) 위의 책, p.206.
64) 위의 책, pp.307-308.
65) 위의 책, p.321.

주의가 침략을 위한 목적으로 내건 구호를 거부감없이 받아들인 친구의 편지에 쓴 웃음을 짓는다.[66] 선장이는 이제 과거의 선장이가 아니다. 일본 제국주의의 야욕을 명징하게 인식하고 있으며, 더 나아가 철저한 공산주의자로 성장하여 새로운 세상에 대한 염원을 드러내기도 한다.

> 밤새도록 기구한 산길을 더듬고 또 더듬은 끝에 마침내 먼동이 텄다. 그리고 얼마 오래지 않아 동녘하늘에 동적색구름에 싸인 아침해가 서서히 떠올랐다. 선장이는 비로소 산아래 골짜기에 100명도 더되는 초록색군복을 입은 사람들이 의용대가 서있는 산등성이를 쳐다보며 손을 흔들고 또 모자를 흔드는 것을 똑똑히 보았다.
> '오 저것은 팔로군. 우리의 마중을 나온 팔로군이다!'
> 선장이는 난생처음 자유로운 땅을 디디였다. 왜냐면 그의 조국이 망하던 그해에 그의 어머니도 겨우 열다섯살 홍안의 부끄럼타는 소녀였으니까.
> '아, 태항산! 세상에서도 빈궁하고 또 세상에서도 부요한 태항산아, 우리는 그예 네 품속에 뛰어들었다!'[67]

그의 염원은 인용문의 마지막 문장에 잘 구현되어 있다. 태항산은 그가 꿈꾸는 유토피아일 수 있다. 일본제국주의에 항쟁하는 투사들이 모여든 곳이고, 권력과 부패에 맞서 싸우는 농민과 노동자들이 서로 화합하면 살아가는 곳이다. 태항산에 모인 사람들이 궁극적으로 지향하고 있는 세상은 탈제국주의와 탈봉건주의이다. 다른 말로 여기에서 고향의 의미는 부정적인 당대의 현실이 만들어낸 이상화된 공간이다. 현실적인 공간인 원산이나 그가 찾아야 할 조국의 차원을 넘어서는 더 넓은 의미의 근원적인 고향이 제시되고 있다.

---

66) 위의 책, p.336.
67) 위의 책, pp.362-363.

태항산에서는 조선동지 환영대회가 열리고, 팽덕회의 등장과 승리의 요인이[68] 서술된다. 여기에서 그들은 조선독립동맹의 전신인 화북조선청년연합회를 결성하고 선장은 삐라 작성의 소임을 맡는다. 이때 의용군의 각 지대는 정도에 오르기 전에 들고 나갈 깃발 문제로 의견 대립을 보이며, 팽장군이 그 조정을 한다. 일제 암흑기에 조선의용군은 조국의 광복을 위해 항일 투쟁을 한 사람들이다. 물론 그들은 조선의 해방 못지 않게 무산계급의 세상을 꿈꾸었다. 따라서 오늘날의 시각으로 당대를 해석하는 것은 문제가 될 수 있다.

그런데 태항산에서의 전투로 그들이 확보하려던 이상화된 공간은 일본제국주의자들의 방해로 쉽게 접근할 수 없게 된다. 따라서 선장이가 선택할 수 있는 최선의 길은 제국주의자들과 치열하게 투쟁하는 것밖에 달리 없고, 그가 죽거나 일제가 망하지 않는한 전쟁은 끝없이 전개될 수밖에 없다. 때문에 작품의 결말은 '태항산에서의 이와 같은 전투의 나날이 언제까지 계속이 될는지는 아무도'[69] 모른다고 서술되고 있다.

4. 우리 말과 전통적인 서술기법의 활용

<격정시대>는 우리 말의 아름다움을 잘 활용하고 있다. 때문에 그에 대한 연구도 풍성한 편이다. 초기에는 소설에서 구사되고 있는 언어의 풍부함과 방대함, 인용하고 있는 속담과 관용구의 특징 등에 대한 논의가 주종을 이루었고, 최근에는 소설 언어의 역동적 대화적 특성에 대한 논의로까지 발전되고 있다. 이해영의 경우는 바흐찐의 이론을 끌어다가

---

68) 위의 책, pp.368-369.
69) 위의 책, p.465.

<해란강아 말하라>와 <격정시대>에 나타난 공식 언어의 정통성과 비공식 언어의 민중성에 대해서 살펴보고 있다. 서울의 표준어를 가져다가 소설의 공식적인 언어로 삼고 거기에 '민중의 생활어, 고유어, 속담, 농담, 해학, 골계 등 언어의 비공식적 측면에 포함되어 있는 어휘적 원천과 민속적 원천들을 다양하게 활용'[70]하고 있다는 것이다.

<해란강아 말하라>의 경우는 1930년대 중국의 반봉건 반식민지 형태의 정치적 상황과 현실을 그리면서 간도 지방 조선족 인민들의 삶과 반일 투쟁 및 반봉건 투쟁을 다루고 있어서 문제가 될 수도 있겠으나, <격정시대>의 경우는 일상적인 언어의 활용을 통한 사실감의 확보라는 점에서 문제될 것이 없다. 다만 지나치게 비공식적인 언어를 즐겨 구사한 것은 문제가 될 수 있지만 가장 순수하고 전통적인 우리 말들을 등장인물들의 대화를 통해 구사하고 있는 점을 감안한다면 너무 문제 삼을 것도 없다. 그는 가장 우리적인 것을 홍명희의 <임꺽정>에서 찾았고, 그에 영향받은 바 크다.

> <임꺽정>에는 남북조선 어느 사전에서도 찾아볼 수 없는 멋진 어휘들이 거의 무진장으로 들어 있어서 우리말의 '어휘대사전'이라고 하여도 과언이 아닐 것이다.
> 지난 번에 내가 어느 졸작소설에서
> '저는 이미 마음 속에 정한 사람이 있에요'라는 말을 썼더니 편집자는 친절하게도 '있에요'를 '있어요'로 고쳐놓았었다. 물론 '있에요'와 '있어요'는 같은 말이다. 그러나 '있에요'에는 아름다운 여자의 '맛'이 들어 있다. 이것은 여자 뿐만이 아니다. 남자도─젊은 남자가─'네 제가 그랬에요' 하는 것이 '네 제가 그랬어요' 하는 것보다 훨씬 감칠 맛이 있는 법이다. 내 말이 미덥잖거든 <임꺽정>을 한번 뒤져보라. 맨 '에요' 투성일테니.[71]

70) 이해영, 「중국 조선족 소설 교육 내용 연구」, 서울대박사학위논문, 2005, p.145.

<임꺽정>을 모방하는 과정에서 우리 언어의 아름다움을 발견하기 위해 부단히 노력하고 있다는 점에 주목할 필요가 있다. 그는 중국인이기 전에 조선족이고 조선족이기 전에 조선인이었다. 조선의 전통을 발굴하기 위해 부단히 노력한 점을 상기할 필요가 있다. 그는 당대의 지배적인 언술를 거부하고 우리 말의 아름다움과 전통적인 표현기법을 활용하여 우리 소설의 독창적이고 독립적인 방향을 제시하려고 했다.

그가 구사하고 있는 언어는 양반층이나 상류층의 언어라기 보다는 하층민의 언어이다. 또한 '이 개새끼들', '이 놈', '저 놈'(<격정시대> 상 2), '왜갈보 호박갈보'(<격정시대> 상 4), '임마'(<격정시대> 상 5), '네 녀석'(<격정시대> 상 6), '왜놈', '쪽발이'(<격정시대> 상 13), '오줌통'(<격정시대> 상 18), '배놈'(<격정시대> 상 24), '이 놈아'(<격정시대> 상 30), '그 녀석이'(<격정시대> 상 35), '개코구멍같이'(<격정시대> 상 37) 등 이루 헤아릴 수 없을 정도로 많은 욕설과 비어를 해학적으로 사용하고 있어서 이야기를 아주 구수하게 해주고 있다. 그리고 '같은 값에 다홍치마로' '마파람에 게 눈 감추듯'(<격정시대> 상 35), '남의 집 호박에다 활쏘기내기'(<격정시대> 상 18), '중상지하필유용부'(<격정시대> 상 29), '시어미 역정에 개옆구리를 찬 것'(<격정시대> 상 368), '백만황군이 밀구 들어오면 추풍낙엽이 될 판', '버마제비가 수레를 막자는 격'(<격정시대> 하 299), '모래 사자 사막이 아니라ー 티끌 진자 진막'(<격정시대> 하 344) 등 속담이나 관용적인 표현도 수없이 활용하고 있다.

이러한 언어 사용과 서술방식은 연변문단에서는 말할 것도 없고 우리 문단에서도 확실히 이단적인 것이다. 작가가 작품 활동을 처음 시작하던 1940년대 중반은 말할 것도 없고 이 작품을 집필하던 시기에 한국문단이나 연변문단에서는 이미 사실적인 묘사가 확고하게 자리를 잡고 있었

71) 김학철, <아름다운 우리 말>, 『태항산록』, 연변인문출판사, 1998, pp.351-352.

기 때문이다. 그러나 한 가지 분명한 것은 작가의 확고한 의지가 없었다면 그러한 언어사용은 불가능했을 것이다.

또한 서술방식에 있어서도 판소리계소설에서 찾아볼 수 있는 전통적인 방식을 구사하고 있어서 당대의 소설에서와 상당히 이질적인 점을 발견할 수가 있다. 서술의 기능은 대화 부분과 서술 부분이 확연하게 다르다. 대화 부분은 유머와 익살을 구사하거나 풍자를 활용하여 독자의 긴장을 유발하여 작품에 몰입하게 하는 역할을 하고 서술 부분은 긴장을 이완시켜 몰입을 차단하는 역할을 한다.

> 일본화물선이 반두 모양의 큰 그물이 달린 기중기로 어리둥절 불안해 하는 황소 암소를 한마리 한마리씩 달아올리는 것을 보고 선장이가 저 소들은 저렇게 배에 실어다가 무얼 하느냐고 물어보았더니 씨동이는 바로 점잖게
> '왜놈들이 지금 위 조선 소를 빼앗아가는 거다. 일본엔 소가 없거든 - 물고기만 있구.' 하고 가르쳐주었다.
> '일본엔 왜 소가 없소?'
> '왜놈들이 쪽발이 아니냐. 소두 쪽발이 아니냐. 그러니까 없지.'
> '왜놈들이 쪽박인데 왜 소가 없소?'
> '같은 쪽발이라두 왜놈들은 발이 둘이구 소는 넷이니까 그렇지.'
> 선장이가 납득이 잘 되지 않아 고개를 가우뚱하고 말똥말똥 쳐다보니 씨동이는 천연덕스럽게
> '너 아직 어려서 그런 속내를 잘 모른다. 이담에 5학년에 올라가 리과를 배우면 - 그때 알게 될게다.' 하고 강령적인 교시를 하였다.[72]

인용한 글은 선장이와 씨동이의 대화가 주종을 이루고 있다. 서술 부분은 판소리의 아니리에 해당하고 두 인물간의 대화 부분은 창에 해당된다. 마치 채만식의 <치숙>을 보고 있는 듯하다. 선장이는 세상 물정

---

72) 김학철, 『격정시대』 상, 연변인민출판사, 1999, p.13.

을 모르는 소년이고 씨동이는 세상 물정을 잘 알지만 직설적으로 이야기하지 않고 유머와 풍자를 활용하여 당대의 상황을 비판하고 있다. 작품의 시작은 서술로 시작한다. 서술 부분은 깔끔한 서울 표준어가 주로 구사되고 있고, 대화 부분은 설화체의 요설을 늘어놓아 구어의 생생한 실감을 획득하고 있다. 대화 내용은 다분히 식민지 수탈정책과 우민화정책을 비판한 것이지만 초등학교 4학년인 선장이가 잘 알아듣지 못하여 해학적인 분위기가 연출되고 있다.

> 선장이가 출출한 김에 한 사발 두둑이 담아가지고 우선 한 입 떠먹어보니 가루는 밀가루인데 국은─맹탕이다. 간이 하나도 들지 않았다. 이곳 백정들도 허구한 말 소금 구경을 통 못하고 살았었다. 선장이가 대번에 입맛이 젖히여 께적께적하는데 청탁을 가리지 않는 장준광이와 오쎌로는 앉은 자리에서 게눈감추듯 세 사발씩을 제껴치웠다. 장준광이가 손등으로 입을 닦으며 뒤로 눌러앉아
> '에이, 이담에 전쟁이 끝나거든─ 소금밭에나 가 살겠다.'
> 하고 지껄이니 오쎌로도 뒤로 물러앉아 손등으로 입을 닦으며
> '난 물에 빠져죽어두 짠물에 빠져죽지 민물엔 안 빠져 죽을란다.'
> 하고 뒤받았다. 그들도 맹창만은 어지간히 역겨운 모양이었다. 한 사발을 겨우 먹은 선장이가
> '말 한 마리 다 먹구 말고기 냄새난다잖아?' 하고 빈정거리니
> 오쎌로가 지지 않고
> '한 마리를 먹었거나 두 마리를 먹었거나 냄새가 나는 걸 난다구야 말 못해? 별놈의 수작 다 들어보겠다.' 하고 되받았다. 장준광이는 탄하지 않고 싱글싱글 웃으며
> '배두 사람 믿구 살지.' 하고 혼자말로 지껄이니 오쎌로도 웃으며
> '아니야, 저것의 배때기는 아무것두 안믿구 사는 무신앙배때기야.'
> 하고 말깃을 달았다.[73]

---

73) 김학철, 『격정시대』 하, 연변인민출판사, 1999, pp.453-454.

선장이가 어른이 되어 항일투쟁을 하는 시기를 다룬 하권의 표현 기법에서도 역시 판소리의 표현기법을 곳곳에서 발견할 수 있다. 첫 문장의 '가루는 밀가루인데 국은—맹탕이다'라는 표현은 선장이의 느낌을 서술한 글이다. 구어에서 흔히 볼 수 있는 표현이지만 판소리에서나 볼 수 있는 어투다. 오셀로와 장준광이 주고 받는 대화도 역시 판소리 창자와 고수가 주고 받는 대화와 유사하다. 해학적이고 반어적인 기법을 활용하여 그들의 정황을 잘 드러내고 있다. 이러한 표현기법은 여기에서 인용한 글에 국한되지 않고 당대의 여러 문제로까지 확대되어 나타난다. 심지어 위안부의 문제에서까지도 그러한 언어적 기법을 활용하고 있다.[74]

형식적 리얼리즘의 중요한 특성 가운데 하나가 사실적 산문체임은 주지의 사실이다.[75] 신문학 초기 이광수와 김동인까지도 그 효용을 알고 그토록 강조해마지 않던 시문체에 대해 김학철이 몰랐을 가능성은 없다. 그럼에도 불구하고 그가 사실적 산문체와는 거리가 먼 해학적인 언어기법을 즐겨 구사한 것은 무슨 이유에서였을까? 그리고 그가 당대의 현실을 외면하지 않고 중요한 소설적 재료로 채택하고 있는 것은 또 어떻게 설명해야 하는가?

이러한 일련의 행위는 분명 의도적으로 이루어진 것이며, 당대의 지배적인 언술행위를 부정하고 사실적 산문체와는 다소 거리가 먼 해학적인 언어와 전통적인 서술방식을 구사한 것이다. 이 점은 일종의 탈식민적 소설쓰기의 방법으로 볼 수 있다.

---

74) 위의 책, p.401.

75) 이언 와트는 형식적 리얼리즘의 특성으로 인간의 개인적 경험Individual experience, 새로운 전망New literary perspective, 개성화된 실체로서의 등장인물Characters as completely individualized entities, 특정한 시간particularized time, 특정한 공간particularized place, 사실적 산문체realistic prose style를 들고 있다.(Ian Watt, 『The Rise of the Novel』, Berkley & los Angels ; Univ. of California, 1974.

5. 결론

지금까지의 일련의 작업은 통일문학사를 서술하기 위한 일환으로 김학철의 <격정시대>에 나타난 탈식민주의적 경향을 중국조선족의 정체성과 탈식민주의, 식민지 현실의 인식을 통한 새로운 고향찾기 그리고 우리 말과 전통적 서술 방식의 활용 등으로 나누어 살펴본 것이다. 앞에서 살펴본 내용을 요약하면 다음과 같다.

김학철은 <격정시대>에서 민족주의 문제, 특히 중국조선족의 정체성 문제를 제기하면서 작품의 배경을 해방 전으로 설정하여 해방 전과 해방 후의 달라진 모택동을 우회적으로 비판하고 있다. 그것은 모든 조선족들의 입장을 대변하는 것임에 틀림없다. 조선인이면서 항일전쟁에서 가장 혁혁한 공을 세운 중국조선족들은 제3세계 피식민지인들의 입장과 다르다. 중국 중심주의의 주체인 한족의 주변부에 위치하는 타자, 일제 식민치하의 만주 조선인에서 중국조선족으로 명칭이 바뀐 소수민족이요 고국을 떠나온 이방인들이다. 그들은 민족의 정체성을 유지하여 일제에 항전하면서 중화인민공화국 건설에 매진함으로써 중심부로 진입하려고 노력했지만 여전히 타자로 머물고 있다.

김학철은 식민지 현실을 명징하게 인식한 작가이다. 그는 식민지 현실을 신이 떠나버린 시대, 부의식이 상실된 시대로 파악했다. 그는 소설 창작을 통해 선험적 고향이라는 기표를 잃어버린 인물들의 고향 찾기를 기록하고 있다. 원산의 고향 이미지는 집의 의미를 벗어나지 못하는 것이며, 서선장의 현실 인식이 아직 유아적 상태에 머물러 있다. 주요 등장인물들이 대부분 원산을 떠나 무대를 서울 등지로 확산하면서 서선장의 현실 인식은 보다 명징해진다. 당대의 탈식민주의 운동에 의하여 현실적인 고향의 상실이 아닌 국가의 상실을 인식하고 자신이 해야 할 바 무엇인지를 깨닫기에 이른다. 그리하여 그는 '제2의 윤봉길이가 되고싶어 공부구 나발이구 다 걷어치우고' 황포군관학교에 입학하여 일본 제국주의자들 몰아내는 일에 착수한다. 그리고 태항산으로 들어가서 무산자의 세상을 꿈꾼다.

<격정시대>는 우리 말의 아름다움과 전통적인 서술방식을 잘 활용하고 있다. 서술 부분은 깔끔한 서울 표준어가 주로 구사되고 있고, 대화 부분은 설화체의 요설을 늘어놓아 구어의 생생한 실감을 획득하고 있다. 우리 말의 아름다움을 잘 활용하고 있으며, 판소리의 해학적이고 반어적인 기법을 활용하고 있다. 그는 가장 우리적인 것을 홍명희의 <임꺽정>에서 찾았고, 그에 영향받은 바 크다. 당대의 지배적인 언술행위를 부정하고 사실적 산문체와는 다소 거리가 먼 해학적인 언어를 즐겨 구사하고 있는 점은 일종의 탈식민적 소설쓰기의 방법으로 볼 수 있다

이처럼 <격정시대>는 중국 조선족의 정체성과 생존의 문제를 진지하게 제기하면서 우리 말과 전통적인 서술방식을 즐겨 애용하고 있다. 따라서 이 작품은 탈식민주의적 시각에서 접근할 수 있는 가능성이 다분하며, 그러한 시각에서 연구가 지속되어야 할 것이다.

참고 문헌

강정인, 「서구중심주의의 세계사적 전개과정」, 『사상』, 2003 가을.

_____, 『서구중심주의를 넘어서』, 아카넷, 2004.

고부응, 『초민족 시대의 민족 정체성』, 문학과 지성사, 2002.

김봉은, 『소수 인종의 문학으로 본 미국의 문화』, 한신문화사, 2000.

김의락, 『경계를 넘는 새로운 글쓰기』, 신아사, 2003.

김종회 편, 『한민족 문화권의 문학』, 국학자료원, 2003.

김학철, 『태항산록』, 연변인민출판사, 1998.

_____, 『격정시대』 상, 연변인민출판사, 1999.

_____, 『격정시대』 하, 연변인민출판사, 1999.

김호웅, 「우리 문학의 산맥 - 김학철옹」, 『조선의용군 최후의 분대장 김학철』, 연변
    인민출판사, 2002.

리광일, 「잠재창작과 김학철의 장편소설 <20세기의 신화>」, 『조선의용군 최후의
    분대장 김학철』 2, 연변인민출판사, 2005.

리명숙, 「남북한 합작이 류배시킨 격정의 망명문학」, 『조선의용군 최후의 분대장 김
    학철』 2, 연변인민출판사, 2005.

이삼성, 『20세기의 문명과 야만』, 한길사, 2003.

이해영, 「중국 조선족 소설 교육 내용 연구」, 서울대박사학위논문, 2005.

임헌영, 「세계화 속의 동포문학」, 『한국 문학평론』, 국학자료원, 2003 가을.

정진농, 「오리엔탈리즘의 두 얼굴」, 『동서비교문학저널』, 1999, 창간호.

정진성, 『일본군 성노예제』, 서울대학교출판부, 2004.

최삼룡, 「김학철에 대한 기성연구검토와 몇 가지 생각」, 『조선의용군 최후의 분대장
    김학철』 2, 연변인민출판사, 2005.

최원식, 「민족문학과 디아스포라」, 『창작과 비평』, 2003 봄.

게오르그 루카치, 『소설의 이론』, 반성완 역, 심설당, 1989.

고모리 요이치, 송태욱 옮김, 『포스트콜로니얼』, 삼인, 2002.

노다 마사아키, 서혜영 옮김, 『전쟁과 인간』, 길, 2000.

모리스 메를로 - 퐁티, 박현모 외 옮김, 『휴머니즘과 폭력』, 문학과 지성사, 2004.

모택동,『모택동선집』3, 민족출판사, 1992.

샤오메이 천, 정진배·김정아 옮김, 강,『옥시덴탈리즘』, 2001.

데드R. 기, 이신화 역,『민족 대 국가』, 나남출판, 2003.

피터 차일즈·패트릭 위리엄스, 김문환 옮김,『탈식민주의 이론』, 문예출판사, 2004.

Watt, Ian,『*The Rise of the Novel*』, Berkley & los Angels ; Univ. of California, 1974.

<고난의 년대>의 탈식민주의적 연구

최 병 우

1. 서론

인간은 문학을 통하여 자신의 꿈을 언어화하고 현실에서 이루어지지 못하는 많은 일들을 실현해 보인다. 문학이 시대마다 새로운 시대정신을 추구하고 또 새로운 문학 형식을 시도하는 것은 바로 문학의 본질적 속성 중 하나이다.[1] 20세기에 들어와서 문학은 연구하는 측에서도 끊임없

―――――――――――――――――

[1] 문학의 이러한 특성을 고려하여 김현은 문학은 인간 정신의 자유로움을 추구하는

이 새로운 이론적 도구로 문학 작품을 분석하고 문학을 논단하는 것은 문학의 본질적 속성에 다가가는 과정이라는 지적 또한 가능할 것이다. 중국의 개혁 개방이후 소수민족인 조선족의 글에서 민족의 역사와 전통에 대한 관심이 강하게 등장하는 것 역시 억압받은 시대정신에 대한 반발이며 정신의 자유를 추구하는 과정으로 이해 가능하다.

인간의 자유로운 정신으로서의 문학이라는 논리는 문학에 대한 탈식민주의적 연구에도 동일하게 적용할 수 있다. 탈식민주의는 제1세계의 이론으로 세계를 이해하는 방법에 대한 비판으로 시작된다. 파농이 오랜 식민 지배 체제의 결과 식민지 지식인들의 의식 구조가 어떻게 왜곡되었으며 그것을 극복하기 위해 어떠한 노력을 기울여야 할 것인가를 이야기한 것이나, 사이드가 서구에서 만들어진 타자에 대한 이해 방식으로서의 오리엔탈리즘을 비판한 것은 지배담론에 대한 반발이다. 서구에서 식민지배의 정당성을 확보하기 위해 만들어진 식민주의적인 논리를 비판함으로써 이론이 가진 허구 의식을 밝히고 자신들의 문화적 전통을 담보하여 독자적인 사유체계를 만들어 보려는 것이 파농이나 사이드의 논리이다. 이들 이론은 이미 지배담론으로 고착되어 있는 이론을 뒤집어 봄으로써 새로운 이론적 토대를 만들어 가는 것이라는 점에서 앞에 말한 문학에 있어 자유와 상사성을 갖는다.

중국 조선족들은 해방 이후 중국의 공산주의 체제에서 중국 문화 속으로 편입될 것을 강요당하며 살아온 바 있다. 중화인민공화국이 성립되던 시기 중국공산당의 소수민족 정책은 소수민족의 문화를 인정하고 어느 정도의 자치를 허용하는 것이었다. 그러나 소련이 수정주의로 나아가면서 중국과 소련이 분열된 후, 공산주의 체재를 공고히 하고 모택동 사

존재라 정의하고 있다. 김현, 「문학이란 무엇인가」(김현·김주현 편, 『문학이란 무엇인가』, 문학과지성사, 1979.), p.20 이하 참조.

상으로 무장하는 과정에서 소수민족 정책에 변화가 온다. 반우파 투쟁기와 문화 혁명기를 통해 중국에서는 소수민족 문화의 독자성을 이야기하는 것만으로도 종파주의자나 반혁명분자로 몰리는 시대가 되었고, 조선족이 자신들의 문화 정체성을 글로 쓰기는 매우 어려웠다. 민족 정체성이 위협받는 열악한 시대적 상황에도 불구하고 조선족 사회는 그 중심이 농촌이었기 때문에 비교적 전통문화를 잘 유지할 수는 있었지만 시대적 상황이 소수민족의 문화적 특수성을 문자화하는 것은 거의 불가능해진 것이다. 1980년대 들어 등소평의 등장과 함께 대외적으로 개혁개방에 나서고 소수민족 정책이 유화적 국면으로 돌아서자 한민족 문화의 정체성을 언급하는 글과 문학 작품이 생산되기 시작한다.

중국 조선족들이 소수민족으로서의 삶을 회의하고 자신들의 역사와 문화와 전통에 대하여 관심을 갖고 글로 남겨 후대에 전하려는 것은 중국 국민으로서의 삶과 함께 민족으로서의 삶 역시 중시하여야 한다는 의식의 표현이다. 중국 조선족 작가들은 개혁개방 이후 많은 작품들에서 조선조 말 기아를 피해 만주로 건너온 조상들이 고난에 찬 삶과 일제 강점기 동안 일제로부터 받은 박해 그리고 이러한 어려운 현실 속에서 치열한 투쟁을 벌여 해방을 맞이한 체험을 자랑스러운 역사로서 소설화하기 시작한다.

본고는 리근전의 만주 지역에 살던 조선인들의 고난과 투쟁의 역사를 소설화한 <고난의 년대>를 분석하여 작품에 나타난 민족 중심주의 또는 탈식민주의적 성격을 밝힘으로써 중국 조선족 소설의 한 특징을 해명하는데 그 목적을 둔다. 이를 위하여 중국 조선족의 위상과 그들의 소설 문학이 갖는 특성을 살펴 리근전 소설이 중국 조선족 소설에서 갖는 위치를 규명하고, 그의 장편소설 <고난의 년대>에 드러나고 있는 조선조 말부터 해방에 이르는 시기의 만주 지역 한민족의 삶의 모습을 살펴고자 한다. 그리고 이러한 <고난의 년대>에 나타나는 한민족의 민족적 정체성 드러내기가 탈식민주의와 어떻게 연결되는지를 정리해 보고자 한다.

2. 중국 조선족 문학사에서 리근전 소설의 위상

중국 조선족은 조선조 말부터 일제 강점기에 이르는 시기 동안 여러 가지 이유로 만주 지역으로 이주[2]하였다가 일제의 패망 이후 귀국하지 않음으로써 중국의 소수민족 정책에 의해 조선족으로 명명된 한민족이다. 이들은 해방 이후 30여 년간 중국이라는 국가 속에서 한국과 단절된 상태로 민족의 언어와 전통을 유지하면서 소수민족으로서 그들의 독자적인 문화를 유지하여 왔다. 그리고 중국 조선족들은 자신들이 처한 정치적, 사회적, 문화적 환경 속에서 한민족의 언어인 한글로 민족의 삶과 전통을 문학 작품으로 창조해 왔다.

중국의 소수 민족인 조선족들에 의해 이루어진 중국 조선족 문학은 중화인민공화국의 정책을 반영하여 이루어질 수밖에 없었다. 일제 패망 이후 국민당과 공산당 사이의 내란을 거친 후 중국이 사회주의 국가로 성립되면서 국가의 정책은 이상적인 사회주의 국가의 건립에 초점이 맞추어졌고, 문예정책 역시 사회주의 국가의 형성에 기여하는 것을 제 일의로 삼아왔다. 이에 따라 일제 말 만주국에 거주하고 있었던 조선인들에 의해 이루어졌던 재만 조선인 문학이 지니고 있었던 예술 중심의 문

---

2) 만주로의 이주는 크게 세 차례에 걸쳐 이루어졌다. 19세기 말부터 20세기 초에 이르는 시기에 생존을 위해 이주해 간 농업 이민, 한일합방을 전후한 시기에 독립운동을 위해 이주한 정치 이민, 그리고 만주국 수립 후 일제의 대만주 정책에 따라 이주해 간 개척 이민 등이 그것이다.

학이나 민족 정서와 역사를 작품화하던 문학 전통은 중국의 문예정책에 따라 변화할 수밖에 없었다. 더욱이 예술 중심 문학이나 민족주의 문학을 비판하는 반우파 투쟁이나 전통을 철저히 부정하는 문화대혁명과 같은 처절한 상황을 거치면서 중국 조선족 문학은 당의 정책을 홍보하거나 개인을 찬양하는 도구로 변화하기도 하였다.

그러나 중국 조선족 문학은 재만 조선인 문학으로부터 이어온 문학 전통이나 조선족 특유의 정서와 삶 그리고 전통을 벗어날 수는 없었다. 일제 강점기에 만주 지역으로 건너온 조선인 1세대들에게 만주는 단지 먹고 살기 위해 건너와 살고 있는 곳에 불과하였다. 그들은 두만강과 압록강 저편에 두고 온 자신의 고향을 언젠가는 돌아가야 할 곳으로 생각하고 있었다. 그들의 이와 같은 이향 의식으로 인해 그들의 문학은 타향에서의 삶이 갖는 고난이 강조되고 돌아가야 할 곳인 고향은 늘상 아름다운 공간으로 그려지는 망향의식이 주를 이루게 된다.[3] 자신이 살고 있는 곳이 어차피 자신의 고향이 아니며, 돌아가야 할 곳이 있지만 돌아가지 못하는 사람은 현실에 안주하지 못하고 떠돌 수밖에 없다. 끊임없이 유랑하며 어느 곳에도 안주하지 않는 삶을 유지하는 것은 일제 강점기에 조국을 떠난 조선인들이 갖는 공통된 정서일 수 있을 것이다.

중국 정부가 수립되고 만주 지역에 살고 있던 조선인들이 중국의 소수민족으로 편입되면서부터 중국 조선족들은 자신들의 정체성에 대해 회의하기 시작한다. 만주국 시기 재만 조선인들은 조국을 떠나오기는 하였지만 자신들이 조선인임을 분명히 할 수 있었다. 만주국은 외형상 오족협화를 부르짖고 있었으며 두만강과 압록강 건너 있는 고향은 언제나

---

3) 망향의식은 고향을 떠나 살아가는 사람들이 갖는 보편적인 정서라 할 수 있다. 개인의 차원에서도 이러한 망향의식은 보편적인 의식 구조이며 민족의 차원에서도 즉 디아스포라된 민족들에게 공통적으로 나타나는 의식의 한 특징이다.

돌아갈 수 있는 곳이었다. 그러나 중국 정부가 수립되자 중국 조선족들은 고향과 단절되고, 중국 소수민족으로서의 자기 역할을 강조받기 시작한다. 그들은 중국 국민으로서의 정체성을 확보할 것을 강요받았지만, 자신들이 조선인이라는 민족으로서의 정체성 역시 방기할 수는 없었다. 이 시기에 들어와 그들은 자신이 처한 정치적·사회적 상황에서 기인하는 국민적 정체성과 민족적 정체성이라는 이중 정체성 문제에 대해 고민하기 시작하게 된다.

실상 중국 조선족들이 겪고 있는 이중 정체성은 국민으로서의 정체성과 민족으로서의 정체성의 혼란이며 이는 국민으로서의 문화 행위와 민족으로서의 문화 행위의 충돌이다. 국가의 권력이 강화되어 구심력이 커질수록 민족으로서의 정체성에 커다란 벽을 실감할 수밖에 없게 된다. 이러한 상황에서는 국가의 논리에 따르고 자신을 거기에 맞추거나 이단으로 몰리는 위험을 감수하며 자민족의 역사와 문화를 유지하기 위한 글을 쓰거나 어느 한 쪽을 선택할 수밖에 없어진다.[4]

중국 조선족들은 중국에서의 공산 혁명이 성공하고 중화인민공화국이 수립되자 만주국 시기에 조선인으로서 가지고 있었던 민족적 정체성을 중국 국민으로서의 국민적 정체성으로 변화시키기 시작한다. 중국 조선족들은 중국 인민과 힘을 합해 일본제국주의자들과 치열한 투쟁을 하였고, 중국 혁명전쟁에서도 엄청난 피를 흘려 중국 인민들과 힘을 합쳐 투쟁하였다. 이 두 차례에 걸친 혁명 투쟁의 경험은 중국 조선족에게 커다란 자존심으로 남았으며 이러한 투쟁의 체험을 바탕으로 국민적 정체성을 수립하는 문제의 중요성을 자각하였다.

---

4) 식민지 지식인이 겪는 이러한 문화적 혼란은 바바가 말하는 간극적 혼종성과 일맥상통한다. 바바의 간극적 혼종성에 대해서는 박상기, 「탈식민주의의 양가성과 혼종성」, 고부응 외, 『탈식민주의-이론과 쟁점』, 문학과지성사, 2003. 참조.

반우파 투쟁기와 문화혁명기에 민족적 정체성에 대한 관심이 우파로 몰리면서 이중 정체성의 문제는 내면화하는 양상을 보인다. 그러나 개혁 개방 이후 민족적 정체성에 대한 관심이 일기 시작하며 중국 조선족들은 그 구체적인 양상으로서 자신들의 뿌리찾기에 관심을 기울인다. 지금 중국에 살고 있는 우리들은 어디서 왔는가, 우리들의 고향은 어디인가, 우리들의 과거는 어떠하였는가에 대해 질문을 시작한 그들은 선조들의 고난에 찬 개척사와 죽음을 무릅쓴 투쟁사를 문학적으로 형상화하기에 이른다. 이 시기는 국민적 정체성을 바탕으로 민족적 정체성을 확보해감으로써 이중 정체성을 극복하려 한 시기로 이해해 볼 수 있다.

리근전은 가난한 농민의 후예로 1944년 소학교만을 졸업하고 일제가 패망한 후 동북민주연군 전사로 참가하여 중국 공산 혁명에 큰 공을 세웠고, 1948년 공산당에 입당하였다.[5] 그는 어렸을 때 한족 중심의 농촌 소학교에서 일본어로 교육을 받았다. 학교에서 조선어를 일 년 반밖에 못 배운 리근전은 한글에 능통하지 못하여 한글로 창작하지 못하고 중국 혁명 기간 중에 익힌 한어로 창작하였다.

리근전이 소설 창작에 관심을 갖게 된 것은 문학이 가지고 있는 교화 성을 이해했기 때문이며 그의 소설은 당의 정책을 선전하기 위한 도구로 서의 성격을 강하게 지닌다.[6] 그의 초기작품에 해당하는 <홍수 질 때> (≪연변문예≫, 1955.9.)와 <박창권 할아버지>(≪연변문예≫, 1956.4.)와 같은 단편소설에서는 당의 정책에 따라 자신의 최선을 다하는 진정한 사 회주의자의 모습을 제시하여 당의 지도 노선과 당의 무오류성을 선전선 동하는 데 치중하는 모습을 보인다.

---

5) 그의 생애는 졸고, 「리근전 소설 연구」, 『현대소설연구』 29집, 2006.3.31, pp.248-249에 상론되어 있다.
6) 리근전, 「문학창작의 첫발자국」, 『갈매기』, 1987.1, pp.45-46.

그러나 <범바위>(연변인민출판사, 1962)에서 중국 혁명기간 동안의 자신의 혁명 체험을 바탕으로 조선족 농민들이 한족과 힘을 합쳐 혁명을 성공적으로 이끄는 과정을 형상화하는 과정에서 조선족들의 전통과 삶에 대해 일정한 관심을 보인 바 있다. 그리고 개혁개방이 이루어지고 소수민족의 전통에 대해 글을 쓸 수 있게 되자 리근전은 <고난의 년대>에서 19세기 말부터 해방까지의 기간 동안의 조선인들의 고난과 투쟁의 역사를 소설로 형상화한다. 이는 리근전이 조선족의 역사에 대해 관심을 드러내 보인 것이며, 선조들의 고난과 투쟁의 역사를 어린 세대들에게 알려줌으로써 민족적 자긍심을 전파하고자 한 노력의 일환으로 이해된다. 즉 리근전은 중국 조선족 작가로서 개혁개방과 함께 중국 정부의 소수민족에 대한 정책이 변화하자 국민적 정체성의 확보를 위한 노력에서 벗어나 민족적 정체성을 확립하기 위한 방안에 본격적인 관심을 갖게 된 것이라 하겠다.

1980년대에 불어닥친 중국 정부의 개혁개방 정책은 중국 조선족 작가들이 자신들의 뿌리찾기를 시도하고 민족적 정체성 문제를 본격적으로 다루는 데 결정적인 요인이 된다. 이러한 시대적 상황이 도래하자 공산당원으로서 중국 정부의 정책을 선전선동하고 사회주의의 우월성을 강조하는 것을 문학의 목적으로 삼았던 당 중심의 교조적 작가였던 리근전 역시 조선족의 고난과 투쟁의 역사를 소설화하여 민족적 정체성 문제를 본격적으로 논의하기 시작한다.

모든 것이 국가와 당 그리고 하나의 문화적 논리로 평가되던 전시기의 세계 이해를 벗어나 소수 민족으로서 조선족의 역사와 전통을 중심에 두는 것은 그 자체로서 탈중심주의적 성격을 지니는 것이며 한족 중심의 문화에서 소수민족의 문화로 나아가려는 시도이며 이는 탈식민주의의 세계인식과 그 궤를 같이한다는 평가가 가능하다. 그러면 장을 달리하여 리근전의 <고난의 년대>에서 중국의 소수민족 문화로서 조선족의 문화가 어떠한 방식으로 작품 속에 드러나며 국가 중심의 이념과 어떻게 차이를 보이는가를 살피기로 한다.

3. 〈고난의 년대〉에 나타난 조선인의 역사와 문화

리근전이 조선인의 역사와 문화를 제재로 한 소설을 써야겠다는 생각을 하게 된 것은, 길림에서 신문기자를 하던 시절, 여러 사람들에게서 중국에 살고 있는 조선인의 역사에 대한 질문을 받은 데서 시작되었다. 그 후 연변조선족자치주가 성립되고 1955년부터 연변으로 건너와 기자로 활동하면서 일제가 만주 지역을 실질적으로 통치하던 항일전쟁 시기에 조선인들이 여러 민족 인민들과 목숨을 바쳐 치열하게 투쟁하였음을 알게 되었다. 리근전은 이러한 조선인의 위대한 역사에 대한 치밀한 조사를 통해 작품을 쓸 준비를 하였으나 문화혁명으로 손을 대지 못하다가 새로운 시대를 맞아 작품을 쓰기 위한 작업에 들어간다.[7]

<고난의 년대>를 쓰기 위하여 리근전은 조선족의 역사와 만주의 역사에 관한 책과 만주중국공산당사 등을 섭렵하고 안수길의 <북간도>를 읽고 또 여러 노인들을 만나 만주에서의 조선 사람들의 삶에 대해 들으면서 조선족의 역사를 어느 정도 이해하기에 이른다. 이러한 자료 섭렵 과정에서 수집된 아래 아홉 가지 내용들은 선조들의 삶에 대한 자긍심을 갖게 하는 원천이 되었으며 리근전이 작품에서 다루어야 할 내용으로 정리되었다.

---

7) 리근전, 「<고난의 년대>를 쓰게 된 동기와 경과」, 『문학예술연구』, 1983.1, p.50.

1. 조선인들이 연변 땅에 이주하게 된 력사적 배경과 그의 경과
2. 이주 초기, 개간민들의 암담한 생활과 비참한 운명
3. 조선 기아민들이 살길을 찾아서 두만강을 건너오다가 량국 관리 들에게 당한 참혹한 경상
4. 남북만으로 들어간 조선족들이 모든 장애와 험난을 무릅쓰고 벼 농사를 짓게 된 형편
5. 봉건지주와 관료들의 압박, 착취에 대한 개간민들의 반항
6. 일본 제국주의가 침입하게 된 경과와 그들의 침략적 수단
7. 반일투쟁의 초기, 중기, 말기의 정황과 같지 않은 시기의 대표 인물들
8. 개간민들이 연변 땅에 이주한 이래 역사적 의의가 있는 주요 사건
9. 이주 초기 연변 땅의 자연 환경과 인정 세태 등[8]

리근전이 정리한 위의 내용은 만주 지역에서 중국인과 함께 살아가고 있지만 중국과는 분리된 조선인들만의 역사가 주를 이룬다. 1의 경우 중국 공산당과의 관계가 중심이 되고, 7은 일본제국주의의 침략과 만행에 해당하는 내용이지만, 나머지 일곱 항목은 조선인들만의 역사에 해당한다. 작가 스스로 정리해 둔 작품의 핵심이 될 내용들은 모두 만주로 이민해 온 조선인들의 가난한 삶과 그것을 극복하기 위한 투쟁 그리고 항일 투쟁의 역사이다. 이것으로 리근전이 <고난의 년대>를 쓰면서 어디에 초점을 두고 있는가를 알게 하기에 충분하다. 그는 이 작품에서 중국과의 관련이 전혀 없지는 않으나 그들과는 아주 다른 역사를 갖고 있는 조선인들의 삶을 그리고자 한 것이다. 이는 그가 1962년 창작한 <범바위>에서 한조협력의 관점에서 한인과 조선인이 힘을 합쳐 국민당과 투쟁하여 중화인민공화국을 건립하는 내용을 중심에 둔 것과는 커다란 차이를 보이는 것이다.

---

8) 앞의 글, p.51.

리근전이 중국 조선족의 뿌리인 두만강을 건너 만주로 이주해 온 조선인의 역사에 관심을 가지고 작품을 쓰다 보니 <고난의 년대>에는 19세기 말부터 일제의 패망까지의 역사적 사실들이 매우 세밀하게 다루어진다. 이 작품에서 리근전은 같은 시기에 두만강을 건너온 박천수, 오영길, 최영세 세 집안이 중국에서 어떻게 적응해 나가고 타협하고 파멸해 갔는가를 통해 이 시기 만주에 살던 조선인들의 삶을 구체적으로 형상화해 낸다.

당시 간도지방에는 반일단체가 많았는데 그것은 각양각색이었다. 그러던것이 경신년대토벌을 겪고나면서부터는 각 단체는 또 자체의 정돈을 거쳐서 태반이 그 지휘중심을 농촌으로 옮겨갔다. 이를테면 충광단은 북로군정서라 개칭하고 그 대본영을 왕천 춘양으로 옮겨갔으며 광복단은 의용부라 개칭하고 근거지를 와청 대파자로 이동했다. 국민회도 정돈을 거친 다음 국자가에 두었던 본부를 지인향으로 옮겨갔으며 독도부도 옹성라즈로 옮겨가서 장차 명월구에 근거지를 잡을 의향이었다. 이밖에도 봉오동에 새로 건립된 군무도독부, 가야하의 의용단, 석현의 신민단 등등이였다. 이러한 반일단체들은 또 거개가 모두 종교명의를 달고 조직되었는데 실상 그의 대표인물들은 공자, 맹자를 신봉하는 유교인사들이거나 천도교, 원종교, 시천교, 청림교의 두령이기도 했다. 그밖에도 하느님을 신봉하는 천주교, 기독교 등의 이른바 양교도들도 있었다.
반일단체들은 이렇듯 각양각색이였으므로 반일애국하는 점에서는 대체로 의견일치를 가져왔으나 내부문제에서는 또 언제나 의견분기와 분쟁이 끊임없는데다 서로 배척하고 지어 충돌하는 현상까지 있어서 단결에 막대한 영향을 주고있었다. 조장회는 내심 이것을 무척 근심해오던중 단합하여 반일을 도모할 목적으로 이번 친목회를 솔선 조직해나섰던것이다.[9]

---

9) 리근전, <고난의 년대> 하, 연변인민출판사, 1984, pp.77-78. 이하 작품 인용은 작품명, 권수, 면수만 밝힘.

봉오동 전투와 청산리 전투에서 패배한 일제는 1922년 엄청난 규모의 병력을 동원하여 조선인 항일단체들에 대한 대토벌을 단행한다. 경신대참변으로 불리기도 하는 이 사건으로 조선인 항일 무장 단체들은 크게 쇠퇴하였고, 또 러시아로 건너간 일부 항일 무장 단체들이 흑하사변으로 큰 피해를 입게 되기도 한다. 역사적 사실로 보아 이 시기를 거치면서 조선인 중심의 항일 무장 세력은 급속히 힘을 잃게 되어 봉오동 전투나 청산리 전투와 같은 전면전적인 성격의 투쟁보다는 소규모 유격대 형태의 투쟁으로 변모해 가게 된다.

위의 인용에서는 경신대참변으로 조선인 항일 단체들이 투쟁력을 잃게 되어 도시 중심으로 존재하던 항일단체들이 자체의 정비를 거쳐 투쟁의 역량을 오지로 옮기게 되었다는 역사적 사실을 보여준다. 또 1922년 무렵 간도 지방에 존재했던 여러 항일 단체의 이름을 거명하고 있다. 1920년대에 체험한 조선인들의 이같은 고난과 투쟁의 역사는 이 작품이 발표된 시기의 중국 조선족들에게는 새로운 느낌으로 다가올 수 있었을 것이다. 반우파 투쟁 이후 문화대혁명기까지 소수민족의 역사에 대한 구체적인 언급이 쉽지 않은 상황에서 잊어버렸던 역사를 다시 읽을 수 있다는 것은 매우 중요한 변화이며 조선인들의 역사가 중국의 역사이면서 동시에 민족의 역사로 존재하고 있다는 것을 깨닫게 해주는 계기가 되는 것이다.

물론 위의 인용에서 알 수 있듯이 이 시기의 항일 투쟁이 종교 단체를 중심으로 분열되어 있어서 투쟁의 역량이 집중되지 못하고 상황에 따라서는 분열하는 양상을 보여서 항일 단체들의 단합을 위하여 조장회라는 인물이 항일 인사들의 친목회를 계획하게 된다. 이러한 설정은 결국 효과적인 항일 투쟁을 위해서는 구심점이 필요함을 역설한 것으로, 작품의 주인공이자 이념의 전달자인 박윤민이 조심스러운 모색을 통하여 공산당에 가입함으로써 당의 영도 아래 치열한 투쟁을 하고 최종적으로 승리가 가능하였다는 주장으로 연결된다. 이러한 사건 전개는 리근전의 완고한 당 중심의 의식 세계를 드러낸 것이다. 그러나 이러한 중국 공산당 중심의 관점과 함께 작품의 도처에서 지주와의 투쟁을 위해 도윤공서를 포위한 일이라든가, 한반도의 삼일운동에 영향을 받은 3.13 만세 운동, 경신대참변, 일본군에 의한 만주 대토벌 등 조선인들이 경험한 역사적 사실들이 나열되어 그 속에서 조선인들이 어떠한 피해를 입었으며 또 어떻게 싸웠는지를 보여준 것은 민족의 역사에 대한 작가의 관심을 충분히 보여준다.

더욱이 <고난의 년대>에서는 원활한 소설적 전개를 위해 작품의 도처에서 조선인들의 삶과 전통 문화가 등장하고 있는 바, 이는 중국 속에서 살아가는 소수민족으로서의 조선족의 문화적 자긍심을 드러내기 위한 소설적 장치로 이해해 볼 수 있다. 반복되는 바이지만 <고난의 년대>는 만주지역에서 일제강점기를 살아간 조선인들의 삶과 투쟁을 그린 소설이다. 일제가 패망하고 중국혁명기의 투쟁을 그린 <범바위>는 한족과 조선족 무산자들이 힘을 합쳐 중화인민공화국을 세우는 내용이 주를 이룬다는 점에서 민족 정체성보다는 당을 중심으로 투쟁하여 조선인과 중국인이 하나가 되는 국민 정체성을 다룬 작품이 된다. 따라서 작품 속에 조선인 특유의 민속인 유두놀이가 그려지기 있기는 하나 그것은 마을 사람들과 공산당원들 나아가 한족과 조선족이 힘을 합쳐 투쟁하는 계기로서 작용한다. 그러나 <고난의 년대>의 경우 조선인의 민속은 그 자체로서 작품의 소재로 사용되어 사건 전개 과정에서 구체성을 부여하는 장치로 사용된다.

며느리 인순이는 워낙 여덟살때 민며느리로 들어왔는데 금년에 열

여섯에 난다. 그런 것을 이번에 길을 떠나올 때 머리를 올려 주었다.

　떠나기 전날밤, 박천수는 오영길네 일가를 청해다놓고 며느리를 머리얹힌 다음 한끼 보리밥으로 성례를 치렀다. 상례대로 말하면 갓 시집온 신부로서는 첫 한달이 둘도없는 밀월이었다. 잔치를 치를 첫날밤에는 또 마을의 쏠라닥패들이 신부의 신방을 들이치고 무슨 험한짓이나 못된 장난으로 신부를 못살게 굴지만 신부는 오히려 그것을 응당한 것으로, 기쁜 심정으로 맞아주군 하는것이 보통이었다. 이튿날이면 신부는 시아버지와 시어머니에게 큰절을 하고 또 시집 여러 친척들을 항렬에 따라 인사하고 낯을 익힌다. 여러 친척들을 새각시에게서 절과 례단을 받고 신부가 어떠어떻게 잘생겨서 틀림없는 현모량처라는 둥, 이목이 단정하고 사지가 곧아서 자식을 무우뽑듯하여 다자손다복하리라는둥……이와 같이 신부의 앞날을 축하해서 네 한마디 내 한마디 하는것이 종래로 내려오는 습관이었다.

　사흗날이면 신부는 신랑과 함께 친정에 돌아가서 신랑을 친척들에게 인사시킨다. 친척들은 또 신랑이 천하호걸답소, 사내대장부요……하며 침이 마르도록 칭찬해서 신부의 가슴을 뜨겁게 하고 뛰놀게 하는것 역시 재래의 풍습이었다.

　그러나 인순이는 그런 분복이 없었다. 가난이 죄가 되어 머리얹힌 이튿날부터 앞날을 기약할수 없는 험난한 로정에 오르지 않으면 안될 운명이었다.[10]

박천수네 집에 민며느리로 들어와 생활하다가 맏며느리가 되는 인순이의 가난하고 힘든 삶을 그리고 있는 부분이다. 고향을 등지고 만주로 건너가기 전날 밤 인순이와 윤돌이는 보리밥 한 그릇 떠놓고 혼례를 끝내고 만다. 그리고 엉성한 혼례를 치른 다음날로 길을 떠나 두만강을 건너다가 국경수비대에게 발각되어 박천수 네와 오영길 네가 흩어질 때, 윤돌이가 오영길이 네로, 인순이가 박천수 쪽으로 흩어지게 되어 결혼하고 며칠 만에 인순이는 남편과 헤어져 몇 년을 혼자 살아가는 고단한

_____

10) <고난의 년대> 상, p.4.

삶으로 이어진다. 적빈의 상황 때문에 자식의 혼례를 제대로 치러주지 못한 박천수 부부와 혼례답지 못한 혼례를 치르는 인순이의 모습, 그리고 신혼의 단꿈을 맛보지 못하고 무섭디 무서운 만주로의 이주를 감행하는 박천수 가족의 모습은 가난한 조선인의 삶의 한 전형을 보여준다.

인용 부분은 인순이의 혼인이 가난으로 인해 격식을 갖추지 못하게 되었고 밀월도 즐기지 못하고 험난한 길에 나선 과정을 서술하면서 조선인들의 전통 혼례에 관해 상당히 길게 서술하고 있다. 이러한 조선인의 혼례 풍습에 대한 상세한 서술은 인순이의 가련함을 드러내고 박천수 네의 가난한 삶을 구체화해주는 장치로 작용한다. 이는 조선조 말과 일제 강점기의 조선인들의 간고한 삶과 투쟁을 그려 조선족으로서의 민족 정체성을 드러내는 이 작품에서 조선인의 전통적인 혼례 풍습을 그려냄으로써 독자들에게 민족 문화의 한 면을 보여주려는 의도이기도 한 것으로 파악된다.

이와 같은 조선인들의 풍습을 소설화한 예로 오영길 만행을 마을 사람들에게 알려 망신을 주기 위해 계략을 짜서 류랑객을 모셔 굿을 하는 장면에서도 잘 드러난다. 리근전은 이 부분에서 조선인들의 전통적인 굿 모습을 매우 상세하게 그려내고 있다.

> 뜨락에 경당을 모셨는데 류랑객이 모신다는 몇 십명의 신장들, 이를테면 무소부지하고 무소부능한 소고백마장군으로부터 시작해서 길상을 나타낸다는 청룡, 백호 두 신장에 이르기까지의 존성대명을 일일이 써놓은 다음 순서에 따라 경당 위쪽에 죽 배렬하였다. 그런 다음 백지를 접에서 각종 화문이 있는 종이꽃을 만들어 경당 정면에 드리우게 하였다.
>
> 월향이는 이 일에 각별한 성의를 보였다. 그래서 그는 영심이를 도와 공당에 놓을 공품들을 만드노라 부산히 돌아쳤다. 오영길도 매우 경건한 심정으로 공품을 공당에 배렬하였다. 류랑객은 손과 얼굴

을 씻고 몸에다 향을 씌운 다음 두루마기를 걸치고 목에 둥근 북을 드리웠다. 그리고 머리에는 종이로 만든 네모난 모자를 썼다. 그는 경건한 표정으로 정중히 합장하고 제위, 신장들에게 복배삼례를 한 다음 경을 읽기 시작하였다.

처음에 부른 것은 ≪안택경(安宅經)≫이였는데 산지조종 곤륜산, 수지근원 황하수로부터 시작해서 줄곧 장백산하 해란강반 오영길의 가원에 이르기까지 이어댔으니 그야말로 넓고 넓은 하늘땅의 천지신명에 영달한 복술이라 아니할 수 없었다. 이것은 또 호주 오영길의 안녕을 위해서 반드시 먼저 불러야 할 경이기도 하였다.[11]

박천수가 오영길이 장서방에게 저지른 비인간적인 처사를 동네 사람들에게 알려 망신을 주기 위하여 류랑객에게 굿을 하도록 한 이 장면에서 역시 굿판에 대한 매우 상세한 서술이 이어진다. 굿이란 한국 사람들에게 원초적인 신앙에 해당하며 한을 풀어내는 행사이며 발복을 기원하는 공간이기도 하며 놀이의 공간이기도 하다. 사회주의 체제에서 굿을 하기가 쉽지 않았던 시기에 <고난의 년대>에서는 매우 상세한 굿 모습을 보여준다. 이는 전통 문화에 대한 작가 리근전의 관심이기도 하며 민족적 정체성을 드러내기 위한 소설적 장치이기도 한 것이다.

이러한 민족 문화에 대한 관심은 동시에 이문화에 것에 대한 강한 거부감으로 나타나기도 한다. <고난의 년대>에 드러나는 이문화에 대한 거부감의 대표적인 예로 청나라에서 이주해 온 조선인으로서 토지를 갖기 위해서는 반드시 중국의 호적을 가져야 하며 변발역복을 해야 한다는 강제 사항에 대한 반발을 들 수 있다. 상투를 자르고 청인들의 머리를 하고 두루마기를 벗고 청인들의 옷인 치포를 입어야 토지를 소유할 수 있다는 법률은 민족의 정기를 말살하기 위한 의도인 것으로 받아들여져 엄청난 거부감을 불러일으킨다.

---

11) <고난의 년대> 상, p.506.

"웃긴 뭘 웃어!"

오영길이 별안간 눈을 부릅뜨며 말했다.

"당신이 뭘 안다고 그래. 이게 바로 권력이자 재산이란 말이야! 이제 때가 되면 이 치포를 걸친 내 말을 누구든 고분고분 듣고야말걸."

실상 오영길이도 이렇게 하는건 수치스러운 일이며 스스로 존엄을 팔아먹는 비굴한 행위여서 뭇사람들의 조소와 저주를 면치 못하리라는것을 잘 알고있었다. 그러나 그는 변발역복을 해야만 지권을 가질 수 있다는 규정을 너무나도 똑똑히 기억하고있는터였다. 더우기 그로서는 불경처럼 확고히 믿어오는 한가지 신조가 있었으니 그것은 세상에서 갈아가자면 돈이 있어야 하고 나으리로 되자면 권력이 있어야 한다는 것이었다. 때문에 그까짓 조소와 저주쯤은 꿈만하게 여겨졌을 뿐더러 그따위 존엄이란 헌 물건짝 역시 추위도 막을수 없거니와 주린 창자도 채울수 없는 아무짝에도 쓸모없는 너절한것이라 여겨졌다. 그러니 어디 사람들더러 조소와 저주를 퍼부우려면 퍼부으라지 이 오영길이가 그따위것에 위축받을 인물인가! 이전에 목숨을 내걸고 강령감을 독살한것처럼 이미 자신이 걸으려고 작심한 그 길로 끝까지 걷고야말리라! 이것이 곧 그의 배심이였다.

오영길은 어깨를 으쓱 추슬려올리며 기고만장해서 지껄여댔다.[12]

돈이 인간에게 권력을 주는 것이라 믿고 있어서 치부를 위해서라면 살인이든 무슨 일이든 하는 오영길에게도 변발역복은 그리 당당한 것은 아니다. 그는 청나라의 법령에 의해 변발역복을 해야 만이 토지를 소유할 수 있다는 것을 알고는 청인들의 옷인 치포를 구해 오기는 하지만, 늦은 밤 아내 앞에서 걸쳐 입어 보는 것으로 만족한다. 언젠가 필요한 때 입어야 할 옷이지만 평생을 입어온 한복을 벗어던지기가 마음 편하지 않고 또 마을 사람들의 반응 역시 의식하지 않을 수 없는 일이기 때문이다. 물론 오영길은 현실적인 목적 때문에 치포를 걸칠 것이지만 현재로서는 떳떳하지 않고 또 주위의 눈치를 보지 않을 수 없는 것이다.

---

12) <고난의 년대> 상, p.154.

이러한 심리적 상태는 용정에서 장사를 하며 돈을 번 최영세의 경우에도 마찬가지이다. 용정에서 장사를 하여 돈을 벌기 위해 치포를 걸치고 있지만 역시 그것이 자연스럽지 않다고 느끼고 있다. 빈털터리 가난뱅이였던 최영세가 두만강을 건너와서 세인들이 부러워하는 부자가 된 데에는 그의 이재 능력도 있었겠지만 세상 돌아가는 상황을 재빨리 알아 그에 대처한 덕이다. 그 대표적인 것이 아직 두루마기를 벗어던지는 일을 떳떳하지 못한 일로 생각하는 때에 치포를 입고 장사를 한 그의 뻔뻔함이기도 한 것이다.

그러한 그도 박천수 영감을 만나기 의해 천수동으로 가는 길에는 치포를 벗어던지고 두루마기로 바꾸어 입고 상투를 틀게 된다. 천수동에 솥공장을 차리려는 자신의 계획을 성사시키기 위해서는 꼬장꼬장하고 민족정신이 강한 박천수의 눈에 나지 않아야 한다는 현실적인 계산이 있기는 했지만 외출을 맞이하여 나타나는 그의 이러한 옷 갈아입기는 변발역복에 대한 그의 떳떳하지 못한 마음을 드러내는 장치로 사용된 것으로 파악해 볼 수 있다. 더욱이 열일곱 살 난 아들 명준이가 최영세에게 "아버지, 그렇게 차리고나서니 얼마나 보기 좋아요. 인제는 그 치폰지 뭔지를 입지 마세요."[13]라고 말하는 것은 이 시기 변발 역복에 대한 조선인들의 저항감의 일단을 드러내 준다.

<고난의 년대>에는 변발역복이나 중국식의 삶의 방식에 대한 저항감이 강하게 드러나 있다. 이 작품에서는 중국에 빌붙어 부를 축적하려는 파렴치한 인물들인 오영길이나 최영세와 같은 집안을 제외하고는 중국인들의 삶의 방식을 도입하는 것을 거부하고 조선의 전통 문화를 고수하고 조선인으로서의 자존을 지켜나간다.[14] 이러한 상황의 설정과 함께 이

---

13) <고난의 년대> 상, p.154.
14) 이민족의 문화를 거부함으로써 민족 자존을 지키려는 모습은 오영길이 일본인

작품의 도처에서 나타나는 중국식 복식을 걸치는 행위에 대한 비판과 풍자는 만주로 건너와 한족들의 눈치를 보며 살아가던 당대 조선인들의 심리를 잘 드러낸 것이기도 하겠지만 작가 리근전 자신이 가지고 있는 민족 정체성에 대한 시각의 일단을 보인 것이라 하겠다.

<고난의 년대>에서는 한인과 조선인 사이의 협력을 통한 투쟁 과정이 작품의 도처에서 발견된다. 조선인 박천수 집안과 한인 왕덕후 집안의 대를 이어가는 가족 이상의 친밀한 관계라든지 박천수의 아들 박윤민과 왕덕후의 아들 왕주가 항일 운동과 사회주의 운동을 함께 해가는 것 등은 한인과 조선인의 협력이라는 중국 정부의 정책을 따른 것이라는 지적이 가능하다. 이는 전형적인 인물을 통하여 유산 계층과 무산 계층 사이의 갈등과 투쟁 그리고 무산 계층의 승리를 그려야 한다는 중국 문예 정책에 충실히 따른 것으로 리근전의 당 중심의 창작관을 여실히 보여준다. 그러나 <고난의 년대>를 창작하면서 리근전에게는 문학의 정치성이라는 당의 문예 정책과 함께 만주로 건너와 삶을 영위하던 조선인의 고난과 투쟁의 역사를 후대에 전해야 한다는 의무감 같은 것이 중요하게 작용했다는 지적 또한 가능하다.

4. 결론

리근전은 당의 정책에 충실히 따르던 작가였다. 그는 창작 초기부터 당의 정책을 홍보하고 선전하기 위하여 작품을 썼으며 국민으로서의 정

며느리를 맞이하려고 일본인 기생들을 데려와 일본 옷을 입는 법도를 배우는 모습을 희화화하는 장면(<고난의 년대> 하, pp.207-212)에서 보다 분명히 드러난다. 그러나 이는 식민주체인 일본에 대한 저항감의 한 양상으로 이해할 수 있어 본고에서는 논의의 대상으로 삼지 않는다.

체성을 담보하기 위하여 <범바위>와 같은 작품을 창작하기도 하였다. 그러나 문화혁명기에 일정한 탄압을 받고 개혁개방기를 거치면서 소수민족에 대한 정책이 변화하면서 민족 정체성에 대한 관심이 작품 속에 드러나기 시작한다. 물론 리근전 자신이 철저하게 당 중심의 사유를 버리고 민족 중심으로 나아갔다는 것은 적절하지 않은 판단이다. 시대적인 상황이 국가 중심에서 민족 중심으로 바뀌고 있었고 그러한 시대적 상황의 변화에 따라 민족의 역사와 문화에 대한 관심을 드러내는 작품을 쓰게 된 것이라는 것이 옳은 판단일 수 있기 때문이다.

리근전의 이러한 의식의 변화는 1962년에 발표한 <범바위>와 1982년에 발표된 <고난의 년대> 사이에서 쉽게 발견된다. <범바위>는 한인과 조선인이 연계하여 투쟁함으로써 중화인민공화국을 세우는 과정이 작품의 중심을 이루어 조선인들의 문화에 대한 관심이 미약하다. 그러나 <고난의 년대>는 만주로 이주해 온 조선인들이 만주의 중국인 지주들의 박해와 일본 제국주의의 탄압 아래서 꿋꿋이 투쟁하여 승리하는 자랑스런 민족의 역사를 내용으로 하고 있으며 작품의 도처에 조선인들의 특유한 삶과 문화가 소개된다. 그의 작품에 나타나는 이러한 변화는 이념 중심이자 국가 중심의 시기였던 문화혁명기를 거치고 개혁개방의 시기가 되면서 나타난 소수민족의 문화에 대해 관심과 함께 그에 대한 문학적 형상화가 허용된 결과이다.

따라서 그의 이러한 문학적인 변화를 탈식민주의라 명명하기에는 다소 어려움이 없지 않다. 우선 그가 능동적으로 중심 문화인 당으로부터 멀어지려 한 것은 아니기 때문이다. 그러나 리근전은 사상적 철저함이 부족하기는 하지만 국가 정체성과 민족 정체성의 문제를 작품 속에서 동시에 다루면서 특히 조선족의 역사와 문화에 대한 지대한 관심을 보인다. 이같이 조선족과 한족의 공존이라는 국가적 이념과 함께 소수민족으로서의 중국 조선족의 민족 문화에 대해 관심을 동시에 작품화하는 것은 문화적 혼종성의 한 양상으로 이해할 수 있다는 점에서, 리근전의 문학을 탈식민주의적인 시각으로 접근하고 분석하는 작업은 충분한 의의를 지닌다. 이는 중국이라는 국가 차원의 거대한 문화적 구심력 속에서 소수민족으로서의 문화를 견지하려는 작가의 노력은 식민지 지식인의 탈식민주의적인 사유와 거의 유사한 정신적 궤적을 갖는 것이라 이해해 볼 수 있기 때문이다.

참고 문헌

고부응 외, 『탈식민주의 − 이론과 전망』, 문학과지성사, 2003.

고현철, 「한국문학의 탈식민주의 비평 · 연구사적 검토」, 『한국문학논총』 30집, 2002.6.

김현 · 김주연 편, 『문학이란 무엇인가』, 문학과지성사, 1979.

김형규, 「중국 조선족 소설 연구의 현황과 현재적 의의」, 『현대소설연구』 29집, 2006.3.

리근전, 「문학창작의 첫발자국」, 『갈매기』, 1987.1.

＿＿＿＿＿, 「<고난의 년대>를 쓰게 된 동기와 경과」, 『문학예술연구』, 1983.1.

＿＿＿＿＿, <고난의 년대> 상, 연변인민출판사, 1982.

＿＿＿＿＿, <고난의 년대> 하, 연변인민출판사, 1984.

오양호 · 임향란, 「중국조선족문학에 나타난 고향의식」, 『국제한인문학연구』 1집, 2004.

우한용, 「이근전 <고난의 연대>론」, 『동서문학』 194집, 1990.1.

이기우 편역, 『문화연구』, 한국문화사, 1998.

졸고, 「리근전 소설 연구」, 『현대소설연구』 29집, 2006.3.

＿＿＿, 「<범바위>의 개작 양상과 그 의미」, 『한중인문학보』 18집, 2006.4.

Bhabha H, 나병철 역, 『문화의 위치』, 소명출판, 2002.

Spivak G, 태혜숙 · 박미선 역, 『포스트 식민이성 비판』, 갈무리, 2005.

김학철의 <해란강아 말하라> 연구

송 현 호

1. 문제의 제기

<해란강아 말하라>는 김학철이 연변에 정착해서 쓴 첫 장편소설로 1954년 연변교육출판사에서 출간되고, 1988년 한국의 풀빛출판사에서 재간된 바 있다. 이 작품은 출간 당시 선풍적인 인기를 얻었고, 중국조선족문학사에서 불멸의 발자취를 남긴 바 있다. 조성일은 <해란강아 말

하라>를 항일무장투쟁을 서사적 화폭 속에 담은 중국조선족당대문학의 개척자적 지위를 차지하는 작품이며, 조선족의 역사적 현장을 조명한 대작으로 조선족 문학 발전에 뚜렷한 이정표를 남긴 작품이라고 했다.[1]

그럼에도 이 작품은 조선족문학을 연구하는 사람들의 주목을 거의 받지 못했다. 그 이유는 반우파투쟁기에 김학철을 우파로 몰아 강제노동수용소로 보낸 결정적 역할을 한 작품이어서 해금 이전에는 거의 논의할 수 없었고, 아직까지도 그 여운이 남아 있기 때문이다. 혹자는 이 작품이 역사를 왜곡시키고 반혁명세력의 승리를 그린 반동적 소설이라고 비판했다.[2] 사회주의적 창작방법론에 의하면 그런 주장이 나올 법도 하다.

그러나 김학철은 해방 전부터 공산당에 입당하여 '당의 지시라면 무조건적으로 받들어 모시는 데 습관이 되었고 당이 시키는 대로만 하면 틀림없다는 신조를' 지닌 유물사관의 철저한 신봉자였다.[3] 이성이 사라지고 광란만 계속되던 시기에 개인숭배와 우상숭배에 반기를 들고 마르크스와 레닌 그리고 팽덕회와 같은 공산주의 원리에 충실한 사람들을 내세워 자신의 신념에 충실하려고 했다. 그로 인하여 그는 당과 지인들로부터 숱한 박해를 받았다. 반우파투쟁이 일어나자 당간부들은 그를 우파로 몰았다. 당시 당의 눈에 난 최정연, 김순기, 조선우, 서현, 김용식, 채택룡, 조용남까지도 우파로 낙인찍어 창작의 기회를 박탈했다.[4]

원래 김학철은 모택동의 노선에 적극 찬동한 사람이다. 모택동은 공산주의가 세계주의를 표방한 것이기는 하지만 당시 전술전략적 차원에서

---

1) 조성일 외, 『중국조선족문학』(하), 연변인민출판사, 2000, p.119.
2) 리근전, 「<해란강아, 말하라!>의 반동성」, 『아리랑』 17, 1958, pp.57-62.
3) 김학철, 유작 <20세기의 신화>, 『조선의용군 최후의 분대장 김학철』 2, 연변인민출판사, 2005. p.90.
4) 리광일, 「잠재창작과 김학철의 장편소설 <20세기의 신화>」, 『조선의용군 최후의 분대장 김학철』 2, 연변인민출판사, 2005. p.431.

민족주의를 표방하는 것이 유리하다고 하면서 '혁명사업들에 대한 혁명적 문학예술의 보다 훌륭한 협조를 기함으로써 우리 민족의 적을 타도하고 민족해방의 과업을 완수하'[5]자고 했다. 아울러 통일전선대의 각이한 동맹자들이 서로 연대하고 비판해야 한다고 역설했다.[6] 결국 모택동은 사회주의적 민족주의를 주장했던 것인데, 1950년대에 이르러 그 구체적인 모습은 사회주의적 대한족주의로 나타난다. 김학철은 그에 대해 문제를 제기한 것이고 김학철이 비판을 받은 것도 그 때문이다.

　다행스럽게도 최근에 김학철에 대한 주목할 만한 두 편의 논문이 발표되었다. 조일남의 「김학철의 사실주의의 창작실천을 논함－장편소설 <해란강아 말하라>를 두고」와 이해영의 「<해란강아 말하라>의 형상화원리」가 그들이다. 조일남은 이 작품이 역사적 사실에 충실한 사회주의적 사실주의 작품임을 밝히고 있다. 이해영은 닫힌 서사구조와 개방된 서사구조로 이 작품의 특성을 설명하고 있다. 이를 통해 이 작품이 사람들의 주목을 받지 못한 원인을 <격정시대>가 너무 대작이어서 상대적으로 이 작품에 대한 관심이 저조한 것이지 이 작품에 문제가 있어서는 아니라는 진단을 내리고 있다. 그러나 이 정도의 설명으로 이 작품이 사람들의 주목을 받지 못한 원인을 밝혀낸 것으로 볼 수는 없다. 필자는 그 원인을 정치적인 데서 찾으려고 한다.

　이 작품에서 작가는 자신의 철학과 세계관을 잘 반영하고 있으며, 중국 조선족의 민족적 자의식을 아주 분명하게 보여주고 있다. 식민지 현실에 저항하며 조국을 떠나 항일전쟁을 하다가 해방을 맞은 일부 조선인들은 중국 국적을 취득하고 조선족자치주에서 정착해간다.[7] 그들은 청말민

---

5) 모택동, 「연안문예좌담회에서 한 연설」, 『모택동선집』 3, 민족출판사, 1992, p.1072.
6) 위의 책, p.1074.
7) 조일남, 「김학철의 사실주의의 창작실천을 론함－장편소설 <해란강아 말하라>를 두고」, 『조선의용군 최후의 분대장 김학철』 2, 연변인민출판사, 2005, p.477.

초에 '치발역복', '귀화입국'을 강요받던 이주 민족이다.[8] 이방인으로 설움받고 살던 그들이 소수민족으로 자리잡게 되면서 그들은 '중국조선족은 누구인가'라는 물음을 통해 '자기'에 대한 확인과 자각을 시도하는 데 주력한다.[9] 따라서 그들의 작품에는 민족의 문제를[10] 수반하고 있다.

자치주가 성립되면서 연변에 정착한 김학철이 당의 지시에 의해[11] 반우파투쟁기 이전에 발표한 <해란강아 말하라>에 대해 반우파투쟁기와 문화대혁명을 거치면서 명료하게 드러난 민족적 색채와는 무관한 작품으로 평가하는 경향이 있다. 그러나 이 작품에서도 작가는 중국 조선족의 정체성에 대한 문제를 1930년대의 이주 조선인의 삶을 빌어 제기하고 있다. 대중화주의에 입각하여 쓴 작품이라면 한족과 조선족의 화해와 협력을 통한 대한족주의를 강조하고 왕남산과 호가의 대립을 좀더 심도있게 서술했어야 한다. 아울러 조선족의 계급투쟁과 항일투쟁을 그렇게까지 부각시킬 까닭이 없었을 것이다.

본고에서는 통일문학사 서술을 위한 일환으로 <해란강아 말하라>의 민족문학적 성격과 탈식민주의적 경향에 대해 살펴보려고 한다. 이를 위해 계급적 갈등과 농민혁명가의 탄생, 반봉건주의 운동과 탈식민주의 운동, 지식인의 변절과 농민혁명가의 죽음 등에 대해 살펴보려고 한다.

---

8) 이해영, 「<해란강아 말하라>의 형상화원리」, 『조선의용군 최후의 분대장 김학철』 2, 연변인민출판사, 2005, p.555.

9) 조일남, 「중국조선족 장편소설 발전 개요(1)」, 『문학과 예술』, 2001년 제2호, pp.143-144.

10) 모택동, 앞의 책, p.1072.

11) 2006년 10월 북경대학에서 개최된 제7차 한국전통문화국제학술대회에서 연변대학의 김호웅 교수는 이 작품의 창작 배경을 밝히면서 당의 지시로 창작한 사실 때문에 김학철이 만년에 가슴 아파했음을 들려주었고, 천진사범대학의 김장선 교수는 김학철이 대중화주의에 입각하여 이 작품을 창작했노라고 했다.

2. 계급적 갈등과 농민혁명가의 탄생

<해란강아 말하라>에서 소작농과 지주의 계급적 갈등은 대단히 광범위하게 나타난다. 그 가운데 가장 기본적이고 중심적인 갈등은 두 개를 들 수 있다. 버드나무골에 살고 있는 한영수와 김행석의 갈등이 그 하나이고, 임장검과 박승화의 갈등이 다른 하나이다. 이들의 갈등에 주목하지 않고 인물에 주목하게 될 때 상당한 비판적 입장이 제기될 수 있다. 한영수와 박승화에 초점을 맞추면, 두 개의 갈등이 서로 합해져서 전체적 구조를 형성한다.

이 소설은 버드나무골을 배경으로 '젊은 과부허구 늙은 총각이 소결일 해가지구 서로 밀거니 당기거니'[12] 하는 광경을 화제로 유인호와 박화춘이 언쟁을 벌이면서 시작한다. 젊은 과부는 허연하이고 늙은 총각은 한영수이다. 한영수는 빈농 출신으로 농민협회 버드나무골 시부책이나. 허연하는 한영수를 사모하는 여인이다.

유인호와 박화춘이 언쟁을 하고 있는 사이 김행석이 넋을 잃고 마을로 되돌아간다. 그는 사립 민중학교 교장 김달삼의 부친으로 3년 전에 상처를 하고 홀아비로 지내고 있다. 유인호는 동정심이 발동하여 정중하게 인사를 하지만 박화춘은 '마치 어떡허다 이웃집 아주머니의 속곳 밑을 울바자 구멍으로 엿본 시립장이놈의 그것마냥' 눈을 유난히 번득이며 '어딜 가시우, 김유사?' 하고 묻는다.[13]

김행석은 52세의 나이에 먹고 살기에 부족함이 없을 정도로 재력이 있고 글도 알고 아들 며느리 손자 사위까지[14] 구비하여 남부러울 것이 없는 사람이다. 그러나 상처하고 3년이 지난 지금까지 마누라를 얻지 못

---

12) 김학철, 『해란강아 말하라』 상, 풀빛출판사, 1988. p.11.
13) 위의 책, p.13.
14) 위의 책, p.14.

한 것이 한이 되어 중간에 사람을 넣어 허연하에게 말을 걸었다가 거절 당했다. 거절당한 이유가 궁금했는데 봄갈이를 위해 자기에게서 배내소를 얻어간 한영수가 허연하와 '소결이를 두어 가지고는 날마다 동이 채 트기도 전부터 해가 꼴깍 넘어갈' 때까지 정답게 일을 한다는 말을 듣고 현장을 확인한 것이다.

집으로 돌아간 김유사는 당장 보복의 칼을 내민다. 아들을 시켜 소를 당장 끌고 오게 한다. 같은 동족들이 모여사는 버드나무골의 계급적 갈등은 이렇게 시작된다. 아버지와 친구 사이에서 사정이 딱하게 된 것은 김달삼이다. 아버지의 말을 듣고 소를 끌고 올 수도 없는 처지이고 그렇다고 아버지의 억지를 이겨낼 공산도 없다. 이러한 그의 처지와 태도는 차츰 커져서 나중에는 자신의 불행을 자초하게 된다. 그것은 그의 운명이고, 지주 출신 식자의 불행한 인생행로를 암시한 것이다.

다음으로 제시되는 정경은 박승화집의 풍경이다. 임장검이 아침에 소를 끌어내리려고 외양간 문을 열려던 순간 부엌에서 여자의 부르짖음이 들려온다. 밥을 부뚜막에 두어서 쉬어버린 것이 문제가 된 것이다. 시누이의 부르짖음에 주인 마누라가 '메라우-쩌서-농군 장에 가는 데 낮밥으로 싸 보내문 되지!'[15] 하는 소리가 들려온다. 농군은 장검이는 가르키는 말이고, 주인 마누라는 장검이의 외사촌 누이다.

장검은 자신의 처지를 누구보다 잘 알고 있었다. 그렇지만 인간다운 대접을 받지 못한 게 섭섭하고 불쾌했다. 그는 '마당 한복판에 우뚝 한참을 버찌르고 섰다가 마음을 고쳐먹고는, 홱 돌아서 달려가 외양문을 힘껏 왈칵 잡아' 당기고는, '죄없는 소 고삐를 되는 대로 막탕막탕 끌러 가지고는 사정없이 확 잡아' 당겼다. 그러나 억울함을 호소하는 것 같은 소의 눈을 보고 '서울 가서 뺨맞고 시골 와서 분풀이하는 격인 것을 깨

15) 위의 책, p.27.

닫'고 곧 후회를 한다.[16]

이를 계기로 박승화와 임장검 사이에 계급적 갈등이 일어난다. 그들은 처남과 매부 사이다. 가까운 인척은 아니지만 임장검의 '유일한 친척인 외사촌 누이'가 버드나무골의 최고 갑부인 박승화의 마누라이다. 그럼에도 박승화 부부는 임장검을 종처럼 부려먹고 살아왔다. 임장검은 젖먹이 아이 때부터 열다섯 살 때까지 외할머니의 손에서 자랐다. 그 어머니는 왕청으로 시집갔다가 혼자 되어 살길이 막막하자 친정으로 돌아오다가 마을 어귀에서 얼어죽었다. 그녀는 포대기 속에 싸인 젖먹이 아이를 품에 꼭 껴안고 있었는데, 그 아이가 임장검이다. 외할머니의 손에서 자란 그는 외할머니가 돌아가시자 '외사촌 누이에게 수용당'[17]한다.

박승화는 '고아를 돌보아 준다는 은혜로운 말로 목구멍을 달아 막고 친척이라는 정리로 수족을 얽어매어 꼼짝을 못하게 하여 놓고 하는 최대한의 착취'를 한다. 장검이가 7년 어간에 벌어준 돈이 만만치 않음을 박승화는 잘 안다. 그런데 일이 엉뚱한 곳에서 터진다. 나무를 팔러 시장에 갔던 장검이 사공과의 사소한 마찰로 배를 타지 못하고 물을 건너다가 달구지를 잃어버린 것이다. 이 일로 누이와 말다툼이 벌어진다.

누이는 자신이 평소에 장검이를 소나 말 취급한 것은 생각하지 않고 '매사를 들어 공손치 않은 장검이에 대한 불만을 욕설'로 쏟아낸다. 그녀가 장검을 다그치는 것은 그 나름대로 계산이 있어서다. 장검이의 평소 태도로 보아 이번 사단은 머슴이 심보가 비틀어져 주인에게 골탕을 먹이려고 한 것이라 생각했고, 남편으로부터 네 동생이 일을 저질렀다는 힐책을 면하려는 의도가 깔려 있었다.

이해타산에 밝은 박승화는 마누라가 장검이를 혼내는 데 내심 만족하

---

16) 위의 책, p.28.
17) 위의 책, p.27.

면서도 중립을 지키는 척했다. 그것은 고도의 이해타산에서 나온 행동이다.[18] 박승화는 싸움은 나중에 하고 우선 밥이나 차려주라고 한다. 그런데 누이는 막말을 퍼붓는다. 그녀는 아주 남편의 고심을 알아주지 못하고 '속이 바늘구멍보다 더 좁'게 '밥? 안되우, 누이! 배때기가 고프문 나가서 빌어 처먹으라지… 누가 또 밥꺼지 차려 바쳐?'라며 악을 써댄다.

누이의 비인간적이고 이기적인 행동은 임장검으로 하여금 그 집을 떠날 결심을 굳게 해준다. 그는 오래 전부터 '머슴 대우도 아니고 친척 대우도 아닌 이 불합리하고 불유쾌한 생활을 청산'할 생각을 가지고 있었다. 7년을 살았지만 머슴살이를 한 삯을 받은 적도 없고 그렇다고 따뜻한 누이의 사랑을 받아본 적도 없다. 지난날의 모든 것이 자신을 짐승 취급하고 착취하기에 혈안이 된 행동이라고 생각한다.

그는 박승화의 집에서 뛰쳐나오면서 무한한 자유를 느낀다.[19] 노예의 굴레를 벗어난 데서 오는 환희였다. 외할머니가 죽은 뒤로 남의 집에서 머슴살이를 한 그로서는 자유가 무엇인지 노예의 삶이 무엇인지 알 리가 만무했다. 죽지 않기 위해 먹고사는 것이 중요했고, 먹고살기 위해서는 무슨 짓이든 할 수밖에 없었다. 외사촌 누이가 같이 살자고 데리고 들어간 것을 고맙게 생각하고 묵묵히 살아왔다. 그런데 한영수와 김달삼을 통해 봉건주의의 적폐를 이해하게 되었고, 인간다운 삶이 무엇인지를 알게 되었다.

그는 자신을 자유인으로 만들어준 한영수를 찾아간다. 자신의 이상을 실현하기 위해서는 김달삼이나 한영수를 찾아갈 수밖에 없다. 그런데 김달삼은 그 아버지 김유사가 여자에 눈이 멀어 한영수를 적대시하고 있었고, 소작인들에게도 그렇게 호의적이 아니어서 문제였다. 한영수라고

---

18) 위의 책, p.45.
19) 위의 책, p.51.

해서 문제가 없는 것은 아니다. 그는 누이와 같은 방에서 살고 있었고, 두 사람이 먹고살기에도 빠듯한 농토를 임대하여 살고 있는 빈농이었다. 그러나 혹한에 찾아갈 곳이 달리 없었다. 한영수와 한영옥은 그를 반갑게 맞았다.

그는 자신의 튼튼한 몸을 무기로 열심히 일한다면 먹고살기에 어려움이 없을 것이라고 생각한다. 두 사람이 먹고 살기에도 빠듯한 땅을 가꾸어 세 사람이 먹고 살려면 열심히 일하는 수밖에 달리 방법이 없다. 그 사실을 누구보다 잘 알고 있기 때문에 새벽부터 밤늦도록 열심히 일한다. 세월이 가면서 열심히 일하는 것만으로 생활이 개선될 수 없고, 봉건적인 당대 사회의 구조적인 모순이 자신들의 삶을 힘들게 하고 있음을 알게 된다.

그가 여러 사람들을 통해 전해들은 소련의 상황은 동경의 대상이 되기에 충분했다. 공산주의 혁명에 성공하고 난 뒤부터 소련에서는 부당한 소작제도나 봉건적 착취가 없어지고 노동자와 농민이 명실상부하게 주인 행세를 하고 있었다. 누구나 평등한 대우를 받고 먹고살기에 어려움이 없었다. 물론 오늘날의 시각에서 본다면 과장된 면이 없지 않다. 사회주의의 우월성을 강조하고 민중을 공산주의 운동에 동참시키기 위해 불가피한 일이기는 하겠으나 소련을 지나치게 이상적인 유토피아로 형상화하고 있다.[20]

그는 하루빨리 소련과 같이 농민과 노동자가 주인이 되고 모두가 평등한 세상이 오기를 고대한다. 그런데 그것은 그냥 주어지는 것이 아니고 소련의 농민들이 그러했듯이 봉건적 지주와 국가를 상대로 맹렬한 투쟁을 전개하여 스스로 쟁취하지 않으면 안 된다. 그러기 위해서는 그 스스로 혁명가가 되어야 한다. 그는 혁명가가 되기로 결심하고 농민협회

---

20) 위의 책, pp.96-97.

에 가입한다. 농민협회에는 이미 많은 사람들이 가입해서 활동을 하고 있었다. 김달삼과 왕달삼은 농민협회 간부로 활동하고 있었고, 한영수는 농민협회 버드나무골 지부책으로 활동하고 있었다. 임장검은 농민협회 버드나무골 지부원이 되어 지주들의 부당한 횡포에 본격적으로 저항하기 시작한다. 이렇게 해서 버드나무골에 농민혁명가가 탄생한다.

3. 반봉건주의 운동과 탈식민주의 운동

이 소설의 무대가 되고 있는 버드나무골과 버드나무골 농민협회는 조선인들의 이주 및 정착과 긴밀한 관련을 맺고 있다. 그들은 근본적으로 일본 제국주의와 모국의 봉건적 모순이 계기가 되어 조선을 떠날 수밖에 없었다. 그런데 새롭게 정착한 만주 지역에서도 일본 제국주의자와 봉건적 지주로부터 자유로울 수 없었다. 때문에 그들은 새로운 세상의 도래를 염원하면서 농민협회에 가입한다. 그들의 염원이 간절하면 할수록 농민협회의 조직은 튼튼하고 그 활동은 왕성할 수밖에 없다.

농민협회의 활동이 활성화되고 버드나무골 빈농들이 조직적으로 반봉건적 태도를 보이자 봉건지주인 박승화는 위기감을 느낀다. 그는 자신이 누리고 있던 기득권을 상실할 위기에 처하여 최악의 선택을 한다. 그는 남들이 꺼려하는 국자가를 찾는다. 국자가에는 일본영사관이 있고 친일파들의 왕래가 빈번한 곳이다. 조국의 독립을 바라는 조선인들은 일본 제국주의에 대한 반감과 공포감에서 가능하면 국자가를 드나들지 않았다. 친일을 하지 않았더라도 친일분자로 오해를 받을 소지가 다분했다. 그럼에도 그가 국자가를 찾은 것은 조국을 강탈한 일제에 의존해서라도 자신의 이권을 지키려고 한 때문이다. 그에게는 조국이나 동포 혹은 친척은 안중에 없었다. 오직 자신의 이해타산만이 있을 뿐이었다.

국자가는 번화한 곳이고 조선인들이 잘 드나들지 않는 곳이기 때문에 그곳에 드나드는 사람들은 곧 남의 눈에 띄기 마련이다. 왕남산의 부인이 국자가에 드나드는 박승화를 본 것은 당연한 일이다. 왕남산은 중국인으로 농민협회의 조직간사다. 농민협회에서는 일본 제국주의자들의 대륙침탈과 공산주의운동 탄압으로 촉각을 곤두세우고 국자가를 주시하고 있었다.

민중학교 교장이요 농민협회 선전간사인 김달삼은 박승화가 '국자가에 드나드는 꼴이 아무래도 좀 수상'[21]하다고 생각하고 이성길을 불러서 박승화를 미행하도록 지시한다. 이 학교에는 '학우회라는 명칭을 가진 아동들의 조그만 단체가 조직되어 있는데, 거기서는 아랫골안 이성길'이 가장 활동적이었다. 그는 '소년 선봉대 대원, 즉 삐오넬'이다.[22]

박승화는 남의 눈을 속이기 위하여 중국 공안국에[23] 들어갔다가 자신을 미행한 이성길을 발견한다. 이성길은 박승화와 눈이 마주치자 줄행랑을 친다. 박승화는 나루터까지 쫓아와서 최원갑의 도움으로 이성길을 사로잡는다. 그는 자신의 장애물이 '공산당 길러내는 학교'[24]라고 생각하고 민중학교 교장 김달삼을 처리하기 위해 이성길을 돈으로 매수하려고 든다. 그는 이성길이 구경을 해본 적이 없는 10원짜리 백통전을 주면서 자신의 미행을 지시한 사람이 교장이냐고 묻는다. 그러나 이성길은 끝내 함구한다. 황화장수(동짐장사)로부터 이성길이 나룻터 최원갑의 집에 붙들려 있다는 소식을 전해들은 김교장 일행이 그곳에 당도했을 때 박승화는 이성길이 모두 실토했다면서 김교장을 다그친다.

---

21) 위의 책, p.79.
22) 위의 책, p.78.
23) 위의 책, p.83.
24) 위의 책, p.89.

박승화에게 붙들려 꼼짝 못하고 있던 이성길은 교장 선생님과 학우들의 출현으로 용기를 얻어 '듣긴, 내게서 무슨 걸 들어요? 거짓말!'이라고 대든다. 그리고 박승화가 건넨 백통전을 던진다. 백통전은 박승화의 발밑에 떨어져 반짝였다.[25] 모든 사람들의 시선이 그리로 쏠리고 일은 싱겁게 끝났다.

이를 계기로 농민협회측과 박승화는 자신들의 색깔을 분명하게 드러내며 그들 사이에 갈등이 표면화되기 시작한다. 농민협회에서는 반봉건적이고 반제국주의적인 활동을 더욱 조직적이고 선동적으로 전개하게 된다. 한영수는 중국 공산당 동만특위가 있는 화련으로[26] 가서 비밀 조직원들을 데리고 와서 선전 활동을 강화하게 된다.

박승화는 자신에게 위협이 되는 버드나무골의 공산당을 타도하기 위해 농민협회와 무관한 사람들을 자기편으로 끌어들인다. 일본영사관에서 조선사람으로 가장 유력하다고 하는 강부장을[27] 만나 버드나무골을 포함한 해란강 동안 부락들인 하동에 반공자위단을 조직할 생각이니 무기를 공급해 달라는 요청도 한다.[28]

강 부장은 조국을 상실한 절대 위기의 상황에서 국가와 민족보다는 개인과 가족의 평안을 추구한 일본 제국주의의 앞잡이다. 그는 개인과 가족의 안일을 버리고 오직 국권의 회복을 위해 간도 지역에서 독립 운동에 앞장 선 민족지사들을 감시하고 탄압하던 사람이다. 박승화가 강부장을 만나 일본 제국주의 세력과 손을 잡게 된 것은 봉건 지주들이 자신의 이득을 위해서 국가와 민족을 배반한 반윤리적이고 비도덕적인

---

25) 위의 책, pp.94-95.
26) 위의 책, p.100.
27) 위의 책, p.114.
28) 위의 책, p.115.

태도에 다름 아니다.

한영수가 보기에 그는 더 이상 동포라고 할 수 없다. 임장검이 보기에 그는 이제 친척이라고 할 수도 없다. 한영수가 화련에서 모시고 온 동지들은 연하네 골방에서 선전 삐라를 만들기에 분주하고 이성길 또래들은 그것을 '사람 씨글거리는 시장 가운데를 삐기고 돌아다니며 뿌리기도 하고, 신발 끈을 고쳐 매는 척하고 여기 저기 몰래 살포하기도 했다.

> 외래의 세력과 묶은 세력을 반대하는 폭탄을 — 날로 혹심하여 가는
> 일본 제국주의와 본토박이 봉건의 압제와 약탈에 대한 분노의 종자를
> — 그들은 개미떼같이 부지런히, 벌떼같이 신속히 날라다 국자가 거리
> 거리에 던지었다. 뿌리어 놓았다.[29]

중공 동만 특별위원회 위원인 장극민, 중공 해란구위원회 위원인 배상문 그리고 양문길과 연계된 버드나무골 농민협회 회원들의 적극적이고 빛나는 투쟁에 의해 9.18소작쟁의가 전국적인 단위로 발발한다.[30] 버드나무골의 농민협회에서는 더 이상 중국 국민당 정부나 일본 제국주의자들을 의식할 필요가 없었다. 새로운 민중의 세상을 열망하는 군중의 위력을 빌어 김행석을 제압하고 박승화까지 제압하려고 한다.[31] 특히 박승화의 부당한 소작 행위를 규탄하고 곳간을 점거하기도 한다.

민중의 힘에 밀려 마지못해 백기를 들었던 박승화는 자신의 재산을 지키기 위하여 공공연하게 일본 제국주의를 끌어들여 농민협회를 박멸할 일들을 꾸민다.[32] 그는 해란강 지역의 지주연합을[33] 결성하고 일본영사관의

---

29) 위의 책, p.133.
30) 위의 책, p.147.
31) 위의 책, p.160.
32) 위의 책, p.171.
33) 위의 책, pp.207-208.

도움으로 무기까지 배정받아 반공자위단의 활동을 강화한다. 그런데 대평동 대지주인 호가를 제외하고는 여기에 참여한 지주들이 조선족들이다. 그들은 총기를 난사하여 농민협회 소속의 빈농들을 공격하기도 한다.

박승화는 자기 세력을 확장하고 농민협회를 압박하기 위해 갖은 술수를 동원한다. 마을 사람들에게 자기편으로 끌어들이기 위하여 호의를 베풀기도 하고, 최원갑을 사주하여 김행석의 습격과 이서방의 살해 그리고 한영수의 저격을 배후에서 조종하기도 한다.34) 김행석의 습격 사건과 이서방의 살해 사건은 공산당에서 행한 것으로 위장하여 마을 사람들이 공산주의자들을 증오하게 만들려고 일으킨 사건이라면 뒤의 사건은 거의 심증이 갈 정도로 노출하여 일으킨 사건이다.

박승화의 조그만 호의에 속아 그의 편에 섰던 마을 사람들은 차츰 그에게 분노를 느끼고, 한영수를 동정하기 시작한다.35) 김행석과 이서방의 사건이 한영수의 사건과 마찬가지로 박승화에 의해 저질러졌을 것으로 생각한 사람들은 그의 비인간적이고 반민족적인 행위에 몸서리를 친다. 특히 일본 군대의 동북 침점으로 박승화를 비롯한 지주들의 비양심적 행위가36) 더욱 노골화되자, 마을 사람들은 진지하게 자신들의 행동을 반성하고 재만 조선인의 정체성에 대해 생각하게 된다. 조국을 떠나 머나먼 만주 땅까지 오게 된 경위와 지금까지 어떻게 살아왔고 앞으로 어떻게 살아가야 할 것인가를 아주 진지하게 생각하기에 이른다. 이를 통해 그들은 농민협회 활동에 더욱 공감하기 시작한다. 농민협회에서는 일본 제국주의자들과 연계된 끄나풀을 제거하기로 결정한다.37)

---

34) 위의 책, pp.230-235.
35) 위의 책, p.245.
36) 위의 책, p.253.
37) 위의 책, p.258.

농민협회의 외연을 확대하기 위해 반민족적인 행위를 한 자가 아니라면 용서하라는 언급을 하고 있다. 살기 위해 불가피하게 봉건지주와 결탁해서 동족을 괴롭혔더라도 관대하게 처분할 수 있지만 반민족적이고 매국적인 친일분자는 절대로 용서할 수 없다는 것이다. 탈식민주의적 태도와 당시의 정황 인식을 잘 보여주고 있는 발언이다. 이러한 생각은 하권에 가면 좀더 구체화되어 나타난다.

> 일병의 동북 침점으로 인하여 부쩍 자라난, 그리고 더 가까웁게는 마반산 근처에서 무리한 간섭자 일본 경찰이 자행한 유혈참극으로 인하여 격발된 반일감정-중국 사람은-자기들의 영토를 침범한 외국 군대에 대한 증오, 조선 사람은-너희 놈들 때문에 내 나라에서 쫓겨난 것만도 분한데 또 여기 따라 와서까지 못살게 굴어? 때문에 일본 침략자와 내통한 반역분자를 숙청하는 투쟁에는 모두 다 적극적이고 또 철저하였다. 철저하다 못해 나중에는 지내치기까지 하였다.[38]

박승화가 도망을 치고 최원갑마저 종적을 감춰버리자 버드나무골에서는 투쟁의 대상이 될만한 변절자가 없었다. 소작쟁의책인 김시옥의 지시로 다른 부락에서 적발한 변절분자들을 버드나무골로 압송하여 투쟁대회를 개최하였다. 대회 참가자는 열한 개 부락의 농민 800여명이었다. 이때까지 자기의 운명을 남에게 의탁하여 살아왔던 농민들은 처음으로 남의 운명을 자기의 손으로 처분하는 결정을 했다. 자기의 적을 자기의 손으로 처분하고, 자기의 원수를 자기의 손으로 처분하였다.

남에게 괄시받는 것을 당연하게 생각하고 남의 눈치를 보면서 살던 그들이 비로소 주체적인 삶의 가능성을 처음으로 보여주는 순간이다. 그들은 자기가 발을 듣고 있는 거룩하고 사랑스러운 땅의 주인으로 새롭

---

38) 김학철, 『해란강아 말하라』 하, 풀빛출판사, 1988. pp.26-27.

게 탄생하였다. 일제의 식민지가 되어 조선에서 살지 못하고 남부여대하고 찾아든 땅이지만 언제나 낯설고 물설은 곳이었다.

그런데 국민당 정부와 달리 공산당에서는 자신들을 이방인이 아닌 한족과 대등한 중국의 구성원으로 그들을 대접했던 것이다. 그들은 비로소 자신들이 발을 딛고 있는 땅의 주인임을 자각하기 시작한다. 자신들의 삶의 근거지요 자신을 주인으로 자각하게 만든 그 땅을 다시는 빼앗겨서는 안 된다고 생각한다. 때문에 그들은 적과 적극적으로 투쟁하기로 하고 민중학교를 투쟁의 본거지로 삼는다. 거기에 자신들의 간절한 소망을 담은 현수막을 걸고 농민 혁명가의 길로 들어선다.

> 야만의 적의 철제 아래서도 그런 날이 반드시 또 올 것을 기대하고, 확신하고, 그리고, 그것을 위하여 끊임없는, 검질긴 투쟁을 계속하였다.
> 민중학교 마당에 임시로 지어진 무대의 양켠, 가지만 따고 껍질은 벗기지 않은 백양나무 기둥에는 흰 바탕에 검정 글자로, 오른쪽에는 -"일본 제국주의를 타도하자!", 왼쪽에는-"일제 주구를 철저히 숙청하자!"의 구호를 큼직하게 새로 써서 드리웠고, 무대 정면 꼭대기에 가로 건너지른 통나무에다가는 빨간 바탕에 노란 글자로-"중국공산당 만세!"를 가로 써서 붙이었다.[39]

농민협회의 반봉건투쟁은 일본 제국주의의 타도를 통한 새로운 세상의 구현을 목표로 발전하고 있다. 박승화를 타도의 대상으로 삼았던 그들의 투쟁은 이제 봉건적 소작제의 폐지를 주장하는 데에 머물지 않고 박승화를 앞세워 동아시아의 침략을 자행하고 있던 일본 제국주의의 타도를 목표로 하고 있다. 탈식민주의와 연계된 공산주의운동이 그들의 지상 목표임을 확연히 보여주고 있는 것이다.

---

39) 위의 책, p.28.

무장한 반공자위단과 일본 제국주의자들의 압제에 순응하지 않고 그들과 싸워 이기기 위해 농민협회 회원들도 점차 무장의 필요성을 절감하게 된다.[40) 버드나무골 적위대 대장이 된 임장검은 무기를 탈취하여 일제와 반공자위단에 대항하기 시작한다. 당시 무기 탈취가 유행하고[41) 무장투쟁은 점차 간도 전역으로 확대되어간다. 일본 제국주의자들의 동북삼성 진출과 중국의 내분이 가속화되자 식민지의 상황을 극복하려는 시도가 더욱 강해진다.[42)

4. 지식인의 변절과 농민혁명가의 죽음

작가는 이 소설의 대미를 자신의 세계관이 잘 드러날 수 있도록 아주 의도적으로 설정하고 있다. 힝전기에 혁혁한 공을 세운 그가 권력의 핵심부인 북경에서 연변자치주로 쫓겨가다시피 했고, 연변문협 주비위원장으로 갔다가 위원장은커녕 주변인 취급을 당했던 일들은 자신의 처지를 다시 한번 생각해 보게 했다. 당시 그는 중국 국적이 아닌 조선 국적을 가진 사람이었다. 그럼에도 항전기에 팽덕회와 모택동에게 혁명의 동지로 유대감을 가질 수 있었던 것은 그들이 세계주의를 지향하면서도 민족주의를 주장한 사람들이고 소수민족의 보호에 앞장 선 사람들이기 때문이다. 그런데 중국은 혁명에 성공한 후 반우파투쟁에 대한족주의를 내세워 소수민족을 철저하게 억압한다. 평등을 기반으로 하는 세계주의가 불평등을 기반으로 하는 대한족주의와 맞닿을 때 소수민족들이 가지는 배신감은 그 어떤 것으로도 설명이 불가능한 일이었다. 따라서 불의에

---

40) 위의 책, pp.73-81.
41) 위의 책, p.120.
42) 위의 책, p.171.

타협할줄 모르던 김학철로서는 그에 대한 문제를 어떻게든 제기할 수밖에 없었을 것이다.[43]

그러한 자신의 세계관이 이 작품에 잘 나타나 있다. 소설의 중심인물을 조선족을 중심으로 설정하고 있는 점과 혁명의 선봉에 섰던 농민이나 노동자를 지식인과 다른 차원에서 다루고 있는 점은 대단히 상징적인 포석으로 보인다. 그 가운데 가장 주목할 만한 대목은 지식인 김달삼과 농민 임장검의 설정이다. 김달삼은 사립 민중학교 교장으로 농민협회 선전간사이고, 임장검은 빈농 출신으로 적위대장까지 맡은 인물이다. 김달삼이 전형적인 지식인이라면 임장검은 그야말로 일자무식의 농민이다. 그들의 삶과 죽음의 과정은 대단히 상반되며 그들의 생사를 통해 작가는 자신의 세계관이 잘 보여주고 있다.

김달삼은 작품 초반과 작품 후반에서 성격적 변화를 심하게 보여준다. 공산당을 제거하기 위해 일본군 토벌대의 도움을 받아 토벌전을 벌이던[44] 박승화가 주민들의 비협조로 일이 쉽지 않자 친정에 다니러 간 김달삼의 아내를 유인하여 김달삼을 함정에 빠뜨린다.[45] 그의 아내는 박승화의 협박과 회유에 거의 넘어가 있는 상태였다.

> "그리고 일이 성공한 뒤에는 달삼이를 도시의 회사나 관청 같은 데 취직하도록 알선하겠고, 처남도 도움기만 한다면 장래 일본다 유학 보내는 문제를 상부에 제기하겠노라는 박승화의, 강부장(버젓한, 위엄있어 보이는 관리)을 옆에 세워놓고 하는 낙언에 그는 귀가 솔깃하지 않을 수 없었다."[46]

---

43) 송현호, 「김학철의 <격정시대>에 나타난 탈식민주의 연구」, 『한중인문학연구』 18, 2007.8 참조.
44) 위의 책, p.112.
45) 위의 책, p.205.
46) 위의 책, p.209.

인용문은 악덕 지주인 박승화가 친일분자인 강부장을 배석시킨 자리에서 김달삼의 부인에게 온갖 회유와 공갈 협박으로 하고 있는 장면이다. 그러나 김달삼은 농민협회의 내부 분열을 노리는 일제 앞잡이들의 공갈 협박과 회유에[47] 동지들을 배신할 수 없어서 우유부단한 태도를 보이면서 심한 내적 갈등을[48] 겪는다.

작품 후반부에서 박승화는 김달삼이 서명한 서류를 공개하겠다는 최후 통첩을 김달삼에게 보내온다. 김달삼은 자신의 명예와 가족의 안위를 위해 제자들과 동지들을 배신한다. 보초를 서고 있는 문서방을 돌려보내고 대신 보초를 서며 '일본 군대가 올라오면 맞아서 자기가 앞장을 서가지고 길을 인도할 작정'을 한다. 초조하게 반 시간을 지내고 있을 즈음 일병과 자위단의 정보를 가지고 김서방이 찾아온다. 일병과 자위단이 곧 쳐들어올 준비를 하고 있으니 빨리 대비하라는 이야기를 누가 들을까 걱정하고, 잘못하면 자신의 배신행위가 들통날까 우려하여 그를 왔던 곳으로 다시 돌려보내려고 한다. 그런데 김서방은 한사코 가지 않으려고 한다. 자신의 일에 방해가 될 것을 걱정한 그는 동지인 김서방을 무참히 살해한다.[49]

자신의 과거를 진심으로 반성하고 심정적으로나마 농민협회의 항일투쟁에 동조하는 부친 김행석과[50] 달리 그는 일본 군대와 자위대를 마을로 끌어들여 동지들을 죽음의 나락으로 빠뜨리고 버드나무골 농민협회와 인민 유격대가 와해되는 계기를 마련한다. 적의 공격으로 마을은 쑥대밭이 된다. 동지를 죽이고 방안에서 이불을 둘러쓰고 불안에 떨고 있던 그의 머

---

47) 위의 책, pp.210-211.
48) 위의 책, p.213.
49) 위의 책, p.277.
50) 위의 책, p.267.

리 위로 포탄이 떨어진다. 그 역시 개죽음을 당한다. 작가는 김달삼의 생사의 과정을 통하여 자신의 안위를 위해 동지들을 죽음으로 이끈 나약한 지식인의 모습과 그의 비극적 말로를 아주 잘 보여주고 있다.

임장검은 불합리한 봉건제도의 희생자이지만 한영수와 김달삼을 통해 봉건주의의 적폐를 이해하게 되었고, 인간다운 삶이 무엇인지를 알게 된 인물이다. 그는 자신을 이상을 실현하기 위하여 농민협회에 가입하여 적위대장까지 맡을 정도로 당성이 뛰어난 인물이다. 그는 어떤 위험과 고난에도 자신의 의지를 굽히지 않는다. 김달삼의 배신으로 농민협회 회원들이 습격을 받아 대부분 사망하고 그는 포로로 잡힌다. 박승화는 여러 가지 유혹의 미끼를 던지지만 그는 끝까지 신념을 지킨다.

박승화는 자신의 처남을 해친 사람이라는 비난을 면하기 위해 공산당이 나쁘다는 것을 주민들에게 이야기하도록 한다. 주민들을 위해서는 공산당보다는 자신과 자위단이 훨씬 좋다는 것을 보여주고 그를 바탕으로 주민들을 자신의 수중에 넣기 위해 안감힘을 쓴다. 그러나 임장검은 끝내 그의 의도대로 움직여주지 않는다.[51)

박승화의 계속되는 공갈 협박에 임장검이 공산당이 나쁘다고 하자 박승화는 힘을 얻어 어떻게 나쁜가를 다그친다. 순간 임장검의 죽음을 안타깝게 생각하던 군중들은 안도의 숨을 내쉬며 흐리던 눈에 희망을 빛을 보여준다. 그런데 임장검은 인용문에서와 같이 박승화가 원하는 답을 주지 않는다. 일본 제국주의자들과 반공 자위단에게는 공산당이 확실히 나쁘다는 말을 늘어놓는다. 끝까지 신념을 굽히지 않다가 최후를 장렬하게 장식한다.

이처럼 작가는 지식인과 농민 혁명가의 상반된 삶의 궤적을 아주 극명하게 보여주고 있다. 농민에 대한 애정과 지식인에 대한 비판을 깔고

---

51) 김학철, 『해란강아 말하라』 하, 풀빛출판사, 1988, p.288.

인물 설정을 하고 있음을 짐작케 하는 아주 좋은 예이다. 이를 통하여 작가는 자신이 하고 싶은 말을 하고 있는 셈이다. 혁명에서 공을 세운 것은 노동자와 농민들이었지만 권력을 장악한 것은 지식인들이다. 그것은 권력의 중심부인 북경뿐만이 아니라 연변에서까지도 그러했다.

그런데 권력을 잡은 지식인 가운데는 친일을 한 사람들까지도 있었고 혁명에 참여하지 않은 사람들도 있었다. 그들은 혁명 후 자신들의 과거를 위장하기 위하여 개인숭배와 우상숭배로 일관했다. 그들은 이 소설에서 자신들의 문제가 부각되자 신변에 위협을 느끼고 김학철에게 증오심을 가졌을 가능성이 다분하다. 당시 연변문협의 서기는 이홍규였는데, 이 소설의 하권에서 불필요하게 홍규를 등장시키고 있다.[52]

이 작품이 당시 연변지역에서 선풍적인 인기를 구가하고 있었던 점이 그에게는 더욱 부담스러웠을 수 있다. 반우파투쟁기에 접어들자 그들은 보라는 듯이 이 작품을 '반당 반사회주의 독초'라고 비판한다.[53] 그렇지만 이 작품의 어디에서도 그러한 요소를 찾을 수 없다. 작가가 소설의 서두에서 '이 소설에 기록된 간도의 인민의 투쟁 역사는 즉 공산당의 투쟁의 역사'라고 한 데 대하여 혹자는 '박승화를 중심으로 하는 반혁명 세력이 인민 혁명을 싸워 이긴 피비린 역사라고 하는 것이 더욱 적절하다'고 했다.

하지만 당시 만주사변이 일어나고 만주국이 들어서기 직전의 상황과 항일투쟁의 세력이 태항산으로 집결하던 상황을 고려하지 않더라도 소설의 허구성을 부정하고 사회주의적 창작방법론에 입각하여 '혁명에 대한 노골적인 패배주의의 토로'라고 비판한 것은 지난친 감이 있다.[54] 더구

---

52) 위의 책, pp.211-212
53) 최삼룡, 「김학철에 대한 기성연구검토와 몇 가지 생각」, 『조선의용군 최후의 분대장 김학철』 2, 연변인민출판사, 2005. p.495.
54) 리근전, 앞의 책, p.57.

나 '작가가 장검이를 죽게 하고 또 그의 입을 통하여 몇 번이나 강조한 공산당은 확실히 나쁩니다!' 이것이 곧 '해란강아 말하라!'의 주제사상이라고 한 것은 어불성설이다. 권선징악을 주제로 하는 근대이전의 소설과 달리 근대소설에서는 주인공이 얼마든지 죽을 수 있다. 그것이 우리의 일상적인 삶과 유사하여 개연성을 확보하기 쉽다. 또한 장검이는 박승화의 강요로 "공산당은, 동네어른들!" "나쁩니다! 확실히 나쁩니다! 공산당은… 일본 살인자들과 '자위단' 강도놈들에겐 확실히 나쁩니다!"[55]라고 했지 '공산당이 나쁘다'고 한 것은 아니다.

5. 결론

지금까지의 일련의 작업은 통일문학사 서술을 위한 일환으로 <해란강아 말하라>의 민족문학적 성격과 탈식민주의적 경향을 계급적 갈등과 농민혁명가의 탄생, 반봉건주의 운동과 탈식민주의 운동, 지식인의 변절과 농민혁명가의 죽음 등으로 나누어 살펴보았다. 앞에서 살펴본 내용을 요약하여 제시하면 다음과 같다.

먼저 <해란강아 말하라>에서 소작농과 지주의 계급적 갈등은 대단히 광범위하게 나타난다. 그 가운데 가장 기본적이고 중심적인 갈등은 두 개이다. 버드나무골에 살고 있는 한영수와 김행석의 갈등이 그 하나이고, 임장검과 박승화의 갈등이 다른 하나이다. 이들의 갈등을 통하여 이 소설의 전반적인 틀이 짜여지고, 농민혁명가가 탄생한다. 임장검은 혁명가가 되기 위해 농민협회에 가입하고 지주들의 부당한 횡포에 본격적으로 저항하기 시작한다.

---

55) 김학철, 『해란강아 말하라』 하, 풀빛출판사, 1988, p.288.

다음으로 이 소설의 무대가 되고 있는 버드나무골과 버드나무골 농민협회는 조선인들의 이주와 정착과 긴밀한 관련을 맺고 있다. 그들은 근본적으로 일본 제국주의와 모국의 봉건적 모순이 계기가 되어 조선을 떠날 수밖에 없었다. 그런데 새롭게 정착한 만주 지역에서도 일본 제국주의자와 봉건적 지주로부터 자유로울 수 없었다. 때문에 박승화를 타도의 대상으로 삼았던 그들의 투쟁은 이제 봉건적 소작제의 폐지를 주장하는 데에 머물지 않고 박승화를 앞세워 동아시아의 침략을 자행하고 있던 일본 제국주의의 타도를 목표로 하고 있다. 탈식민주의와 연계된 공산주의운동이 그들의 지상 목표임을 확연히 보여주고 있는 것이다.

작가는 이 소설의 대미를 자신의 세계관이 잘 드러날 수 있도록 아주 의도적으로 설정하고 있다. 혁명의 선봉에 섰던 농민이나 노동자를 지식인과 다른 차원에서 다루고 있다. 임장검은 불합리한 봉건제도의 희생자이지만 한영수와 김달삼을 통해 봉건주의의 적폐를 이해하게 되었고, 인간다운 삶이 무엇인지를 알게 된 인물이다. 그는 자신의 이상을 실현하기 위하여 농민협회에 가입하여 적위대장까지 맡을 정도로 당성이 뛰어난 인물이다. 그는 어떤 위험과 고난에도 자신의 의지를 굽히지 않는다. 김달삼의 배신으로 농민협회가 와해되고 포로로 잡힌 그는 박승화의 유혹에도 끝내 넘어가지 않고 죽음의 길로 들어선다.

이처럼 이 작품은 1920년대 말에서 1930년대 초반 조선인 이주자들이 모여살고 있던 해란강변의 유수툰을 배경으로 이주 조선인의 삶을 아주 사실적으로 다루고 있다. 그 점에서 이 작품은 민족문학적 성격이 강하다. 또한 소작인들이 반봉건주의 운동에 그치지 않고 일본 제국주의에서 탈피하려고 하는 적극적인 항쟁의 역사를 서술하고 있는 점에서 탈식민주의적 경향을 엿볼 수 있다.

또한 이 작품은 독립운동사를 객관적으로 접근하기에도 좋은 자료이다. 민족주의 진영은 광복군의 독립운동만을 서술의 대상으로 삼았고, 사회주의 진영은 조선의용군의 독립운동만을 서술의 대상으로 삼았던 게 우리의 현실이다. 그런데 이 작품은 해란강 일대에서 일어난 반봉건 반제국주의 운동을 서술하고 있으며, 중국 조선족 동포들의 삶의 양태를 잘 형상화하고 있어서 우리의 주목을 받기에 충분한 사료적 가치를 지니고 있다.

참고 문헌

강정인, 『서구중심주의를 넘어서』, 아카넷, 2004.

김학철, 『해란강아 말하라』 상, 풀빛, 1988.

_____, 『해란강아 말하라』 하, 풀빛, 1988.

김학철문학연구회, 『조선의용군 최후의 분대장 김학철』, 연변인민출판사, 2002.

_____, 『조선의용군 최후의 분대장 김학철』 2, 연변인민출판사, 2005.

김호웅, 「우리 문학의 산맥 - 김학철옹」, 『조선의용군 최후의 분대장 김학철』, 연변
　　인민출판사, 2002, pp.408-436.

리광일, 「잠재창작과 김학철의 장편소설 <20세기의 신화>」, 『조선의용군 최후의
　　분대장 김학철』 2, 연변인민출판사, 2005, pp.423-437.

리근전, 「<해란강아, 말하라!>의 반동성」, 『아리랑』 17, 1958, pp.57-62.

리명숙, 「남북한 합작이 류배시킨 격정의 망명문학」, 『조선의용군 최후의 분대장 김
　　학철』 2, 연변인민출판사, 2005, pp.438-443.

송현호, 「채만식의 탈식민적 경향에 대한 고찰」, 『관악어문연구』 17, 1992, pp.13-30.

_____, 『한국현대문학론』, 관동출판사, 1993.

_____, 「만해의 소설과 탈식민주의」, 『국어국문학』 111, 1994.5, 249-266.

_____, 『한국현대문학의 비평적 연구』, 국학자료원, 1995.

_____, 『한국현대소설론』, 민지사, 1995.

_____, 「애국계몽기의 탈식민주의와 페미니즘」, 『현대소설연구』 3, 1995.12, pp.107 -122.

_____, 「김학철의 <격정시대>에 나타난 탈식민주의 연구」, 『한중인문학연구』 18,
　　2006.8.

연변문학예술연구소, 『김학철론』, 흑룡강조선민족출판사, 1990.

이해영, 「중국 조선족 소설 교육 내용 연구」, 서울대 박사논문, 2005, pp.36-41.

_____, 「<해란강아 말하라>의 형상화원리」, 『조선의용군 최후의 분대장 김학철』
　　2, 연변인민출판사, 2005, p.555.

_____, 『중국조선족 사회사와 장편소설』, 도서출판 역락, 2006.

조성일 외, 『중국조선족문학』(하), 연변인민출판사, 2000.

조일남, 「중국조선족 장편소설 발전 개요(1)」, 『문학과 예술』, 2001년 제2호, pp.143 -144.

_____, 「김학철의 사실주의의 창작실천을 론함 – 장편소설 <해란강아 말하라>를 두고」, 『조선의용군 최후의 분대장 김학철』 2, 연변인민출판사, 2005, p.477.

최삼룡, 「김학철에 대한 기성연구검토와 몇 가지 생각」, 『조선의용군 최후의 분대장 김학철』 2, 연변인민출판사, 2005, p.495.

고모리 요이치, 송태욱 옮김, 『포스트콜로니얼』, 삼인, 2002.

릴라 간디, 이영욱 옮김, 『포스트식민주의란 무엇인가』, 현실문화연구, 2000.

모택동, 『모택동선집』 3, 민족출판사, 1992.

중국 조선족 역사 소설의 탈식민주의 특성 연구

- 김용식* 역사 소설을 중심으로 -

한 명 환

* - 김용식 연보
　1925년 1월 9일 경북 영양군 청기면 상청동 빈농가 출생
　1945년 7월 목단강 사도학교 졸
　1946년부터 교편생활과 창작사업 진행
　1957년부터 중국작가협회 연변분회 <아리랑>편집, 연변 예술관 <연창재료>편집,
　화룡현 문화관 창작보도사업 등 담임
　1965년 8월 농촌에서 농사일
　1979년 3월 연변문학예술연구소 편집과 연구사업에 종사
　- 창작연보
　1946년 10월 처녀작 시 <소생향의 아침> 내놓은 후 가사 <정든 처녀야>, 단편소설
　<혁명가의 안해>, <소쩍새 울던 밤>, 민간 이야기 <장정과 중>, <경박호의 유
　래>, <총명한 왕후>, <바우와 청와> 등을 발표
　≪규중비사≫ 요령성 인민일보사, 1981.
　≪설랑자≫ 심양 료녕인민출판사, 1984.
　<무영탑> 심양 료녕인민출판사, 1986.
　<산골녀성들> 흑룡강조선민족출판사, 1984.

1. 문제제기 - 중국 조선족 소설과 후기 식민 체험

중국 조선족 문학은 1949년 이후 재만 조선인 작가들이 김창걸 등 작가를 남기고 귀향함으로써 새로운 출발점에 선다. 조선족 문학은 이후 조선족으로서의 정체성이 의문시될 만큼 한족 중심의 사회에 주변집단으로서의 격동기 시련을 겪어야 했다. 조선족 문학이 소수민족적 문화공동체로서 잔류할 수 있었던 것은 중국 측에 이념을 내어주었기 때문이다. 중국 조선족 문화에서 이념을 내주고 언어와 문화를 고수해온 삶의 방식은 들뢰즈가 말한 바, 특이점에 해당된다. 사회주의 이념과 조선족 삶이 공존할 수 있는 가치가 있다면, 그것은 '항일정신'이다. 따라서 중국 조선족 소설의 항일투쟁 소재는 중국 공산당과 조선족의 사이의 중요한 타협점이 되었다. 이러한 타협점을 통해 새롭게 만들어진 소설작품은, 위의 2항에서 규정하였듯, '식민주의 역사를 지닌 나라들에서 이주해온 사람들이 쓴 텍스트 혹은 이산의 경험과 그것이 초래한 많은 결과를 주로 다룬 이주 가족 후손이 쓴 텍스트'이다. 그리고 그러한 텍스트에서 우리는 중국의 소수민족으로서 살아온 조선족의 '재현'(representation)[1]의 의미를 곱씹을 수 있다.[2] 조선족 문학 텍스트에서 '재현'은 식민지 체험

---

1) 재현은 문화의 충돌로 발생하는 이질성 heterogeneity을 동질화 homogenize 시키는 대표적 장치이다. 그러므로 동북 삼성의 조선족 집단거주지는 탈식민주의적 시각에서 볼 때, 조선족 내면의 문화적 가치들이 서로 겨루는 갈등의 터전이며 또한 그 가치들이 구체화되어 드러나는 재현의 현장 site of representation 이 된다. (박주식, "제국의 지도그리기", (고부응외, 『탈식민주의 이론과 쟁점』, 문학과 지성사, 2003, pp256-283))

2) 지금까지 한국현대소설론에서 식민주의의 수용은 '저항'의 국면만을 주목할 뿐, '재현'(representation)에 대한 관심은 별로 보여주지 않았다. 대개 현대소설연구자들은 식민지 시대 문학을 논하면서 피지배층의 갈등이나, 그 저항성에 대해 주목하여왔다. 프란츠 파농, 응구기와 씨웅오, 치누아 아체베 등이 보여준 탈식민주의적 맥락에 닿아있는 이러한 저항성은 다소 민족주의 담론과 섞여 논의되어 왔다. 그러나 에드워드 사이드, 가야트리 스피박, 호미바바 등에 와서 탈식민주의 텍스트 분석 방법은 더욱 다양하고 심오해졌다. 들뢰즈 가타리 역시 '탈영토성', '정치

뿐만이 아닌 한족 문화에 길들이기라는 독특한 의미를 갖기 때문이다.

조선족의 피식민 주체로서의 측면은 망명하기 이전의 조선 체험, 즉 식민적 체험과 관련된다. 중국 조선족들은 그러한 식민지적 체험으로부터 연루된 민족 공동체적 욕망을 실현하고자 한다. 1949년 이후의 중화인민 공화국이후의 소수민족에 대한 정책과 강령은 그러한 욕망을 부분적으로 실현할 수 있는 계기가 되었다. 민족 공동체로서의 지향이 조선족에게, 없었더라면, 중국 내에서 지금과 같은 독특한 문화를 형성, 독자적으로 유지해 나갈 수 없었을 것이다. 이러한 조선족의 문화와 문학에는 조선족 으로서의 정체성을 잃지 않으려는 욕망과 현지 실정에 동화하고자 하는 '제휴'의 욕망이 혼재하는 가치 추구의 양가성[3])이 스며들어 있었다.

2. 연구방법론 검토

'탈식민주의'는 에드워드 사이드 <오리엔탈리즘> 이후 본격적으로 논의된 바 있으나 정확하게 번역할 수 있는 단어라고 할 수 없을 만큼 다양한 관점에서 논의되고 있다.

이러한 용어 사용상의 혼맥 상을 짚어 존 맥클라우드는 탈식민주의 텍스트에 대해 다음과 같이 제시한다.

성', '집단성'으로 소수집단의 문학적 특성을 요약하면서, 탈식민주의적 논리를 거들었다. 포스트 모더니즘과 정신분열증, 데리다의 차연 등 해체주의와 정체성 이론이 탈식민주의 논의를 심화시켜감으로써 탈식민주의 연구는 이미 식민주의 를 넘어서고 있다.

3) 사이드의 대위법적 분석방법으로부터 원용한 본고의 용어 '양가성'은 구체적 분 석과정에 나타나듯 김용식 소설의 특징상 양면성으로 이해될 수 있다. 그러나 양 면성이라 하지 않고 구태여 '양가성'이라 지칭한 것은 탈식민주의적 관점에서 김 용식 소설의 양면성이 충분히 양가적 의미를 재생산할 수 있는 가능성이 잠재되 어있다고 보았기 때문이다.

1) 식민주의 역사를 지닌 나라 출신의 작가들이 쓴 텍스트, 과거든 현재든 주로 식민주의의 작동과 유산에 관한 텍스트 읽기.

2) 식민주의 역사를 지닌 나라들에서 이주해온 사람들이 쓴 텍스트 혹은 이산의 경험과 그것이 초래한 많은 결과를 주로 다룬 이주 가족 후손이 쓴 텍스트 읽기.

3) 식민주의 담론의 이론에 비추어 식민주의 시대 동안 생산된 텍스트 다시 읽기, 제국의 경험을 직접 전달하는 텍스트와 그렇지 못한 텍스트 둘 다 읽기.[4]

탈식민주의 텍스트 범주에 대한 위의 기준은, 탈식민주의 텍스트가 식민지 시대를 넘어 식민지 시대 후기, 또는 식민 체험을 내재화할 수밖에 없는 식민 이후 삶 전체를 포괄할 수 있음을 보여준다. 그러나 지금까지 한국 현대소설연구에서의 탈식민주의 연구는 식민지 시대 경험에 대한 혹은 해방 이후 저항적인 민족주의 관점에서 수행되어 왔다.[5] 이러한 텍스트 읽기는 위의 1)항에 주로 해당된다. 2)항에서 부분적으로만 적용될 수 있는 이유는 한국 현대소설 연구의 텍스트 읽기가 "이산의 경험과 그것이 초래한 많은 결과를 주로 다룬 이주 가족 후손이 쓴 텍스트 읽기"로 확대 심화되지 못했기 때문이다.

2)항은 탈식민주의 텍스트 읽기는 직접적 식민 경험만을 전제로 하진 않는다. 탈식민주의 텍스트는 역사적 시대구분의 관점에서뿐 아니라 재현, 독법, 그리고 가치라는 별개의 형태를 언급하는 의미 읽기로 확대될 수 있다. 이는 다만 식민 지배와 민족 독립의 장벽을 가로지르며 통용될 수 있을 것이다.[6] 이러한 탈식민주의적 텍스트에서 새로운 창작적 생명력에

---

4) 존 맥클라우드, 박종성 외 역, 『탈식민주의 길잡이』, 한울아카데미, 2003, p.61.

5) 나병철, 근대서사와 탈식민주의』, (문예출판사, 2001.), 송현호, "안수길 <북간도> 연구" (한중인문학 16집, 2005) 가 탈식민주의 관점에서 일제하 저항담론 읽기에 국한되어 있다면, 조정래, 송기숙 소설 읽기(송명희, 최현주, 임환모 논문 등)은 해방 이후 민족주의, 또는 민중주의 관점에서의 저항담론 읽기에 가깝다고 볼 수 있다.

도전하는 힘이 생겨난다. 탈식민주의 논점은 작가들이 갖고 있는 문화적 특이성을 염두에 두면서 작가와 그(그녀)가 글쓰기 대상으로 삼는 문화(들) 사이의 역동적 관계를 고려하는 것이 대단히 중요하기 때문이다.

탈식민주의에서 양가성 개념은 원래 제3세계 출신의 서구 지식인이 아무리 '제국의 언어'를 사용한다 해도 서구 지식인과 동질적일 수 없는 점을 일컫는데서 출현한 용어였다. 곧, 프란츠 파농의 '검은 피부 하얀 가면'이라는 분열증을 설명하는 양가성 논의를 적극적으로 끌어들인, 호미바바는 이 양가성이야말로 탈식민주의 이론의 전략이라고 설명하고자 하였다. 호미바바의 양가성은 특히 라캉의 흉내내기(mimicry)로 설명된다. 흉내내기의 양가성은 서구/비서구, 중심/주변, 지배/피지배의 이분법적 도식을 해체하려는 정교한 전략이다. 바바의 흉내내기는 식민인이 식민지배자의 명령을 추종하는 것처럼 보이지만 그 복종 자체가 식민적 제국을 비아냥거리는 효과를 낳기도 한다. 예를 들면, 피식민 작가가 식민지배층을 추종한 글을 썼다하더라도 그것이 불가피하게 피식민 지배층의 입장을 드러낼 수밖에 없는 모순이나 갭을 드러내게 된다. 이러한 경우를 놓고 바바는 흉내내기라고 한 것이다. 본 연구의 텍스트는 호미바바의 양가성 논의에 정확히 들어맞는다고 볼 수 없다.[7] 그러나 탈식민주의 양가성 논의는 서로 다르게 접근되고 있고, 이론 역시 통일되고 일

---

6) 존 맥클라우드, 위의 책, pp.16-19 참고

7) 가령, 채만식 <태평천하>의 경우, 탈식민적 '흉내내기'의 한 측면을 이해할 수 있다. 서술자는 윤직원의 철저한 친일적 행동에 의해 일제의 입장을 대변하고 있지만, 윤직원의 손자가 피검됨으로써 숨겨온 주제를 마침내 드러낸다. 때문에 이 작품은 제국주의 인물의 흉내내기에 의한 양가적인 작품이라고 보기 어렵다. 그러나 만약 일본어로 번역되었다면 그 의미는 사뭇 달라진다. 윤직원과 같은 친일 한국인이 처한 현실을 객관적으로 보여준 소설로 읽힐 수 있기 때문이다. 결국 <태평천하>는 한국어의 사용 등으로 인해 사이드나 존 맥클라우드가 분석한 러드야드 키플링의 시에서의 흉내내기와 조금 거리를 두고 있음을 알 수 있다. 이와 같은 예를 조선족 소설에서도 발견할 수 있다고 본다.

관된 확정성이 부여된 것이 아님을 고려해볼 때, 에드워드 사이드의 양가 개념으로부터 중국과 조선족의 문화적 갈등관계를 충분히 유추해 낼수 있는 근거를 발견할 수 있다. 본 연구는 이러한 양가성에 유의하여 중국 조선족 작가 김용식의 역사소설 세 편을 분석, 적용하여 조선족 소설의 탈식민주의적 연구 가능성을 고찰하고자 한다.

탈식민주의는 역사적 지속성과 변화 모두를 인정한다. 한편으로는 비록 세계의 정치판도가 탈식민화를 통해 변했다 하더라도 탈식민주의는 식민주의에 공통된 물질적 현실과 재현방식이 오늘날 여전히 우리 곁에 가까이 있다는 점을 인정한다. 비록 세계의 정치적 정세가 탈식민화를 통해 변화되어 왔다 할지라도 말이다. 그러나 다른 한편으로는 그것은 중요한 도전과 변화가 이미 이루어졌다는 점을 또한 인정하는 동시에 변화의 약속, 가능성, 그리고 변화의 지속적 필요성을 주장한다.[8] 에드워드 사이드는 그의 저서 『문화와 제국주의』에서 독특한 대위법을[9] 통해, 텍스트의 대립성을 넘어 양가성을 지향한다. 대개 문학은 자기 동일성의 회복이라는 계통관계로만 접근되는 경향이 있지만, 사이드는 정치사회적 비문학적 제휴관계를 주목하고자 한다. 텍스트의 계통관계가 다른 텍스트들과의 계열적이고 동종적인, 곧, 이음매 없이 매끄럽게 연결된 텍스트들의 유토피아적 영역을 시사한다면, 제휴관계는 텍스트를 텍스트이게끔 만드는 것으로서, "저자의 지위, 역사적 계기, 출판 유통 수용의 조건, 텍스트 속에 끌어들인 가치, 텍스트에 전제된 가치와 사상, 암묵적인 합의로 만들어낸 전제들과 배경 등"(1983: pp174-175)을 의미

---

8) 존 맥클라우드, 위의 책, p.60.
9) 『문화와 제국주의』에서 에드워드 사이드는 1, 2부는 제국주의, 또는 제국주의로서의 독법을 3, 4부는 제국주의에 대한, 제국주의에 저항하는 독법을 시도, 양가적 읽기를 시도하였다.(에드워드 사이드, 박홍규 역, 『문화와 제국주의』, 문예출판사, 2005.)

한다.[10) 중국 조선족 소설에서 이러한 대위법적 양가성은 탈식민주의적 '재현방식'을 밝히는 독법으로서 활용될 수 있다.

이민족의 민족의 세대와 세대 간의 자연스러운 전이와 지속성, 또는 자신이 태어난 문화와 개인과의 관계 가치를 중시하는 독특한 특성에 주목하여, 이러한 관계적 가치 추구의 논리로부터 중국 조선족 문학에서 조선족 소수문화의 함축적 그물망을 유추하는 일은 그다지 까다로운 일은 아니다. 여기서 계통관계는 조선족 소설의 경우, 한민족으로서의 계속성을 유지하려는 자연발생적 관성에 기초한 생득적 의미를 갖는다. 탈식민화 과정을 겪었던 중국의 조선족은 한족 중심의 중국 문화 속에서 소수민족으로서의 문화공동체적 지속성을 유지하려는 관성과 습성의 지배를 받는다.

3. 김용식 역사소설의 '계통관계'(filiation)

이러한 한민족으로서의 조선족 문학에 내포한 공동체적 민족적 동일성은 조선족 스스로가 역사소설에서 조선인의 정통성을 이어받고 있음을 강도 높게 표출하고자 하는 데에서도 입증된다. 정판룡은 "역사소설, 혹은 역사제재 소설, 역사배경소설의 흥기는 바로 중국 조선족이 자기를 인식하고 싶어하는 발전단계에 이르렀다는 표지로 되며 우리 민족의 성숙의 표지로 된다"고 보았다.[11) 최삼룡은 김용식 역사소설을 일컬어, <격정시대>와 함께 "새로운 역사 시기 조선족 문학에서 뚜렷한 위치를 차지하고 있는 작품"[12)으로 평하였다. 조성일도 역사제재소설에 대해

---

10) 빌 애쉬크로프트 팔 알루와리아, 윤영실 옮김, 『다시 에드워드 사이드를 위하여』, 앨피, 2005, p.63.
11) 정판룡, "역사소설의 새 지평을 향하여", 문학과 예술, 1995, 제 4기, p.8.

"문화대혁명을 겪은 후 민족의 자아 각성의 표현이며 민족의식의 고양의 표현"13) 이라고 하였다, 오상순도 역사제재의 소설 창작 현상을 놓고 "뿌리 찾기 문학의 일종"이라고 보고 "뿌리 의식은 민족의 역사적 전통에 대한 자각"이라고 평하였다.14)

중국 조선족 역사소설15)에 대한 이 같은 자족적 평가는 식민지 항일투쟁을 거치면서 지속적으로 갖게 된 민족적 자긍심 때문일 것이다. 조선족의 이러한 조선인으로서의 자긍심은 역사적 뿌리에 대한 인식으로 확장되어 조선족만의 민간 문학집, 민요 창작집을 발간하는 등 좋은 결실을 맺기도 했다.

김용식은 일찍이 민담이나 야사에 관심을 갖고 그것들을 채집 수록한바 있었고 이러한 경험을 살려 신라, 고려, 조선 시대를 배경으로 상상한 사건이나 혹은 민담, 실화를 제재로 하여 소설들을 발표하였는데, 조선족 역사제재 소설가 중 대표적인 작가였다. 이미 1956년 발표되었던 ≪규중비사≫는 百家爭鳴 百花齊放 방침 시기, 역사제재 소설 가운데 가장 뛰어난 것으로 평가된다.16)

---

12) 조성일, 권철, 『중국 조선족 문학 통사』, 이회, 1997, p.464.
13) 오상순, 『개혁개방과 중국조선족 소설문학』, 월인, 2001, p.172.에서 재인용
14) 오상순, 앞의 책, p.170.
15) 중국 조선족 문학에서 '역사소설'은 항일투쟁기 소설을 '역사제재소설'은 조선시대 이전 사건을 제재로 한 소설을 지칭한다. 이는 사회주의 역사소설 개념을 염두에 둔 장르구분으로 보인다. 이러한 의도적 장르 의식과 구분에서도 '역사' 개념을 전유한 제휴관계의 양가성이 드러난다. 이렇듯 조선족 소설 연구자의 문학사 곳곳에서도 탈식민주의적 재현이 드러나고 있음을 알 수 있다.
16) ≪규중비사≫는 1956년 11장이었던 것을 1980년 21장으로 <연변문예>에 발표한 것이다. 최초 오만자를, 1980년 14만자로 늘려썼다고 한다. 본고의 텍스트 ≪규중비사≫는 1981년 요령성 연변일보사에서 단행본으로 출간된 것으로 <연변문예>에 연재되었던 그대로 전 21장으로 구성되어 있다. 개작 편은 원본에 비해 늘어나기는 했지만, 주제나 흐름에 변화를 준 것 같지 않다. 저자에 따르면, "마땅히 있어야 할 세부를 첨가하였다" (김용식, "규중비사 창작후기", 『규중비사』 요령인민일보사, 1981, p.2.)고 하였다.

김용식 소설에는 한민족적 문화공동체에 대한 자긍심이 충분히 나타나고 있었다. ≪규중비사≫에 이은 ≪설랑자≫, ≪무영탑≫ 등은 바로 그러한 민족적 뿌리를 확인하고자 하는 의욕적인 작품들이었다. 김용식은 이전에도 이미 ≪연변민간문학집≫[17])에 <숯구이 총각>, <경박호>, <장정과 중>을 채록 기술한 바 있어서, 민담, 설화, 야사 등에 특별한 관심과 해박한 지식을 가지고 있었음을 알 수 있다. 경북 영양 태생의 그가 민간 야사에 관심을 보인 것은 태생적 원인도 컸으리라 짐작된다.

김용식 역사소설들, ≪규중비사≫, ≪설랑자≫, <고리백정의 사위>, <무영탑>, <보은단>에 드러난 계통관계의 구체적인 사례는 민족 언어와 생활 풍습과 제도, 풍경, 이야기 방식과 내용, 가치관 등과 관련된 한민족의 역사적 동질감의 재현으로 드러난다.

3-1. ≪규중비사≫

1) 언어와 풍경

≪규중비사≫는 조선 경종대 계동 양반집을 배경으로 이조판서 김세홍의 무남독녀 백란당의 살해사건을 통해 조선후기의 유교문화적 생활과 문화를 소개한다. 저자는 독자들을 위해 '주해'까지 달아 조선시대 직제나 용어 등에 대한 설명을 함으로써 조선시대 풍습 이해를 도모하고 있다. 인물 설정에 있어서도 교리와 형리, 판서, 우의정, 법관, 양반가의 처첩들, 양반가 규수, 도령, 하인들과 노비들, 중 등 30여명의 다양한 계층 인물들의 설정과 그들 간의 갈등과 대립을 통해 조선시대 생활을 실감

---

17) 연변민간문학연구회 편, 『연변민간문학집(중화인민공화국 창건 30주년 기념)』, 연변인민출판사, 1979.

나게 묘사하였다. 조선 시대 생활 묘사는 언어의 사용에서 구체화된다. 가급적 동적인 고유어들을 구사함으로써 분위기를 고조시켜간다.

> 에이 기가 차라. 이걸 어찌노, 아씨가 불쌍해. 이젠 나이가 스물세살이
> 되었는데 이런 랑패가 어디 있담/ 니가 무슨 상관이냐, 별걱정을 다하
> 잖니, 아마 니가… 혹시(p.176)

시녀 옥임이와 백란당 아씨의 말투에는 팔도의 억양이나 사투리가 섞어 있다. '어찌노'는 경상도라면 '랑패'는 함경도나 평안도 말투로, 서울 표준어와 섞여 독특한 조선족 문학언어를 창출해낸다. ≪규중비사≫에는 민족적 생활 감각이 담긴 언어와 비유들이 자연스럽게 흘러나온다. 또한 토속적인 느낌을 주는 묘사나 어법이 자주 등장한다.

> ─ 청지기, 비부쟁이, 하인들은 베틀에 북나들듯 들락날락하는데(p.6)
> ─ 오형리는 잔뜩 격기가 감발하여 곤대짓을 해가면 푸닥거리를 내
>   놓는다.(p.39)
> ─ 귀신 듣는데 떡 말 못한다더니 네 듣는 데는 우스개 소리도 못
>   하겠구나.(p.190)

또한, ≪규중비사≫는 소설 문체로서도 미려함을 알 수 있는데, 생동감 있는 문체로 혼전남녀의 내면을 중층적으로 형상화한다. 백란당 아씨의 밀애를 눈치챈 여종 옥임이의 입장에서 역시 처녀로서 갖는 복잡한 심리를 탁월하게 묘사되고 있다.

> ─ 이때까지 평화롭고 고요하던 옥임이의 심전에는 일천 잰나비가
>   뛰놀고 있다. 야광주를 뿌려 놓은 듯 높고 푸른 하늘에 총총한
>   뭇별들은 괴괴한 대지를 향해 무슨 묵시를 주고 있다. 여름 밤

의 부드럽고 추근한 기운이 만상을 소리없이 싸고 돈다. 화단의 란초 잎에서 이슬 듣는 소리가 물기도는 공기를 약간씩 진동시키면서 들려오는 상 싶다.(p.199)

2) 조선 시대 풍속, 시가 소개

≪규중비사≫는 조선족 문학에서 처음 소개되는 역사소설이라고 의식해서인지 매 장마다 '주해'를 달아 상세히 설명을 덧붙이고 있다.[18] 또한 당시 세시풍속, 양반가 풍습, 문학작품에 대해서도 상세히 전한다. 특히 황진이의 <동짓달->과 <추풍감별곡>, 정지상 <송인>, 정지승[19]의 <청조사>, 윤유 <광풍에 떨어진 꽃잎-> 등의 애절한 연정을 노래한 시조, 한시들을 열여덟 편 가량을 소개[20]함으로써 류원하와 백련당의 이

---

18) 1장에서 5장까지 주해 되고 있는 어휘들은 대강 다음과 같다.
　　치시, 감실, 이호, 테지비 간택, 부원군, 연잉군, 중친부, 청조, 약관, 사직, 소진 장의, 우의정, 내직, 동헌내아, 연산군,
19) 정지승의 고려 정지상의 후예로 조선 중기 시인이라고 소개하는데, (≪규중비사≫ p.233) 따로 확인할 수 없었다.
20) ≪규중비사≫에 고려시대, 조선시대 연시조, 단형시조 모두 합하여 모두 열 여덟 군데에서나 소개되고 있다. 조목별로 보면 다음과 같다.
　　1. p.35 서익준이 읽는 정몽주 어머니가 지었다는 시조 (가마귀 가는 곳에 백로야 가지마라-)
　　2. p.66 <공명부귀 꿈일러라-> 단시조
　　3. p.91 <꽃같이 어여쁘고 달같이 고운 얼굴-> 연시조
　　4. p.112 <여자가 남편을 섬기는 데는-> 계녀가사
　　5. p.116 <급한데 가는 더위 오동잎만 떠는구나-> 단시조
　　6. p.118 <도성에 봄이 들어 만화방초 다퉈핀다-> 단시조
　　7. p.123 <장안 넓은 거리 오며가며 노닐적에-> 연시조
　　8. p.129 <내 마음 봄뜻따라 꽃다웁건만-> 단시조
　　9. p.138 <청산리 벽계수야 수이감을 자랑마라-> 단시조 (황진이)
　　10. p.140 <동짓달 기나긴 밤을 한허리를 둘러내여> 단시조 (황진이)
　　11. p.173 <비개인 긴 강둑에 푸른 싹은 새로운데> 한시 (정지상)
　　12. p.191 <련못에 갇힌 붕어 꼬리치며 즐거건만-> 단시조
　　13. p.210 <정수에 부는 바람 리별한을 아뢰는듯-> 가사, (추풍감별곡)
　　14. p.233 <배꽃은 흩날리고 겹대문 닫겼는데-> 한시 (정지승)
　　15. p.250 <중추야 밝은 달은 눌 위해 둥글었노-> 연시조

루어지지 못할 사랑의 비극적 분위기를 고조시켜간다.

- 예로부터 류월 초엿새날을 유두절이라 하여 여자들이 맑은 시내 물에 나가 목욕하고 머리를 감으며 자기들이 한해동안 써오던 낡은 빗을 물에 띄워 버리는 풍속이 전해왔다. 양반집 자녀들은 보통 때에는 문밖에도 자유로이 나가보지 못하지만 이날만은 끼 리끼리 작반하여 인가에서 멀리 떨어진 깊숙한 산골짜기 개울가 나 후미진 시내강변으로 나가서 자유로이 몸을 씻고 머리를 감 으면서 즐거운 하루를 보낼 수 있었다.(p.166)

- 규수들은 출가할 때 자기 시비를 그대로 데리고 가며 시집으로 간 다음에사 비부쟁이를 구해서 짝을 지어주어 계속 두고 부리 는 것이 통례(p.176)

- 황진이야말로 남녀를 불문하고 인물가운데의 인물이지요. 그는 가무와 자색을 겸비하였을 뿐만 아니라 우리나라 력사에서 찾아 보기 드문 기발하고 호협한 녀중호걸이었지요. 우리는 자기 나 라 력사를 알아야 하고 자기 나라 인물을 알아야 하외다. 오로 지 대국만 숭상하고 대국의 력사와 대국의 인물만을 알아서야 쓰겠소이까……(p.143)

정수에 부는 바람 리별한을 아뢰는 듯
추국에 맺힌 이슬 눈물을 머금는 듯
잔류남교에 춘앵이 이귀하고
소월동령에 추원이 슬피운다
임여의고 썩은 간장 하마터면 끊지리라
삼촌에 즐기던 일 예런가 꿈이런가 (<추풍감별곡> 일부, p.210)

---

16. p.263 <복사나무 꽃가지에 봄뜻이 완연터니-> 연시조
17. p.282 <광풍에 떨어진 꽃잎 오며가며 날리다가-> 단시조 (윤유)
18. p.295 <이야기는 끝이 나도 감회는 무궁하다-> 4연시조 (저자 창작)

≪규중비사≫의 한민족적 동질성은 조선 시대 풍속과 언어 그리고 스토리 전개방식에서도 추구되고 있다. '권선징악'의 주제는 백란당을 살해한 진범이 잡히고 류원하의 누명이 벗겨져, 출세와 탐욕에 눈이 어두운 무리들의 비리가 응징되는 통속적 구성으로 제시된다. 그러나 진범이 잡히고 주인공의 누명이 벗겨지는 결말방식은 '상실-회복'의 한국 고소설의 일반적인 이야기 전개방식과 동일하다. 전지적 시점에 의한 편집자적 논평[21] 역시 대중 독자들을 이야기 속으로 흡입하는 전통적인 이야기 수법이라고 할 수 있다.

3-2. ≪설랑자≫

1) 고려시대 여정과 풍속

≪설랑자≫에서는 남녀 주인공들이 방랑하는 '로드맵'에 따라 고려시대 문화답사, 문학기행이 이루어지고 있다. 주인공 진성은 송도를 떠나 남원의 신부집에 신행을 떠났다가 신혼 초야에 변을 당하고, 남원-전주-탄현-은진-공주-천안-미륵당-과천-한강-한양-고양-파주에서 다시 강원도 명주-동해안-청송-문경-봉화-영양-선산-합천 등지로 방랑을 하게 된다. 한편 신부인 설부용 역시 남원-구례-순창-함양-합천에 이른다. 두 남녀는 합천에서 해후하고 다시 송도로 향한다. 진성(이곡)과 설랑자의 여정을 따라 백제 의자왕의 이야기, 삼국유사에 기록된 <정읍사>, <헌화가>의 내력, 망부석 전설, 금강산 절경과 내력, 명주 남대천 다리밟기, 달맞이 풍습 등 다양한 관광 풍물이 이야기된다. 저자는 의도적으로 두 남녀 (진성은 이곡의 실존인물)의 혼

---

21) "대체 류원하와 백란당은 어떠한 악연이 되고 말았는가?" 등의 화두

사장애담을 소재로 취하여 전국 방방곡곡을 유람하게 하면서 고려시대로부터 유명한 명승고적을 탐방하는 방식으로 독자층의 호기심을 충족시키고 있다.

2) 언어 표현의 혼종성

한민족 생활과 관련된 속담, 격언, 비유와 방언이 뒤섞여 사용된다.

> ─ 냄의 집 마당 터진데 솔뿌리 걱정이 앙이요? (p.108)
> ─ 호박깊은 방앗간에 주둥이 긴 개 들어온다 (p.169)
> ─ 그날부터 윤부인은 방울이가 돌아오기를 눈등에 손을 얹고 기다렸다 (p.364)
> ─ 자총지종을 버선목 뒤집어 보이듯 자세히 설명해서야 / ─ 알기는 칠월달 귀뚜라미네.
> ─ 급하긴 우물에 가서 숭늉달라겠네/ ─ 아이구 명자른 놈도 들고나 죽게 얼피덩 하라구 (p.366)
> ─ 식은 죽 먹고 냉방에 잤는지 웃기는 잘 웃네 체/ ─ 급한 우레에 귀막을 새 없다 (p.389)
> ─ 상도했지만 한강수에 돌 던진 격으로 이렇다할 답목이 없으므로 (p.415)

특히 방언의 혼종성은 ≪설랑자≫에서 주목할 만한 특징으로 드러난다. 경상도 방언에 비해, 전라도, 함경도 방언이 뒤섞이는 현상이 심하게 나타난다.

> ─ 손이 오당이? 어서 왔시오? /아침 묵고 왔디요? / 식전인가분디 / 그럼 뱁은 우짤락고? / 말 좀 가망가망 해라 (p.84)
> ─ 여기로 온지가 오랩니까? / 한 십오년 되니더. / 아이구, 오래구만요. (p.167)

－와 저짝으로 비켜가지 몬하고 사장을 가로질러 갈락카노! /
(p.212)

－할미꽃도 꽃일가요 / 꽃이 아니면 무어겠니? / 꽃은 꽃이라도 축
에 들지 못하는 꽃이니말이죠. (p.226)

함경도, 전라도, 경상도, 강원도 말이 정확히 분리되지 않은 언어의
혼성 사용은 중국 조선족 문화의 탈식민적 재현이라고 할 수 있다. 한민
족 언어가 중국의 소수민족으로 편입되면서 지방성이 뒤섞여 사용되는
그 자체를 우리는 식민지 체험이 파생시킨 탈식민주의적 모습, 곧, 갈등
의 재현, 장소의 재현으로 보아 무방할 것이다.

3-3. ≪무영탑≫

김용식 <무영탑>에는 <고리 백정의 사위>(9장), <무영탑>(전16장),
<보은단>(12장) 세 편의 중편소설이 실려 있다. <무영탑>은 통일신라
시대 경주 석가탑 전설을, <고리 백정의 사위>는 조선 중종 대 고리백
정이 되어야 했던 이장곤 이야기를, <보은단> 조선 선조대 명나라의
도움을 받는데 결정적 역할을 했던 홍순원의 이야기를 소재로 삼고 있
다. <고리백정의 사위>의 경우, 병조판서 이장곤이 한때, 고리백정의
사위 노릇을 해야했던 사정을 통해 계급제도의 허구성을 비판하고 있다
면22), 나머지 두 작품은 한중간의 관계를 소재로 한 탈식민적 텍스트로

---

22) <고리 백정의 사위>는 일찍이 홍명희 <임거정> '봉단편'에도 나온다. 연산조
때 유배당한 홍문관 교리 이장곤이 배소를 탈출, 함흥 고리백정의 사위가 되어
봉단과 금슬 좋은 부부가 되어 살다가 중종반정에 다시 상경하여 동부승지에
올라, 아내 봉단을 정실로 맞이한다는 내용인데 여기서는 봉단이 '큰년이'로 '동
부승지'가 병조판서로 달라진다. 김용식은 <임거정>의 민담적 성격을 추종하였
다는 점에서, <임거정>의 영향을 받았다고 할 수 있으며, 여기서는, '이장곤'에

서의 특이점을 갖는다. 즉, <무영탑>과 <보은단>은 다같이 중국과의 깊은 교유 관계를 밝혀 중국이 옛날부터 "믿음직한 형제적 우방"이었음을 밝히고자 한다. 따라서 <무영탑>이나 <보은단>은 순수하게 조선족의 전통문화의 뿌리를 천착해간 소설이라기보다는 한중간의 오랜 친선 관계를 찾아 그 역사적 의미를 조명하고자 한 창작의도가 분명한 소설이다. 이는 조선족 역사소설의 특이점으로서 의미를 갖는다.

3-3-1 <무영탑>

<무영탑>은 조선족의 언어를 사용[23]하기는 해도 내용이나 문체에 있어서 비교적 조선족 언어와 문화의 정체성을 뚜렷하게 부각시키지 못하고 있다. 다만 <무영탑>은 내용상 아사달과 아사녀의 연애 과정을 자세히 그리고 아사달이 마침내 신라로 떠나, 사랑을 이루지 못한 것으로 마무리된다. 아사달의 이야기는 대부분 꾸며낸 것이지만, 아사달이 '별찌'와 구화산 화성사, 전원사, 만불사 등을 탐승하면서 고승들의 입적에 얽힌 사건들을 흥미롭게 소개한다. 이는 이미 불교가 금기시된 중국 사회에서 민족적 전통을 직접적으로 재현하고 있는 것이다. 곧 <무영탑>에서 '무영탑'은 한민족 사상 중요한 불교문화의 정화라 할 수 있는 불국사 석가탑을 소재로 호국불교의 정신과 아울러 신라문화를 소개한 의미를 갖는다.

초점을 두어, 한때, 백정의 사위였던 그가 끝까지 조광조 편에 서서 수구파를 물리친 기개를 높이 기렸다.
23) <고리백정의 사위>에서만 함흥 사투리가 약간 나타난다.

3-3-2 〈보은단〉

〈보은단 報恩緞〉 이란 선조 때 홍순언이 명나라에 사신으로 갔다가
진랑이라는 여자를 구해주고 받은 비단 삼백 필을 의미한다. 소설의 줄
거리는 다음과 같다.

> 진소저는 명나라 호조시랑의 외딸이었다. 호조시랑이 공금 삼천 냥
> 을 불량배에게 사기당하고 감옥에 갇힌 처지가 되자 진소저는 천냥에
> 정조를 팔기로 한다. 그때, 홍순언이 우연히 역관으로 지나다가 호기
> 심에 진소저를 만났고, 그녀의 효심에 감복하여 깜빡 국고금 이천 냥
> 을 준다. 홍순언은 죄책감에 유홍에게 자백하고 조선에 돌아와 옥에
> 갇힌다. 한편, 태조 이성계의 아버지 이름이 바뀐 것을 고치러 명에
> 갔다가 때마침 일어난 내란 때문에 되돌아온 종계변무 사신단은 홍순
> 언을 부른다. 역관들이 이천냥을 갚아 주고 홍순언을 옥에서 풀려나
> 오게 한다. 홍순언과 함께 두 번째 종계변무 임무를 수행하기 위해
> 입국한 사신단은 뜻밖에도 예부시랑 석성의 환대를 받는다. 진소저는
> 삼년전 홍순언의 도움을 받은 덕택에 정조를 지킬 수 있어서, 후에
> 석성의 아내가 된 것이다. 그 진소저의 남편 석성의 도움으로 종계변
> 무 일은 쉽사리 풀리게 되어 사신단은 환대까지 받고 귀국하게 된다.

저자는 여기서 한국과 중국이 형제국으로서의 전통이 일찍이 있었음
을 이야기하고자 하며, 그것은 이미 정치적 관계를 넘어 신뢰와 의리의
도덕적인 것이었음을 강조한다. 국가간의 이러한 홍순언의 미담을 통해
약자를 위해 베풀 줄 아는 조선사회의 도덕률의 가치를 높이려는 '계통
관계'적 측면이 엿보인다.

《규중비사》, 《설랑자》, 〈무영탑〉은 서로 정도의 차이는 있으나
조선족들을 위해 한민족 언어와 문화를 설화를 통해 간접체험하게 함으
로써 민족적 언어 문화의 전통의 맥을 계승하여, 중국의 조선족들로 하

여금 충, 효, 열의 한민족 정신세계를 소개하고 체험하게 하는 민족 공동체로서의 공간을 기억 속에서 복원해 내려는 특징을 갖고 있다. 그러면서도 나태하고 이기적인 양반관료보다는 개혁 성향의 지식인을 선호한다. 종교적으로는 불교보다 현실주의 종교인 유교에 기운 듯 보이는데, ≪설랑자≫에서는 안향의 유교 이념과 이곡의 효와 사랑을 부각시켰다. 또한 오늘날 유실된 일부 고유어들을 지켜 사용함으로써 조선족 언어의 독자적 개성을 지키려고 노력한다.[24]

4. 김용식 역사소설의 '제휴관계'(affiliation)

일반적으로 소수 민족이 다른 나라에 이주 정착하여 살아갈 때, 자신의 정체성을 추구하면서도 거주 국가와 민족문화에 정서적으로 호감을 갖고 적극적으로 친화하려는 동일화의 과정을 겪게 되는데 이를 에드워드 사이드는 '제휴관계'(affiliation) 라고 명명했다.[25] 제휴관계의 작가나 시인들은 자신이 신세지고 있는 새로운 조국의 긍정적이고 우위에 있는 것들에 관심을 표명한다. 사람들은 대체로 태어난 이후에 갖게 되는 여러 가지 관계의 결속- 교우관계, 직업, 당 활동 등-을 갖게된다. 제휴관계는 조선족에게 있어서도 일차적으로 중화인민공화국의 입장과 이익에·따르고자 하는 측면의 후천적 정체성과 관련된다. 이민족으로 중국 조선족이 겪는 제휴관계의 측면은 김용식 역사소설에서도 중요하게 드러난다.

---

24) 이 외에도 김용식 소설 언어는 북한언어와 다른 차원에서 한국 민속 언어에 대한 또 다른 계통관계적 의미를 갖는다.
설랑자 p.386의 예(-어지러운 꿈과 환각 속에서 모지름을 치다가 /-산수털 벙거지, 환칠, 모두뜀을 하며 내달으니, 괜히 횐양하지 말고, 하님, 등)
25) 빌애쉬크로프트, 팔 알루왈리아, 윤영실 옮김, 『다시 에드워드 사이드를 위하여』, 앨피, 2005. p.62.

중국이 유사시대 이래 한국과 꾸준히 문화적 발전에 상호 소통하면서 기여해 온 것은 사실이지만 정치적으로 적잖은 압박을 해온 것도 사실이다. 그러나 중국 조선족 작가의 입장에서 이러한 점에서 한족중심적 사상과 제휴하지 않을 수 없었을 것이다. 김용식의 역사소설들에는 50년대 이후 80년대까지 중국의 편에서 조선족의 역사를 바라보는 '제휴관계'의 측면이 대위법적으로 강도깊게 드러나고 있음을 알 수 있다.

4-1. ≪규중비사≫, 조선사회 제도, 이념 비판

이 소설을 유심히 들여다 보면, 단순한 추리적 형식을 빌린 살인 미스테리 소설이 아님을 알 수 있다. 피살된 백란당의 감옥과 같은 생활과 류원하의 곧은 절개, 허정승의 아내의 양반비판과 여성 차별 비판이 서스펜스나 추리적 복선의 긴장 사이에 깊게 패어 드러난다. 뿐만 아니라 한 반가의 살인 사건을 놓고도 세력 다툼을 벌이는 허빈재, 김세홍과 류목사 집안 간의 탐욕과 시샘이 갈등을 빚어 고대 소설적인 재미를 부추긴다. 전체 분량 가운데 살인사건과 그 추리과정과 직접 관련된 장은 1-4장, 19-21장 에 불과하다. 나머지 5-19장은 염정소설처럼 애정갈등을 다루고 있다. 두 남녀의 진실한 애정이 허용되지 못하는 압제 현실 속에서 조선조 양반가의 세력다툼과 질시, 이기심에 찬 위선적 삶들이 적나라하게 비판된다. 결국 ≪규중비사≫는 반가의 미모의 규중처녀 살인사건과 그에 얽힌 은밀한 연애 사건을 직조하는 사이에 봉건관료들의 권력쟁탈과 계급적 신분적 차별의 심각한 모순점을 적나라하게 폭로한 소설이라 할 수 있다.

이야기 속의 이야기 - 한나라때 사마상여와 탁문군의 사랑의 도피담이 백란당과 류원하 애정 갈등의 해결 가능성으로 제시된다. 담장을 넘은 사랑의 도피행인 사마상여와 탁문군의 이야기는 로미오와 주리엣 이야기와 달리 집안간의 화해로 해피엔딩 된다.

그러나 류원하로부터 이야기를 전해들은 백란당이

> "저도 사마상여와 탁문군이 부러워요. 그러나 대국과 소국을 어이 비교할 수 있으리까. 우리나라는 소국이지만 잔뜩 동방예의지국이니 뭐니 떠들어대면서 가지가지 계률과 례의범절을 너무나 지엄하게 내세우니 어찌 한 나라 때 사람들의 미거를 본받을 수 있겠나이까. 모든 엉뚱한 망녕을 그만두시고 지금부터라도 제발 발길을 끊어주소서" (p.205)

라고 말하는데서 체질화된 민족적 열등감을 추론할 수 있다. 그러나 서술자는 기생이나 백정 등 하층민들을 양반계층과 차별하여 소개할 때는 자신감을 가지고 이야기한다.

류원하는 자꾸 백란당이 자신의 말을 좇지 않는다고 다음과 같이 언성을 높여 꾸짖는다.

> "아조에 들어와서만 해도 평양의 계월향은 김응서를 알아주었고, 진주의 론개는 박진을 알아주었고, 송도의 황진이는 림백호를 알아주었고, 녕변의 초향은 단천령을 알아주었고, 구지, 솔이, 명옥, 계랑, 한우 등도 모두 선비와 호걸을 알아준 절개 있는 가인들이 아니었나이까. 그들은 절대 창기가 아니었지요. 그들은 몸은 비록 기생이었지만 절개만은 높은 녀중 명류들이었지요. 그런데 랑자께서는 한갓 량반집 규수라는 썩어빠진 신분과 가례에 눌리어 아직도 이 류원하를 알아주지 못하니 이 얼마나 땅을 치고 통곡할 일인가요" (p.207)

≪규중비사≫에서 양반층이나 문벌주의 등 봉건적 계급체제와 남녀 차별에 대한 문제가 특히 백란당의 말에서뿐 아니라 백란당의 모친이자

이조판서 김세홍의 처인 정씨부인이나 류원하의 모친 송부인의 질타에서
도 제기된다. 세자빈자리를 탐내 허빈재 판서 집안으로부터 온 혼사를
거절한 남편을 향해 줄다리기하는 가운데 정씨부인의 억눌렸던 불만이
쏟아진다. 왕가니 가풍이니 하는 허구성이 자연스럽게 비판받는다.[26]

> ─ 허빈재네 가풍을 헐어서 말하는게 아니라 실상은 그 집 조상 가
> 운데 광채롭지 못한 래력이 있거던, 툭 깨놓고 말하면 그의 오대조가
> 간신으로 몰리어 함경도 무산 고을에 가서 정배살이까지 한 일이 있
> 단 말이오. 그 무주구천동 같은데 가서 정배살이를 했으니 그게 무슨
> 꼴이요? (p.113)

라고 변명하는 세홍에게 정씨 부인은, 다음과 같이 신랄하게 되받아친다.

> ─ 별 싱거운 잠꼬대가 아니시유. 그만 일을 가지고 남의 가문을 흠
> 잡을진대 금상께서는 어째 아직 태자로 봉을 받으시기 전에 사화에
> 끌려들어 경상도 문경고을로 밀려나가시어 삼년간이나 적객으로 계셨
> 다우? (p.114)

정씨 부인의 입장은 여성의 권한을 옹호하는 입장보다는 조선족이 중
화인민공화국과 이념적으로 제휴한 양가성과 관련된다. 이념적으로 제휴
하였을 때, 조선족 여권이 신장되었으리라보지만, 그것은 서구 페미니즘
과 일정한 거리가 있다.

≪규중비사≫에는 서술자의 다양한 역사담 소개에도 불구하고 정확하
지 못한 부분이 자주 띈다. 황진이 시조 중 '벽계수'가 임제를 지칭한

---

26) 김세홍과 처 정씨부인과의 백란당의 혼사문제로 말다툼을 벌이는 장면은 격렬하
면서도 흥미롭다. 서술자의 대화처리가 돋보이는 이른바 '보여주기'인데, ≪규중
비사≫는 이러한 생동감있는 서술 때문에 그 작품적 주제가 잘 드러난다.

것 (p.139) 이라든지, 성균관에 중학, 동학, 서학, 남학 등 서당이 있었다
든지 (p.213) 하는 대목이다. 이렇게 오류가 눈에 띄는 것은 남쪽 연구나
자료를 참고하지 않고 중국이니 북한 측 자료에 의존한 결과가 아닌가
짐작된다.

결국 조선족 소설사에서의 ≪규중비사≫의 극찬은 역사적 소재를 빌
어 대중적 흥미를 끌면서도 주종관계와 남녀차별 등 조선조 봉건적 제
도와 인습을 비판함으로써 대중교화에 기여했다고 본 데서 기인한 결과
였음을 알 수 있다. 이러한 비판의식에는 타당한 면이 없진 않으나 그것
이 민족적 전통문화를 제대로 인식한 결과라기 보다는 이념적으로 중국
과 보조를 함께하는 과정에서 빚어진 '제휴관계'의 특성을 보여준 것이
라 할 수 있다.

4-2. ≪설랑자≫, 혼사시련담에 가탁한 고려사 재현

≪설랑자≫에서 작가는 고려 충렬왕 대의 이곡의 전기를 '혼사 장애
담'의 전통적 설화형식을 빌어 이야기한다. 고려의 절경과 문화를 소개
하고 무신란에 대한 비판, 계급제도, 성차별에 대한 비판을 가하는 한편
성리학과 원의 입장을 옹호하는 새로운 역사관을 제시한다.

그러나 ≪설랑자≫는 한국의 역사학자들과 역사인식을 동질적으로 하
고 있지 않다. 중국측 자료를 주로 참고한 탓에 고려보다 원나라 입장을
우선적으로 내세워 부마국으로서의 치욕을 형제국으로서의 우정인 것처
럼 미화한다. 원나라 천순 황제를 지혜로운 황제로 묘사, 전제왕권시대
의 황제의 리더쉽을 칭송하였으며, 이곡과 원 황제는 선으로, 최유염,송
문 등 무신란 무신을 악으로 설정한다. 또한 원나라와 고려 연합군이 일

본 정벌하려 한 사건을 매우 중요하게 평하였다. "그때 만약 태풍이 불지 않았다고 하면 일본은 십중팔구 정복되고 말았을 것이며 따라서 일본이란 존재가 이 지구상에서 영영 사라졌을지도 모를 일이다." (p.156) 라고 원나라의 역할을 과장한다. 그리고 '된 매를 맞고 얼병이 든' 일본의 해적이 고려 해안에 자주 준동한 것은 "간신들의 아귀다툼이 더욱 심해져서 국방태세가 해이해지고 있었"기 때문이라고 고려를 탓한다. (p.156)

사실, 원나라는 고려의 무인들을 고립시켜[27] 고려를 완전히 지배하려고 하였으며, 충렬왕이후 왕의 호칭 앞에 '충'을 붙이는 등, 관직의 품계를 낮추었다. 게다가 12세기 이후 원의 간섭은 갈수록 심해져 고려사회의 경제적 피폐를 가져왔다. 원에 의한 공물 수탈과 일본정복 과정에서의 가혹한 수취, 원을 오가는 데 사용하는 비용의 마련, 원이 설치한 응방(鷹坊) 등의 각종 기관과 권문세족의 농장 확대 등으로 고려사회는 국가재정이 궁핍해지고 농민은 몰락하는 이중의 모순에 처했다. 심각해진 사회경제적 모순을 극복하려는 시도가 충선왕·충목왕을 중심으로 신진관료들에 의해 추진되었으나, 원의 간섭이라는 기본제약과 집권세족의 이해관계 때문에 성공하지 못했다.

≪설랑자≫에서 하필 충렬왕 대 이곡의 전기를 소재로 하여 원나라의 '항일 정신'을 고취한 것이라든지 (p.156) 무신 최유념 가의 여자들의 음

---

27) 고려 후기 사회를 이끌어 간 권문 세족은 무신 정권 시대에 형성되기 시작하였고 원 간섭기에 그 골격이 갖추어졌는데, 그 시기는 대체로 충렬왕 중엽경이다. 그 뒤 충선왕은 교서를 통해 왕실과 혼인할 수 있는 재상지종을 정하였는데, 이들 가문이 곧 권문 세족이다. 이들 재상지종을 정리하면 ① 전기 이래의 문벌가문 : 경주 김씨(김부식) 정안 임씨, 경원 이씨, 안산 김씨, 철원 최씨, 해주 최씨, 공암 허씨, 청주 이씨, 파평 윤씨 ② 무신 정권 시대 무신으로 득세한 가문 : 언양 김씨, 평강 채씨 ③ 무신 정변 이후 능문능리의 신관인 층으로 성장한 가문 : 당성 홍씨, 황려 민씨, 횡천 조씨 ④ 대원 관계 속에서 신흥 세력으로 성장한 가문 : 평양 조씨.이다.

모를 소재로 한 것은 고려시대 역사를 왜곡시켜 원과 고려의 관계를 우호적인 것으로 바꾸려 한 의도가 숨어있다고 볼 수 있다.

또한 ≪설랑자≫는 고려, 통일 신라 시대 제도나 역사에 대해 정확하게 기술하고 있지 않다. 승정원, 목사, 찰방과 읍, 팔도의 호칭 등을 조선시대와 혼동하여 사용하고 있는 것이나 선덕여왕의 위업을 진성여왕에 대한 위업으로 칭송을 한다든지 (p.39) 하는 점을 보아도 역사적 사실에 대한 정확한 이해가 부족함을 알 수 있다.

4-3. ≪무영탑≫, 〈무영탑〉, 〈보은단〉
4-3-1 〈무영탑〉, 신라의 문화 식민지화

〈무영탑〉은 중편소설로 신라의 문화 창조적 자주성을 부정하고 사실을 왜곡함으로써 중국의 문화 종주국으로서의 우월성을 부각시킴으로써 조선족의 제휴관계를 극명하게 보여준 소설이다.

백제의 석공 아사달이 당나라 명공 왕석공의 아들로 등장, 오히려 그가 신라에 가서 이름을 떨쳤다고 소개된다. 아사달은 당나라 왕석공의 아들로 구화산에서 우연히 별찌 아사녀(13세)와 만나 사랑을 나누게 된다. 아사달은 국명에 따라 어쩔 수 없이 아사녀와 헤어져 신라에 파견된다. 김대성이 신라 재상으로 등장, 당나라에 명공을 청하게 된 연유를 자세히 이야기한다. 그가 불국사 창건을 기획하게 된 것은 부모에게 효를 하기 위해서라고 알려져 있으나 사실은 국명에 따른 것이며, 신라의 많은 석공이 있음에도 구태여 당나라에 사신을 보내 명공을 청한 까닭은 그가 깎던 돌을 서툰 신라 석공이 깨뜨려서 '기술이 앞선 대국의 명공'이 필요해서라고 하였다. (p.214) 아사달은 신라쪽에서 애초 약속대로

기일을 지켜주지 않아 괴로워한다.[28]

한편, 아사녀는 아사달이 3년 약속을 지키지 않고 5년이 되어도 돌아오지 않자 남편을 찾아 나선다. 아사녀는 구화산 화성사로 가서 주지승 보문화상을 만나 신라로 가는 노정을 물었다. 장강 나루터에서 강녕, 서주를 지나 법화사 중과 해후하여 길 안내를 받은 아사녀는 신라방의 우두머리 장보민을 소개받는다. 신라방은 유리걸식하던 신라사람들을 특별 관리하기 위해 당나라 서주 절도사가 따로 정해준 곳이었다.

> "이렇게 적수공권의 신라사람들은 정처없이 떠돌아다니며 류리걸 식하는 국제걸인이 되었는데 그 가운데에는 불행히도 불량배도 섞여 있어서 도적질을 한다 말썽을 일으킨다 소란을 부린다 하여 당나라로 서는 실로 골치아픈 일이라 아니 할 수 없었다." (p.231)

이에 서주절도사가 불만이 많은 신라 류민들로 하여금 서주와 양주 일대의 광막한 황무지를 개간하여 벼농사를 지으며 살게 해 주어 신라 방이 생겼다고 한다. 서술자는 '신라방'이 장보고의 해상활동과 그 이득을 보려는 당나라 상호간의 거래관계로서 생긴 것이 아니라, 일방적인 당나라 서주 절도사가 무능력한 주민들의 소원을 들어준 결과라고 본다.

당나라의 시혜국으로서의 태도는 법화사 중은 신라로 떠나는 아사녀에게 부탁하는 말에서도 드러난다.

> "고국에서는 우리가 당나라에 와서 류리걸식한다는 말을 듣고 매 우 걱정하고 있을겁니다. 이번에 부인이 가게 되면 지금 우리는 농사

---

28) "아사달은 일을 시작했다. 올 때는 석가탑만 세워주기로 약속했으나 정작 와서 보니 그밖에도 할 일이 많았다. 백운교와 청운교를 놓는데도 자기의 손이 가야 만 했고 불상을 깎는데도 자기의 손이 가야 할 곳이 많았다. 못하겠다고 거절하 자니 이젠 당나라의 석공이 아니라 신라에 매인 몸이 되었으니 어찌할 것인가" (p.216)

를 광작으로 지어서 풍의족식하며 잘 살고 있으라고 전해우시우다"
(p.232)

아사녀가 황해를 건너는 도중 풍랑을 만나 인제수 위기를 겪고 불국사에 도착, 입구에서 구화산 화성사 주지의 쪽지를 보여주지만 김대성은 알고도 면회를 시켜주지 않는다. 문지기는 연못에서 기다리다 석가탑에서 일하는 아사달의 그림자를 만나볼 수 있을 거라고 말한다. 아사녀는 주변 여인들이 보살펴주었지만 연못에 아사달의 그림자가 나타나지 않자 연못에 빠져 자살한다. 아사달은 못 가운데 우뚝 솟은 바윗돌에 아내의 모습을 새긴다.

서술자는 "뛰어난 석수기술이 없이는 다룰 수 없는 석가탑을 세운 사람이 **다른 누구도 아닌 당나라 석공 아사달**이라 할 때 고대 당나라와 신라와의 문화교류에 이바지한 그의 업적이야말로 크다고 아니할 수 없을 것이다" (p.261)라고 하여 석가탑의 예술정신과 기술이 당나라에서 건너간 것이라고 끝맺고 있다.

김용식의 <무영탑>이 다른 소설보다 더 뚜렷이 중국과의 제휴관계에 기울어 조선의 역사를 재영토화하고 중국의 이익에 맞게 재현한 것임을 현진건의 <무영탑>과 비교함으로써 더 잘 알 수 있다.

비교 대상/작품	현진건 <무영탑> (장편소설)	김용식 <무영탑> (중편소설)
발표지, 시기	<동아일보>, 1938.7.19-1939.2.7	료녕민족출판사, 심양, 1986
아사달	백제 유민으로 신라최고의 석수가 된다. 부석의 수제자, 자랑스럽게 불국사 창건에 참여	지장탑을 세운 당나라 최고의 왕석수의 아들, 어쩔 수 없이 아버지 명으로 신라에 파견된다.
아사녀	아사달 스승 부석의 딸	가난한 구화산 여승이 데려온 딸
불교에 대한 시각	긍정적	부정적
애정 관계 갈등 유무	아사달, 주만, 아사녀 갈등 (아사달은 연못 돌에 아사녀와 주만의 얼굴이 혼합된 이상적인 부처상을 새기고 죽는다)	아사녀, 아사달의 만남은 자유연애에 의한 것으로 이루어지며, 삼각관계외 같은 애정갈등이 나타나지 않고 있다.
주체의식 정도	사당파와 국선파의 대립, 국선파의 세력약화를 통해 식민지 현실 상황 반영	신라의 최고의 예술작품이 당나라인의 손에 의한 것이라는 일방적 문화 종속론
평가	일제 식민지 현실에 의해 각성된 비판과 민족 주체의식	탈식민적 상황에서 역사해석에 대한 문화적 주체성 양보

4-3-2 <보은단>, 불평등한 형제국의 보은담

홍순언과 진소저와의 미담은 불평등한 외교관계를 개선하는데 이용됨으로써 변질되고 말았다. 서술자는 그 점을 강조하면서도 조선의 외교정책이 얼마나 한심한 것인가를 줄곧 비판한다. 수신사 김성일과 유성룡의 의견 차이는 동인과 서인의 당파싸움의 관점에서 비판되고 그 실상을 낱낱이 고발하고 있다. 일본 통신사의 보고내용은 그 진실성보다는 동인과 서인의 이해관계로 첨삭되고 변질된다. 조선과 명나라와의 관계가 미담으로 꾸며진 것은 다소 과장된 듯 보인다.

재차 같은 임무로 홍순언과 함께 입국한 정사 황정욱이 갑자기 석성의 융숭한 환대를 받자 불안해 하는 대목에서도 강자와 약자, 대국과 소국의 불평등한 관계가 잘 드러난다.

> "그것을 (=황정욱이 홍순원을 횡령죄로 삼년간 옥살이 시킨 것) 명나라 관원들이 알기나 하면 어쩔가고 가슴이 조이는 한편 혹시 홍순언이 그런 섧은 사연을 발설하지나 않을가고 그는 근심이 되었다"
> (p.351)

반면에 조선은 당파싸움으로 마침내 칠 년후 임진왜란을 불렀다고 한다. 당쟁만 일삼는다고 양반사대부를 비난하면서도 그 비난은 주로 친일성향이 있는 김성일에게로 향한다.

> "명나라는 우리가 믿고 의지해야 할 대국이라 할진대 왜 그들이 제멋대로 우리나라 왕실종계를 서책에 틀리게 기재했으며 또 그것을 고쳐달라고 루차 주청사를 보내도 마이동풍격으로 듣는체도 하지 않사웨까. 이는 소국에 대한 대국의 오만한 거동으로밖에 달리 볼 수는 없는가 하오이다" (p.268)

라고 주장하는 김성일의 입장은 조선의 입장에서 당연한 것임에도 소설에서는 '사사로운 당파싸움으로 하여 나라의 안위와 민족의 존망도 아랑곳하지 않는 량반 사대부들의 추태' (p.271)라거나 '썩어빠진 량반 사대부들'이라고 비난받는다. 조선과 명을 대등하게 보려는 친일적인 김성일에 대해 좋지 않은 평가를 내리고 있다.[29] 또한 작가는 조선 봉건 체제를 부당하게 보면서 친명파인 류성룡 편(동인)에 기울고 있다. 이러한 역사인식의 편향성에는 '항일투쟁기'를 거쳐 이념적으로 중국과 공조할 수밖에 없는 제휴성이 강하게 내비친다.

> — 명나라에서는 리여송을 제독(전선총사령)으로 한 4만 대군을 조선에 파견하여 조선의 의병을 도와 왜적을 물리치게 했던 것이다. 중국과 조선은 예로부터 공동의 원쑤를 무리치기에 함께 피흘려 싸워온 가장 믿음직한 형제적 우방이었음을 력사는 말해주고 있다. (p.398)

서술자는 일본이 명과 조선의 '공동의 원쑤'라고까지 격앙된 표현을 하고 있지만, 고려 때부터 수천 명 공녀를 조공 받아온 중국이 한낱 중국의 한 여자(진소저)로 인해 조선이 여러 가지 도움을 받은 것이라는 입장을 수용하고 있다. <보은단>은 결국 역관에 지나지 않는 홍순언이 우연히 한족의 여자를 도와 준 것 때문에 명나라 측이 조선 측에 잘못 기록한 왕실종계를 바르게 고쳐주었고, 또 임진란 때에 군사적 도움을 줄 수 있었다는 것인데, 이는 결국 한족(명나라)과 조선민족 사이의 굴욕적 관계를 꾸며 포장한 이야기에 지나지 않음을 알 수 있다.

---

29) 김성일이 풍신수길을 과소평가한 것은 일본에 대한 자신감 때문이 아니라 순전히 당파성 때문이었다고 <보은단>은 기술한다. 그리고 이때, 리덕형과 홍순언이 명에 청병하였는데, 마침 석성의 벼슬이 백만대군을 호령하는 병부시랑일 때라, 진부인과 석성의 노력으로 원군을 얻을 수 있었다고 한다. 이 같은 역사인식에는 조선족이 일제 식민체험 이후 중국과의 타협점을 찾아가는 혼종적 양가성이 스며들어있다.

5. 결어 – 조선족 역사소설의 탈식민주의적 재현과 양가성

소설 작품 분석은 제재의 선택이 중요한 것이 아니라 그 재현을 어떻게 바라볼 것인가가 중요하다. ≪규중비사≫로부터 ≪설랑자≫, ≪무영탑≫에 이르기까지 김용식 소설은 한민족 문화공동체로서 에드워드 사이드가 지칭한 계통관계 (filiation)를 드러낸다.

이러한 김용식 소설의 '계통관계' 특성을 요약하면, 다음과 같다. 첫째, 언어적 생동감을 통해 독특한 조선족 문학언어의 혼종성을 보여준다. 둘째, 정도의 차이는 있으나 세 작품은 조선족들을 위해 한민족 언어와 문화를 주인공들의 여행과 모험을 통해 간접체험하게 함으로써 민족적 문화 전통의 맥을 답습하게 하는 계몽적 결과를 낳고 있다. 셋째, 중국의 조선족들로 하여금 유적이나 풍습 뿐만 아니라, 충, 효, 열의 한민족 정신세계를 소개하고 체험하게 하는 민족 공동체로서의 얼을 기억 속에서 복원해 내려는 특징을 갖는다. 넷째, 봉건적 제도나 나태하고 이기적인 양반관료를 비판하고 노비나 평민과 노동자, 개혁 성향의 지식인의 입장에서 서술하고자 한다.

그러나 동시에 타자의 방향에서 바라보이는 한족중심적 역사관과 사회주의 이념에 경도된 제휴관계(affiliation)를 또한 드러낸다. 김용식 소설의 중국과의 '제휴관계'적 특성을 요약하면, 첫째, 명나라, 당나라 순으로 과거로 가면서 더 친한족적이라는 점, 둘째, 형제국의 우애를 표방하면서 사실은 중국에 대한 종속적 입장을 기정사실화하고 있는 점, 셋째, 창작적 상상력을 역사적 왜곡으로 대신하려 한다는 점 등을 들 수 있다. 아울러 세편의 소설에 등장하는 삽화들은 중국조선족의 재현의 장소적 의미를 잘 반영해 주는 듯하여 주목을 끈다. 등장인물들의 옷차림은 한복인데, 그들의 자세나, 집의 구조(모두 중국식이다), 자연의 배경이 중국의 전통적인 생활과 섞여 묘사되고 있다. 이 '제휴관계'의 삽화의 특성으로부터 중국 조선족 역사소설이 차지하는 양가성의 축을 발견할 수 있다.

김용식 역사소설에 나타난 이러한 양가성은 주변으로서의 조선족 문학이 갖는 독특한 특이점에 해당된다. 김용식은 1950년대 ≪규중비사≫에서 민족적 계통성을 재연함으로써 민족적 정체성 복원에 힘을 기울였으나 이후 ≪설랑자≫, ≪무영탑≫으로 오면서 계통관계보다 제휴관계에 더 많이 기울어진 것으로 보인다. 김용식 소설의 중국과의 '제휴관계'적 특성은 <규중비사>에서 보다 <설랑자>, <무영탑>으로 가면서 더 극심하게 드러나는데, <무영탑>에서는 창작적 상상력을 역사적 사실을 왜곡하는 수단으로 발휘하여 신라의 중국에 대한 종속적 입장을 기정사실화하고 있다. 이러한 역사왜곡의 심화현상은 59년 반우경투쟁과 지방민족주의를 청산하기 위해 벌인 민족정풍운동, 1966년에서 근 10여년 간 벌인 문화대혁명 기간동안, 오랜 감옥생활과 정신적 학대로 인해 저자 스스로의 타협을 모색한 결과가 아닌가 여겨진다. 중국의 중심부 권력층은 필요에 따라 수정주의와 교조주의를 마음대로 선택하였지만, 그 틈바구니에 눈치를 보아야하는 김용식과 같은 주변부 조선족 지식인들의 처지는 더욱 어려워질 뿐이었다. 오히려 창작에 대한 압박은 이중적으로 가해져 스스로 철저한 자기검열에 빠져들게 된 것이다. 그러므로 <무영탑>에서 역사왜곡에 대하여 보다 넓은 제3의 시각에서 바라보아야할 필요성이 생긴다. 김용식의 역사소설 <무영탑> 창작에는 신라시대의 아사달 아사녀의 이야기를 거슬러 올라가 한족과의 친화성을 재확인해야한다는 강박이 작용한 것이고 그것은 그대로 후기식민지 상황에 처한 지식인의 글쓰기인 '재현'의 모습으로 이해하여야 한다. 김용식 소설의 역사왜곡을 반한 또는 친중의 의미로 이해하려는 논의가 중국조선족을 중국인과 대등한 관점의 입장에서 본 것이라면, '재현'의 모습으로 이해하려는 논의는 곧 일제식민체험과 투쟁 이후의 새로운 제휴적 상황에 처한 약소민족의 자기자리 모색의 현실로서의 가치를 중시한다. 근본적으로 제휴관계와 계통관계는 서로 떼어놓고 보기 어렵다. 불가피한 제휴관계와 조선민족으로서의 독자성이 어렵사리 공존하고 있는 이러한 양가성은 서로 비판적으로 작용할 수도 있는 중국 내의 조선족 문학만이 지니는 특이점이라 할 수 있기 때문이다.

지구 곳곳에 산종되어 살아가는 한국인 후세들의 디아스포라적 삶과 더불어 중국 조선족 문학에 나타난 양가성은 앞으로도 확대, 심화하여 연구해야 할 테마이다. 김용식의 역사소설들은 서술 대상이 중국의 이야기가 아니라 한국의 이야기라는 점에서 의미를 갖는다. 또 그것이 우리말로 표현되었다는 점에서도 주체적이라고 할 수 있다. 그러나 앞서 밝혔듯, 김용식 소설에 드러난 역사적 사실들은 오늘날 한국의 역사 교과서와 상당한 차이를 보여준다. 조선족 소설의 양가적 특징들을 밝힘으로써 우리는 중국 조선족 문화의 탈식민주의적 재현을 이해할 수 있다. 우리는 이를 통해, 또 다른 식민지적 영토를 발견케하는 '거울'이 될 수 있음을 깨달아야 할 것이다.

*인용문 페이지 표기는 각 작품집의 페이지 수임

참고 문헌

강련숙,『중국조선족 100년문학예술 대사기』, 길림인민출판사, 2001.

강영주,『한국 역사소설의 재인식』, 창작과 비평사, 1991.

고부응 외,『탈식민주의 — 이론과 쟁점』, 문학과 지성사, 2003.

길운 정리,『천지의 맑은 물(연변민간이야기)』, 연변인민출판사, 1962.

김명한 수집정리,『민담집 삼태성』, 연변인민출판사, 1983.

김정자 외,『현대문학과 양가성』, 태학사, 1999.

김용식,『규중비사』, 요령성 인민일보사 1981.

_____,『산골녀성들』, 흑룡강 조선민족출판사, 1984.

_____,『설랑자』, 요녕 인민출판사, 1984.

_____,『무영탑』, 요녕민족출판사, 1986.

나병철,『근대서사와 탈식민주의』, 문예출판사, 2001.

로팔균·정준기,『료녕성 조선족 문학작품선(1978~2000)』, 료녕민족출판사, 2005.

리룡득 수집정리,『불로초(민담집)』, 료녕 인민출판사, 1984.

림승환, 김광근 정리,『주부의 눈물 — 차병걸 옛이야기집 하』, 흑룡강 조선민족출판
    사, 1993.

소재영·권철·김동훈·조규익,「연변지역 조선족 문학연구」, 숭실대 출판부, 1992.

송현호, 현진건 문학연구, 서울대 석사 논문, 1982.

_____,「안수길 <북간도> 연구」, 한중인문학 16집, 2005.

연변민간문학연구회편,『연변민간문학집』, 연변인민출판사, 1979.

오상순,『개혁개방과 중국 조선족 소설문학』, 월인, 2000.

이남호 편,『한국 대하소설 연구』, 집문당, 1997.

이형권,「한국현대시의 미국문화수용에 관한 탈식민주의적연구」, 어문연구 49, 2005.12.
    pp.361-394

조성일 권철 외,『중국 조선족 문학 통사』, 이회, 2002.

Ashcroft Bill and Pal Ahluwalia,『다시 에드워드 사이드를 위하여』, 윤영실 옮김, 앨
    피, 2005.

Chakravotty Spivak, Gayatri,『다른 세상에서』, 태혜숙, 도서출판 여이연, 2003.

Cheo,Rey, 『디아스포라의 지식인』, 장수현 · 김우영 옮김, 이산, 2005.

Deleuse Gills and Felix Gattari, 『소수집단의 문학을 위하여』, 조한경 옮김, 문학과
    지성사, 2000.

K, Bhabha, homey, 『문화의 위치』, 나병철 역, 소명출판사, 2005.

Mcleod, John, 『탈식민주의 길잡이』, 김종성 외 편역, 한울아카데미, 2003.

Moore-Gilbert, Bart, 『탈식민주의 ! 저항에서 유회로』, 이경원 옮김, 한길사, 2001.

N gugi Wa Thing'o, 『탈식민주의와 아프리카 문학』, 이석호 옮김, 인간사랑, 1999.

W.Said, Edward (1978), 『오리엔탈리즘(증보판)』, 박홍규 역, 교보문고, 2004.

W.Said,Edward (1993), 『문화와 제국주의』, 박홍규 역, 문예출판사, 2004.

탈식민 지향과 새로운 국가관

─ 중국 조선족의 초기 단편소설의 의미에 대해 ─

김 형 규

───────────── 목 차 ─────────────

─────────────────────────────

1. 머리말

이주민족인 중국 조선족은 1949년 중화인민공화국의 건립으로 조선인이 아닌, 중국을 구성하는 56개 민족의 일원으로서, 중국 공민으로서의 자격을 갖춘다. 이 때부터 한국문학에 뿌리를 두고 있지만 한국문학과는 일정한 거리를 지닌, 그리고 중국 문학의 한 개 조성부분'[1]이지만 지배적인 중국 문학과는 다른 조선족문학이 본격적으로 시작된다. 하지만 사회·정치적 위상과 정체성의 변화가 공식적인 선언이나 사건으로 정착, 완료되는 것이 아니기 때문에 중국의 건립으로 중국 조선족과 조선족 문학의 독자성이나 정체성 또한 완성됐다고 보기 어렵다. 오히려 민족적·문화적 정체성(identity)이 사회적이고 역사적인 환경과의 끊임없는 교섭과 변화의 과정에서 추출된다는 점에서 중요한 것은 교섭의 내용이며 질적인 변화를 가능하게 하는 계기와 양상들이 된다. 중국 조선족의 초기 소설이 지닌 의의가 여기에 있다. 중국 건립 직후의 초기 소설들은 사회주의 체제라는 새로운 경험과 함께 조선인에서 중국 조선족으로 변화된 사회적·정치적 위상을 가능하게 하는 구체적인 삶의 계기와 양상들을 보여줄 것이기 때문이다. 그리고 이러한 양상은 변화된 환경에 따라 새롭게 구성될 조선족과 조선족문학의 정체성을 살펴보는 단초로 삼을 수 있을 것이다.

대상으로는 삼은 작품은 『뿌리 박은 터』(1953), 『세전이 벌』(1954), 『싸우는 사람들』(1955), 『창작선집』(1956) 등에 실려 있는 소설들이며, 『단편소설선집』(1979)에 실려 있는 1957년 이전 발표 작품을 포함했다. 작품의 대상을 1957년 이전의 작품들로 한정한 이유는 1957년 이후 시작된 '반우파 투쟁'과 '대약진' 운동 등 사회주의 체제의 공고한 확립과 발전을 내세우며 강화된 좌경화의 흐름이 중국 내의 사회, 정치뿐만 아니라 문화계에도 심대한 영향을 끼쳤기 때문에 중국 조선족의 삶과 문학 활동에도 적지 않은 영향을 끼쳤으리라는 가설을 바탕으로 한다.[2] 하지만 이 가설이 확고한 문학사적 기준이나 판단에 따른 것은 아니다. 물론 중국 문학사에

---

1) 권철, 「중국 조선족문학 연구현황」, 『아시아문화』 13, 1997, p.289.
2) 통상적으로 중국 현대사에서도 1957년을 기준으로 건국 직후 사회주의의 기본적인 체제 수립과정과 본격적인 사회주의 건설을 위한 매진의 과정으로 구분하고 있다.
   (신승하, 『중국 당대 40년사』, 고려원, 1993, pp.15-17.)

서는 이 시기를 기준으로 '사회주의 초창기 문학(1949년~1956년)'과 '사회주의 경직기 문학(1957년~1965년)'[3]으로 구분하기도 하며, 이에 따라 조선족 문학도 1957년을 기준으로 건국 이후부터 문화대혁명 기간까지를 나누는 논자[4]가 있기도 하다. 반면에 1949년부터 문화대혁명 직전까지를 건국 후 '17년의 문학기'로 보기도 하며[5] 1945년부터 문화대혁명기 전까지를 한 시기로 보는 관점[6]이 있기도 하다. 중국 조선족 문학에 대한 사적(史的)인 관점은 무엇보다도 재외한국문학으로서의 가능성이란 차원에서 주체적이고 선별적으로, 중국적 담론을 극복해가면서 정립할 필요가 있다. 즉, 중국문학이나 조선족 문단의 시각을 그대로 따를 것이 아니라 구체적인 작품에 대한 충분한 검토를 바탕으로 조선족의 역사적인 특수성, 한국문학과의 연속성과 관련성 등을 고려해 초국가적 민족문학을 도모하는 차원에서 이루어져야 한다.[7] 그렇기 때문에 대상 시기에 대한 사적(史的)인 판단은 조선족 소설의 전체적 특징, 한국문학과의 관계 등을 파악한 후로 일단 유보해 두기로 한다. 다만 본고의 논의가 궁극적으로 조선족 소설에 대한 민족문학사적 관점을 정립하기 위한 시도에 일정 정도 부합하려는 의도에서 출발하고 있음을 밝힌다.

---

3) 김시준, 『중국 당대문학사』, 소명출판, 2005.
4) 오상순, 『개혁개방과 중국조선족 소설문학』, 월인, 2001.
5) 김종수·최건, 『중국당대문학사』, 청년사, 1991.
   조성일·권철, 『중국 조선족 문학통사』, 이회문화사, 1997.
6) 이광일, 『해방 후 조선족 소설 문학 연구』, 경인문화사, 2003.
   이와 달리 국내 연구 중 유일하게 조선족 소설의 사적 흐름을 정리한 정덕준·김기주의 논의도 1957년을 기준으로 계몽기(1949~1957년 상반기)와 암흑기(1957년 후반기~1976년)로 구분하고 있다. 하지만 조선족 연구자들과는 달리 1957년 이후를 문화대혁명 시기까지로 묶어서 보고 있다.
   (정덕준·김기주, 「재중 조선족소설 전개 양상과 그 특성」, 『한국문학이론과 비평』 21, 한국문학이론과 비평학회, 2003.12)
7) 졸고, 「중국 조선족 소설의 연구현황과 현재적 의의」, 한국현대소설학회, 『현대소설연구』 29, 2006.3, p.295.

2. 변화와 개혁의 소설적 반영 양상

조선족의 이주와 정착은 구체적인 계기가 무엇이든 근본적으로는 식민지와 봉건적 모순 구조 아래 놓여 있던 모국의 역사적인 환경에 기인한 바가 크다. 그렇다고 만주 지역에서의 정착 과정이 제국주의와 봉건적 상황에서 자유로울 수 있었던 것은 아니었다. 척박한 토지 환경과 토착 세력과의 갈등, 그리고 만주국의 지배와 해방 후 중국 내전 등의 영향으로 이주 조선인들의 수난과 굴곡의 삶은 계속 이어졌다. 조선족의 이러한 삶의 여정이 중화민족의 일원으로 귀결된 것은 그들이 겪은 삶의 굴곡에 못지않은 획기적인 변화라 ·할 수 있다. 특히, 공산당의 집권으로 인한 사회주의 체제의 경험과 중국 공민으로의 공식적인 편입은 역사적이고 민족적인 조선인으로서의 정체성에 변화를 요구한 전환기적 사건이라 할 수 있다. 그렇기 때문에 중국 건국 직후 조선족의 초기 소설이 조선족이 겪어 온 삶의 여정과 함께 이 시기가 가져다 준 획기적인 변화의 양상들을 반영하고 있으리란 추측을 하기는 어렵지 않다.

조선족 논단에서는 건국 후 초기 소설들이 지닌 특징을 사회주의 제도의 우월성과 새 생활에 대한 희열과 긍정 그리고 새 사회, 새 생활을 가꾸어 가는 근로 대중의 전형적 성격의 창조8)로 지적하고 있다. 이러한 평가는 '새로운 시대의 생활과 중국 인민들의 참신한 사상정신적 풍모를 반영하여 새로운 안목과 필치로 광명과 승리를 노래하고 혁명과 건설을 노래하고 있다'9)는 평가나, '토지개혁과 도시와 농촌에서의 사회주의 개조운동, 그리고 이데올로기 영역에서의 사상 투쟁 등을 반영하고 있다'10)는 중국의 주류 문학, 즉 한족(漢族)문학의 건국 직후 초기 소설

---

8) 조성일 · 권철, 앞의 책, pp.294-295.
9) 김종수 · 최건, 앞의 책, pp.133-134.
10) 차우란, 『중국 당대 문학사』, 중국어문연구회 역, 고려원, 1994, p.107.

들에 대한 평가와 대동소이하다. 이는 사회주의 정부인 공산당의 영도 아래 '중국'이라는 국가 체제에 공식적으로 편입된 직후라는 점을 고려 한다고 해도 조선족이 지나 온 특수한 삶의 여정과 민족적 특성을 부각 시키지 못한, 그래서 조선족 문학의 독자성을 상대적으로 축소시키는 결 과를 가져오는 평가라 할 수 있다.

문학이 역사적인 기억의 양식이라는 표현을 새삼스럽게 빌지 않더라 도 조선족이 지나온 역사적이고 특수한 궤적, 한민족(韓民族)으로서 지 니고 있는 공통의 체험과 기억들은 쉽게 무화되거나 생략될 수 있는 것 들이 아니다. 조선족의 특수성은 중국을 구성하는 56개 민족 중의 하나 로서의 상대적인 독자성을 강조하기 위한 차원에서가 아니라 국경을 넘 어서 생활하고 있는 한민족(韓民族)과 한민족 문학의 정체성을 규명하기 위한 차원에서 간과될 수 없는 부분이다. 그리고 이러한 특수성에 바탕 을 둔 조선족의 삶과 문학은 모국을 벗어나면서부터 국가적 경계가 구 분되어 있는 지금까지도 한민족의 정체성 구성이라는 차원에서는 끊임없 는 변화와 구성의 과정에 놓여있다고 할 수 있다. 중국 건국 초기는 이 러한 변화의 양상이 보다 전일적이고 공식적으로 이루어진 시기로, 이 시기의 소설들은 그들이 지나온 수난의 이력을 바탕으로 하면서, 중국 공민으로서 받아들여야 하는 변화된 삶의 파장을 다양한 차원에서 그려 내 새로운 환경에 부합하는 인식의 획득 과정을 보여준다.

초기 소설에 나타나는 변화의 삶은 크게 경제적·사회적·개인적인 차원으로 구분하여 볼 수 있다. 그 중에서 건국 직후의 변화된 환경을 경제적인 차원에서 그리고 있는 작품들이 수적으로 많은 양을 차지한다. 농촌이나 공장을 배경으로 한 일련의 작품들이 경제적인 차원의 변화된 환경을 바탕으로 그 속에서 일어나는 인물들의 의식 변화와 자각, 그리 고 적응의 이야기들을 다루고 있다. 이 작품들은 중국 정부 수립 후 사회주의 국가 건설의 과정에 놓여 있는 생산 현장에서 일어나는 갈등을 통해 변화된 환경과 자각하는 인물의 형상들을 보여준다. 신중국 건설을 표방하며 진행된 토지 개혁과 경제 부흥이라는 국가적이고 시대적인 요구에 부합하는 작품들이라 할 수 있다.

경제적인 차원에서 변화된 환경과 삶을 형상화한 작품들 중에는 농촌을 배경으로 한 농촌 개혁 운동을 다룬 일련의 작품들이 있다. 새로운 파종법의 적용을 두고 벌어지는 갈등과 어려움을 그리는 백남표의 <쌍무지개>나 밭의 제초 작업 과정에서 효과적인 제초를 위한 노력과 그에 따른 갈등을 보여주는 마림의 <세투리 밭>을 비롯해 마림의 <보섭>은 새로운 농업 기술의 개발과 적용에서 비롯되는 갈등 과정을 통해 농촌 개혁 운동의 한 양상을 보여주고 있다. 김창걸의 <새로운 마을>, 임효원의 <아이도 혼자서는 못 논다>는 호조조나 합작사[11] 등 토지 개혁 이후 진행된 사회주의적 집체 노동의 의의와 영향을, 리홍규의 <거름 사건>, 차창준의 <박촌장>, 최현숙의 <이사>, 김룡섭의 <생산자구 투쟁 전선에서> 등은 공동 노동 형태로 변화, 진행되는 농촌 개혁 운동과정에서 획득하게 되는 공동체 의식의 중요성을 보여준다. 또한 김동구의 <물>, 임효원의 <한 집안 일>, 리길남의 <재해> 등은 수재나 화재, 상재 등의 재해에 대처하는 주민들의 관심과 협력 과정을 형상화하여 농촌 개혁 운동의 양상을 그려내고 있다. 이 외에 농촌의 환경

---

11) 토지를 분배받은 농민들이 부족한 경제력과 노동력을 가지고 토지를 경작하기 위해 기초적인 노동력을 공유하는 '호조조(互助組)'는 토지개혁 실시 전인 1946년부터 모색되었다. 이후 공산당의 지도 아래 토지의 출자와 통일적인 경영을 목적으로 하는 초급농업생산합작사, 생산수단의 공유제(共有制)를 목적으로 하는 고급농업생산합작사가 1956년까지 기본적으로 달성·완료되었다. 그 후 고급농업생산합작사는 1958년의 '대약진' 과정에서 합병되어 '인민공사'로 이행되었다. (김태국, 「연변조선족자치주의 성립과 조선족 사회의 변천」, 채영국 외, 『연변조선족 사회의 과거와 현재』, 고구려연구재단, 2006, 149-155.)

과 농촌 개혁 운동을 과거와의 대비를 통해 바라봄으로써 삶과 '땅'에 대한 변화된 인식을 보여주는 김학철의 <뿌리 박은 터>, 강철의 <어머니와 아들>, 리근전의 <박창권 할아버지> 등은 새로운 상황 속에서 조선족의 주체적인 역할을 강조하고 역사적인 차원으로까지 그 인식을 확대하고 있는 중요한 작품들이다.

공장을 배경으로 노동 대중의 모습을 중심 내용으로 삼고 있는 작품들 중에는 우선 변화된 시기에 걸맞은 새로운 기술혁신을 꾀하는 과정을 그리는 작품이 있다. 김동구의 <제 2호기>와 최현숙의 <첫승리>는 각각 인쇄 공장과 염색 공장을 배경으로 새로운 기술의 실험과 적용, 그리고 그 과정에서 일어나는 기성세대의 반발과 화해의 과정 등을 통해 변화에 대한 자각과 주도적인 행동을 하는 인물을 보여준다. 김동구의 <힘>도 기술 개조를 통해 변화된 시기에 대한 적응을 적극적으로 시도하는 노동자의 이야기이다. 이 밖에 정관석의 <감화>는 기관차를 운행하는 노동자 '택용'이 동료에 대한 질시와 반목을 극복하고 새로운 중국 건설을 위한 주체적인 노동자로서의 연대와 동료의식을 획득하는 과정을 다루고 있다.

이상과 같이 변화된 환경을 경제적인 차원에서 인식하고 그 과정에서 일어나는 갈등을 다룬 작품들은 건국 직후 소설들의 대부분을 차지하고 있다. 이는 사회주의 사상이나 체제의 핵심이 경제적인 양식에 있으므로 변화의 근본적이고 주된 양상을 경제적인 차원에서 접근, 인식하는 것이라 볼 수 있다. 또한 서구 열강과 일본 제국주의와의 갈등, 국민당과의 전쟁을 비롯한 중국 내부의 갈등 등의 과정을 지나오면서 피폐한 국가 경제의 회복과 부흥이 시급한 시대적 과제였음을 반영하는 양상이라 할 수 있다.[12] 특히 농촌을 배경으로 농촌 개혁운동을 다룬 작품이 다수의 작품을

12) 건국 직후의 중국은 제국주의와 내전 등의 영향으로 극도의 인플레이션, 국가

차지하고 있는 것은 사회주의 경제 제도의 확립과 국가 경제 회복의 과정에서 '땅'을 비롯한 토지개혁의 문제가 그만큼 중요하고도 당면한 문제였음을 보여주는 것이며, 그러한 문제의식을 반영한 결과라 할 수 있다.

사회적인 차원에서 변화된 환경을 인식하고 개인의 위상과 역할에 대해 제기하는 작품은 우선, 교육 현장을 배경으로 한 이야기들을 들 수 있다. 최학윤의 <녀 총무 주임>, <애숭이 교원>, 원시희의 <최선생>, 목일성의 <꽃은 새 사랑 속에서>[13] 등은 사회주의 조국 건설을 위한 교원들의 헌신적인 노력과 열정을 그리고 있으며, 김창걸의 <행복을 아는 사람들>은 졸업 후 진로 배치 과정에서 새로운 국가와 환경의 혜택을 인식하고 사회주의 국가 건설을 위한 개인의 적극적인 역할을 다짐하는 내용을 담고 있다. 사회적인 차원의 변화, 즉 공적인 차원에서 변화의 양상을 전일적으로 홍보하고 국가 통합이라는 시대적 과제의 효과적인 수행을 위해 교육의 문제나 교원의 역할이 강조되는 것은 당연한 양상이라 할 수 있다.

한족과의 화합 과정을 보여주는 일련의 작품들도 사회적인 차원의 변화된 양상을 반영한 것으로 볼 수 있다. 백남표의 <김동무네와 왕동무네>, 김동구의 <봄철에 생긴 일>, 강필우의 <크나 큰 힘>, 현룡순의 <누님> 등은 조선족과 한족이 서로 도움을 주고 받으며 갈등의 상황을 극복하는 과정을 보여줌으로써 정서적인 친화와 동질감을 부각시키고 있다. 조선인이 아닌 조선족으로, 중국 공민의 일원으로서의 삶을 영위하게 된 이상 주류 민족인 한족과의 관계를 새롭게 정립할 필요가 있는 상황을 반영한 작품들이라 할 수 있다. 민족이 다르고 그에 따른 역사적인 체험이

재정의 파탄, 생산의 축소 등 경제적으로 심각한 상태였다.
(姬田光義・阿部治平 외, 『중국근현대사』, 편집부 역, 일월서각, 1984, p.426.)
13) 이 작품은 1979년 중화인민공화국 창건 30주년으로 연변인민출판사에서 간행된 『단편소설선집』에는 '백호연'이라는 작가명으로 수록되어 있다.

다르지만 중국이라는 국가 테두리 안에서 사회주의 조국을 건설하기 위한 국민적 동질감을 형성, 부각하기 위한 의도가 반영된 것이다.

일상적인 삶 속에서 달라진 환경을 인식하는, 개인적인 차원에서 변화된 환경과 그에 따른 새로운 인식과 의지의 문제를 다룬 작품들도 있다. 목일성의 <어머니>는 일제의 패망부터 중국의 건국과정을 겪으면서 자신의 역할을 묵묵히 수행해 온 '어머니'를 통해 중국 국민으로서 주체적인 역할을 당당하게 수행하는 모습을 제시하고 있으며, 리홍규의 <극장에서>는 공연을 준비하는 과정을 통해 자신의 맡은 바 역할을 성실하게 수행하는 인물의 모습을 보여주는 소품이다. 김학철은 <지나온 다리>, <맞지 않은 기쁨>, <늪 임자> 등에서 '늪', '다리', '아이들의 놀이' 등 일상적인 소재들을 통해 삶의 주변이나 일상의 차원에서도 적극적이고 주체적인 인식과 태도를 지녀야 함을 강조하고 있다. 마상욱의 <간호장>은 간호원 '계월이'의 헌신적인 모습을 통해 사회의 한 구성원으로서 자신의 역할에 충실한 인물의 이야기를 보여준다. 일상적인 차원에서 변화된 환경과 변화된 인식을 그리고자 하는 작품들은 양이 많지 않은데, 이는 구체적인 개인들의 다양한 삶보다는 사회적이고 국가적인 차원의 공적인 삶이 강조되는 사회주의 문예의 한 특징을 보여주는 것이면서 동시에 중국 건국 직후 조선족 사회의 변화가 미시적인 일상에 대한 관심보다는 집단적이고 공적인 차원의 문제에 집중하게 할 만큼 전일적인 변화였음을 보여주는 것이라 할 수 있다.

3. 사회주의적 · 국가주의적 통합 지향의 서사

조선족의 초기 소설들은 이 시기 자신들의 삶을 변화의 양상으로 이해하고 있으며, 그에 따른 삶의 자세나 인식의 변화를 소설적 주제로 제시하고 있다. 이러한 변화의 삶은 우선 과거 시대와 '다름'을 깨닫는 것에서부터 출발한다.

> 영숙이는 여럿이 떠드는 소리를 막아 놓으며 "우리는 어떻게 하나 이 밭의 풀을 깨끗이 매야 하구 씨두 같은 거리에 넓게 세워 잘 보호해야 하우꾸마. 풀이 많다해서 밭을 묶여두 아이되구 메밀을 다시 심어두 아이되우꾸마. <u>넷날에는 할수 없어 곁등치기 농사를 했지만 오늘에사 제땅을 가지구 어찌 되는대루 하겠습는가.</u> 조원현에서 산량을 많이 낸 것두 식은죽 멕기로된게 아이우 꾸마. 우리 맘이 맞구 손이 맞아 힘을 내면 이보다 풀이 더 많애두 맬수 있습꾸마. 어서 마음더르 돌려 매 보게웁찌."라고 하였다. 영숙의 말은 온순하면서도 조원들의 가슴을 찔렀다.[14](밑줄 인용자)

<세투리 밭>에서 제초와 파종을 두고 논란이 벌어지자 호조조 조장인 '영숙'이 조원들을 설득하며 하는 말이다. 생산량을 늘리고 공동노동의 협동심을 제고하기 위한 설득의 내용 중에서 핵심적인 근거로 제시되는 것은 지금은 예전과 다르다는 것이다. 그 '다름'은 무엇보다도 남의 땅이 아닌 자기 땅이라는, 토지 소유제의 변화에 따른 인식의 변화이다. '내 땅에서 내 힘으로, 내가 가꿔 내가 먹는'[15], 소작농에서 자작농으로의 변화는 조선족의 지난한 삶의 여정에서 무엇보다도 획기적인 변화라 할 수 있다. 그리고 이러한 획기적인 변화는 공산당의 집권 이후 실시된 토지 개혁, 즉 사회주의 중국의 건국을 통해서 이루어졌다. 조선족이 생존과 생계를 위해 조국을 떠나온 것은 물론이고 만주지역에서의

---

14) 마림, <세투리 밭>, 연변문련 편, 『세전이 벌』, 연변교육출판사, 1954, pp.204-205. (작품의 인용은 원문을 따른다.)
15) 김창걸, <새로운 마을>, 위의 책, pp.1-2.

정착과정에서 끊임없이 겪었던 계급적 압박과 민족적 차별은 자신의 땅을 가지지 못한 처지에서 비롯되었다. 그렇기 때문에 토지 개혁을 통해 주어진 변화인 '다름'은 억압과 굴종의 시대였던 과거와 달리 긍정적인 현실로 인식되고, 가능성 있는 미래가 부각되는 현실이 된다.

> "글세 선생님! 저의 어머니 말씀이 옳지 않습니까? 이것이 좋은 세상이 아닙니까? 예? 그렇지 않습니까? 저의 어머니와 같은 모든 어머니들이 걱정없이 일할 수 있구 저와 같은 모든 청년들이 벅찬 리상을 가질수 있구 불쌍히 죽은 저의 녀동생과 같은 모든 어린이들이 천진란만히 커가고 있지 않습니까?
>
> ─ 중 략 ─
>
> 이 땅이 아름답지 않습니까? 사람들이 행복하지 않습니까? 제가 가르치는 학생들이 무엇을 할 사람들입니까? 그들이 어떻게 살 사람들입니까? 그들은 힘과 청춘과 생명을 위대한 조국의 건설 사업에 융합시켜 생활을 더욱 아름답게 할 사람들입니다. 이것 때문입니다. 그저 이것뿐입니다."[16]

인용문은 원시희의 <최선생>에 나오는 구절이다. 이 작품은 서투른 교수법으로 인해 주위의 질타를 받던 작중 인물 '최선생'이 주위의 무시와 비난에도 포기하지 않고 노력해 결국엔 진정한 교원의 모습으로 인정받게 된다는 이야기이다. 위 인용문은 끊임없는 노력을 가능하게 하는 동력이 무엇인지 묻는 동료 교사의 물음에 '최선생'이 답하는 부분이다. 그 동력은 자신의 어려웠던 개인적인 체험에 기반하고 있지만 결국엔 그 체험이 지나온 부정적인 과거와 달리 현재가 지닌 긍정적인 가능성 때문이다. 지금의 시간이 지닌 무한한 가능성 때문에 위대한 조국 건설

---

16) 원시희, <최선생>, 중국작가협회 연변분회 편선, 『창작선집』, 1956, pp.44-45.

사업에 매진할 뿐이라고 답하고 있는 것이다.

이렇게 부정적인 과거와 다른 긍정적인 현실인식은 필연적으로 과거 시대, 혹은 과거 세대와의 구분을 전제로 한다. 그렇기 때문에 많은 작품에서 과거와 다른 오늘을 긍정적으로 인식하고 가능성 있는 미래를 강조하는 만큼 과거 세대와의 '다름' 또한 부각시키게 된다. 세대를 구분하고 구세대의 모습을 부정적인 인물형상으로 제시하는 경우가 많은 것이 바로 이러한 '다름'을 부각시키는 단적인 구도라 할 수 있다. 변화된 시대에 걸맞은 변화된 인식을 바탕으로 가능성 있는 미래를 개척하기 위한 새로운 개혁 작업에 반발을 하고 갈등을 일으키는 구세대적 인물들, 주동적인 인물들의 노력에 반하는 인물들은 주로 노인들의 모습을 통해 드러난다. 김동구의 <제 2호기>에는 기술혁신을 주장하고 시도하는 젊은 세대에 반하는, 인쇄공장에서 잔뼈가 굵은 기술원인 '아버지'가 등장하고, 최현숙의 <첫승리>에서는 염색기술의 혁신에 반대하는 기성세대 기술자 '만수'가 나온다. 또, 백남표의 <쌍무지개>에는 파종법을 두고 갈등을 일으키며 반발하는 인물로 '현령감'이 등장한다. 이 외에도 최학윤의 <녀 총무 주임>에서 '관리원 동무', 김동구의 <물>에서 '강령감', 마림의 <세투리 밭>에서 '마령감', 백남표의 <김동무네와 왕동무네>에서 '홍늙은이', 김룡섭의 <생산자구 투쟁 전선에서>에서 '허령감', 리길남의 <재해>에서 '박령감' 등의 인물들이 등장한다. 이처럼 대부분의 작품이 구세대적 인물들을 부정적인 모습으로 제시해 새로운 기술혁신의 과정과 변화된 인식의 획득 과정을 보여주고 있다.

변화된 시대와 그 가능성을 부각하는 이야기가 대부분이기 때문에 과거 시대와의 구분, 과거 세대와의 갈등을 통해 오늘을 사는 새세대의 역량과 가능성을 강조하는 것은 당연한 것으로 보인다. 하지만 과거 세대와의 구분을 강조하고 부각하고 있더라도 그것이 궁극적으로 과거 세대와의 단절감을 의도하는 것으로 보기는 어렵다. 오히려 차이를 부각시켜 세대 간의 단절감을 강조하기보다는 차이를 극복하는 변증법적인 통합에 역점을 두고 있다고 보는 것이 타당하다. 이렇게 볼 수 있는 이유는 우선, 예외 없이 갈등의 대상이던 구세대적 인물들의 모습이 결말에 가서는 갈등 해결을 통해 변화된 인식을 획득할 뿐 아니라 새로운 방법에 적극적으로 동참하는 적극적인 인물로 변화된다는 점을 들 수 있다. 그리고 주동인물에 대립하던 인물들이 겪게 되는 변화의 서사적 동인이 소략하거나 단순한 비약의 차원에서 이루어진다는 점도 이유로 볼 수 있다. 즉, 과거 혹은 과거 세대와 문제가 되는 상황이 어떻게 해결되는가에 대한 과정보다는 갈등의 해결이라는 결과적 상황에 좀 더 초점을 맞추고 있는 것이다. 그렇기 때문에 세대 간의 차이보다는 과거와 다르게 질적으로 향상된, 갈등이 극복되고 세대가 통일적인 인식을 획득한 현재의 긍정성을 강조하는 것이 된다. 구세대적 인물들과 어떻게 다르고, 무엇이 문제가 되는가보다는 구세대적 인물들의 의식과 경험까지도 통합하여 새로운 시대를 준비하고 개혁을 위해 매진하고 있음을 강조하는 서사적 의도를 구현하는 것이다. 리근전의 <박창권 할아버지>나 목일성의 <어머니>처럼 수난의 시대를 꿋꿋하게 버텨 온 부모 세대의 열정을 형상화하고 있는 작품에서 단적으로 확인할 수 있듯이 과거 세대와의 단절보다는 부정적인 부분을 변화시켜 계승하는 변증법적 통합의 과정을 보여주고자 하는 것이 이 시기 조선족 소설의 특징이라 할 수 있다.

차이에서 출발한 변화를 질적인 발전으로 귀결시키고자 하는 부정의 변증법적 통합은 민족 간의 갈등과 화해를 다루고 있는 작품에서도 나타난다. 중화민족의 일원이 된 조선족에게 주류 민족인 한족과의 관계 정립, 즉 민족적 차이를 극복하고 그 차이에 대한 새로운 인식—국민적 동질성을 획득하는 것은 조선족에게뿐만 아니라 중국 건국 직후의 중요한 시대적 과제이다. 이런 차원에서 한족과의 관계를 그리고 있는 작품들은 민족적 차이를 이야기의 제재로 삼고 있지만 그 차이를 극복하고 보다 성숙한 동질성을 이뤄내는 것으로 귀결시키고 있다. 때로는 한족의 노력으로(강필우의 <크나 큰 힘>), 때로는 조선족의 헌신(김동구의 <봄철에 생긴 일>)으로 민족적 '차이'를 국가적 '동일함'으로 용해시키고 있다.

물론 조선인이 만주지역에 정착하는 과정에서 토착인들과의 갈등은 이주 초기부터 있어왔다. 특히 조선인들이 수전을 비롯해 뛰어난 농사 기술을 가지고 있었지만 자기 땅을 부치지 못하고 소작인의 지위에서 쉽게 벗어나지 못한 채 고난의 삶을 지속해 왔던 것은 '점산호(占山戶)'를 비롯한 토착지주들에 의한 민족적 차별[17]에 기인한 바가 크기 때문에 민족적 갈등은 조선족의 지난한 삶의 과정에서 누락될 수 없는 한 부분을 차지하고 있을 것이다. 하지만 조선족의 초기 소설에서 토착인들과의 갈등, 그 중에서도 한족과의 갈등을 본격적으로 다루고 있는 작품은 확인되지 않는다. 이는 한족을 중심으로 한 토착인들과의 갈등이 없었기 때문이 아니라 민족적 차이보다는 국민적 동일성을 강조해야 하는 시기적 특수성 때문인 것으로 보인다. 그래서 현룡순의 <누님>에서처럼 민족은 다르지만 '이웃' 또는 '식구'로서 국가라는 테두리를 전제로 한 형제적 관계로 인식하거나 백남표의 <김동무네와 왕동무네>에서처

---

17) 이주 초기 청조의 통치 시기에 조선인들에게는 땅을 가질 수 있는 권한이 주어지지 않았다. "머리를 깎고 옷을 바꿔 입어야"만 땅을 부칠 수 있다는 민족적인 제한을 두었다. 하지만 만주지역의 개척을 위해 조선인의 우수한 농업 기술을 활용할 필요가 있었기 때문에 극소수의 한족과 만주족에게 많은 황무지를 주어 '점산호(占山戶)로 만들고 조선인들은 이 점산호의 소작농으로 삼았다. 이외에도 조선인들은 고율의 소작료와 '문턱세(門檻稅)', '굴뚝세(煙突稅)' 등 각종 세금을 통해 이주민으로서의 가혹한 처우를 받았다.
(연변조선족자치주개황 집필소조, 『중국의 우리민족』, 한울, 1988, pp.56-57.)

럼 민족 간의 화합이나 형제적 관계로서의 위상이 단순히 변화된 시기와 상황에서 기인한 것이 아니라 부모 세대로부터 이어 온, 일제에 대한 저항에서부터 함께였음을 부각시키는 것으로 형상화되기도 한다. 이러한 인식은 결국 민족적 갈등이나 차이를 드러내는 것보다는 민족적 차이를 극복하고 국민적 동일성을 획득하고자 하는 국가적 차원의 당위적 인식에 기초하고 있는 것이라 할 수 있다.

건국 초기의 조선족 소설은 차이가 부각되는 획기적인 변화의 시기로 당대를 그려내면서 과거 혹은 민족 간의 차이를 직시하고, 한 차원 높은 동일성을 획득하기 위한 통합의 서사를 보여준다. 여기서 통합의 서사가 지향하는 동일성은 중국이라는 국가적, 중국 공민이라는 국민적 동일성이다. 그렇기 때문에 예외없이 초기 소설들에 나타나는 갈등의 해결, 혹은 차이의 극복은 사회주의 중국의 건설과 발전이라는 '신중국' 담론을 통해 이루어진다.

이렇게 되어 일환이는 진정으로 이야기하기 시작했다. 해방이 되었기에, 공산당이 령도했기에, 중국 혁명은 성공했고, 우리들은 신세를 고치었고, 따라서 과거에는 상상도 할 수 없던 민족 대학이 섰고, 우리 청년들은 당당한 인민장학금을 받아가면서 영광스럽게 대학을 졸업하게 되었고, 오늘날 당당한 국가의 일터를 배치받고 나가는데, 이러한 행복에서 무슨 불만이 있을 수 있겠는가고.

－중 략－

일환이는 다음 말을 계속하였다. 즉 그럴 수 없는 현실에 있어서 여러 사람을 자기 주관으로 저울에 뜨고, 너는 한근이니 작은 고중, 너는 두근이니 큰 고중, 너는 서근이니 대학, 이런 판단으로 보니까 불평 불만이 꼬리치는 것이 아닌가고, 그래서 이것은 모두다 자기를 국가라는 큰 기계 가운데의 작은 라사못으로 못보고 개인의 리익으로 일체 문제를 해결하려는 낡은 자산계급지식분자의 본질이 아닌가고, 구태여 큰 모자를 씌울 것은 없지만 엄정히 따진다면 그렇다는 것을 연설하득 길게 이야기했다.[18]

인용문은 대학 졸업 후 진로 배치에 대한 불만을 지닌 사람을 설득하는 말로 김창걸의 <행복을 아는 사람들>에 나오는 부분이다. 위의 말에서 알 수 있듯이 불만을 해결하는 설득의 근거는 사회주의 국가의 혜택과 그 구성원으로서의 역할이다. 즉, 개인의 이익보다는 국가나 계급적 인식의 중요성을 강조함으로써 불만과 갈등을 해결할 것을 강조하고 있다. 이와 같이 초기의 조선족 소설에서는 어떤 상황에서 어떤 인물들 간의 갈등이든 간에 그 갈등의 해결이 사회주의의 건설과 중국이라는 국가에 대한 애정으로 해결된다. 갈등의 구조가 개인의 이익 대 집단이나 국가의 발전이라는 갈등 구도로 인식되고 전개됨으로써 사회주의 중국의 건설과 발전이란 시대적 과제로 귀결되는 것이다. 건국 직후의 변화된 상황을 개인적인 차원보다는 사회적이고 경제적인 차원에서 그리고 있는 작품의 양이 많은 양상도 이와 무관하지 않을 것이다. 특히, 경제적인 차원에서 농촌공동체나 공장이라는 집단의 생산성 문제를 형상화한 작품이 대부분을 차지하는 것 또한 건국 직후 사회주의 중국의 최우선 과제가 경제 부흥에 놓여 있다는 점에서 국가적인 동일성을 강조하는 인식이 반영된 양상이라 할 수 있다.

모든 부조리와 갈등을 '묵은 사회의 개인주의적 보수 사상에서 나온 것'[19]이라는 사회주의적 인식에 바탕을 두고 개인의 문제를 집단, 공동체의 문제로 치환하여 해결하는 모습은 개인적이고 일상적인 차원의 문제를 중심제재로 활용하는 작품에서도 두드러지게 드러난다. 차창준

---

18) 김창걸, <행복을 아는 사람들>, 연변문련 편, 앞의 책, pp.50-51.
19) 김창걸, <새로운 마을>, 연변문련 편, 앞의 책, p.28.

의 <박춘장>에서는 '나'의 결혼 문제가 '촌장'의 조동(파견) 문제로 인해 부각되지 못하고, 어려운 환경에서도 사랑을 선택하겠다는 의지를 편지글 형식으로 그리고 있는 최현숙의 <나의 사랑>에서는 결혼이나 가정의 행복이 집단 농장이나 인민의 낙원과 동일시되고 있음을 확인할 수 있다.

이상과 같이 조선족의 초기 소설은 '고향을 사회주의 새농촌으로 건설하는'[20] 것을 개인의 행복을 보장하는 것으로 인식함으로써 중국이라는 국가, 사회주의적 질서 속에서 개인의 역할을 강조하고 있다. 특히, 대부분의 소설적 갈등을 사회주의 국가 건설에 대한 열정과 노력으로 해결함으로써 사회주의적이고 국가주의적인 통합을 지향하는 모습을 보인다. 물론 여기서 통합을 지향하는 과정이 텍스트 내에서 구체적이고 형상적인 근거를 통해 서사적인 인과성을 얼마나 충실하게 드러내고 있는지는 다른 차원에서 평가가 이루어져야 할 것이다. 오히려 개인의 행복을 집단이나 국가의 발전과 대립적으로 인식하고 있는 점, 그리고 개인의 문제를 집단이나 국가의 문제 속에 일방적으로 종속시키는 단순한 결론에 이르고 있는 점, 그렇기 때문에 국가라는 공동체에 대한 관념적인 믿음과 태도가 구체적인 삶의 문제를 판단하는 유일하고도 확고한 준거로서 작용하고 있는 점 등은 초기의 조선족 소설이 신념과 의지의 생경한 형상화에 머물고 있다는 평가를 가능하게 한다. 이는 사회주의적 전망을 통해 사회적, 사상적 안정을 시급하게 이루어야 했던 건국 직후라는 시기적 특수성과 공산당을 통해 확고한 문학적 권위를 행사하는 사회주의 문예의 일반적 특성과 관련이 있을 것이다.

---

20) 강철, <어머니와 아들>, 김창걸 외, 『단편소설선집』, 1979, p.105.

4. '주체'로서의 삶과 '국민'으로서의 삶

중화인민공화국의 건립과 함께 중화민족의 일원으로 편입된 직후인 초기 조선족의 소설은 획기적인 변화의 양상을 다양한 차원에서 반영하면서 사회주의적이고 국가주의적인 통합을 지향하고 있다. 이는 건국 직후 중국의 국가적 요구인 사회주의의 건설이라는 명제를 충실히 반영하고 있으며, 나아가 공산당의 집권 이후 진행된 새로운 중국의 국가 통합에 복무하는 문학적 사명을 수행하고 있는 것으로 볼 수 있다. 경제적인 차원에서 변화의 양상을 그려내고 있는 작품들이 수적으로 많은 것은 국민 경제 부흥과 토지 개혁이라는 중국의 국가적 정책을 반영하고 있는 것이며, 교육 현장을 배경으로 한 작품뿐만 아니라 대부분의 작품에서 사회주의적으로 개조된 인간형을 추구하면서 사회주의 건설에 복무하는 개인의 역할을 주로 강조하고 있는 것도 이런 차원에서 이해가 가능하다. 게다가 초기 소설들의 서사적 의미가 변화된 환경과 상황을 사회주의적 인식으로 통합하는 것을 지향함으로써 조선족 소설이 중국의 국가적 이념과 문예정책에 기반한 중국 문학의 한 부분으로 자리매김하고 있음을 여실히 보여준다. 결국 조선족의 초기 소설들은 그 뿌리를 한국문학에 두고 있지만 결과적으로 국가적 경계로의 구획을 어느 정도 분명하게 받아들인 양상을 보여준다고 하겠다.

이렇게 조선족이 자신들의 문학을 국가적 경계 속에 자리매김하게 되는 결정적인 근거는 이념으로서의 사회주의를 현실적인 삶의 준거로 받아들인 결과이다. 그리고 사회주의적 인식을 구체적인 삶의 지침으로 인식하고 그들의 현실과 미래를 조망하게 된 과정과 이유는 무엇보다도 조선인의 삶의 이력과 역사적인 체험이라는 특수성에서 기인한 것이라 할 수 있다.[21] 한족(漢族)문학과는 다른 조선족문학의 특수한 양상은 바로 이러한 그들의 역사적인 체험의 차이에서 나온 것이다. 이 시기의 중국문학과 달리 조선족문학에는 전쟁 체험을 직접적으로 다룬 작품이 거의 없는 것도 이러한 이유이다. 중국 건국 직후의 중국 현대 소설이 중국내 혁명 전쟁이나 한국 전쟁 등을 소재로 한 전쟁 소설이 많이 창작되었던 것[22])에 반해 조선족의 소설에서는 전쟁 체험을 직접 다룬 작품이 없으며, 서사의 표면에 직접적으로 등장하지 않는 인물들이 전쟁에 참여하고 있거나 참여한 경험이 있는 정도로만 제시되는 것은 그만큼 전쟁 체험이 조선족의 변화된 삶과 중국 국민으로 새롭게 구성될 정체성에 절대적인 영향을 미치지 못하는 체험임을 보여주는 것이다. 결국 사회주의적 인식을 체화함으로써 중국 국민으로서의 삶을 지향하게 되는 과정은 조선족 소설이 드러내는 차이, 조선족 소설만이 가지고 있는 독자적인 특징에서 추출해야 한다.

　조선족 소설의 중요하고도 독자적인 특징은 무엇보다도 조선족만의 경험과 인식을 바탕으로 한, 민족적 체험에 기반한 과거 기억을 변화된 현실 인식의 근거로 활용하고 있는 점을 들 수 있다.

　　그리고 더욱이 과거의 창곡이란 인민을 구제하는것이 아니라 인민
　　을 더욱 빚구렁에 빠지도록 지독한 변리가 붙은것으로서 우리들을 더

---

21) 중국 건국을 전후하여 조선족 사회에 사회주의적 인식이 확대되고 보편화된 데에는 만주 지역의 정착이라는 역사적인 선택이 개별적이고 자의적인 선택이라기보다는 정치적인 상황과 조건에 의해 주어진 선택이었다는 점에서 중국 공산당이 만주 지역을 장악하는 과정, 그리고 친중국 사회주의자들이 조선족 사회를 장악하게 되는 과정과 밀접한 관련이 있다. 이에 대해서는 다음의 논문을 참고할 수 있다.
　이진령, 「조선인에서 조선족으로: 중국 공산당의 연변 지역 장악과 정체성 변화」, 『중소연구』 95, 한양대학교 아태지역 연구센타, 2002.
22) 김시준, 앞의 책, p.58.
　김종수·최건, 앞의 책, pp.220-221.
　차우란, 『중국 당대 문학사』, 중국어문연구회 역, 고려원, 1994, p.108.

욱 심하게 착취받게 했다는 것을 말해주었다.

　따라서 오늘의 부업이야말로 신민주주의사회가 아니고서는 있을수
없다는것, 과거 왜놈들의 소위 "부업장려"와는 근본적으로 다르다는것
을 알기 쉽게, 똑똑히 례를 들면서 이야기했다.[23]

　인용문은 김창걸의 <새로운 마을> 중 국가 경제의 부흥을 도모하기
위해 '부업'을 장려하고 사회주의적 협동 노동을 강조하는 과정에서 나
온 언급이다. 여기서 강조를 위해 부각되는 과거와의 다름은 '창곡', '부
업장려'로 지칭되는 봉건 시대와 일제 시대의 경험이다. 즉, 사회주의 중
국의 현실을 긍정하고 미래의 가능성을 부각하기 위해 과거의 부정성을
대비하고 있는데, 그 과거의 부정성은 바로 조선 민족의 체험과 기억에
기반하고 있다. 이는 현재의 변화된 상황에 걸맞은 변화된 인식, 즉 사
회주의 중국의 일원으로서의 삶은 봉건 지주와 일본 제국주의라는 부정
적인 체험, 이주 조선인들의 역사적인 체험의 결과물이며 필연적인 선택
의 결과라는 차원에서 당위성을 강조하고 있는 것이라 할 수 있다.
1945년 일본의 패망을 민족의 해방으로 인식하고 있는 것에서 알 수 있
듯이 조선족의 새로운 현실 인식에는 민족적이고 역사적인 체험이라는
과거의 기억이 바탕을 이루고 있다. 역사적인 당위성이나 타당성을 떠나
조선족의 새로운 정체성은 '오늘의 행복에 도달하기까지 걸어 온 험난한
길 위의 피눈물 고인 발자죽'[24]이란 표현처럼 민족적 체험에 기반한 뿌
리의식을 바탕으로 하고 있다. 이 민족적인 특수성에 기반한 뿌리의식이
사회주의와의 결합을 통해 조선족이라는 변화된, 그리고 새로운 정체성
을 가능하게 한 것이라 할 수 있다.
　우리 민족에게 있어 일본 제국주의에 대한 경험은 중국과 달리 대결

23) 김창걸, <새로운 마을>, 연변문련 편, 앞의 책, p.8.
24) 김학철, <뿌리 박은 터>, 김학철 외, 『뿌리 박은 터』, 연변교육출판사, 1953, p.8.

의 기억이기보다는 억압과 굴욕의 기억이다. 이 기억은 '근대성의 실험실(Laboratories of Modernity)'[25]의 형태로 진행된 식민지적 근대 체험, 즉 근대적 의미의 주체 형성이 원천적으로 봉쇄되어 타자로서의 근대(modernity)만이 가능했던 왜곡된 체험에 기인한다. 이러한 상황에서 일본 제국주의의 패망으로 주어진 해방은 식민지적 · 타자적 근대에서 벗어나 주체적인 근대를 건설하고, 그동안 한번도 이루어진 적 없는 주체적인 삶, 주체로서의 삶을 누릴 가능성을 만들어 주기도 했다. 하지만 해방이 되었음에도 한반도에서는 독립국가가 건설되지 못한 채 미군정과 연합국군최고사령부에 의한 통치체제로 근대의 타자로서의 삶은 지속되는 상황이었다. 게다가 1950년 발발된 한국전쟁이 단일국가의 주체임을 자임하는 세력들간의 전쟁, 국가 수립을 둘러싼 정치세력들간의 투쟁의 연장선이라는 성격이 강하다[26]는 점에서 한반도에서 주체로서의 삶은 그 가능성이 한국 전쟁 이후로 연장되는 상황이었다. 이런 상황에서 한반도의 밖에서 해방을 맞이한 조선족은 타자로서 억압되었던 주체로서의 삶에 대한 가능성을 모국이 아닌 이주지에서 모색할 수밖에 없는 상황이었다.

재외한인으로서의 삶은 중층적인 타자로서의 역사이다. 그들은 봉건지주와 제국주의로 인해 억압된 타자의 삶을 경험했을 뿐 아니라 이주지에서 토착인과 그들이 만들어 놓은 사회질서에 의한 타자적 삶 또한 경험했다. 조선족도 마찬가지이다. 그들은 이주 초기 청조로부터 일본 제국주의, 그리고 만주 지역의 토착 지주들에 대해 항상 타자의 삶을 살 수밖에 없었다. 타자로서의 삶의 기억이 각인된 깊이 만큼 불안한 자신들의 위치를 끊임없이 확인하고 안정적인 위치를 정립하고자 하는 자기

---

25) 강상중, 『오리엔탈리즘을 넘어서』, 이경덕 · 임성모 역, 이산, 1997, p.15.
26) 김동춘, 『근대의 그늘―한국의 근대성과 민족주의』, 당대, 2000, p.24.

확인과 이를 통한 주체로서의 삶에 대한 열망은 그 누구보다 강렬하지 않을 수 없었다. 이런 상황에서 36년 간 절대권력을 행사하던 일본 제국주의의 몰락과 그로 인한 해방은 주체의 정립과 주체로서의 삶을 실현하고자 하는 강렬한 욕구가 실천적으로 외화될 가능성을 만들어 주었다.

하지만 고국 한반도에서의 주체로서의 삶은 앞서 언급했듯이 실현될 가능성이 지연되는 상황이었을 뿐만 아니라 고국으로의 귀환 또한 여의치가 않은 상황이었다. 해방 이후 한반도의 상황이 주체적인 의지와 상관없이 '신탁통치'와 '분단'의 과정으로 이어진 것처럼, 재외한인 특히 만주지역 조선인의 국내 귀환 및 이주 지역의 정착은 미국과 중국을 중심으로 한 동아시아의 정치적 역학관계와 상황에 제한받았다.27) 일본 패망 후 소련군의 주둔과 국민당과 공산당의 갈등, 북한의 입장을 비롯한 남북의 분단 등이 복합적으로 작용하면서 연변 지역 전체 인구의 80% 가까운 60만여 명, 전체 중국 내 1백만여 명의 조선인들은 중국 내의 정착을 선택하게 된다.28) 이런 정치적인 역학관계에서 자유로울 수 없었던 조선인들은 결국 식민지에서의 해방 이후 강렬해진 주체로서의 삶을 실현할 가능성을 이주지인 만주지역에서 찾을 수밖에 없었다.

주체로서의 삶에 대한 가능성을 모국이 아닌 이주지에서 모색할 수밖에 없던 조선인들에게 중국 공산당의 사회주의 체제와 소수민족에 대한

---

27) 실제로 미국은 한국의 문제와 재외 한인 문제를 '동아시아의 평화체제 구축'을 위한 만주 문제의 연장선, 즉 만주를 중국에 귀속시킴으로써 러시아를 견제할 수 있는 전략적 요충지로서 만주를 활용하는, 만주문제의 연장선에서 바라보고 있었다. 그렇기 때문에 대규모 재중 조선인의 귀환이 국내의 지배질서를 혼란스럽게 할 우려가 있으므로 기술자와 농민들을 잔류시켜 만주지역의 기술적, 행정적 차원의 안정화에 활용하고자 하는 것이 해방 전후 미국의 재중 조선인에 대한 기본 방침이었다.

   (장석흥, 「해방 후 연변지역 한인의 귀환과 현지 정착」, 채영국 외, 앞의 책, pp.102-112.)

28) 위의 글, pp.113-124.

친화적 정책은 그 가능성을 구체화시켜주는 역할을 하기에 충분했다. 중국인을 위압하는 배타적 존재로 조선인을 인식했던 국민당에 반해 민족구역자치제를 기본으로 하여 다른 민족과 동일한 대우를 표방했던 공산당의 정책은 조선인 농민들의 적극적인 지지를 이끌어 낼 수 있었다. 특히, '화전민'의 후예로 자신의 땅을 가져본 적이 없었던 대다수의 조선인 농민들에게 토지개혁을 통해 동등한 소유권이 주어진 점은 주체로서의 삶이 현실화된 사례로 인식될 수 있었다. 민중적 기반을 강화하고 연변지역의 안정적 지배를 도모하고자 했던 의도가 있었지만 조선인에 대하여 이중 국적을 허용하고 토지 소유권을 비롯해 중국인과 동등한 권리를 부여하고 민족 간부를 양성하는 등 공산당의 대 조선인 정책은 조선인의 주체로서의 욕구를 어느 정도 현실화하는 역할을 했고 국가적 동일성에 대한 새로운 비전[29]을 제시해주는 역할을 했다.

조선족의 초기 소설이 생산력 제고나 산업 발전을 소설적 주제로 삼는 경우가 많으면서 부정적인 과거와 대비해 긍정적인 현실 인식을 바탕으로 미래에 대한 가능성을 강조하는 양상은 억압된 주체로서의 삶에서 벗어나 근대적 주체로서의 삶에 대한 가능성을 인식한, 미래지향적이고 직선적인 근대적 시간관이 투영된 것이라 할 수 있다. 그리고 실제로 조선족이 중국 공산당의 사회주의 건설 과정에 적극적으로 동조하는 것, 특히 중국 내 해방전쟁이나 한국전쟁에 연변 지역의 조선인들이 적극적으로 참여[30]하게 되는 것은 바로 주체로서의 삶을 구체적으로 실천하고

---

29) 국가주의적 통합, 혹은 동일성(identity)을 안정화시키고 재영역화를 도모하기 위하여 국가와 영토, 공동체적 동일성에 대한 새로운 비전을 제시해 줄 필요가 있다. (강상중, 「국민의 심상 지리와 탈국민의 이야기」, 小森陽一·高橋哲哉 편, 『내셔널히스토리를 넘어서』, 이규수 역, 삼인, 2000, p.184.)

30) 3년 간의 중국 내 해방 전쟁에 연변 5개 현에서 연인원 12만 1천여 명이 동원되어 3천여 명의 희생자가 났는데 그 중 90%가 조선인이었다.(연변조선족자치주개황 집필소조, 앞의 책, p.109.) 또한 한국전쟁에 참가한 연변지역 희생자가 6981

자 했던 행동이었다고 볼 수 있다.

> 그리하여 천 구백 사십 오 년, 우리의 머리 위에 두껍게, 낮게 드
> 리웠던 검정 구름은 벗겨지었소. 그리고 얼마 아니하여 우리는 흙의
> 노예로부터 일약 그 땅의 임자로 변하였오.—공산당이 온 것이오.[31]

> 철 모르는 그는 그 늪의 임자가 이미 바뀌어 자기 차례에 온 것을
> —자기 자신이 그 늪의 임자가 된 것을— 아지 못하였다.[32]

첫 번째 인용에서처럼 1945년의 해방은 그동안 억압되었던 주체의 그
늘을 제거해 주었다. 그리고 조선족이 험난한 개척의 삶을 살았던 만주
지역은 사회주의 중국의 경계로 정리되었지만 공산당을 통해 '땅의 주
인'으로 표상되는 주체로서의 삶을 살 수 있는 가능성을 구체적으로 만
날 수 있었던 것이다. 조선인의 역사적인 체험이 사회주의라는 이념을
삶의 실천적 지침으로 받아들이게 되는 것이다. 그리고 두 번째 인용문
에서 수난의 기억을 상징하는 '늪'이 이제 더 이상 수난과 아픔의 대상
으로, 부정하고 외면해야 할 대상이 아니라 주체적으로 살아가는 삶의
현장으로 인식되는 것처럼 중국에 자리잡은 그들의 정착지는 더 이상
이역의 땅이 아니라 자신들의 주체적인 삶의 공간으로 인식되기 시작한
다. 이렇게 주체로서의 열망과 그것이 실현되는 만주지역, 좀 더 정확히
말해 주체로서의 삶이 어느 정도 보장되는 연변자치주에서의 삶은 자연
스럽게 중국 국민으로서의 삶을 받아들이는 것으로 이어지게 된다. 역사
적으로 불안한 위치에 놓인 삶을 반복해오던 조선족은 주체확립을 위해

명에 달했는데 그 중 조선인이 98%에 달했으며, 전쟁에 관련된 노무에 참가한
연변지역 출신은 10만여 명에 달했다.(김태국, 앞의 글, p.167.)
31) 김학철, <뿌리 박은 터>, 김학철 외, 앞의 책, p.4.
32) 김학철, <늪 임자>, 김학철 외, 앞의 책, p.61.

요구되는 절대적인 자기 동일성을 중국이라는 국가적 경계를 수용하면서 중국 국민을 통해 찾게 되는 것이다. 이러한 과정이 조선족 스스로가 중국 동북지역을 개척한 사람들로, 국내외의 항쟁을 통해 중화인민공화국의 수립에 주체적인 역할을 한 민족[33]으로 자신들의 정체성을 규정하는 것을 가능하게 한다. 이런 차원에서 보면 초기 조선족 소설에 등장하는 주동적인 인물들의 모습은 사회주의를 건설하고자 하는 열성적 인물이면서 동시에 주체로서의 삶을 실현하고자 하는 욕구가 투영된 인물이라는 평가도 가능할 것이다. 나아가 새로운 중국 건설에 적극적으로 매진하는 조선족의 모습은 주체로서의 욕망을 실천함으로써 국민으로서의 삶을 받아들이는 과정을 보여준다고 할 수 있다. 조선족의 불안한 사회・국가적 위치를 반영한 다조국(多祖國) 의식[34]도 이미 이 시기에 어느정도 확고한 중국 지향으로 정리되고 있었다고 할 수 있다.

5. 맺음말

중국 조선족의 초기 소설들은 중화인민공화국의 건국으로 중화민족의 일원이 된 직후의 삶의 양상을 '변화'라는 차원에서 다양하게 그려내고 있다. 이 변화는 다분히 중국이라는 국가 체제 속에서 국가적 정책과 문예정책을 수행하는 차원에서 형상화되고 있다. 특히, 변화된 상황 속에서 부각되는 시간적, 민족적 차이를 사회주의적이고 국가적인 차원에서

---

33) 정판룡, 「서문」, 김동화・김승철 편, 『당대 중국조선족 연구』, 연변인민출판사, 1993, pp.1-2.

34) 정신철, 『한반도와 중국 그리고 조선족』, 모시는사람들, 2004, p.200.
계급의 조국은 '소련', 민족의 조국은 '조선', 현실의 조국은 '중국'이라는 다조국 의식은 혼란스런 국가적 정체성을 중화 애국주의로 귀결시키고자 하는 방편에서 제시된 과도기적 의식으로 볼 수 있다.

통합하는 서사적 의미를 지향함으로써 건국 직후지만 이미 조선족 소설이 중국 문학의 테두리 안에 안정적으로 자리잡고 있음을 보여주는 것으로 판단된다. 이와 동시에 중국의 시대적 과제인 국가 통합이라는 명제를 서사적으로 실현하여 중국 문학으로서의 적극적인 역할 또한 지향하는 것으로 볼 수 있다.

하지만 건국 직후부터 중국인, 중국문학으로서의 확고한 인식을 가지는 것은 당시 중국이라는 국가적 통치 체계가 가지고 있는 강력한 정치적 영향력이나 사회주의 문예의 기능주의적 정책 때문만은 아니라고 할 수 있다. 조선족의 삶이 식민지적 억압의 삶에 연원을 두고 있고, 초기 소설들이 그 억압의 기억들을 계승하여 현실을 인식하는 양상을 보여주는 것은 조선족으로의 변화가 한민족(韓民族)으로서의 역사적인 체험과 욕망에서 비롯된 것임을 보여주는 것이다. 식민지적 삶에서부터 비롯된 억압된 주체의 복원이라는 탈식민 지향이 중국 사회주의와 결합함으로써 구체적인 가능성을 획득하고 어느 정도 실현됨으로써 조선족 문학은 국가적 경계 안에 자리잡은 한민족 문학으로 자신의 위상을 만들어 가기 시작한 것이다. 결국 조선족의 초기 소설은 변화의 양상을 구체적으로 다루면서 사회주의적 통합을 통해 중국 지향이라는 안정적인 선택과 정립의 과정을 보여준다고 할 수 있다.

앞으로 조선족의 강렬한 주체 확립 욕구가 어떻게 와해되어 가는지를 조선족문학을 통해 살펴볼 필요가 있다. 근본적으로 중화민족의 주체로 자리하기 어려운 태생적 제약이든, 절대적 주체 확립이라는 명제가 지닌 허구성이든 조선족과 조선족문학이 지닌 주체 지향의 변모 과정을 파악하는 것은 그들의 정체성을 규명하는 과정일 수 있기 때문이다. 중국 국민으로서의 삶이 온전한 주체의 삶을 지속적으로 보장하는지, 또다른 타자의 삶이 조선족의 주체에 대한 열망을 억압하고 있지는 않은지, 그리고 주체를 구성하는 타자적 요소들은 어떻게 달라지는지 등에 대하여 이후 조선족의 소설을 통해 심도있게 살펴봐야 할 것이다.

참고 문헌

강상중, 『오리엔탈리즘을 넘어서』, 이경덕·임성모 역, 이산, 1997.

권 철, 「중국 조선족문학 연구현황」, 『아시아문화』 13, 한림대학 아시아문화연구소, 1997, pp.287-294.

김관웅, 「중국 조선족문학의 력사적 사명과 당면한 문제 및 그 해결책」, 『비평문학』, 13, 한국비평문학회, 1999, pp.551-569.

김동춘, 『근대의 그늘 — 한국의 근대성과 민족주의』, 당대, 2000.

김동화·김승철 편, 『당대 중국조선족 연구』, 연변인민출판사, 1993.

김룡섭 외, 『싸우는 사람들』, 연변교육출판사, 1955.

김상철·장재혁, 『연변과 조선족』, 백산서당, 2003.

김승찬 외, 『중국 조선족 문학의 전통과 변혁』, 부산대출판부, 1997.

김시준, 『중국 당대문학사』, 소명출판, 2005.

김종수·최건, 『중국당대문학사』, 청년사, 1991.

김창걸 외, 『단편소설선집』, 연변인민출판사, 1979.

김학철 외, 『뿌리 박은 터』, 연변교육출판사, 1953.

김형규, 「중국 조선족 소설의 연구현황과 현재적 의의」, 『현대소설연구』 29, 한국현대소설학회, 2006.3, pp.275-304.

신승하, 『중국 당대 40년사』, 고려원, 1993.

연변문련 편, 『세전이 벌』, 연변교육출판사, 1954.

연변조선족자치주개황 집필소조, 『중국의 우리민족』, 한울, 1988.

오상순, 『개혁개방과 중국조선족 소설문학』, 월인, 2001.

유명기, 민족과 국민 사이에서: 한국 체류 조선족들의 정체성 인식에 관하여」, 『한국문화인류학』 35-1, 한국문화인류학회, 2002, pp.73-98.

이광일, 『해방 후 조선족 소설 문학 연구』, 경인문화사, 2003.

이진령, 「조선인에서 조선족으로: 중국 공산당의 연변 지역 장악과 정체성 변화」, 『중소연구』 95, 한양대학교 아태지역 연구센타, 2002, pp.89-116.

이해영, 『중국 조선족 사회사와 장편소설』, 역락, 2006.

정덕준, 「개혁개방 시기 재중 조선족 소설 연구 — 1976~1995년대 전반기 작품을 중심으로」, 『한국언어문학』 51, 한국언어문학회, 2003, pp.1-25.

정덕준·김기주, 「재중 조선족소설 전개 양상과 그 특성」, 『한국문학이론과 비평』 21, 한국문학이론과 비평학회, 2003.12, pp.204-228.

정신철, 『한반도와 중국 그리고 조선족』, 모시는사람들, 2004.

조선족략사편찬조, 『조선족약사』, 백산서당, 1989.

조성일·권철, 『중국 조선족 문학통사』, 이회문화사, 1997.

중국작가협회 연변분회 편선, 『창작선집』, 연변교육출판사, 1956.

차우란, 『중국 당대 문학사』, 중국어문연구회 역, 고려원, 1994.

채영국 외, 『연변 조선족 사회의 과거와 현재』, 고구려연구재단, 2006.

小森陽一·高僑哲哉 편, 『내셔널 히스토리를 넘어서』, 이규수 역, 삼인, 2000.

姬田光義·阿部治平 외, 『중국근현대사』, 편집부 역, 일월서각, 1984.

■ 아주대학교 중국조선족 문학 연구팀

　송현호(아주대학교 인문학부 교수)

　최병우(강릉대학교 국어국문학과 교수)

　정수자(아주대학교 강사)

　한명환(순천향대학교 강사)

　윤의섭(아주대학교 연구교수)

　김형규(아주대학교 인문과학연구소 전임연구원)

　김은영(아주대학교 강사)

중국 조선족 문학의 탈식민주의 연구 Ⅰ

지은이 송현호 외
인쇄일 초판1쇄 2008년 2월 25일
발행일 초판1쇄 2008년 2월 28일
발행처 국학자료원
　　　　서울시 강동구 성내동 447-11 현영빌딩 2층
　　　　Tel 442-4623,4,6
　　　　www.kookhak.co.kr
　　　　kookhak2001@hanmail.net
발행인 정구형
편　집 이초희, 박지혜, 김나경
총　무 한미애, 박지연
물　류 김종효, 박종일

ISBN 978-89-6137-347-0 *93080
가 격 27,000원

저자와의 협의하에 인지는 생략합니다.